“十四五”职业教育国家规划教材

现代企业管理

（第3版）

主　编　李　鹰　李宗妮

副主编　王蕾蕾　万海霞

　　　　韩佩津　刘　颖

参　编　张玉梓　刘　莹

主　审　陈宝财　邹本祥

扫码获取

本书数字资源

北　京

冶　金　工　业　出　版　社

2025

内 容 提 要

本书共分11章，内容主要包括绪论、企业战略管理、企业市场营销管理、企业人力资源管理、企业生产管理、企业质量管理、企业物流管理、企业设备管理、企业财务管理、企业文化管理和企业管理信息化等。

本书可作为高职高专经济管理等相关专业教学用书，也可作为企业管理人员培训教材或从事企业管理工作的相关人员参考书。

图书在版编目(CIP)数据

现代企业管理/李鹰，李宗妮主编．—3版．—北京：冶金工业出版社，2021.6（2025.1重印）

高职高专“十四五”规划教材

ISBN 978-7-5024-8826-0

Ⅰ.①现…　Ⅱ.①李…　②李…　Ⅲ.①企业管理—高等职业教育—教材　Ⅳ.①F272

中国版本图书馆CIP数据核字(2021)第100629号

现代企业管理（第3版）

出版发行	冶金工业出版社	**电　　话**	(010)64027926
地　　址	北京市东城区嵩祝院北巷39号	**邮　　编**	100009
网　　址	www.mip1953.com	**电子信箱**	service@mip1953.com

责任编辑　杜婷婷　刘林烨　美术编辑　彭子赫　版式设计　禹　蕊

责任校对　范天娇　责任印制　窦　唯

北京印刷集团有限责任公司印刷

2007年6月第1版，2014年3月第2版，2021年6月第3版，2025年1月第5次印刷

787mm×1092mm　1/16；19.75印张；478千字；301页

定价49.00元

投稿电话　(010)64027932　投稿信箱　tougao@cnmip.com.cn

营销中心电话　(010)64044283

冶金工业出版社天猫旗舰店　yjgycbs.tmall.com

（本书如有印装质量问题，本社营销中心负责退换）

第3版前言

党的二十大报告提出，建设现代化产业体系。坚持把发展经济的着力点放在实体经济上，推进新型工业化，加快建设制造强国、质量强国、航天强国、交通强国、网络强国、数字中国。如何担当起习近平新时代中国特色社会主义思想赋予企业的重大社会责任，练好企业长远发展的内功，使我国经济依然保持长期平稳的发展态势，进而实现中华民族伟大复兴第二个百年奋斗目标，是我国企业家和企业管理者们必须思考和面对的重大课题。

当前，在百年未有之大变局纷乱复杂的国际环境下，既给企业生存与发展带来了空前的压力，也给企业做大做强提供了前所未有的机遇。压力与机遇并存，势必给企业管理提出更高的要求。企业领导人只有准确把握企业的运作规律，充分运用各种企业资源，扎实开展企业发展战略规划和组织制度设计，重点做好企业经营决策选择和企业文化塑造，以及 ERP 等企业管理信息化工作，才能变压力为动力，抢抓机遇，在激烈的市场竞争中求生存、促发展。在这样的背景下，根据现代企业管理实践的新发展，以及高职高专教学需要，作者决定对《现代企业管理（第 2 版)》进行修订。

本书在第 2 版基础上，首先从结构上做了较大调整，根据现代企业管理的实际，增加了“企业管理信息化”一章，因篇幅关系删去了“企业管理创新”一章，每章都增设了“项目实战”和“同步测试”。其次，对各个章节内容做了重新梳理和修订，例如，“绪论”一章增加“1.3.3 现代企业制度下的国有企业党的建设”和“1.3.4 股份制企业党的建设”；“企业质量管理”一章增加了“质量管理的新七种工具”和“2015 版 ISO 9000 族标准”；对“物资管理和物流管理”的内容进行大幅度调整，形成“企业物流管理”一章；“企业文化管理”一章增加了“班组文化”等内容。

本次修订坚持以下几条原则：

（1）坚持高职教育以培养高素质技能型人才为目标的原则。以企业管理岗位技能培养为主线，强化基础、突出应用与实训技能，增设了“项目实战”和

“同步测试”。同时注重案例教学，更换和增加了部分案例。

（2）坚持“新颖性”原则。力求突出现代企业管理的前沿成果，比如增加了虚拟企业、2015版ISO 9000族标准、企业管理信息化、班组管理与班组文化、智慧物流等内容。各章节配套了数字课程资源，学生扫描二维码即可实现线上听课。

（3）坚持“适用性”原则。以现代企业管理方法的介绍和如何运用于实践为重点，不过于追求理论知识系统性和完整性，以“必需、够用”为度；本书内容比较丰富，在实际教学时，教师可以依据课程标准及学时要求进行内容取舍。为了检验学生的知识掌握和原理、方法的实际运用能力，各章还给出了“项目实战”模板和“同步测试”参考答案。为了方便教师教学和学生学习，本书还配备了PPT课件等数字资源。

本次修订坚持采用校企合作方式，以吉林电子信息职业技术学院的优秀教师团队为主，并与企业管理专家合作。本书由吉林电子信息职业技术学院李鹰教授和日本乐天株式会社从事国际电商业务工作的李宗妮共同担任主编，由吉林电子信息职业技术学院院长陈宝财教授和有多年企业管理教学经验的退休老教师邹本祥高级讲师共同担任主审；李鹰教授和李宗妮共同负责统稿，并负责修订第1、2章；吉林电子信息职业技术学院万海霞教授负责修订第3、4章；吉林电子信息职业技术学院王蕾蕾教授负责修订第5、7、8章；吉林炭素有限公司张玉梓经济师、李鹰教授负责修订第6章；吉林电子信息职业技术学院刘颖副教授负责修订第9章，吉林电子信息职业技术学院刘颖副教授、刘莹讲师共同负责修订第10章；吉林电子信息职业技术学院韩佩津讲师和李宗妮共同负责修订第11章；韩佩津负责配图的绘制；刘莹负责文字校对。

由于编者水平所限，书中不妥之处，恳请读者批评指正。

编者

2022年11月

第2版前言

随着高职高专教育改革的不断深入，人才培养目标和培养方式发生了深刻变化，为了适应高职高专教学以及“现代企业管理”改革实践需要，我们在总结近年来的教学经验的基础上，对本书初版进行了修订。修订过程中更加强调知识的运用，力求形成独有的特色，易学、易懂、易记，理论联系实际。增加了 ISO 9001—2008 标准，增加了应用案例，修改了网络营销、物流管理、人力资源管理、企业文化、企业管理创新等章节的部分内容。

本书修订工作主要以有丰富实际教学经验的院校教师为主，同时邀请了在现代企事业单位从事一线管理工作的同志参加。因修订工作需要，副主编做了充实和调整。主编由吉林电子信息职业技术学院李鹰教授、唐德新副教授担任；吉林电子信息职业技术学院曲焕波、贾丽飞、张炯，北华大学附属医院李金环，沈阳铁路局通化车务段李志国，沈阳铁路局通化货运中心林玉凯，日本九州大学经济学府李宗妮担任副主编；张喜春教授担任主审。李鹰、张炯编写第 1、6 章；唐德新编写第 2、3 章；曲焕波、李宗妮编写第 4 章；贾丽飞编写第 3、5 章；唐德新、刘莹编写第 7 章；李金环、李光宇编写第 8 章；林玉凯、李寓希（吉林国药）、李宗妮编写第 9 章；李志国、高露（吉林铁道职业技术学院）、李宗妮编写第 10 章；张炯、郭莉莉编写第 11 章。李鹰负责总纂，唐德新负责统稿。

本书在修订过程中得到了吉林电子信息职业技术学院有着多年从事企业管理教学经验的邹本祥等同志的热情指导，编写中借鉴、吸收、引用了同类教材的相关观点，在此对其作者表示衷心的感谢。

由于编者水平有限，书中不妥之处，敬请读者予以批评指正。

编　者

2013 年 12 月

第1版前言

在我国改革开放和加入WTO的新的历史时期，我国企业必须与国际接轨，必须按现代企业制度的要求来改组和管理。为适应建立社会主义市场经济体制的要求，培养出更多适合现代企业管理需要的高素质技能型人才，我们编写了这本高职高专规划教材。本教材在编写过程中主要突出以下几条原则：

（1）坚持高职教育以培养高素质技能型人才为目标的原则，以企业管理岗位技能培训为主线，强化基础、突出应用与实训技能，注重案例教学。

（2）坚持“新颖性”原则，力求突出本学科最新研究成果，如现代企业制度、企业文化、ISO 9000质量标准、企业管理的创新等新内容。

（3）坚持“适用性”原则，以“必需、够用”为度，以管理方法的介绍和如何运用为重点，每章附有应用案例，并结合各章内容引出思考题，以检验学生的知识掌握和实际运用能力。

本书由吉林电子信息职业技术学院李鹰、唐德新担任主编，曲焕波和中钢吉林炭素股份有限公司张玉艳担任副主编。参加编写的有吉林电子信息职业技术学院李鹰（编写第1、6章），唐德新（编写第2、3章），曲焕波（编写第4章），贾丽飞（编写第5章），唐德新、刘莹（编写第7章），李鹰、李光宇（编写第8章），中钢吉林炭素股份有限公司张玉艳（编写第9章），吉林铁道职业技术学院高露（编写第10章）；郭莉莉（编写第11章）；李鹰负责统稿工作，张喜春副院长担任主审。

本书在编写中借鉴、吸收、引用了同类教材的相关观点，在此表示衷心的感谢。由于水平所限，书中不妥之处，敬请读者批评指正。

编　者

2007年3月

目录

1 绪　　论

扫一扫查看
本章课件

教学目标

（1）知识目标：掌握企业涵义及其特征；了解企业管理经历的发展过程、泰罗科学管理理论的主要思想和内容；熟悉管理组织设计的一般原则；明确企业管理组织结构有哪些形式；掌握企业制度和现代企业制度的内涵。

（2）能力目标：能理解企业管理的职能和管理组织设计的一般原则；具备组建虚拟企业的实战能力；初步具有现代企业管理的案例分析能力。

（3）思政目标：引导学生坚持马克思主义基本原理，以习近平新时代中国特色社会主义思想为指导，把党的二十大精神融入现代企业管理教学实践中，努力把现代企业管理理论学好用好；初步形成现代企业管理思维，强化学生的责任和担当，培养学生奉献社会、创造人民美好生活、建设美好家园的管理意识。

现代管理学之父杜拉克指出，现在已经进入了一个企业管理新时代。在这个新时代，“管理”比“土地”“资本”等生产要素更重要。现代企业管理是一门充满着丰富内涵和勃勃生机的综合性学科，它涵盖了社会学科与技术学科两大领域，其内容涉及企业生产经营管理的各个方面。研究现代企业管理学和现代企业管理的实际问题，首先必须对现代企业本身及其管理基本理论有一个全面、概括的了解和认识。

本章主要介绍现代企业管理的最基本知识点，即企业特征及类型、管理的含义及必要性、企业管理含义及职能、企业管理组织及领导制度、现代企业制度等内容，着重介绍了虚拟企业和现代企业制度。

1.1 概　　述

扫一扫
线上听课

案例导入 1-1

汤面谁来分才均等

5个长期被管理问题所困扰的企业家，一天不约而同地向管理学家讨教：如何才能使企业管理科学而有序？

管理学家将5个人带到了一个荒岛上，每天给他们送一锅汤面，要求他们用非暴力的方式，通过制定制度来解决每天的吃饭分配问题。标准是公平，不能产生矛盾。5个人决定让每个人轮流值日分配，但值日的人要最后一个领取汤面。令人惊喜的是，在这个制度下，每个人分到的面都是一样多。

启示：管理的真谛在建立良好的制度，制度产生公平。

1.1.1 企业的特征及类型

1.1.1.1 企业的特征

在市场经济条件下，企业是以营利为目的的，直接组合和运用生产要素，从事商品生产、流通或服务等经营活动，为满足社会需要依法进行自主经营、自负盈亏、自我约束、自我发展的法人实体和市场竞争主体。它一般具有以下基本特征：

（1）企业是从事商品（或劳务）生产经营活动的基本经济组织。这表明了企业从事的活动具有商品性，是为卖而买，为交换而生产，为社会消费而生产经营，并以营利为目的的基本经济组织。这是企业的职业特征。

（2）企业是自主经营、自负盈亏的经济实体。这表明了企业在社会经济活动中责权利关系，也是判断经济组织是否真正具备企业形态的重要标志。即企业自主经营必须自负盈亏，用自负盈亏来制约自主经营。这是企业的行为特征。

（3）企业是具有法人资格的经济实体。这表明了企业是依法成立，具有民事权能力和民事行为能力，独立享有民事权利和承担民事义务的组织，它必须拥有自己能够独立支配和管理的财产。这是企业的人格特征。

企业除具有上述特征外，企业还必须拥有一定的资源（人、财、物、信息等），应拥有一定数量、一定水平的生产设备和资金；一定数量、一定技能的生产者和管理者；开展生产活动的场所、信息等。

1.1.1.2 企业类型

企业作为一个生态有机体，有着多种属性与复杂形态。因此，可以按照不同的标准，将企业划分为多种类型。比如：按企业组合方式不同可以划分为单一企业、多元企业、经济联合体、企业集团、连锁企业；按所有制形式不同可以划分为全民所有制企业（或称国有企业）、集体企业、私营企业、个体经济、“三资”企业（即外商独资企业、中外合资企业、中外合作企业）、混合所有制企业；按照企业生产经营规模不同可以划分为大型企业、中型企业、小型企业（企业生产经营规模主要体现在企业的生产经营能力、设备数量、固定资产原值和职工人数等几个方面，对此国家公布了具体标准）；按照企业生产要素所占比重的不同划分为劳动密集型企业、技术密集型企业、知识密集型企业；按照行业性质不同可以划分为工业生产企业、商品经营企业、服务企业三大类，而每一大类企业又可以划分为不同类型的企业。本书着重介绍按照财产的组织形式和所承担的法律责任不同进行的企业分类，企业通常分为以下三类。

A 独资企业

独资企业（又可称为单个业主制企业）是由业主个人投资，自己经营，收入归已，风险也由自己承担的企业。企业如果经营不善，出现资不抵债的情况，就要用自己的全部家庭财产来抵债。

这类企业的优点是：企业所有权和经营权归于一体，经营灵活，决策迅速，开业与停业手续简单，产权可以自由转让。缺点主要有两个方面：一是企业没有独立的生命力，如果业主死亡或在未转让的情况下放弃经营，企业的生命就终止；二是企业规模小，一般财力都不大，由于受偿债能力的限制，贷款的能力也较低，难以投资规模较大的产业。此类型一般适合于零售商业、服务业、手工业等。

B 合伙企业

合伙企业（又可称为合伙制企业）是由两个以上的个人或业主对企业出资，通过签订合伙协议联合经营的组织。经营所得归全体合伙人分享，经营亏损也由全体合伙人共同承担。如果经营失败，合伙企业倒闭破产、资不抵债时，每个合伙人都要以自己的家庭财产首先按照入股比例清偿，若有的合伙人家庭财产不够清偿，其他合伙人要代为清偿，负无限连带责任。

这类企业的优点是：企业资金量较大，能从事一些资产规模需求较大的生产和经营活动；合伙人对企业的经营活动十分关心，企业的信誉也较高。缺点是：合伙企业的生产规模一般达不到社会化大生产的要求，生产经营活动有一定的局限性；企业经营决策需经全体合伙人一致同意，因而决策缓慢、协调困难；企业稳定程度有局限性，当合伙人中有一人死亡或撤出，原来的合伙协议就要进行修改，甚至会影响合伙企业能否继续存在；合伙企业实行无限连带责任，增加了投资风险。此类型一般适合于生产规模较小、管理不太复杂、不需要设立管理机构的生产经营行业。

C 公司制企业

公司制企业的财产组织形式不同于前述两种企业类型。它以“合资”为特征，特别在负有限责任方面与前两种自然人企业有显著的不同。公司是法人企业，有独立的法人财产，享有法人财产权，公司以其全部财产对公司的债务承担责任。

公司可以设立分公司。设立分公司时，应当向公司登记机关申请登记，领取营业执照。分公司不具有法人资格，其民事责任由公司承担。公司可以设立子公司，子公司具有法人资格，依法独立承担民事责任。

需要注意的是，企业财产构成的三种形式不是互相取代的，而是共存的。时至今日，即使在发达的市场经济国家，独资企业和合伙企业仍然占大多数；公司制企业主要是大中型企业，数目只占企业总数的20%～30%，而销售额则占到销售总额的70%～80%。

从上面分析可见，不同类型的企业，它们最根本的区别是财产组织形式不同。按财产组织形式来划分企业类型是符合市场经济发展要求的。

我国的《中华人民共和国公司法》(以下简称《公司法》）将公司分为有限责任公司和股份有限公司。两者的共同特点是负有限责任，但是又有不同的特点。2014 年新修订的《公司法》对两者的特点及组建的要求如下：

（1）有限责任公司。有限责任公司是由 50 个以下股东出资设立，每个股东以其认缴的出资额对公司债务承担有限责任的企业。根据我国《公司法》的规定，也可成立只有一个自然人股东或一个法人股东的一人有限责任公司。一个自然人只能投资设立一个一人有限责任公司，并且该一人有限责任公司不能投资设立新的一人有限责任公司。一人有限责任公司不设股东会，当股东做出应由股东会所做的决定时，应当采用书面形式，并由股东签名后置备于公司。根据我国的具体情况，《公司法》还规定，可以由国家单独出资成立由国务院或地方人民政府授权本级人民政府国有资产监督管理机构履行出资人职责的有限责任公司，即国有独资公司。国有独资公司不设股东会，由国有资产监督管理机构行使股东会职权。

有限责任公司是一种“封闭公司”，不能发行股票。股东之间可以相互转让其全部或部分股权。股东向股东以外的人转让股权，应当经其他股东过半数同意。

有限责任公司应当依照公司章程规定的期限将财务会计报告送交各股东，无须公告和备查。公司只在内部向股东汇报工作，接受股东监督，无须向社会公开内部运作情况，财务状况相对保密。

（2）股份有限公司。股份有限公司一般以发行股票的方式筹集资金组成公司，股东人数多。按《公司法》的规定，设立股份有限公司，应当有2人以上、200人以下的发起人，发起人可以是自然人或法人，可以是中国公民或外国公民，其中必须有半数以上的发起人在中国境内有住所。股份有限公司的设立，可以采取发起设立或募集设立的方式。发起设立是指由发起人认购公司应发行的全部股份而设立公司。募集设立是指由发起人认购公司应发行股份的一部分（《公司法》规定，发起人认购的股份不得少于公司股份总数的35%，法律、行政法规另有规定的，从其规定），其余股份向社会公开募集或向特定对象募集而设立公司。

股份有限公司可以向社会公开发行股票。

股份有限公司的财务会计报告应当在召开股东大会年会的20日前置备于本公司，供股东查阅；公开发行股票的股份有限公司必须公告其财务会计报告。

1.1.1.3　2014版《公司法》特点

案例导入1-2

W氏集团的管理体制

扫一扫查看案例导入1-2

2014版《公司法》修改的几大特点：

（1）放宽注册资本登记条件。除法律、行政法规及国务院决定对有限责任公司或股份有限公司的注册资本最低限额另有规定外，取消了有限责任公司、一人有限责任公司、股份有限公司最低注册资本分别应达3万元、10万元、500万元的限制。这意味着“1元”设立有限责任公司或股份有限公司成为可能。

（2）将注册资本实缴登记制改为认缴登记制。也就是除法律、行政法规及国务院决定对公司注册资本实缴有另行规定的以外，取消了关于公司股东（发起人）应自公司成立之日起两年内缴足出资，投资公司在五年内缴足出资的规定；取消了一人有限责任公司股东应一次足额缴纳出资的规定。转而采取公司股东（发起人）自主约定认缴出资额、出资方式、出资期限等，并记载于公司章程的方式。

（3）取消对公司货币出资的比例限制。有限责任公司的股东或股份有限公司的发起人可以用货币、实物、知识产权、土地使用权等可以用货币估价并可以依法转让的非货币财产的一种或几种出资，出资方式不再做任何限制，公司注册资本可以不用货币出资。

(4) 取消公司登记时提交验资证明的要求，公司营业执照不再记载“实收资本”事项。

1.1.1.4　虚拟企业

随着经济的国际化，市场竞争日益激烈，企业要加速发展，取得尽可能多的利润，就要探索使外部、内部交易费用趋向最小化的管理策略，对传统企业大而全，小而全的模式加以变革。虚拟企业就是在消费需求多样化、市场竞争白热化、信息技术突飞猛进的背景下产生的一种全新的企业组织和运行模式。

A　虚拟企业的含义

虚拟（Virtual）一词原为计算机术语，指的是“虚拟技术”，后被应用到企业管理中，实际上是一种借用外部力量、整合外部资源以达到内部效果的策略模式。1991 年，美国国会和国防部委托里海（Lehigh）大学的艾科卡（Iacocca）研究所进行一项旨在建立较长期的制造技术规划基础结构的课题研究，该所的三位学者普瑞斯、戈德曼和内格尔提交了一份名为《21 世纪制造企业战略研究：一个工业主导的观点》的报告。在这篇报告中，他们在总结当今世界成功企业经验的基础上提出了一种新的生产模式——以动态联盟为基础的敏捷制造（Agile Manufacturing），并创造性地概括出一种称为“虚拟组织”（Virtual Organization）的新型企业模式。这一理论一经提出，就引起了广泛关注。可以说，虚拟企业理论是对 20 世纪末期企业实践的理论概括，是企业理论的最新发展。

所谓虚拟企业，是当市场出现新机遇时，具有不同资源与优势的企业为了共同开拓市场、共同对付其他的竞争者而组织的，建立在信息网络基础之上的共享技术与信息、分担费用、联合开发、互利的企业联盟体。虚拟企业的出现常常使参与联盟的企业追求一个完全靠自身能力达不到的超常目标，即这个目标要高于企业运用自身资源可以达到的限度。因而，企业自发地要求突破自身的组织界限，与其他对此目标有共识的企业实现全方位的战略联盟，共建虚拟企业，这样才有可能实现这一目标。

用“虚拟”二字是因为企业在这样的组织形式下运作，虽然仍有设计、生产、财务、供销等功能，但不一定完全具备相应功能的组织（即有实有虚）。企业仅保留最关键的功能组织，其他功能组织则以各种方式借用外力将其虚拟化，管理决策的重点在于进行整合聚变，创造出超过企业自身力量的竞争优势。

案例导入 1-3

无锡高科的外包模式

无锡高科设计制造公司只有 8 名员工和几间租用的办公室，无厂房、无设备，半个月下来已经接下几十万元订单，各种模具和零部件产品源源不断地下线，年销售收入 1000 万元。一家企业发出一批零件订单，无锡高科设计制造公司负责设计，委托模具厂生产模具，再由零部件加工厂生产产品，最后将成品交给客户，这些加工盟友中居然包括了

IBM、UGS 等国际知名公司和上海交通大学、南开大学等著名研究院所及一批设备先进的厂家。

B　虚拟企业的特点

虚拟企业有以下特点：

（1）虚拟企业使传统的企业界限模糊化。虚拟企业不是法律意义上的完整的经济实体，不具备独立的法人资格。一些具有不同资源及优势的企业为了共同的利益或目标走到一起，进行策略联盟，组成虚拟企业。它们可能是供应商，可能是顾客，也可能是同行业中的竞争对手。这种新型的企业组织模式打破了传统的企业组织界限，使企业界限变得模糊。

（2）虚拟企业具有流动性、灵活性。诸企业出于共同的需要，共同的目标走到一起结盟，一旦合作目的达到，这种联盟便可能宣告结束，虚拟企业便可能消失。因此，虚拟企业可能是临时的，也可能是长期的，虚拟企业的参与者也是具有流动性的。虚拟企业正是以这种动态的结构、灵活的方式来适应市场的快速变化。

（3）虚拟企业是建立在当今发达的信息网络基础之上的企业合作。在虚拟企业的运行中，信息共享是关键，而现代信息技术和通信手段使得沟通更为便利。采用通用数据进行信息交换，使所有参与联盟的企业都能共享设计、生产及营销的有关信息，从而能够真正协调步调，保证合作各方能够较好合作，从而使虚拟企业集成出较强的竞争优势。

（4）虚拟企业在运行过程中运用并行工程而不是串行工程来分解和安排各个参与企业要做的工作。虚拟企业在完成某一项目或任务时，项目或任务按照并行工程的思想被分解为相对独立的工作模块，促使承担分解任务的各方能够充分调动和使用它们的资源而不必担心核心技术或核心知识被泄露，并且各个合作模块可以并行作业，项目或任务的主持者可以利用先进的信息通信手段在其间不断地沟通与协调，从而保证各个工作模块最终的互相衔接。这样既缩短了时间，又节约了成本，同时还促进了各参与企业有效地配置自己的资源，以及虚拟企业整体资源的充分利用。

（5）虚拟企业一般在技术上占有优势。由于虚拟企业是集合了各参与方的优势，尤其是技术上的优势而形成的，因此在产品的技术开发或服务上更容易形成强大的竞争优势，使其开发的产品或服务在市场上处于领先水平，这一点是任何单个实体企业很难相比的。

（6）虚拟企业可以看作是一个企业网络。该企业网络中的每个成员都要贡献一定的资源供大家共享，而且这个企业网络运行的集合竞争优势和竞争力水平大于各个参与者的竞争优势和竞争力水平的简单相加。

虚拟企业的上述特点决定了虚拟企业具有较强的适应市场的柔性与灵敏性，各方优势资源集中催生出极强的竞争优势与竞争力。

C　虚拟企业的运作模式

a　虚拟生产

虚拟生产是虚拟经营的最初形式，它以外包加工为特点，是指企业将其产品的直接生产功能弱化，把生产功能用外包的办法转移到其他企业去完成，而自己只留下最具优势且附加值最高的开发和营销功能，并强化这些部门的组织管理。国外著名的电器制造商近年来也采用了虚拟生产的模式，如日本的索尼、松下等电器公司，其在中国市场上销售的产品基本上都是由马来西亚、印度尼西亚、泰国等劳动力成本较低的国家生产的，而公司总部则集中进行新产品的开发和营销战略的实施。

案例导入 1-4

耐克公司的虚拟生产

美国生产运动鞋的耐克（Nike）公司本身没有一条生产线，而是集中企业的所有资源专攻设计和营销两个环节，运动鞋的生产则采用订单的方式放到人工成本低的发展中国家进行。耐克公司以虚拟生产的方式成为世界上最大的运动鞋制造商之一。

b 虚拟开发

虚拟开发是指几个企业通过联合开发高技术产品，取得共同的市场优势，谋求更大的发展。例如，几家各自拥有关键技术并在市场上拥有不同优势的企业为了彼此的利益，进行策略联盟，开发更先进的技术。

案例导入 1-5

IBM 和 AMD 公司的虚拟开发

为了跟上英特尔（Intel）公司的发展速度，IBM 和 AMD 公司联合开发了下一代微处理器技术。它们正在共同开发特别微小的晶体管技术，该技术能够提高芯片的效率，降低芯片的生产成本。合作对于双方都很重要，因为这能改善与英特尔公司竞争的态势。AMD 公司缺乏英特尔公司所具有的研发资金，没有合作伙伴很难迅速推出新产品。IBM 公司自身掌握的微处理器技术有限，很难保证其在与英特尔公司的竞争中领先。这种合作促进了双方获得在芯片制造方面的垄断优势。

c 虚拟销售

虚拟销售是指企业或公司总部与下属销售网络之间的“产权”关系相互分离，销售虚拟化促使企业的销售网络成为拥有独立法人资格的销售公司。此类虚拟化的销售方式，不仅可以节省公司总部的管理成本与市场推广费用，充分利用独立的销售公司的分销渠道来广泛推广企业的产品，促使本企业致力于产品与技术的创新，不断提升企业品牌产品的竞争优势，还可以推动销售公司的快速成长，网罗大批优秀的营销人才，不断扩展企业产品的营销网络。

案例导入 1-6

美特斯·邦威公司的虚拟销售

服装加工行业的美特斯·邦威公司是实行虚拟销售最为典型的企业之一。公司采取特许经营的方式，通过契约将特许权转让给加盟店。加盟店在使用美特斯·邦威公司统一的商标、商号、服务方式的同时，根据区域的不同情况分别向美特斯·邦威公司缴纳5万~35万元的特许费。

由此，公司不但节省了1亿多元的投资，而且通过特许费的方式筹集到一大笔无息发展资金。公司总部把精力主要用在产品设计、市场管理和品牌经营方面，其与香港、上海等地的著名设计师合作，每年推出约1000个新款式，取得了良好的经济效益。

d　虚拟管理

虚拟管理是指在虚拟企业中，把某些管理部门虚拟化，虽然保留了这些管理部门的功能，但其行政组织并不真正存在于企业内部，而是委托其他专业化公司承担这些管理部门的责任。例如，企业可以不设人力资源部门，对员工的培训可以委托专门的培训机构完成；再如，许多外资企业将人力资源交给专业的人才管理中心管理，由中心负责调动、职称评定及党团关系接转等工作。虚拟管理可为新组建的、缺乏管理经验和管理人才的企业提供较大的帮助。

虚拟企业从最大限度发挥和提升企业核心竞争力着眼，以“共赢”为目的，强调充分利用各自企业的资源优势，通过组织动态联盟，快速响应市场变化，把握市场机遇。虚拟企业克服了传统企业的封闭性、局限性和设计、制造能力的不完备性，减少了资源的重复投入，缩短了生产周期，提高了产品从设计、制造到销售全过程的整体柔性和敏捷性，增强了企业（群体）的竞争能力，是一种很有前途的合作方式。它正在被越来越多的企业所认识和应用。

1.1.2　管理的含义与必要性

1.1.2.1　管理的含义

案例导入 1-7

扁鹊的医术

扫一扫查看案例导入1-7

管理是一个广义的名词，它包括各种各样的管理，如政治管理、军事管理、城市管理、交通管理、经济管理、企业管理等。

究竟什么是管理？人们在管理实践中感悟到管理的意义，对其做出了许多朴实的解释。有人认为管理就是决策；有人认为管理就是一种程序，是通过计划、组织、控制、指挥等职能实现既定目标；也有人认为管理就是领导；还有人认为管理就是管辖和处理。

从科学的角度给管理下定义，比较系统的解释应该是：所谓管理，是管理者或管理机构在一定范围内，对组织所拥有的资源进行有效的计划、组织、指挥、协调和控制，以期达到预定组织目标的活动。

这一定义包含5层含义：

（1）管理是一个过程。

（2）管理的核心是达到预定的目标。

（3）管理达到目标的手段是运用组织拥有的各种资源。

（4）管理的本质是协调。

（5）协调的核心是处理好人际关系。

1.1.2.2　管理的必要性

管理活动是与人类的生产、生活密切联系而发生的。今天，世界上无论是发达国家，还是发展中国家，都在自己社会经济发展实践中认识到管理具有极其重要的作用和必要性。“管理也是生产力”“向管理要效益”，这并非是时髦的口号，而是人们的共识。没有高水平的管理相配合，任何先进的科学技术都难以充分发挥其作用，在一定意义上，管理比增加设备和提高技术的作用更大。管理的必要性归纳起来主要有以下三个方面：

（1）管理是共同劳动的黏合剂。管理是共同劳动的客观要求和必然产物，是共同劳动的黏合剂。社会活动规模越大，人员越多，管理就越重要。随着生产社会化程度的提高，要使生产等活动所需的各种资源要素有效配置和充分利用，需要科学地组织生产，因此，管理不仅是促成有效分工与协作的需要，而且是促成资源（包括人、财、物、技术、信息等）优化配置的需要。

（2）管理是技术进步的推进器。管理是现代科学技术发展的客观要求，是技术进步的推进器。科学技术是第一生产力，管理是生产力中的结合因素，生产力的诸因素的有机结合是通过管理实现的。特别是现代科学技术的迅猛发展，要求企业加快科学技术成果向实用转化，而管理则是这种转化的手段和中介。人们常说“三分技术，七分管理”，反应的就是没有科学的管理，任何先进技术都无从发挥作用的道理。

（3）管理是提高企业经济效益的金钥匙。在一定的生产技术和资源的条件下，一个企业经济效益的高低，在很大程度上取决管理水平的高低。科学地管理能以较少的资源，生产出更多、更好地符合社会需要的产品。

1.1.2.3　管理的性质

A　管理的双重性

马克思认为，任何社会的管理都具有双重属性——自然属性和社会属性。即管理是由许多人协作劳动而产生的，它是有效组织共同劳动所必需的，具有与生产力、社会化大生产相联系的自然属性；同时，管理又体现了生产资料所有者指挥劳动、监督劳动的一面，具有与生产关系、社会制度相联系的社会属性。

B　管理的科学性与艺术性

管理首先是一门科学。美国管理学家孔茨认为：科学是经过整理的知识，任何科学的根本特点是运用科学的方法去发展知识。即科学是指系统化的知识。人们经过一百多年来的努力实践和总结，将管理的概念、原理、原则和方法逐渐系统化，形成一个比较完整的理论体系。这个理论体系提供系统化理论、定量分析方法，有效地指导着管理人员的实践活动，解决了管理实践中的大量问题，解放了生产力，促进社会经济的高速发展。尽管与自然科学相比，它还不够精确，但管理已成为一门科学是毋庸置疑的。

管理是一种艺术，这一方面是强调管理的实践性，另一方面是强调是一种创造性劳动。没有实践则无所谓艺术。艺术的含义是指能够熟练地运用知识并且通过巧妙的技能来达到某种效果，而有效的管理活动正反映了此特点。像其他艺术一样，管理工作必须将系统化知识根据实际情况加以运用，才能达到预期效果。所谓管理工作的艺术性，是指达到预期效果的“诀窍”。管理是一项技巧性、灵活性、创造性很强的工作。管理工作就是运用管理知识，发挥创造性，针对现实情况，采取适当措施，谋划出一种有用的方法，高效地实现组织目标。

当然，最富有创造性的“艺术”总是以它所借助的“科学”的理论为基础的。因此，科学和艺术并不是相互排斥的，而是相互补充的。机械地搬用管理的原理，难以从实际出发有效地达到管理的目标；但是，管理人员如不掌握管理科学，只能是凭直觉或经验管理。因此，管理的科学性和艺术性反映了掌握理论知识和灵活运用相结合的必要性。

1.1.3　企业管理的含义与职能

1.1.3.1　企业管理的含义

企业管理是管理的一种特殊范畴，是管理的一般职能在企业生产经营活动中的应用。具体说，企业管理是指为实现企业生产经营目标，完成企业生产经营任务，对企业生产经营过程进行计划、组织、控制、激励和领导的工作的总称。

企业管理的对象是企业。企业管理的目标是在提高企业经济效益基础上，保证社会效益的实现，包括社会生产目标、赢利目标、自我发展目标等。为实现这些目标，企业必须完成产品开发、资源开发、资金筹措、职工队伍建设、生产、销售等任务，这些任务的完成有赖于企业管理。

1.1.3.2　企业管理的职能

企业管理的职能是指管理者为了有效地管理所必须具备的基本功能，或者说是管理者在执行其任务时应该做些什么。任何企业管理都具有合理组织生产力和维护生产关系这两个基本职能。但这两个基本职能需要通过具体的管理职能来实现。

企业管理的具体职能说法较多，本书结合现代企业管理工作的要求，认为企业管理应具备的主要具体职能如下：

（1）计划职能。计划职能是企业的首要职能，计划职能是指为适应社会需要，通过外部环境和内部条件的调研、预测，对组织目标、经营方针和战略做出决策，制定长期和短期计划，确定实现计划的措施和方法，并将计划指标层层分解落实到各个部门和各个环节的职能。计划职能包括预测、决策和计划的制定等工作。

计划是管理的首要职能，是实现组织、领导、控制职能的前提，它使企业的经营活动具有方向性、目的性和自觉性。没有计划的管理是无序的、盲目的管理。计划职能运用得当可以获得最大的成效，若运用不当，则导致极大的浪费和损失。计划职能有如下作用：

1）在企业管理诸职能中处于主动地位，为组织、领导、控制职能提供目标、要求和标准。

2）使企业员工明确奋斗目标，起到统一人心的作用。

3）能正确地把握未来，使企业的生产经营与整个社会的需要和发展协调一致。

4）有利于企业合理地开展经营活动。

5）编制各种计划，使企业管理有的放矢。

（2）组织职能。组织职能是指为实现组织的目标，把组织活动的各个要素、各个环节和各个方面，从劳动的分工和协作上，从纵横交错的相互关系上，从时间和空间的相互衔接上，合理地组织起来，以形成一个有机整体，从而有效地实现组织目标的各项活动。

组织职能属于执行性职能，它是完成计划目标的手段，是实现计划目标的组织保证，并为领导、控制职能的实施创造条件。组织职能有如下作用：

1）根据企业的基本任务和计划目标，确定企业管理体制，建立适合的组织结构，设置和完善相应的经营管理机构。

2）确定全体员工的职务、职责、职权及其相互间的协作关系，从而使组织群体具有较高的生产力和工作效率。

3）把企业的基本任务以及各种物质要素具体落实到部门和个人，利于企业目标的实现。

4）根据计划职能所形成的目标和方案建立相应的规章制度，使企业管理有章可循。

（3）领导职能。领导职能又称指挥职能，是指带领和指导组织成员去实现共同目标的各种活动的整个过程。领导职能有两个要点：

1）对组织的各个层次、各类人员的领导、沟通或指导。

2）协调组织内部各部门、组织成员和组织同外部各类利害关系集团之间的关系。

领导工作的核心和难点是调动组织成员的积极性，这就需要领导者运用科学地激励理论和领导方式。

领导职能属于执行性职能，它是实现企业目标和计划的必要条件。因为计划职能为企业经济活动确定了目标和实现目标的途径，组织职能为实现计划目标建立了有机联系的整体结构，这些都是企业生产经营管理的必要前提。但是，如果没有集中的指挥，没有统一的意志，即使有周密的计划、完善的组织，也不能使企业按既定目标良性运行。因此，管理必须具有领导职能，其作用在于：

1）传递信息。领导者通过下达各种信息，有效地引导被领导者实现目标计划。

2）提供动力。领导者运用多种领导方式，使企业上下团结一致，人际关系和谐，员工心情舒畅。

3）排除故障。领导者对企业在生产经营过程中出现的困难、矛盾及问题予以及时的指导、处理和解决。

（4）控制职能。控制职能是指检查、监督、确定组织活动的进展情况，纠正偏差，从而确保总的计划及组织目标得以实现的过程。控制工作一般涉及三个基本问题，即确定目标、衡量业绩和纠正偏差。

控制职能是管理职能的组成部分，它属于保障性职能。没有计划、组织、领导，也就无从实行控制；没有控制，则无法保障计划、组织、领导职能的实施。实现控制的必要前提是要有明确而完整的计划，否则就没有衡量的标准；要有组织机构，即确定由哪个部门或个人来采取检查、监督和调节措施，由谁来承担产生偏差的责任，否则就没有人履行控制职能；要有关于控制对象的及时而准确的信息，否则也无法控制。另一方面，实施控制职能，可以纠正计划、组织、领导职能在实践工作中的偏差，从而确保管理职能的实施及其成果与预期目标一致。控制职能有如下作用：

1）反馈信息。通过控制系统的信息反馈，不断接受企业内外部各方面的信息，使企业同经营环境相适应。

2）纠正偏差。综合性的管理控制，可以随时发现决策与计划中存在的问题，以便采取补救措施或进行必要的调整，从而尽可能减少损失，并为新决策与计划提供资料和依据，最终实现企业的经营目标。

3）提高效益。通过各种专项控制，使生产经营降低成本、质量改善，从而提高企业的经济效益。

（5）创新职能。为适应科学技术的高速发展和日益激烈的市场竞争，企业需要在产品上、技术上、管理上、经营上等方面不断创新，以实现企业的健康、快速发展。

上述职能是相互联系和相互促进的。在管理中要协调好各个管理职能，充分发挥各个管理职能的作用，以实现管理的目标。

1.2　企业管理组织和领导制度

扫一扫
线上听课

案例导入 1-8

木 桶 原 理

扫一扫查看案例导入 1-8

现代企业是一个有机体，为使企业协调而有效地运转，必须建立统一的、高效率的生产经营管理系统。管理组织机构是管理系统的硬件，各种权责制度（特别是企业领导制度）是管理系统的“软件”。精干的组织机构和完善的权责制度对实现管理职能、提高工作效率，起着重要的作用。

1.2.1　管理组织设计

企业管理组织设计是在企业目标已经确定的情况下，将实现目标所必须进行的各项业务活动加以分类组合，并根据管理幅度原理，划分出不同的管理层次和部门，将控制各类活动所必需的职权授予各层次、各部门的主管人员，以及规定这些层次和部门间的相互配合关系。企业管理组织设计的目的是建立一个适合于企业员工相互合作，发挥各自才能的良好环境，消除由于工作职责模糊而引起的各种冲突，使企业员工都能在各自的岗位上为实现组织的目标做出应有的贡献。

1.2.1.1 管理组织设计的一般原则

要建立一个完善的企业管理组织系统，在进行管理组织设计时，必须遵循以下一些基本原则：

（1）目标一致原则。设置每个组织机构都要服从企业管理目标的需要，并且上下目标要一致。要让企业的每个部门、每个人了解企业的总目标，并围绕目标计划自己的行动。同时，不能为了本部门的利益，影响总目标的实现，应动员全体职工为完成总目标而努力。

（2）集权与分权原则。大型企业要把重要的权力和方针、政策、制度的制定权及重要的人事任免权等集中在高层领导处，而把处置日常业务的一般权力授予下级管理人员。集权与分权的程度要根据领导与下属的素质及外部环境来决定。适当分权不仅可以使高层领导集中精力于重大决策，而且可以调动下级的积极性，发挥更多人的专长，增强企业的灵活性。

（3）统一指挥原则。指每一级生产行政部门或职能部门，都只能有一个最高行政主管，统一负责本级的全部工作，每个职位都必须有人负责，每一个职工只能有一个上级，只接受一个上级的命令和指挥，并对其负责。否则，多重领导、令出多门，就会造成下级无所适从，权力和纪律就会遭到严重破坏。

（4）管理幅度与管理层次原则。管理幅度是指一个领导有效管理下属的人数。管理层次是指一个企业组织机构分几个层次领导。管理幅度与管理层次有内在联系。在完成同样数量工作的情况下，管理幅度和管理层次的宽窄、大小是互为倒数的。

管理幅度一方面取决于管理者职务的复杂程度，另一方面取决于组织机构中管理层次和管理人员的数量。管理层次少，管理人员就少，管理幅度就宽；管理层次多，管理人员必然多，管理幅度就窄。因此，管理幅度有一定限度。什么是最佳的管理幅度，这取决于管理者和下属双方的能力、管理者承担非管理职务的多少、解决问题的复杂程度、新问题的发生率及下属分散的程度等因素。一般认为中上层领导的管理幅度要狭窄一些，以4~8人为宜；基层领导的管理幅度要宽一些，以10~15人为宜。

管理层次也受到管理人员、信息沟通的制约。管理层次多，不仅管理人员多、开支大，而且信息传递路线长、环节多、容易失误。管理层次一般以少为宜。目前，关于我国企业组织机构的管理层次，大中型企业为三四个层次，小型企业为两个层次。

（5）权责对等原则。企业中每一个机构都应按权责对等原则设置。有一定的职务应负担一定的责任，同时也享有相应的权力。责任是随权力而产生的，又是权力的对等物，拥有权力是为了更好地履行职责。责任与权力应该一致，每一个机构不应有权无责、有责无权或权责不相称，更要避免“因人设事”“因人设岗”。杜绝有责无权或有权无责的现象，使二者保持一致性。

（6）专业化原则。企业组织机构的设置，必须根据专业化原则进行分工，明确每一个部门及个人的职责。但分工要适当，既要考虑分工的专业化，又要从合作的角度来考虑把各种分工组合起来，即将类似的工作组合在一个部门，这样可以减少部门与部门、人与人之间的工作矛盾，提高工作效率。一般可根据目标和活动方式来组合部门，如产品型部门、顾客型部门、地区型部门、职能型部门、生产过程型部门及混合型部门等。究竟采取何种类型，应权衡利弊，加以选择。

（7）适应性原则。现代企业的组织机构必须对外部环境的变化有适应能力。由于内、外环境因素都在不断地发生变化，设计组织机构时要有一定的适应性，这样才能使组织机构适应不断变化的情况，又可达到相对的稳定性。当企业的内、外环境发生巨大变化时，则应重新设计与改革企业的组织机构。

总之，企业组织机构必须根据上述基本原则，结合企业的外界环境和内部条件加以设计，不断实践、不断总结、不断完善。

1.2.1.2　企业管理组织的结构形式

从管理的角度看，组织结构是指企业内的组织机构和机构之间从属、并列配置关系的组织形态。组织结构采取什么形式，其状况如何，对组织功能的发挥和管理目的的实现，与组织结构有着直接的影响。因此，选择适应企业的组织结构形式，对企业具有十分重要的意义。现代企业的组织结构有多种形式，各有其优缺点和具体适用范围。这里就主要的几种形式介绍如下。

A　直线制

所谓直线制，是指没有职能机构，从最高管理层到最基层，实行直线垂直领导。其优点是沟通迅速，指挥统一，责任明确；缺点是管理者负担过重，难以胜任复杂职能。该形式主要适用于小型企业。

直线制组织结构如图1-1所示。

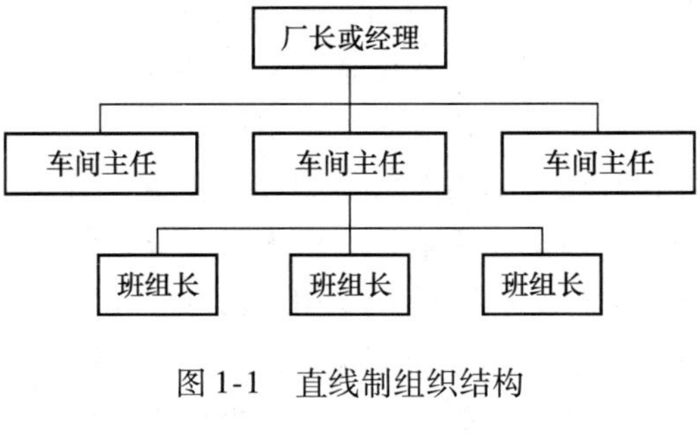

图1-1　直线制组织结构

B　职能制

所谓职能制，是指设置若干职能部门，并都有权在各自业务范围内向下级下达命令。职能制有利于专业管理职能的充分发挥，但会破坏统一指挥原则。很少有企业采用这种组织结构。

职能制组织结构如图1-2所示。

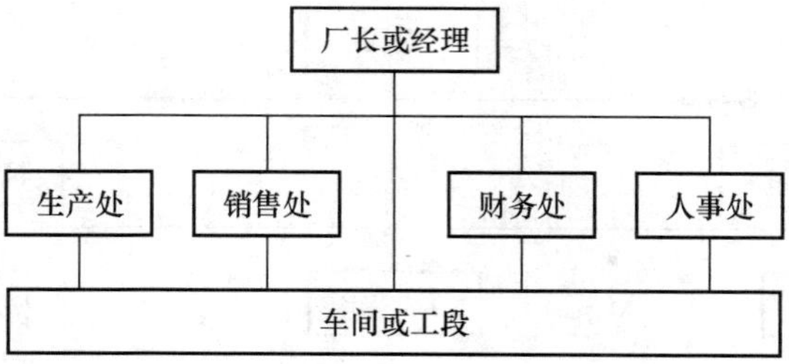

图 1-2 职能制组织结构

C 直线职能制

所谓直线职能制，是指既设置纵向的直线指挥系统，又设置横向的职能管理系统，以前者为主体建立的两维的管理组织。其既能保证组织的统一指挥，又能加强专业化管理。其缺点是直线人员与参谋人员关系难协调。目前绝大多数企业均采用这种组织模式。

直线职能制组织结构如图 1-3 所示。

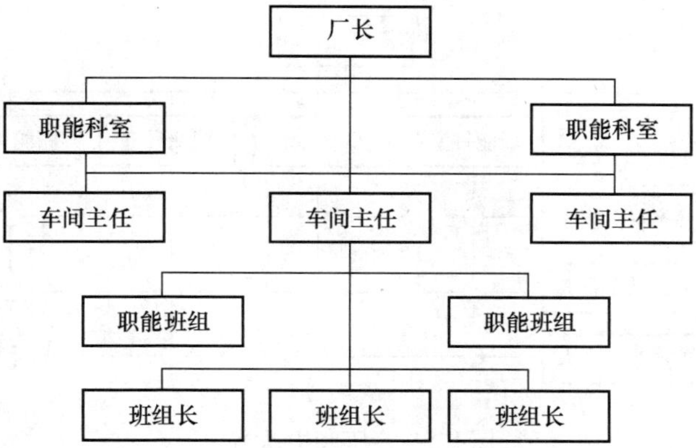

图 1-3 直线职能制组织结构

D 事业部制

所谓事业部制，是指在直线职能制框架基础上，设置独立核算、自主经营的事业部；在总公司领导下，统一政策，分散经营。它是一种分权化体制。事业部制有利于发挥事业部积极性和主动性，能更好地适应市场；集中公司高层思考战略问题；有利于培养综合管理人才。但该形式存在分权带来的不足，即指挥不灵、机构重叠；对管理者要求高。该形式主要适用于面对多个不同市场的大企业。

事业部制与直线职能制的本质差别在于：事业部体制中的事业部具有相当大的经营自主权，在总公司的领导下，独立面对市场进行自主经营；而直线职能制中的中层经营部门远没有这么大的经营自主权。划分事业部的标志主要按产品或地域划分事业部。

事业部制组织结构如图 1-4 所示。

E 矩阵制

所谓矩阵制，是指由按职能划分的纵向指挥系统与按产品、项目组成的横向系统结合而成的两维组织。其优点包括：纵横结合，有利于配合；人员组合富有弹性。但矩阵制会破坏命令统一原则。该形式主要适用于专项性、临时性任务。

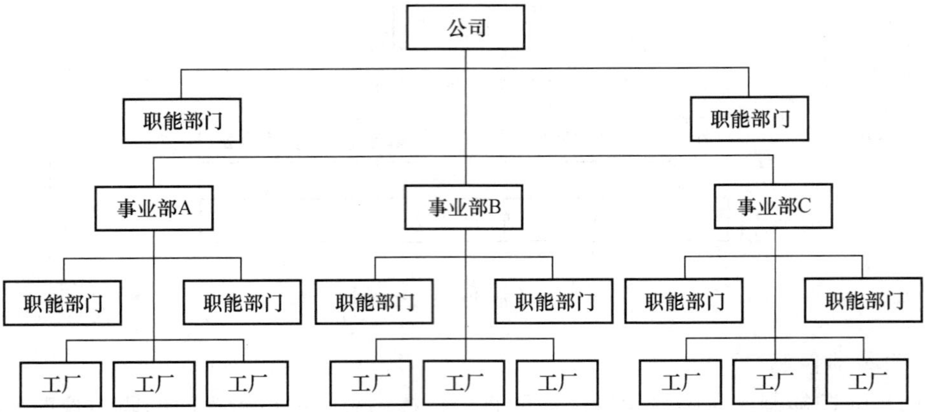

图 1-4　事业部制组织结构

矩阵制组织结构如图 1-5 所示。

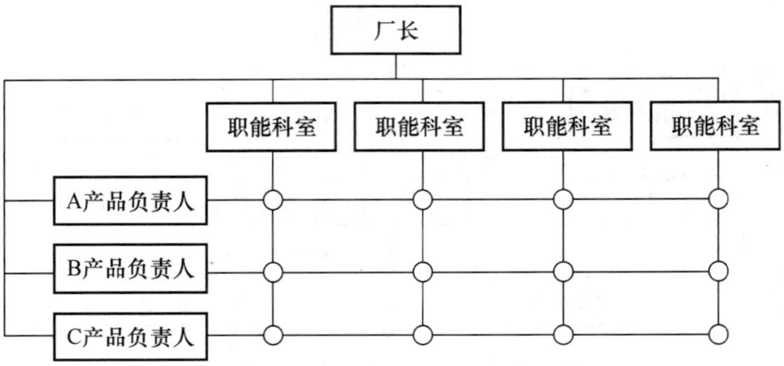

图 1-5　矩阵制组织结构

F　多维组织

多维制组织又称主体组织，是由直线指挥、专业职能指导、地区分布等多维因素构成的复合型组织模式。所谓“维”，是一个数学概念，只有纵向领导系统的管理组织称为一维结构。既有纵向又有横向领导系统的管理组织称为二维组织，二维组织只是平面结构。具有三维以上的结构，就构成了管理组织的立体结构。现实中，比较常见的是三维组织按专业划分职能部门，形成参谋机构。在矩阵制组织结构的基础上再加上其他内容，形成多维立体组织结构，例如在产品和职能部门之上再增加一个市场经理，就构成了三维立体组织。三维结构把产品事业部经理、地区经理和总公司的参谋部门三者的管理有机地统一和协调起来了。这是系统理论在管理组织中的具体应用。图 1-6 所示为按产品划分的事业部、按职能划分的管理机构和按地区划分的管理机构三个系统结合而成的组织结构。

该形式主要适用于跨国公司或规模巨大的跨地区性公司。

多维立体组织结构如图 1-6 所示。

G　虚拟企业结构

自 20 世纪 60 年代以来，企业所处的环境发生了根本性变化，市场需求日趋多变，技术进步突飞猛进。20 世纪 90 年代以来，随着科技进步和社会发展，世界经济发生了重大

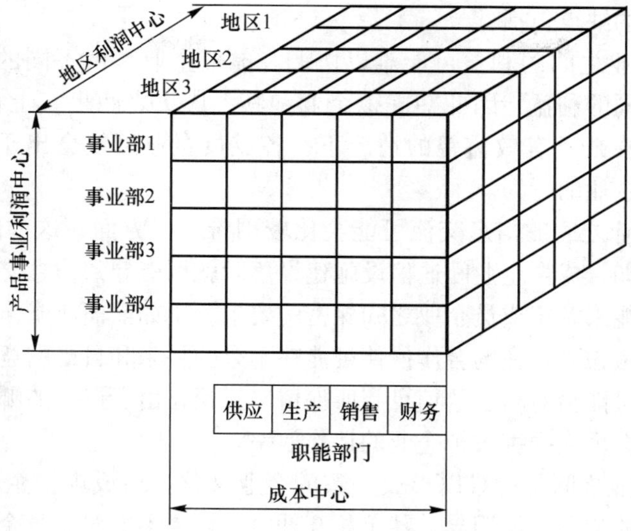

图1-6　多维立体组织结构

变化。人们根据自己生产、工作和生活需要，对产品的品种与规格、花色与式样等提出了多样化和个性化的要求，企业面对不断变化的市场，为求得生存与发展必须具有高度的柔性和快速反应能力。为此，现代企业向组织结构简单化、扁平化方向发展，于是就产生了能将知识、技术、资金、材料、市场和管理等资源联合起来的虚拟企业，如图1-7所示。

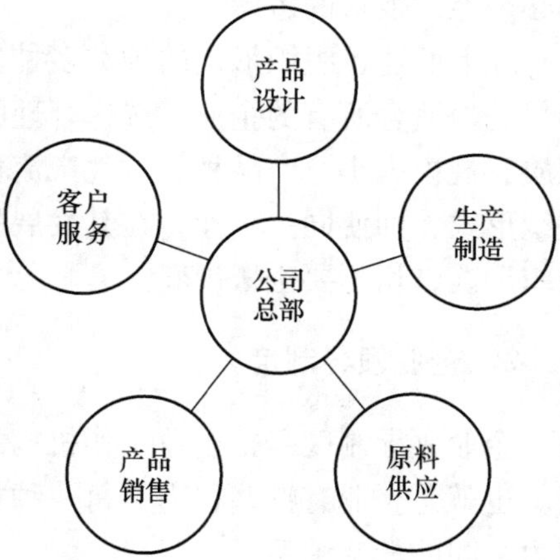

图1-7　虚拟企业组织结构

虚拟企业是指当市场出现新机遇时，具有不同资源与优势的企业为了共同开拓市场，共同对付其他的竞争者而组织的、建立在信息网络基础上的共享技术与信息，分担费用，联合开发的、互利的企业联盟体。虚拟企业的出现常常是参与联盟的企业追求一种完全靠自身能力达不到的超常目标，这种目标要高于企业用自身资源可以达到的限度。因此企业自发的要求突破自身的组织界限，必须与其他对此目标有共识的企业实现全方位的战略联盟，共建虚拟企业，才有可能实现这一目标。

虚拟企业结构的优点包括：

（1）虚拟企业的各成员间可以实现资源共享，优势互补，产品的开发时间短，单位成本低。

（2）虚拟企业组织方式灵活，可以快速响应市场变化，在短时间内即可研制出适应市场的产品，有效地满足了顾客的需求，并且企业还允许顾客亲自参与产品设计，对所需的产品功能可单独提出要求。

（3）虚拟企业各成员的核心竞争能力为互补关系，成员可充分发挥各自的技术优势，创造出高品质产品或提供最佳服务。

虚拟企业结构的缺点包括：

（1）各成员企业之间的利益可能难以协调。虚拟企业是由不同的企业组成的联盟，而各企业都拥有不同的利益，因此在虚拟企业和其各成员之间事实上存在着复杂的“委托—代理”关系。在缺乏有效监督的情况下，各成员企业可能会出于自身利益的需要，做出损害整个虚拟企业的行为。

（2）各成员企业之间的信息交流可能会比较困难。一方面，这种困难可能是来自技术方面的原因，例如，成员企业间通信设施建设落后就可能导致信息交流的不畅。另一方面，这种困难也可能来源于成员企业之间保密的要求。正如前面所指出的，虚拟企业的构成可能是短暂的。考虑到现在的合作伙伴可能在不久的将来和自己的竞争对手合作，虚拟企业的成员企业都可能会对自己的信息有所保留。无论是由于以上的哪种原因，成员企业之间交流的困难将会大大损害虚拟企业的运作效率。

（3）各成员企业之间可能难以形成一致的企业文化。组成虚报企业的各个成员企业原本的价值观和企业文化可能迥异，甚至相互冲突。如果不能对成员企业间的企业文化进行协调，就可能造成它们之间的合作不能顺利进行，严重时甚至会导致虚拟企业的解体。由于有以上问题的存在，企业在决定何时选择虚拟经营，选择怎样的业务进行虚拟经营时都必须经过慎重的考虑。

综上所述，组织形式的种类多种多样，而且仍在演变发展。然而，没有一种组织能尽善尽美地适合所有的企业。选择合理的组织形式必须从企业的实际出发，考虑企业的生产性质、规模大小、产品种类、生产流程以及市场环境等诸多因素。不同的企业需要不同的组织形式，即使同一企业，在其发展的不同时期，也要依据内外条件的变化，采用不同的组织形式，切不要生搬硬套。

1.2.2　企业领导制度

企业领导制度是指企业工作机构的设置和企业最高权力的划分、归属、制衡和运行制度。也就是企业有哪些权力，每一种权力由谁掌管，掌管者向谁负责，如何行使以及各种权力之间的相互关系。

在企业领导制度中，企业领导权是指通过组织赋予的与其职位、职责相称的，具有法定性质的权力。根据管理者所承担的职责范围，可以将领导权划分为做出决策的权力、为贯彻决策而发出适当命令和指示的权力以及进行监督的权力，它们分别简称为决策权、指挥权和监督权。这三种权力的分合、归属就构成企业领导制度的核心内容，它既要反映生产力的要求，又要符合国家政治体制和经济体制的要求。

厂长（经理）负责制相关内容请扫右侧二维码学习了解。

厂长（经理）负责制

公司制企业是现代企业的重要组织形式，其基本组织领导制度为公司董事会领导下的总经理负责制。这种制度按照决策权、经营权、监督权相互分离、相互制约的原则，依据公司章程，由股东大会、董事会及执行机关、监事会组成公司领导体系。股东大会代表资产所有者行使重大问题的决策权，董事会及其执行机关行使执行权，监事会行使监督权。

（1）股东大会。股东大会由全体股东组成，具有依法管理企业的各项权力，股东大会是公司的最高权力机关，即一切重大的人事任免和公司重大决策都要得到股东大会的认可和批准方才有效。

(2) 董事会及其执行机关。董事会是由董事组成的，设董事长一人，董事长为公司的法人代表，董事由股东和其他方面的代表组成。董事会是公司的经营决策机关，其职责是执行股东大会的决议，决定公司的生产经营决策、聘任或解聘公司经理等。

董事会下设总经理，总经理负责组织实施董事会的各项决议，负责公司的日常经营管理活动，对公司的生产经营进行全面领导，依照公司章程和董事会的授权行使职权，对董事会负责。

(3) 监事会。监事会是公司的监督机关，由股东和适当比例的公司职工代表组成，对股东大会负责。监事会依法和依照公司章程对董事会和总经理行使职权的活动进行监督，防止滥用职权。

股东大会、董事会和监事会等权力机关都有明确的权力和责任，并各司其职、相互联系、相互制约，有效地保障着企业经营决策的准确性、科学性；保障决策的正确执行；能较好地防止企业的决策在执行过程中的偏差和失误，维护投资人及企业的整体利益。其优越性表现在以下几方面：

(1) 具有体制的有效性。现代公司制企业的组织领导机关是董事会，它作为企业的一个集体决策集团，能很好地保证决策的科学化和民主化，避免个人主观专断和盲目决策，从而具备了实现企业高效运营的基本条件。公司制企业的经理层是由董事会挑选的既有精明强干的素质又有高超经营才能的人员组成，因为经理层要保持自己的高薪、职位及社会地位和名望等，所以是保障公司目标实现的巨大动力源泉。同时，股东既可以通过参加股东大会表决的方式来肯定或否定经理层的业绩，决定经理层的去留，也可以通过买卖本公司股票的方式来影响公司的决策和经理层的去留，因而形成对经理层全方位的约束。

(2) 具有领导的权威性。总经理是公司的首要高级管理人员，拥有通常授予公司首要管理人员的一切权力，以及董事会规定的其他权力，这充分保证了公司总经理的权威性，保证了企业统一领导原则的贯彻执行。

(3) 具有决策的集体性。现代公司制企业的重大决策由董事会做出，这是由一个领导集体做出的决策，表现为决策的集团化、民主化。同时，在公司周围，往往还聚集着一群咨询智囊人才，以集中集体的智慧和群众的意志，保证了决策的科学性、先进性。

(4) 具有执行的专职性。现代公司制企业决策的执行权由总经理一人全权负责，总经理助理也由其自主选择，保证了决策迅速、准确地贯彻执行。

(5) 具有广泛的职工参与性。现代公司制企业的职工绝大多数都持有本公司股份，这就把职工利益与企业利益捆在了一起，使他们与企业同呼吸共命运，因而使企业职工的参与意识不断强化，参与企业决策、管理、监督的能力也越来越强。

1.3 现代企业制度

1.3.1 现代企业

1.3.1.1 现代企业的特点

现代企业具有如下特点：

（1）所有者与经营者相分离。随着公司制成为现代企业的主要形式，由于公司以特有的方式吸引投资者，公司资本所有权出现多元化和分散化。同时，也由于公司规模的大型化和管理的复杂化，那种传统的所有权与经营权集于一身的管理体制再也不能适应生产经营的需要了，因此出现了所有权与经营权相分离的现代管理体制和管理组织。这是现代企业在管理体制上的本质特征。

（2）拥有现代先进技术。现代企业是在社会化大生产条件下产生的。它的最基本的标志是拥有现代技术，反映现代生产力的要求。古典企业与现代企业中生产力要素的集合方式的最显著区别就在于技术的作用的本质差别。技术在现代企业中的作用越来越重要，一直在发挥革命性的作用，主要表现在：

1）现代技术的采用，可以开发更多的资源，并可寻找替代资源来解决资源紧张问题。

2）具有较高技术水平和熟练程度的劳动者，以及使用较多高新技术的机器设备，可以使劳动生产率获得极大的提高。古典企业与现代企业的差别可用下式❶表示：

古典企业生产要素：土地 + 劳动力 + 资本 + 技术

现代企业生产要素：（土地 + 劳动力 + 资本）× 技术

注意：古典企业也称为传统企业，“土地”要素也称为“场地”要素。

（3）实现现代化的管理。现代企业的生产社会化程度空前提高，需要更加细致的劳动分工、更加密切的劳动合作、更加严格的计划控制，形成严密的科学管理。现代企业必须实施现代化管理，以适应现代生产力发展的客观要求，创造最佳的经济效益。

（4）股权结构的分散化与多元化。单个业主制企业与合伙制企业的股权是较为单一的。而现代企业的资本结构是分散化、多元化的。现代企业的投资主体不但数量多（如大量发行股票的上市公司），而且身份各异（从社会法人到公司员工均可成为股东）。这种资本结构，不但有利于企业更好地融资，而且也有利于企业法人的自主经营。

（5）企业规模呈扩张化趋势。现代企业的成长过程就是企业规模不断扩大、不断扩张的过程。现代企业具有较大的规模、实力和成长能力，这是和社会化大生产与现代市场经济要求相适应的一个特征。

只有具备以上五个方面特征的企业，才是现代化的企业。

1.3.1.2　现代企业的形态

公司制企业是现代企业的主体形态。规范的公司制企业基本具备现代企业的主要特征，它构成了现代企业的主体。当然，这绝不意味着当前社会上所有挂着公司招牌的企业都是现代企业，只有依照《公司法》，按照公司标准与规范建立起来的公司才是真正的现代企业。

股份有限公司是现代企业的典型形态。规范的股份有限公司，较为充分地体现了现代企业的各项要求，是现代企业的典型形态。

---

❶ 邓荣霖．现代企业制度概论［M］．北京：中国人民大学出版社，1995.

1.3.2 现代企业制度

1.3.2.1 现代企业制度的概念

现代企业制度是以企业产权制度为核心。以企业法人制度为基础，按照产权明晰、责权分明、政企分开、管理科学的要求，建立的有利于社会资源合理配置，企业能高度自主经营并承担有限责任的企业组织和运营管理制度。现代企业制度是企业制度创新的产物，它以完善的法人财产权为基础，以有限责任为基本特征，以专家为中心的法人治理结构为保证，以公司制为主要形态的企业制度。

现代企业一般不应按所有制性质来区分，而应按出资方式和出资者承担债务风险等法律责任的性质来划分。依据现代企业制度建立起来的有限责任公司是当今企业组织或制度的主流。

1.3.2.2 现代企业制度的基本内容

现代企业制度的基本内容主要有以下四方面。

(1) 产权制度是现代企业制度的核心。产权是指财产权，包括占有权、所有权、处置权和收益权等权利。现代企业制度主张终极所有权与法人财产权分离，即股东拥有公司股权，公司完全拥有法人财产权。现代企业制度既尊重股东的股权，也尊重公司的法人财产权。

(2) 企业法人制度是现代企业制度的基础。企业法人是得到法律承认，能以自己独立的人格化的组织名义，享有法律赋予的权利，也承担相应义务的经济组织。企业法人依法享有充分的经营自主权，并以其全部财产对其债务负责。

(3) 有限责任制度是现代企业制度的重要标志。有限责任制主要表现在，出资者只以其出资额为限对企业承担责任：企业以其全部资产对其债务承担责任。有限责任制度解除了出资人对无限责任的忧虑，形成了激励人们出资办企业的机制，有利于企业的发展。

(4) 公司企业是现代企业制度的典型形式。现代企业以公司企业为最主要的形式，而公司企业中最为典型的企业形式又是股份有限公司和有限责任公司。当然，还有其他企业形式也属于现代企业制度，人类社会在企业制度方面将会永不停息地探索。

1.3.2.3 现代企业制度的基本特征

现代企业制度的基本特征主要表现在：

(1) 产权明晰，即明确企业出资人与企业组织的基本财产关系。现代企业制度下，所有者与企业的关系变成了出资人与企业法人的关系。这种关系与其他企业制度下所有者与企业法人的关系的主要区别在于：将出资人所有权与企业法人财产权进行合理分解，使出资人与企业法人各自拥有独立的财产权利。

(2) 权责分明。权责分明是指在产权关系明晰的基础上，企业通过法律确立了出资人与企业法人各自应履行的义务和应承担的责任。出资人应履行的义务是必须依法向企业注入资本金，并在企业的正常存续期内不得随意撤回其出资，但可以依法转让。企业法人的义务是依法自主经营、自负盈亏，以独立的法人财产对其经营活动负责，以其全部资产对企业的债务承担责任。

(3) 政企分开。政企分开是指在产权明晰的基础上，实行企业与政府的职能分离，理顺政府与企业的关系。政府可以通过经济手段、法律手段对企业的生产经营活动进行调节、引导和监督，但不能直接干预企业的经营管理活动。企业是营利性的经济组织，是市场活动的主体，它必须按照价值规律办事，按照市场的要求进行生产经营。

(4) 管理科学。管理科学是指企业内部的管理制度必须既能体现市场经济的客观要求，又能体现社会化大生产的客观要求，形成决策权力机构、业务执行机构、监督机构这三者之间责权分明、相互分离、相互制约的权利运作系统。

1.3.3 现代企业制度下的国有企业党的建设❶

就现代企业制度而言，国有企业党组织的政治核心价值应当与企业法人的管理一致。不过从现状来看，一些企业党组织并不位于现代企业法人管理结构的权力主体之中，这就导致党组织所发挥的作用十分有限。因此，在现代化企业制度之下的国有企业党的建设工作之中，应当妥善将现代企业运营管理的机制与党组织作用发挥机制相结合，以充分发挥企业党组织的价值，促进现代企业的协调发展。

国有企业党的建设是一个囊括内容十分之多的重大主题，也是促进现代企业改革发展的必要途径，需与当前形势相一致，不断深化实践，加强探索，总结经验，提高党的建设的科学化水平。为了实现上述目标，就必须明确现代企业党委的职能定位，突出党委的政治核心价值，为广大党员引领方向，不断解放思想，实事求是，开拓进取。

1.3.3.1 现代企业制度下国有企业党建工作存在的问题

从当前的社会形势来看，现代企业之中的绝大多数国有企业均处于一个改革转型的阶段，这意味着企业的生产及经营活动会遭遇一定的困难和阻碍，故而不少国有企业会因势制宜，主动将工作重心向技术革新、产品研发及提升经济效益等方向进行转移。在这样的背景之下，国有企业的党建工作也就随之遭遇冷落，难以正常推进与深化，久而久之，国有企业对于党建工作的重视程度也就随之降低。这现象表现在，国有企业的党建工作得不到足够的政治支持，同时也乏有资金、人力及物力支持，甚至个别国有企业完全不将企业党建工作纳为企业议程之内，导致企业党建工作停滞不前。

从现代企业制度的视角来看，为数不少的国有企业仍是采取传统工作方法推动党建工作。传统方法固然有其可取之处，不过其实效性尚有待商榷。从实际形式来看，传统方法仍停留在对于国家方针策略的宣读，难以结合实际形式的变化对知识内容和工作理念予以适度的调整，同时也无法将企业经营管理现状与党建工作相结合。基于这点来看，传统党建工作方法无疑是落后的，无法与当前我国经济发展形势相适应，同时也不符合现代企业制度的基本需求，这就导致党建工作的作用受限。

❶ 本小节参考资料：习近平在全国国有企业党的建设工作会议上的讲话，新华网，2016 年 10 月 11 日；新华社评论员，牢牢抓住国企改革发展的根与魂，新华网，2016 年 10 月 11 日；中共中央组织部、国务院国资委党委，关于印发《关于贯彻落实全国国有企业党的建设工作会议精神重点任务》的通知。

1.3.3.2 现代企业制度下国有企业党建工作创新策略

A 完善党组织领导体系

通过建立切实可行的任期考核制度，以提高国有企业党组织民主性，确保党员均能积极参与到企业的管理工作之中，调动党员投入企业事务管理的热情。自步入21世纪以来，我国企业党组织民主制度虽得以逐步完善，不过仍存在一些弊端，其中以民主反映渠道缺失较为突出。从现阶段来看，国有企业管理体系虽然有了一定程度的改革创新，不过其作用较为有限。完善国有企业民主制度的核心在于健全制度，并充分考虑到制度的持续性、全面性、稳定性及根本性，综合上述性质进行设计。在国有企业的实践之中，可将任期考核作为基本制度，使国有企业党组织领导体系渐趋合理，同时结合企业实际情况，对其工作经验进行总结分析，建立健全良好的工作制度。在进行人才选拔时，应当站在全局的角度，做到统筹兼顾，以党组织核心价值及企业利益为基准，选拔优秀的工作人员。

B 完善党组织监督体系

近些年来，我国党中央不断深化改革，已经建立了较为全面的监督体系，为完善企业监督机制奠定了基础。不过，就实际情况而言，国有企业监督制度尚存一系列问题，未得以切实解决。国有企业监督机制始终处于一个较为被动的地位，企业内部也存在不少思想观念腐朽落后的人员。他们虽然也是党员，不过其思想及行为上缺乏积极性和先进性，导致改革执行效率大幅下滑。党委虽然是国有企业的引导人，不过国有企业内部的发展无法与理论建设等同，企业的发展务必保持灵活性。而一旦灵活性得不到有效的调控，那么势必与企业监管工作造成冲突，这就导致高效监督系统渐渐失去其约束力。当然，我们必须承认国有企业内部存在不少作风硬朗、思想积极的优秀党员，不过由于这些党员也是企业的职工，故而并不具备监督的权力，也乏有越级举报的手段，导致企业内部的凝聚力大幅下滑。而对于企业内部的那些消极分子，党委成员应当密切观察，积极审核。而在党员考核工作之中，应当成立民主监督机构，充分发挥基层劳动人员及党员的积极作用，将投票表决和差额选举作为基本方式，使党代表成为党组织及人民群众之间的桥梁，切实纠正企业发展过程之中所暴露的问题，确保国有企业的纯洁性，提升国有企业经营发展过程之中的活力，使国有企业内部趋于团结，为企业持续性发展做出更大的贡献。

C 实施责任目标阶段计划，严格选拔企业人才

在国有企业转型改革工作之中，势必伴随着各个领导层的变化。在现代化企业制度之下，领导层均有较为繁重的任务及较大的权力，如何应对国有企业经营管理工作之中的压力，谋划企业发展方向，提高工作效率，提升领导班子的党建工作水平，则是当下需要思考的问题。在党务交流会议上，应做到不保留、不畏怯，积极陈述自己的看法，提高党建工作的有序性，同时树立良好的个人形象，为国有企业广大员工发挥模范带头作用。在国有企业创新体制的建设过程之中，人才的选拔任用是关键性内容，选拔任用的人才必须具备扎实的业务能力、丰富的学识及较强的创新能力。因此，领导班子在人才选拔任用过程之中，应当严格标准，慎重对待。

2016年10月10—11日，全国国有企业党的建设工作会议在北京召开。习近平总书记在会上，对国有企业坚持党的领导、加强党的建设做出重大部署，在国资国企改革发展史上具有里程碑意义。习近平总书记的重要讲话，站在时代和全局的高度，深刻回答了国

有企业还要不要加强党的建设、怎样加强党的建设等一系列重大理论和实践问题，深刻阐明了为什么要做强做优做大国有企业、怎样做强做优做大国有企业这个重大时代命题，为坚定不移做强做优做大国有企业提供了总依据，为扎实做好国资国企改革发展和党的建设各项工作注入了强大动力。

2016 年 10 月 31 日，中共中央组织部、国务院国资委党委下发《关于印发〈关于贯彻落实全国国有企业党的建设工作会议精神重点任务〉的通知》，明确提出了国有企业党建工作的 30 项重点任务。

站在现代化企业视角之下，国有企业党建工作必须与企业的发展保持一致的步调，不断积极更新观念，实现国有企业党建工作内容及其方法的持续化创新，将党建工作与企业生产经营活动相结合，并充分考虑广大职工的思想实际，做到集思广益，确保国有企业党建工作管理机制的科学性及实效性，实时评估国有企业内外环境，对国有企业党建工作的策略进行动态调整，切实提高党建工作的质量，使党组织在国有企业发展过程之中起到引领作用，从根本上促进党建工作的发展，为我国国有企业党建工作开辟新的局面，并为国有企业的稳定发展奠定坚实的基础。

“坚持党对国有企业的领导不动摇，发挥企业党组织的领导核心和政治核心作用。”“坚持党的领导、加强党的建设，是我国国有企业的光荣传统，是国有企业的‘根’和‘魂’，是我国国有企业的独特优势。”

1.3.4　股份制企业党的建设[1]

在经济体制不断改革的背景下，股份制企业的发展进程加快，也带动了企业经营管理机制发生相应改变。股份制企业加强党建工作对企业的健康发展有着重要的促进作用，所以企业应认真分析企业在党建工作中面临的问题，并找出有效的对策，以此来提高股份制企业的党建水平。

1.3.4.1　党建工作在股份制企业中的作用

A　有助于坚持和加强党的全面领导

在股份制企业中开展党建工作，能够坚持和加强党的全面领导。我国取得的伟大成就，离不开中国共产党的领导。所以股份制企业应将党建工作置于首位，不断加强企业在党建方面的建设。股份制企业通过加强党建工作，能够充分发挥党组织的政治核心作用，是企业稳定发展的政治保障，同时，党建工作的开展可对企业干部的行为举止加以规范，能够有效提高企业的战斗能力及团队的凝聚力。

B　有助于推动党风廉政建设

在党建工作中，党风廉政建设成为企业工作中的重点内容，只有加强企业内部对党员的思想教育，发扬中国共产党的优良传统，树立群众观点，坚持走群众路线，提升股份制企业内部对党建工作的重视程度，并积极引导企业员工自身具备廉洁观念，从而更好地为企业发展贡献力量。

---

[1] 蒙格珍. 股份制企业党建工作面临的问题及解决对策［J］. 知识力量，2019，12（58）.

C 能够促进企业健康发展

企业是社会主义市场经济中的重要组成部分，所以企业的发展直接影响着国民经济的发展状况。股份制企业加强党建工作，能够使企业内部在经营过程中更加规范化、标准化，做到依法经营，也能够提高企业领导的责任心及奉献意识，股份制企业的党建工作可以借助企业党组织的力量，从而加强企业内部的党建氛围，使企业健康发展。

1.3.4.2 股份制企业党建工作中面临的问题

A 认识方面

一方面，一些企业的领导和员工对党建工作的认识不到位，经常认为企业实行股份制，能够进行市场经济，弱化企业的党组织工作。这种情况下，直接增加了股份制企业开展党建工作的难度。另一方面，部分企业的党组织在实行股份制后，不明确自身的职责，在新形势下不知道如何开展企业的党建工作。

B 组织方面

首先，党组织被精简化。部分企业以降低成本为由头，在精简管理机构时，将党组织纳入其中，或者将党建工作中涉及的杂务推给行政部门。其次，党组织浮于表面。部分股份制企业虽然设置了党委，但是下属的支部没有支部书记，也没有支部委员，使得党支部在企业中只处于挂名的状态，没有组织任何党建活动。最后，党员干部流失严重。由于长期不开展党务工作，部分党员干部不够了解党务工作内容，所以在推选时经常落选，甚至在部分企业中，经常出现党员干部流失的情况。

C 管理方面

部分上级党组织不够重视股份制企业的党建工作，不仅没有责任制度，也没有考核制度，导致股份制企业的党建工作在管理上出现混乱的局面。首先，部分股份制企业的党员组织生活不规律。企业的党支部没有坚持“三会一课”制度，一些党支部长期不开展党课和党员大会等，或者党支部的组织生活质量不高，经常流于形式。其次，党员之间缺乏约束。党建工作中开展的组织活动较少，对党员干部的约束力度不足，部分党员缺乏自觉性，容易出现散漫、懈怠现象。最后，党员的发展工作较滞后。部分企业的党组织没有制订发展党员的计划，大大削弱了股份制企业党组织的力量，阻碍了党建工作的开展。

1.3.4.3 提高股份制企业党建工作水平的对策

为了能够做好股份制企业的党建工作，企业需要抓住股份制企业中党建工作的思路，以此来提高企业党建工作的水平，为企业的健康持续发展奠定良好的基础。

A 提高认识度

提高股份制企业对党建工作的重视度，积极正确引导，并通过有效的途径，加大宣传党建工作对企业发展的重要性，强调党建工作的意义，使企业领导深层次认识并加强企业的党建工作。另外，股份制企业的党组织及党员应根据股份制企业的特点，大胆创新，积极探索，坚持和强化党组织建设，从而带领股份制企业提高党建工作水平。

B 营造良好党建工作氛围

对于股份制企业党建工作来讲，良好的工作氛围及企业文化，在提升创造力和凝聚力方面发挥着重要作用，这就需要注重党建工作氛围与文化的构建。股份制企业需借助科学文化使思想得到提升，以技术、管理及经济工作为引领，及时学习先进的党建思想与方法，在企业内部形成良好的工作氛围，注重文化建设，坚定政治立场，立足于当下企业实际发展情况，科学分析其中存在的问题，提高党员的党性修养，坚守社会公德、职业道德和个人品德。

C　制定党建工作新规范

首先，按照股份制企业开展的党建工作的特点建立工作体系，从而形成层次分明、配合协调的运行机制，改变企业中党组织松散现状。例如，制定不同股权结构的党组织进行决策，充分发挥出政治核心作用。再次，制定党建工作的绩效考核制度，尤其是对于国有股份制企业来说，党建工作不仅起到政治保证的作用，还与企业的经营管理相联系，所以企业应在开展党建工作过程中，制定完善的绩效考核制度，激发党员的积极性，强化党支部的战斗堡垒作用。最后，建立保障体系，加强监督工作，对于企业中出现的不规范行为等进行管控，重点监察企业的财务情况及经营者的审计制度。

党建工作是企业实行科学管理的重要内容，也是企业提高竞争力的重要因素。因此，股份制企业应该强化内部的党建工作，增强企业对党建工作的重视度，积极开展党建活动，并要求党员参与，进一步推动企业的健康持续发展。

本章小结

企业是以营利为目的，自主经营、自负盈亏、依法设立的经济组织。按照财产的组织形式和所承担的法律责任不同，企业通常分为三类：独资企业、合伙企业和公司制企业。公司是法人企业以“合资”为特征，特别在负有限责任方面与前两种自然人企业有显著的不同。我国《公司法》将公司分为有限责任公司和股份有限公司。现代企业制度是产权清晰、责任明确、政企分开、管理科学的企业制度。公司是现代企业制度的主要形式。

虚拟企业是一种全新的企业组织和运行模式。企业在这样的组织形式下运作，仅保留最关键的功能组织，其他功能组织则以各种方式借用外力将其虚拟化，管理决策的重点在于进行整合聚变，创造出超过企业自身力量的竞争优势。

管理是通过计划、组织、控制、激励和领导等环节，协调人力、物力和财力资源以期高效率地达到组织目标的过程。一般认为计划、组织、领导、控制是管理的四种职能。

管理作为一门科学产生于19世纪末20世纪初。科学管理理论是人类第一次运用科学的、系统的方法来讨论管理问题，所以又叫作古典或经典管理理论，包括美国泰勒的科学管理理论、法国法约尔的一般管理理论和德国韦伯的行政组织体系理论。现代管理理论产生于20世纪20年代末期，它力图克服古典管理理论的弱点，重视人的因素，重视社会、心理因素对人们的影响，强调把现代科学技术新成果用于管理，以做出准确的决策。

企业的人、财、物、信息等资源，要通过组织领导，才能形成现实生产力。要建立一个完善的企业管理组织系统，在进行企业管理组织设计时，必须遵循目标一致、集权与分权、统一指挥、权责对等、专业化原则、适应性等原则。现代企业的组织结构有多种形式，各有其优缺点和具体的适用范围，主要的几种形式有直线制、职能制、直线一职能制、事业部制和矩阵制等。

项目实战

组建虚拟企业

（1）项目名称：组建虚拟企业。

（2）实施步骤：

1）CEO组织本公司全体成员共同讨论，确定公司成立的各项内容（如企业名称、主营业务、品牌logo、现状、规模、行业地位等）。

2）CEO到台前汇报设计成果。

3）各公司互评打分。

4）教师总结点评。

项目实战模版

扫一扫查看项目实战模版

同步测试

1-1 单项选择题

（1）员工因公出差，必须先由直接主管签字，再由财务主管签字，才能到财务室报账，这属于（　　）管理职能。

A. 计划　　B. 组织　　C. 领导　　D. 控制

（2）通过管理提高效益需要一段时间过程，这表明管理学是一门（　　）。

A. 软科学　　B. 硬科学　　C. 应用性学科　　D. 定量化学科

（3）“凡事预则立，不预则废。”，这反映了管理的（　　）职能。

A. 计划　　B. 控制　　C. 组织　　D. 领导

（4）对管理系统中各项工作和各种关系有着决定性影响的是（　　）。

A. 管理手段　　B. 管理目标　　C. 管理者　　D. 管理对象

（5）下列（　　）不是直线职能型的优点。

A. 避免多头领导　　B. 横向联系好，便于部门之间的协作

C. 责任明确、决策迅速　　D. 能发挥专家业务管理作用

(6) 下列（　　）组织最适宜采用矩阵式组织结构

A. 医院　　B. 学校

C. 电视剧制作中心　　D. 汽车制造厂

(7) 中国古代名相管仲治理齐国时，指令三十户为一邑，每一邑设一司官；十邑为卒，每辛设一卒师；十卒为一乡，每乡设一乡师；十乡为一县，每县设县师；十县为一属，每属设一大夫；全国共五属，设五大夫，直接归中央指挥。这种组织结构为何种形式，其管理层次为（　　）。

A. 直线制，管理层次为7　　B. 直线制，管理层次为8

C. 直线职能制，管理层次为7　　D. 直线职能制，管理层次为8

1-2　判断题

(1) 管理幅度就是一个领导者所领导的下级人员的数目。（　　）

(2) 直线型组织结构中只存在直线关系，没有参谋关系。（　　）

(3) 矩阵结构违背了统一指挥原则。（　　）

(4) 事业部型组织结构的缺点之一是存在多头领导。（　　）

(5) 计划越模糊，给基层自由度越大，上级管理幅度也就越大。（　　）

1-3　简答题

(1) 什么是企业，它有哪些特征?

(2) 企业管理经历了什么样的发展过程，泰罗科学管理理论的主要思想和内容是什么?

(3) 企业管理的职能有哪些?

(4) 管理组织设计的一般原则是什么，企业管理组织结构有哪些形式?

(5) 什么是企业制度，什么是现代企业制度?

1-4　案例分析题

你认为哪位厂长的观点更有道理?

在一个企业管理经验交流会上，有两个厂长分别阐述了他们对如何进行有效管理的看法。

A厂长认为，企业首要的资产是员工，只有员工们都把企业当成自己的家，都把个人的命运与企业的命运联系在一起，才能充分发挥他们的智慧和力量为企业服务。因此，管理者有什么问题，都应该与员工商量解决；平时要注重对员工需求的分析，有针对性地给员工提供学习、娱乐的机会和条件；每月的黑板报上应公布当月过生日的员工姓名，并祝愿他们生日快乐；哪位员工生儿育女，厂里派车接送，厂长亲自送上贺礼。在A厂，员工普遍把企业当成自己的家，全心全意为企业服务，工厂日益兴旺发达。

B厂长则认为，只有实行严格的管理才能保证实现企业目标所必须开展的各项活动的顺利进行。因此，企业要制定严格的规章制度和岗位责任制，建立严密的控制体系；注重上岗培训；实行计件工资制等。在B厂，员工们都非常注意遵守规章制度，努力工作以完成任务，工厂发展迅速。

问题讨论：

你认为哪位厂长的观点更有道理，为什么？

扫一扫查看同步测试参考答案

2 企业战略管理

扫一扫查看
本章课件

教学目标

（1）知识目标：掌握企业战略的含义及构成要素、企业战略管理的含义、企业战略管理的原则和企业总体战略决策的内容；了解企业战略的层次、经营决策的程序、构成；学习不确定型决策方法所依据的三种准则。

（2）能力目标：能够使用正确的方法做出确定型决策；能够使用决策树法做出风险型决策；能够使用正确的方法做出不确定型决策等；具有对不同企业发展战略案例分析能力。

（3）思政目标：把党的二十大精神融入现代企业管理教学实践中，理解国家发展战略与企业发展战略之间的关系，培养学生爱国精神、创新意识和战略思维，提升社会责任感，提升学生对习近平新时代中国特色社会主义理论指导下企业战略管理理论的认知高度。

战略管理作为一门学科，诞生于20世纪60年代，自此，战略管理成为企业管理中不可缺少的一部分。企业管理的所有问题若不首先提升到战略的高度进行把握，便会失去解决的方向。

企业要在激烈的市场竞争中求生存谋发展，就必须主动地从实际出发，对企业的未来做出总体运筹和谋划，制定并实施企业的长远规划和发展战略。企业战略管理是企业最为重要的任务。

本章着重从企业战略的含义出发，对企业战略管理的一般问题、企业战略管理的过程、企业总体战略决策以及企业经营决策等问题进行阐述。

案例导入 2-1

方向不可走错[1]

扫一扫查看案例导入 2-1

[1] 广通．经典管理故事全集［M］．北京：地震出版社，2005：121～122.

2.1　企业战略概述

扫一扫
线上听课

案例导入 2-2

“巨人”的倒塌

巨人集团曾经是一个红遍全国的知名企业，历经不到 2 年就成为销售额近 4 亿元，利税近 5000 万元，员工达 2000 多人的大企业，同样历经不到 4 年就如同泡沫式的破裂了。时至今日，虽然巨人的巨变已经过去了 20 年，但它为商界提供了避免类似个案再次重演的样板，所以仍然具有值得研究和学习的价值。

启示：战略是企业发展的航道和指南针，不理智、不科学的战略将引领企业走向“滑铁卢”。

2.1.1　企业战略的含义

2.1.1.1　战略

战略思想自人类社会诞生之日起即已出现，并且广泛应用于各种政治、经济尤其是军事活动中。战略，古称韬略，原为军事用语。顾名思义，战，是战争、战斗；略，是方略、策略。战略就是对战争全局的筹划，就是对作战的谋略。战略最初多应用于军事领域。《孙子兵法》《三国演义》等就是世界著名的军事战略杰作。战略的本义是指基于对战争全局的分析而做出的谋划。军事实践已经证明了战争的胜负首先取决于战略的正确与否。

总之，战略是组织对有关全局性、长远性重大问题的纲领性谋划和决策。

2.1.1.2　企业战略

激烈的市场竞争和企业管理实践的发展，使企业经营者更注重从战略上思考和把握企业的经营活动。

关于企业战略，不同的学者具有不同的观点。彼得·德鲁克认为，战略就是管理者找出企业所拥有的资源并在此基础上决定企业应该做什么；钱德勒认为，战略是确定企业基本长期目标，选择行动途径和为实现这些目标进行资源分配；奎因认为，战略是一种模式或计划。

总结学者们的观点，企业战略是指企业在激烈的竞争环境中，根据市场的变化因素、自身的客观条件和潜能，在总结经验、调查现状和预测未来的基础上，为谋求生存和发展，寻找和制定的对将来一定时期内全局性的经营活动的理念、目标以及资源和力量的总体部署与规划。这可以从四个方面理解，具体如下：

（1）战略不是临时的权宜之计，它在一定历史时期具有稳定性。

（2）战略不是对企业局部活动的反映与策划，而是对企业全局性活动的反映与策划：即使是局部性的问题，也涉及全局，必须提升到全局的高度来处理。

（3）战略的内容包括战略理念、战略定位、战略使命、战略目标、资源配置和信息整合等。

（4）战略是企业的总体部署、总体规划。

战略具有全局性、长期性、稳定性、指导性、前瞻性、系统性、抗风险性和实践性等特点。战略能够保证企业和决策者始终保持明确的前进方向，指导、评估和监控具体政策和计划，对企业资源进行有效的整合和部署，提高企业和经营者参与市场竞争和推进企业发展的自觉性。

简而言之，企业战略就是指一个企业为了实现其长远目标和重要使命而做出的长期谋划。

2.1.2 企业战略的构成要素

企业战略一般由四种要素构成，即产品与市场范围、增长向量、竞争优势和协同作用。这四种要素可以产生活力，成为企业的共同经营主线。

2.1.2.1 产品与市场范围

产品与市场范围说明企业属于什么特定行业和领域。它主要解决两个方面的问题：一是企业目前所处的经营领域是否有充足的机会，在所处行业中产品与市场的地位是否占有优势，能否保证企业的生存和发展，因而对是否仍然处于这一经营领域做出决策；二是企业应进入哪种经营领域，以获得充分发展的空间。为了清楚地表达企业的共同经营主线，产品与市场的范围常常需要分行业来描述。

2.1.2.2 增长向量

增长向量又可称为成长方向，它规定了企业在产品和市场结合方面的移动方向，即企业的经营运行方向，而不涉及企业目前产品与市场的态势。这种移动是由现有产品和新产品、现有市场和新市场两个方面，四种可供选择的组合所显示的。

A 市场渗透

市场渗透是通过目前的产品与市场份额的增长达到企业成长的目的。其要点在于扩大现有产品的销售量。其主要方法有：

（1）扩大产品使用者的数量。

（2）扩大产品使用者的使用频率。

（3）改进现有产品的特性，以吸引新用户。

B 市场开发

市场开发是为企业产品寻找新的消费群，使产品承担新的使命，以此作为企业成长的方向。其主要包括两个方面：

（1）扩大市场，即企业在巩固原有市场基础上想方设法使产品从某一地区走向全国，甚至打入国际市场。

（2）挖潜原有市场，即主要根据消费者的需求，对产品结构、性能等方面的因素进行改进或提高。

C 产品开发

产品开发是创造新产品，以逐步替代现有产品，从而保持企业成长的态势。其重点虽然是原有的目标市场，但是由于企业产品的性能有了显著提高，市场开拓能力迅速得以提高。

D 多种经营

多种经营是用新开发的产品去占领新开拓的市场。对于企业来讲，它的产品与使命都是新的，即企业进入了一个新的经营领域。为此，企业要处理好两个关系：首先，要处理好长期利益与短期利益的关系，要有战略眼光，深入研究应采用哪种类型的多种经营或多样化战略；其次，要处理好多样化经营与专业化生产的关系。

2.1.2.3 竞争优势

企业在市场竞争中与竞争对手激烈对抗的胜负关键在于谁拥有较大的竞争优势。竞争优势说明了企业所寻求的、表明企业某一产品与市场组合的特殊属性，凭借这种属性可以为企业带来强有力的竞争优势。一个企业要获得竞争优势，或寻求兼并，谋求在新行业或原行业中获得重要地位；或者企业设置并保持防止竞争对手进入的障碍与壁垒；或者进行产品技术开发，产生具有突破性的产品，以替代旧产品。

上述三种要素描述了企业在外部环境里的产品与市场道路，而第四种要素则是从企业内部的协调方面考虑。

2.1.2.4 协同作用

协同作用是指企业在战略的制定和实施过程中，必须努力寻求各种类型的共同努力。它指明了一种联合作用的效果。

安索夫[1]指出，协同作用涉及企业与其新产品和市场项目相结合所需要的特征。在管理文献中，协同作用常常被描述为“1+1>2”的效果，这意味着企业内各经营单位联合起来所产生的效益大于各个经营单位各自努力所创造的效益总和。协同作用划分为以下四种类型：

（1）销售协同作用。这种作用产生于企业产品所有共同的销售资源，即企业各种产品使用共同的销售渠道、仓库等。

（2）作业协同作用。这种作用产生于企业利用已有的人员和设备，共享由经验曲线产生的优势等，即企业内分摊间接费用、分享共同的经验曲线。

（3）投资协同作用。这种作用产生于企业内各个经营单位联合利用企业的设备、共同的原材料储备、共同研究开发的新产品，以及分享企业专用的工具和专有技术。

（4）管理协同作用。即在一个经营单位里运用另一个单位的管理经验与专门技能。这种协同作用是贯穿于上面三种协同作用之中的、涉及企业素质和能力的核心协同作用。

2.1.3 企业战略的层次

企业战略可分为总体战略、竞争战略、职能战略和经营运作战略。图 2-1 所示的是企

[1] 伊戈尔·安索夫（H Igor Ansoff）：战略管理之父；生于1918年，卒于2002年7月；出生地：符拉迪沃斯托克。

业战略金字塔。

2.1.3.1　总体战略

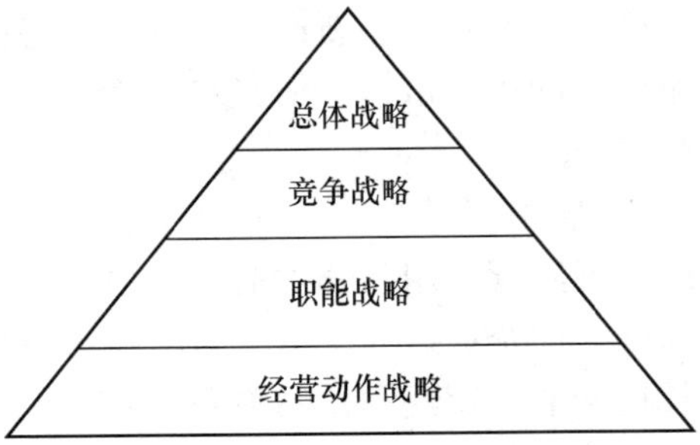

图 2-1　企业战略金字塔[1]

总体战略又称公司战略，处于企业战略金字塔最顶端，是企业战略中最高层次的战略，是整个企业的战略总纲，是指导和控制企业一切行为的最高行动纲领。其主要包括企业的发展愿景、使命、战略理念和总体规划等内容。

企业总体战略决定了企业的目标、重大的方针和计划、企业经营业务的类型、人文组织的类型以及应对企业利益相关者做出的贡献。

企业总体战略主要回答企业应该在哪些经营领域里进行生产经营活动的问题。从战略的构成要素作用来看，经营范围和资源配置是企业总体战略中的主要因素。

总体战略是企业的总纲，是企业自高管理层指导和控制企业一切行为的最高行动纲领。企业总体战略的选择必须由企业的最高领导层亲自负责。企业总体战略选择主要考虑的因素有：企业是否集中从事现有业务，相关业务的经营是否还要涉足于其他产业；企业是否进行扩张，如果扩张，是通过内部发展还是通过外部收购、合并或经营来实现；企业是否需要进行防御，以便收回更多投资或防止遭受更大的损失等。

从发展状态来说，企业总体战略又可分为一体化战略、加强型战略、多元化战略、并购战略和防御战略五种类型等。

2.1.3.2　竞争战略

竞争战略也称业务战略，位于企业战略金字塔的第二层，主要是指企业产品或服务参与市场竞争的方向、目标、方针及策略。其主要是针对不断变化的外部环境，在各自的经营领域里有效地开展竞争。

最具代表性的是迈克尔·波特教授的三种基本的竞争战略，即成本领先战略、差异化战略和集中化战略。

为了保持企业的竞争优势，各个经营单位要有效地控制资源的配置和使用，各个经营单位战略要协调各职能层次的战略，使之成为一个统一的整体。

随着企业内外部环境不断发生变化，企业的竞争战略有了新发展，如全面质量管理、品牌战略、大规模定制战略、战略联盟、时基竞争战略和产业制胜战略。竞争战略的选择是企业参与竞争的基础，也是企业参与竞争成败与否的关键所在。

2.1.3.3　职能战略

职能战略位于企业战略金字塔的第三层，主要是指为了实现企业的总体战略和竞争战略而对企业内部的各项关键职能活动做出的统筹安排。职能战略是企业总体战略和竞争战

---

[1] 揭筱纹．战略管理——概论、案例与分［M］．北京：清华大学出版社，2009.

略在各个专业职能方面的具体化，以指导各项具体业务决策，为实施以上两个层次的战略服务。也就是说，职能战略是企业内部主要职能部门的短期战略计划，使职能部门的管理人员可以更加清楚地认识到本职部门在实施企业总体战略中的责任和要求，有效地运用营销、研究开发、人力资源、财务、生产等方面的经营职能，保证实现企业目标。企业职能战略一般可以分为营销战略、研究开发战略、人力资源战略、财务战略、生产战略等。企业职能战略的重点是提高企业资源的利用率，使企业资源的利用率达到最大化。

2.1.3.4 经营运作战略

经营运作战略位于企业战略金字塔最底层，是指企业各生产厂的运作策略和战术以及企业各事业部、区域市场的运作策略和战术。

企业战略四层次之间存在着相互联系、相互影响、相互制约、相互协调、相互促进的关系。四者一起构成了企业战略体系，而每一个战略层次又都构成了其他战略层次的环境。任何一个战略层次的失误，都会导致企业战略无法达到预期目的。只有企业战略的各个层次相互协调一致，才能最有效地贯彻与实施企业战略。

2.2 企业战略管理的一般问题

2.2.1 企业战略管理的含义

2.2.1.1 战略管理的含义

战略与战略管理既有区别又有联系：前者是一个静态的概念，是战略管理的对象；而后者则是一个动态的概念，是对战略的管理过程。

战略管理是组织制定、实施和评价使组织达到其目标的、跨功能决策的艺术和方法。具体来讲，战略管理主要包括战略的制定、战略的实施及战略的评价和控制三个部分构成的企业管理过程以及相应的方法和技术。

战略管理是管理实践和管理科学发展到一定阶段的产物，是管理理论和思想在更高层次上的升华与总结，它不是与营销管理、生产管理、人力资源管理和财务管理等同的职能技术层面上的管理。与科学管理方式、行为科学管理方式相比，战略管理更着眼于企业宏观、整体和未来的管理实践活动，追求企业的持续发展；更侧重于创建初期企业资源的整合和核心能力的培养，更能从整体和全局上关注企业的生产效率、员工的生产积极性等细节问题。因此，战略管理不是职能管理，而是一种系统管理，战略管理能够统率其他管理，是整个企业的“宪法管理”，其他管理将服务和统一于企业的战略管理，与战略管理匹配、保持一致，任何与企业的战略管理相矛盾的其他管理活动都是不可接受的。

2.2.1.2 企业战略管理的含义

企业战略管理有广义与狭义之分。广义的企业战略管理是指对整个企业进行管理，它是将企业日常业务决策同长期计划决策相结合而形成的一系列经营管理业务；狭义的企业战略管理是指对企业战略的制定、实施、控制与调整所进行的管理，它是确立企业使命，根据企业外部环境和内部经营要素设定企业组织目标，保证目标正确落实并使企业使命最终得以实现的一个动态过程。

本书所指的企业战略管理是指企业对全局性的发展方向做出决策，并通过组织、领导和控制等职能，保证发展方向得到有力贯彻的一系列管理工作。例如，企业的经营范围、产品和市场的开发、新技术的研究、企业规模的扩大或缩小、企业兼并与联合等问题，都需要有一个总体设计和谋划，并对战略方案进行选择和决策，以致达成企业预期的总体战略目标的全过程管理。我们把这种性质的管理工作称之为企业战略管理。

企业战略管理，其重要职能是构建一种机制，识别企业的战略问题。所谓企业的战略问题，是指那些对企业实现战略、达到战略目标的能力有重大影响的企业内部和外部即将出现的问题，或企业环境中新出现的机会，或企业内部可以开发的优势，或外部的潜在威胁，或企业内部足以危害企业生存和发展的劣势。通过对企业战略问题的分析研究，企业可以获得长期的生存和发展。

2.2.2　企业战略管理的意义

实践证明，优秀企业成功的主要原因，就是企业的决策者能够为企业制定和实施科学的、正确的发展战略；一些企业失败的主要原因，就是由于这些企业决策者的战略决策有失误。美国兰德公司的专家一针见血地指出："世界上每破产1000家大企业，其中850家都是因为企业管理者战略决策不慎造成的。"可见，企业战略管理不仅十分必要，而且非常重要。

案例导入 2-3

海尔：三大品牌战略成就家电第一品牌

扫一扫查看案例导入 2-3

由此可见，"好产品、好机制、好管理、好班子"对于企业固然重要，但是首先必须有个"好战略"。企业战略管理具有的重大意义，可以具体归纳为如下几个方面：

（1）企业战略管理是企业参与国际经济竞争的迫切需要。目前，世界经济全球化，市场一体化，企业竞争激烈化。企业要在激烈的市场竞争中站稳脚跟，求得生存，求得发展，就必须具有战略眼光，立足高远，眼光长远，积极做好企业战略管理。运筹帷幄之中，决胜千里之外。例如，海尔集团制定和实施的"海尔文化兼并休克鱼"的兼并扩张战略，就是一个成功的典范。

（2）企业战略管理是企业前进的指南。在市场经济条件下，市场如同"大海"，企业似"轮船"，企业家好比"舵手"，战略就像"指针"，企业家要使企业这艘"轮船"顺利驶向成功的彼岸，就离不开战略"指针"的指导。

（3）企业战略管理是企业家的第一要务。美国战略管理专家迈克尔·波特明确指出："领导者的作用要广泛、重要得多，总经理远不是做单个职能的管理工作，其核心是战略。"美国90%以上的企业家认为："最占时间、最为重要、最为困难的事就是制定战略规划。"美国通用电气公司前董事长韦尔奇说得好："我整天没有做几件事，但有一件做不完的工作，那就是规划未来。"对于企业家而言，战略决策正确了就是企业的最大功臣，否则就是企业的最大罪人。

（4）企业战略管理是企业员工工作动力的源泉。日本著名管理专家、东芝电气公司总经理士光敏夫曾经说："一个富于创造性的企业，必定有它的理想。正是这个理想，向未来显示出这个企业存在的社会意义。职工们将从这个理想中看到自己作为其中一员的意义。正是从这里，人们感受到生活的意义。"

2.3　企业总体战略决策

扫一扫
线上听课

总体战略是公司对整体发展方向及实现方式的确定。主要包括三大部分，每一部分都由若干具体部分和内容组成，每一种战略都有其特定的适用范围。

2.3.1　发展性战略

2.3.1.1　发展性战略概述

发展性战略是企业为了在原有基础上扩大范围，增强实力或为了进入新领域所采用的战略。其目的是为了企业整体业绩的明显提高和进一步的发展。

A　发展性战略的条件

采用发展性战略一般需要具备三个主要条件：

（1）有较大的资源投入；

（2）外部环境发生或将要发生明显变化；

（3）内部条件具有可利用外部机会的发展优势。

B　发展性战略的组成部分

发展性战略包括集中战略、一体化战略和多元化经营战略三大部分。其中，每一个大部分又由若干具体部分组成。集中战略包括市场渗透、市场开发和产品开发；一体化战略包括前向一体化、后向一体化和横向一体化；多元化经营战略包括同心式多元化和混合式多元化。

2.3.1.2　集中战略

集中战略是指企业将全部或绝大部分资源集中使用于某一行业或业务领域，力求全力在该领域中取得最优业绩。企业所选的这一领域，应是最能发挥本企业优势的领域。

A　集中战略的优缺点

企业采用集中战略的优点包括：

（1）资源优势集中。将企业的人力、物力、财力、研发能力和企业形象等集中于某一个产品和服务领域，有可能获得相对的竞争优势，占领一部分稳固的市场。中小企业应该特别重视这一战略，中小企业可能在某一行业内总体上处于劣势，但可以通过缩小范围找到最能发挥自己优势的领域。大企业也常采用这一战略。例如，四川长虹公司在1997年以前曾在十几年时间内采用所谓的“独生子战略”，取得了规模经济优势，为该企业数次率先降价，扩大市场份额打下了基础。

(2) 取得规模经济效益。扩大产量后，可以充分利用企业的固定成本，加深专业化程度，促使单件成本降低。

(3) 经验积累。长期在某一领域内经营，可以使技术和管理经验逐年积累、丰富和优化，从而带来两大好处，一是成本降低，二是产品和服务逐渐形成特色。

企业集中战略的缺点包括：

(1) 有可能因环境的变化而带来较大风险。

(2) 由于产品和服务品种的单一，限制了企业的进一步发展。

(3) 限制了企业在不同的业务领域内优化配置资源而产生的效益。

B　集中战略的内容

a　市场渗透

市场渗透是指企业通过努力，提高现有产品或服务在现有市场上的市场份额。这一战略被广泛地单独使用或同其他战略结合使用。市场渗透的做法包括增加销售人员、增加广告开支、采取广泛的促销手段或加强公关宣传。

市场渗透战略的目的是充分发挥自己的潜力，进一步拓展市场，提高企业的市场占有率，获得更多的利益。当企业面对如下情况时，可考虑通过市场渗透战略获得更大的市场份额，从而提高企业的盈利能力。在如下情况下可考虑市场渗透战略：

(1) 特定产品与服务在当前市场中还未达到饱和。

(2) 现有用户对产品的使用率还可显著提高。

(3) 在整个产业的销售额增长时主要竞争者的市场份额在下降。

(4) 销售额与营销费用高度相关。

(5) 规模的提高可带来很大的竞争优势。

例如，两家企业所实行的市场渗透战略，恒基伟业公司使用密集的广告手段为其产品“商务通”进行宣传，使消费者在很短的时间里认识了其产品的特性，迅速提高了产品的知名度并扩大了市场份额。格兰仕公司在其产品微波炉的销售中也使用了此战略。他们通过降低价格、赠送礼品等促销手段，牢牢地占据着中国微波炉销量第一的位置。

b　市场开发

市场开发是指将现有产品或服务打入新的地区市场。处于激烈竞争环境中的企业，都希望扩大自己的市场。当企业拥有一定的条件时，采用市场开发战略，可以扩大市场占有率，提高竞争能力。在如下情况下可考虑市场开发战略：

(1) 企业可得到新的、可靠的、经济的和高质量的销售渠道。

(2) 企业在所经营的领域非常成功。

(3) 存在未开发或未饱和的市场。

(4) 企业拥有扩大经营所需要的资金和人。

(5) 企业存在过剩的生产能力。

(6) 企业的主业属于正在迅速全球化的产业。

例如，计算机企业在拼命地扩大市场，由于中国的计算机普及率还较低，这个市场有巨大的潜力，所以，中国的计算机企业都采用市场开发战略，不断地扩大销售量。在这个每年都以很高速度增长的行业中，即使某一企业的相对市场份额下降，但其销售量也有可能是增长的，因为市场的容量在不断地扩大。

c 产品开发

产品开发是指通过改进和改变产品或服务而增加产品销售。进行产品开发通常需要大量的研究和开发费用，不断地推出新产品是企业得以发展的关键。企业面对如下情况时应重点采用产品开发战略：

(1) 企业拥有成功的、处于产品生命周期中成熟阶段的产品。此时可以吸引老用户试用改进的新产品，因为他们对企业现有产品或服务已具有满意的使用经验。

(2) 企业所参与竞争的产业属快速发展的高技术产业。

(3) 主要竞争对手以可比价格提供更高质量的产品。

(4) 企业在高速增长的产业中参与竞争。

(5) 企业拥有非常强的研究与开发能力。

当企业不具有上述条件时，其开发新产品的能力较弱，开发新产品可能会是企业所不能承受的负担。此时，企业只能是模仿其他企业的新产品，跟在它们的后边。只要跟得快，也可以获得新产品的利润。

2.3.1.3 一体化战略

一体化战略是指企业在目前经营范围的基础上进行横向或纵向的扩展，包括前向一体化、后向一体化、横向一体化战略。

A 前向一体化

前向一体化是指企业通过建立、购并或合资经营一个、多个企业，向其产品销售行业发展。企业采用前向一体化战略的主要目的是提高产品的销售成果。企业在以下情况时，可采用前向一体化战略：

(1) 企业利用销售商的成本高昂，或不可靠，不能满足企业的销售需要。因此企业自己开展销售，可以降低交易成本。

(2) 可利用的高效能销售商数量有限，企业自己开展销售业务可以更加主动，有利于企业获得竞争优势。

(3) 企业所参与竞争的产业明显快速增长或预期将快速增长。企业自己开展销售可以更好地掌握市场和利用市场的发展，获得产业增长的好处。

(4) 最终用户的需求变化快、多样化，通过前向一体化，企业可以更好地预见市场对自己产品的需求。

(5) 经销商有较高的利润。通过前向一体化，企业可以在销售自己的产品中获得高额利润，并可以为自己的产品制定更有竞争力的价格。

(6) 当企业自身已具备销售自己产品所需要的资金和人力资源时，采用前向一体化可以获得上述所说的好处，比如降低交易成本、直接掌握市场、获得更多的利润等。

B　后向一体化

后向一体化是指企业通过建立、购并或合资经营一个、多个企业，向其原材料或零部件的供应行业发展。企业发展到一定规模时，从保持生产经营的稳定性购成本、提高经济效益等角度出发，企业往往采用后向一体化战略。采用后向一体化战略的条件和好处是：

（1）当前的供应商或供货的成本过高或不可靠，不能满足企业对原材料、零件、部件、组装件的需求，企业采用后向一体化可以降低采购成本，稳定供应渠道。

（2）供应商数量少而需方竞争者数量多，企业自己控制渠道保证所需的供应，增强竞争优势。

（3）企业参与竞争的产业正在迅速发展，企业扩大生产规模的同时也要求扩大供应规模，采用后向一体化战略能够保证企业的快速发展。

（4）现在利用的供应商利润丰厚，这意味它所经营的领域属于十分值得进入的产业，采用后向一体化既保证了供应又获得采购利润。

（5）采用后向一体化是企业获取所需资源的最可靠保证。

（6）企业已具备了自己生产原材料所需要的资金和人力资源时，采用后向一体化可以获得上述各种条件下的好处。

C　横向一体化

横向一体化是指企业通过购并或合资经营处于同一行业同一阶段的企业，获得竞争对手的所有权或加强对其的控制。这种做法的好处是：提高企业的规模经济，扩大市场份额，减轻竞争压力，提高资本利用率以及重新划分市场。在下述情况下企业可考虑采用横向一体化战略：

（1）企业在一个成长着的产业中进行竞争。

（2）规模的扩大可以提供很大竞争优势。

（3）企业具有成功管理更大的组织所需要的资金与人才。

2.3.1.4　多元化战略

多元化战略是指企业同时提供两类或两类以上的产品或服务。企业多样化战略分为两种基本类型：同心式多元化和混合式多元化战略。多元化发展战略是与集中发展战略相反的一种战略。

A　多元化战略的优点

多元化战略存在以下优点：

（1）分散投资风险。

（2）在不同的业务之间产生协同作用。

（3）在不同的业务之间优化配置资源，产生 1 + 1 > 2 的效果。

B　多元化战略的缺点

对于实力比较弱小的中小企业，一般要慎重采用多元化战略。因为采用了多元化战略后，有可能带来一些弊病，比如：

（1）由于资源分散，削弱了在原有领域的竞争能力。

（2）因对不熟悉的领域经验不足而增加风险或成本。

(3) 有可能造成现金流动困难。

(4) 造成管理的复杂。

C 多元化战略的适用情况

不论是大企业还是中小企业都有可能采用多元化战略，一般在出现下述情况时可以考虑采用多元化战略：

(1) 原行业或原业务增长缓慢，已进入成熟期并向衰退期发展。

(2) 新的业务有良好的成长前景。

(3) 新的业务可带动原有业务的增长。

(4) 市场需求不确定性大，因而风险较大。

(5) 原有业务的市场容量有限，同时企业具有开展新业务的资源。

D 同心式多元化

同心式多元化战略也可称为相关式多元化或集中式多元化战略，是指企业发展的新业务与原有业务具有一定的相关性，是以原有的产品、技术能力、生产能力、销售能力和客户群为中心发展起来的。

E 混合式多元化

混合式多元化战略是增加新的与原有业务不相关的产品或服务。例如，四通公司在1999 年统计了所有业务，发现有 73 项业务，包括电脑、电工器材、金融、生物制品、建筑装修等。

2.3.1.5 发展性战略的实现方式

实现上述企业发展战略，要有一定的方式或手段。企业购并、内部创业和合资是企业进入某行业或业务领域，进行一体化战略和多元化战略可以选择的三种手段。这三种手段也可称为企业进入战略，就是企业进入某领域或某市场的战略。手段与目的一定要分清楚，也就是说企业不能为了购并而购并，为了合资而合资。

A 购并方式

企业购并是指通过企业资产支配权的转移实现企业经营权的转移，包括企业收购和兼并。二者虽然不太一样，但对于企业战略来说差别不大，故统称为企业购并。

B 内部创业方式

内部创业是指企业通过内部创新，以开发新产品、进入新市场，或者更新塑造市场，从而进入一个新的行业。

C 合资与合作方式

若干个企业通过按比例投入资产或互相合作等方式结合起来。组成一个新的企业，共同经营。

2.3.2 稳定性战略

稳定性战略也可称为维持性战略，是指企业基本在原有战略的基础上保持稳定，不在战略上进行大幅度的调整。

采用这种战略的企业不需要改变战略方向和经营范围，只需按一定比例提高销售、利润等具体目标。在这种战略下，企业只需要集中资源于原有的经营范围和产品，并通过改进其各部门和员工的表现来保持和增加其竞争优势。

2.3.2.1　稳定性战略的好处

企业采用稳定性战略，在条件适合的情况下具有如下好处：

（1）风险比较小。采用稳定性战略，基本维持原有的经营范围和市场范围，可以减少开发产品和市场所必需的资金投入，避免因前景的不确定性而给企业造成损失。

（2）保持企业内部平衡。采用稳定性战略，可以保持企业内部经营目标、经营资源、生产能力和组织结构等各部分的平衡，避免由于失衡带来混乱。

（3）充分挖掘内部潜力。采用稳定性战略，企业可以充分利用现有的人力、物力等资源，调动员工的积极性和创造性，由于经验的积累而逐步减低成本，并使原有业务出现创新。

2.3.2.2　稳定性战略的条件

稳定性战略的条件包括：

（1）环境没有发生较大的变化。

（2）原有战略仍然正确。由于对环境变化预测得比较准确，使得原有战略符合环境的变化。

（3）对未来看不准。环境发生了变化，但企业一时还看不准未来的趋势，因而无法确定正确的战略。匆忙制定战略有可能使企业遭受战略错误的损失。

2.3.3　撤退性战略

2.3.3.1　撤退性战略的概念

撤退性战略是指企业通过出让整个企业或企业的某一部分，停止企业的全部或部分经营活动的战略。实施撤退性战略的主要目的是通过有计划的退出过程，使企业能够更多地收回投资。企业采用撤退性战略的原因很多，一般主要为以下几种：

（1）退出前景不佳的经营领域。原有经营领域已经经过了成长期和成熟期，企业已经获得了较好收益，现该领域已进入或将要进入衰退期，前景不佳。

（2）突出主营业务。企业放弃一些与主营业务关系不大、竞争优势较弱或业绩不好的业务，进一步增强主营业务的能力。

（3）进入新的业务领域。企业找到了更有发展前景、更适合自己条件的业务，为了进入新的业务领域需要大量的投资和资源的转移。

（4）改善财务状况。企业为了增加现金流入，可能出让一些业绩并不差的业务。

2.3.3.2　撤退性战略的内容

撤退性战略包括收割战略、放弃战略、清算战略三种具体的战略。

A　收割战略

收割战略也可称为榨取性战略，是指企业尽可能地从经营单位或业务中收回现金的战略。实施收割战略，企业通过调整组织、降低成本、削减或停止投资、减少资产、收回资产等方式收缩或逐步退出某行业，增加现金流入量。

B　放弃战略

放弃战略是指企业在衰退初期就把经营不善的经营单位或业务出让，最大限度地收回资金。在实施放弃战略时，最重要的是把握住出让时机。如果时间过早，原业务以后可能仍会增长，使企业造成损失；如果时间过晚，企业的谈判能力就会下降，出让的价格会降低。

C　清算战略

企业清算是指企业全部停止营业并进行清理。按其原因可分为破产清算和解散清算。根据我国的《公司法》，破产清算的主要原因是企业经营管理不善造成严重亏损，不能偿还到期债务而必须进行破产清算。解散清算是根据公司章程规定、股东大会决定、企业合并和分立等情况需要解散。

2.4　企业经营决策

扫一扫
线上听课

现代管理理论认为，管理的重心在经营，经营的重心在决策。企业要想在竞争中取得成功，关键问题在于经营决策的正确性。

案例导入 2-4

尼西奇公司的经营决策

日本尼西奇公司在战后初期，仅有30余名职工，生产雨衣、游泳帽、卫生带、尿布等橡胶制品。该公司订货不足，经营不稳，企业有朝不保夕之感。公司董事长多川博从人口普查中得知，日本每年大约有250万个婴儿出生，如果每个婴儿用两条尿布，一年就需要500万条，这是一个相当可观的尿布市场。多川博决心放弃尿布以外的产品，把尼西奇公司变成尿布生产专业公司，集中力量，创立名牌，成了“尿布大王”。资本仅1亿日元，年销售额却高达70亿日元。

经营决策成功，还可以使企业避免倒闭的危险，转败为胜。如果企业长期只靠一种产品去打天下，势必潜藏着停产倒闭的危险，因为市场是多变的，人们的需要也是多变的，这就要求企业家经常为了适应市场的需要而决策新产品的开发。这种决策一旦成功，会使处于“山穷水尽”状况的企业顿感“柳暗花明”。

2.4.1　经营决策的概念与类型

2.4.1.1　经营决策的概念

对企业来说，企业经营各环节、各个层次都涉及决策问题。随着社会经济和科学技术的发展，决策已成为一门科学，掌握决策技术是经营管理人员必须具备的素质。所谓决策，简单地说，就是从两个以上的备选方案中选择一个满意方案的分析判断过程。通常讲的领导“拍板”指的就是决策，但绝不能把决策仅仅理解为一瞬间的“拍板”，它包括决策前的提出问题、收集资料、预测未来、确定目标、拟订方案、分析估计和优选及实施中的控制和反馈、必要的追踪等全过程。决策是人类社会确定方针、策略的活动。它涉及人类生活的各个领域，人和集体的各种行动都受决策的支配，它有意识地指导人们的行动走向未来预定的目标。

企业经营决策是指企业通过运用科学的分析方法，对所面临的外部环境和内部经营能力进行综合分析，在已定的多个可行的经营目标中选择一个最为满意的，并通过企业经营活动加以实施的整个过程。经营决策的概念的要点包括：

(1) 决策应有明确合理的目标。这是决策的出发点和归宿。决策是理性行动的基础，行动是决策的延续，无目标或目标不合理的行动是盲目的、错误的行动，只会导致企业的损失和资源的浪费。

(2) 决策必须有两个或两个以上的备选方案，但只能采用其中一个。为实现企业某一特定经营目标，必须从多个可行方案中通过分析、比较和判断，进行选优。如果只有一个方案，则别无选择；或者虽有多个方案，但无限制，可随意选取，也就无须分析、判断，这都不符合决策的概念。

(3) 必须知道采用每种方案后，可能出现的各种结果。选择方案的标准主要是看每种方案实施后的经济效果如何。所以，必须对它们可能的结果有充分的预见，否则就无从比较。

(4) 最后所选取的方案只能是“令人满意的”或“足够好的”，而不可能是最优的。传统的决策理论中，是以决策标准最优化为准则的，比如力图寻找最大的利润、最大的市场份额、最优的价格、最低的成本等。而现代决策理论认为，最优化决策是不可能实现的，它只是一种理想而已。

(5) 决策的实质是为谋求企业外部环境、内部条件和经营目标之间的动态平衡而做出的努力。从提出问题、收集资料、确定目标、拟订行动方案、评价选择，到采取行动、实施反馈等一系列活动，都是为此目标而努力的。

2.4.1.2　经营决策的类型

企业经营的内容非常广泛。与之相应，企业的经营决策也相当广泛，并且层次复杂，包括了诸如企业服务方面的决策、经营方针决策、销售决策、投资决策、技术改造决策、人才开发决策等。根据不同需要，可对企业经营决策做出不同的分类。

A　按决策主体地位的高低划分

按决策主体地位的高低划分，经营决策可分为高层决策、中层决策和基层决策。

高层决策是解决企业发展全局性问题的决策，具有长期性和战略性的特点。

中层决策是解决企业生产经营活动中所出现的问题的决策，具有短期性和战术性的特点。

基层决策是解决生产现场的某些具体情况的决策，具有技术性和执行性的特点。

B　按决策的重要程度划分

按决策的重要程度划分，经营决策可分为经营决策、管理决策和业务决策。

经营决策又可称为战略决策，是关系到企业发展方向或全局性的决策，如经营方针、服务方向、产品开发等决策。

管理决策又称战术决策，是为了实现战略而做出的具体的战术决策，如生产计划的制订、新产品定价、资源的运用、流动资金的使用等。

业务决策是指企业日常活动的决策，如生产组织的局部调整、定额的制订、库存管理等。

C 按决策的条件划分

按决策的条件划分，经营决策可分为确定型决策、风险型决策和不确定型决策。

确定型决策是指未来影响决策方案的所有因素是非常明确而又固定的，而且一个方案只有一个确定的结果。确定型决策通常可通过数学模型得到最优解，如生产批量决策、原材料采购决策、库存决策、成本—利润—销售量决策、技术改造决策等。

风险型决策是指各种决策方案未来的各种自然状态不能预先肯定，是随机的，而各种状态出现的概率（可能性的大小）可以从过去的统计资料中估计出来，并根据这一概率做出决策。例如，扩大企业规模能提高企业效益的可能性为70%，不能提高企业效益的可能性为30%，则是否扩大企业规模的决策问题就是一个风险型决策问题。

不确定型决策是指各种决策方案的自然状态不能预先估计，而且也没有客观数据（概率）可预测，完全凭决策者的经验和心理等因素来进行决策。例如，新产品开发决策就属此类决策，因为新产品开发是否成功，取决于市场的销路如何，而市场销售情况是难以事先确定的。

D 按决策问题出现的重复程度划分

按决策问题出现的重复程度划分，经营决策可分为程序性决策和非程序性决策。

程序性决策是指对经常重复出现的问题的决策。由于问题是经常出现的，因而有必要也有可能预先把决策过程标准化、程序化，例如，确定生产方案，做出计划决策、库存决策等。

非程序性决策是指所要解决的问题是过去没有遇到过的新问题，因而要靠决策者的判断和信念来进行决策。例如，扩大企业规模的决策、引进新技术的决策、开发市场的决策等。

此外，决策还可以按照决策目标及方法、决策运行的时间等标准来分类。

2.4.2 经营决策的原则

企业经营决策是一项非常复杂的工作，所考虑、涉及的因素很多，既要考虑本企业的内部问题，又要考虑企业外部环境问题。因此，企业要做出合理决策，通常应遵守如下原则：

(1) 目标明确性原则。目标和方案是决策活动不可缺少的两个基本因素。没有目标，决策只能是盲目的，甚至是无用的。因此，在决策前，企业必须要搞清楚为什么要进行决策，是为解决什么问题进行决策的。这样，才能做到有的放矢、事半功倍。

(2) 社会性原则。企业是社会经济的基本单位，其经营决策的目标必须要兼顾国家、企业和个人三个方面的利益。因此，企业在做经营决策时，必须从社会整体利益出发，使企业的发展方向与社会需要相一致，而不能为了本身的发展忽视社会的发展和个人的需要。例如，为了本企业的发展，不顾子孙后代的利益，肆意污染环境等，这些都是没有考虑相关利益的决策。

(3) 经济性原则。企业的一切生产经营活动都是以提高经济效益为中心的。决策就是要选择一个相对最优的经营方案，使同样的投入获得最大的产出，或者以最低的投入获得尽可能多的收益。另外，经济性原则还指经营决策本身也要讲求效果和成本，即所做的经营决策既正确又经济。

（4）可行性原则。经营决策必须是建立在企业人力、物力、财力、自然资源等可能的基础上的，不但要充分考虑本企业内部的实际可能，还要充分顾及社会、政治、道德等因素的可行性。

（5）系统性原则。现代企业是一个复杂的、由多种相互联系且共同作用的因素所构成的，以达到一定目标的协作系统。要使这个系统有效地运行，企业在进行经营决策时，就必须以整体化最优为目标，既要以社会系统的优化为前提，又要以企业经济系统的优化为前提。

2.4.3　经营决策的程序

现代管理理论认为，决策不仅仅是选择合理的方案，还包括决策程序本身的合理性。经营决策是一个提出问题、分析问题、解决问题的逻辑顺序过程。合理的经营决策程序有规律可循，通常可以分为四个阶段。

2.4.3.1　识别问题与确定决策目标

决策目标的确定是经营决策的起点。目标确立不当，必然会影响到其后一系列措施和行动的合理性。决策目标的确定，其实就是发现和识别企业当前经营中所存在的问题，即企业在经营活动中已经达到的状况，与应达到或希望达到的状况之间的差距。为此，企业就要做深入的调查研究，开展环境分析，即通过对企业外部环境的调查和内部条件的分析，明确本企业应当达到的理想经营状况和目前的实际经营状况，并将两者进行比较，找出问题，提出经过一定努力可达到的经营目标。

企业经营决策目标必须明确、具体、可计量，在实际中是可以达到的。另外，企业还必须明确规定目标的约束条件，这是因为企业在经营过程中会遇到各种问题，因此企业的经营决策有时有多个。例如，企业的经营能力差，可能是由于产品结构不合理、工艺落后、价格不合理等因素造成的，于是，经营决策就有可能同时涉及产品更新、工艺改造、降低成本等目标，这时就应分清主次，抓住对生产经营影响最大的那些目标，以此作为经营决策的目标。

总之，企业应在深入调查的基础上发现问题，然后正确地制定经营目标。

2.4.3.2　拟订备选方案

决策在于选择，没有选择就没有决策，所以，提供各种可能的方案以供评价、选择，是决策的基础。备选方案也称可行性方案，从理论上说，应符合两个要求：一是方案的整体性；二是方案的相互排斥性。前者是指所制订的全部备选方案应包括所有的可能方案，不能漏掉一个方案；后者是指不同方案之间要具有独立性，非此即彼。因此，在实践中分析各种备选方案的利弊时，要做到条理化和直观化。一方面在分析时要有逻辑性和系统性，文字简明，说理透彻；另一方面要尽可能采用形象直观的图表，直接表达各种备选方案的利弊与经济效益。

制定各种备选方案通常是从提出设想开始的。设想是一种创造性思维，它具有三个基本要素：

（1）必须以实现决策目标为出发点。

（2）必须充分利用外部环境提供的条件。

（3）必须能最好地利用企业的各种资源。

为了实现企业的经营目标，应大力鼓励企业的全体人员提出设想，然后加以整理、归类、补充和完善，从而得到各种不同的初步方案，在经过对这些初步方案的概括、评价和选择后，去掉那些不切实际、不能达到经营目标或不具备实施条件的方案，再补充、修改成可行的备选方案。

2.4.3.3 评价与选择方案

评价与选择方案就是对每个备选方案的效果进行充分论证，在这基础上做出选择。如果说确定目标是决策的前提，拟订备选方案是决策的基础，那么方案的评价与选择就是决策最关键的一步，是决策的决策。在这个阶段所要解决的两个基本问题就是确定合理的选择标准和合理的选择方法。

A 选择标准的确定

决策的目的是为了追求一定的目标，可行性方案越接近决策目标，方案就越好，这就是决策的标准要求。但在实际工作中，由于企业受到各种主客观条件的限制，如：目标数量化的限制，信息搜集的限制，以及企业财力、物力、人力的限制等，企业很难把所有的备选方案和执行结果都估计得正确无误。因此，企业决策方案的评价标准通常都不可能是最优标准，只能是满意标准。当然，这并不排斥在局部具体问题上，在可能的条件下，尽量按相对最优的标准去评价各种备选方案。

B 选择方法的确定

方案的评价与选择必须根据评价标准来进行，要从系统观念、综合观念等整体观念出发，既要考虑企业的直接利益，又要考虑国家和个人利益；既要考虑企业的近期利益，又要考虑企业的长远利益；既要技术上先进，又要经济上合理。因此，在方案选择上可综合利用如下方法：

（1）经验判断法。该方法以人们的经验作为选择的依据。这种方法适用于经营决策问题不复杂、经营决策比较简单的情况。

（2）淘汰法。当经营问题比较复杂、决策目标和决策标准比较多、方案也比较多时，就很难通过经验来判断哪个方案最令人满意，这时就要淘汰一些方案。具体的做法是根据选择标准，对全部备选方案进行筛选，把达不到要求的方案淘汰掉，缩小评选范围。几经反复直到找到比较满意的决策方案。

（3）排队法。该方法就是把各种备选方案按优势顺序排队，然后进行筛选。若方案比较多，直接进行优势排队较为困难，则可采用两两对比得分法，即将各备选方案两两对比，凡相对好的方案打 1 分，相对差的打 0 分，最后按总分的多少来确定方案的优劣。

（4）归类法。当备选方案很多，并且都有吸引力时，则可采用归类法来选择可行方案。具体做法是：首先将各种备选方案划分为几大类，然后再采用自下而上分组淘汰或自上而下先归类、后选择的方法。这种方法比较简单、迅速，但有可能会漏掉最优方案。

（5）数学分析法。当有些经营决策问题不能采用定性分析时，就需要应用数学方法来确定各种变量之间的非确定性的关系。这种方法能使决策更精确和更科学。

（6）试验法。当进行重大决策时，尤其对那些缺乏经验的新问题及无法用数学方法选择时，则可选择少数几个典型单位作为试点，取得经验后作为决策的依据。另外，对于某些复杂的方案，尽管经过反复论证、计算，可还是没有把握选准方案时，可以采用试验法。这种方法的缺点就是成本较大。

总之，企业在进行方案的评价和选择时，一定要认真估计形势的变化，分析方案执行后的结果，确定不良后果出现的可能程度和严重程度，经过权衡利弊后再确定正式的决策方案。为此，必须要组织专人或部门确定评价标准和方法，对可能出现的问题及影响后果事先提出应变措施，并整理出评价结果，写出评价报告，呈交给企业最高领导层进行讨论。

2.4.3.4　执行方案

决策的最终目的是通过执行达到预期目标。只有在执行的过程中才能发现方案的不足，才能对方案进行修正、完善。可以说，这一阶段是决策过程中最难的一步，也是最费时间的一步。没有这一步，前面三个阶段只能是纸上谈兵。

与前三个阶段相比较，执行方案阶段有着自己的特点。前三个阶段着重于分析、判断和评价，而这一阶段要解决两个问题：一是如何组织落实；二是如何加强对实施过程的管理。

这样，就涉及如下几个问题：谁应该了解此项决策，应该采取什么行动，谁采取行动，如何保证执行者的行动等。为此，企业必须根据企业的经营决策目标进行组织分工，加强协调，将个人目标、局部目标与企业的战略目标相结合，制订完成战略目标的经营计划、执行人员标准及职工培训计划等。在方案的实施过程中，要保持决策目标与行为的可控性和动态性，采取“决策—执行—再决策—再执行”的步骤，即充分注意执行后的反馈信息，不断地补充完善，最终达到企业的经营目标。

上面四个阶段构成了企业经营决策的制订、实施和调整的全过程。但在实践中，决策的阶段循环过程比理论上要复杂得多。因此，在这里所介绍的理论知识，只是为实际决策者提供一个大致的思路。在实践中，决策者应根据实际情况，充分利用过去成功的经验来提高决策的效率。

案例导入 2-5

“协和”式民航客机

扫一扫查看案例导入 2-5

此案例说明，企业对决策运行进程的控制与企业的命运息息相关。一项决策在确定后，能否最后取得成功，除了决策本身性质的优劣外，还要依靠对决策运行的控制与调整，包括在决策执行过程中的控制及在决策确定过程中各阶段的控制。

2.4.4 经营决策的方法

做出合理的经营决策，除须掌握必要的情报资料、遵循一定的决策程序外，还必须准确地运用科学的决策方法。现代决策已经形成了两类相互区别、相互补充的科学决策方法，即“软”技术和“硬”技术。前者是指依靠专家的知识、经验、智慧，运用社会学、心理学的理论，做出科学判断的定性分析方法；后者是指借助运筹学、系统分析和信息技术，通过数理分析来进行判断的定量分析方法。领导者在决策时，应该将两种方法结合起来，即把依靠专家的经验与智慧同运用数学模型进行系统分析结合起来。

定性决策法又称主观决策法。这类方法就是决策者利用已有的知识、经验和能力，在决策的各个阶段，根据已知情况和现实资料，掌握决策问题的内在联系及运动规律，并通过主观分析，提出可行方案和参数，做出相应的评价和选择。这类方法灵活简便，但主观成分大，适用于社会经济因素影响大，所含因素错综复杂又无法量化的综合性经营决策。最好把它和定量决策法结合起来加以运用，决策效果才会更加理想。

定量决策法主要是把与决策有关的变量与变量之间、变量与目标之间的关系用数学关系表示出来（即建立数学模型），然后根据决策条件，通过定量计算，将其结果作为决策的主要依据。因此，这类方法又称为计量决策法。一般适用于重复性的程序化决策。

决策的选择是否正确，取决于对未来可能发生情况的了解程度。对未来的可能情况判断得越准确，决策时所做的选择就越有把握。但是，由于未来客观情况的不断变化和复杂性，事实上判断不可能绝对准确。有些未来的客观情况，由于其过程暴露得尚不充分，或者掌握情报资料的局限性，因而在一定时期内还存在着不确定性。根据决策的条件，即对未来可能的情况了解、判断的程度，决策问题可以分为确定型决策、风险型决策和不确定型决策三大类。

下面着重介绍这三类决策问题的决策方法。

2.4.4.1 确定型决策方法

确定型决策的特点是：事件的各种自然状态是完全肯定而明确的，经过分析和计算可以得到各方案明确的结果。所以，对于这类决策问题，可根据不同的约束条件，采用不同的数学模型，求得最优或较优方案。下面介绍两种常用的确定型决策方法。

A 单纯选优法

单纯选优法又称为直观判断法。这种方法是根据已掌握的每一个方案的每一个确切结果，进行结果比较，直接选出最优方案的方法。单纯选优法通常适用于这种比较简单的情况。

例如，某企业欲购买一种原材料，有四家厂商都表示可提供这种原材料，分别报出的单价为甲厂 30 元、乙厂 32 元、丙厂 31 元、丁厂 31 元。若这四家厂的原料质量相当，并且都同意上门送货，则该企业应购买甲厂生产的原材料，因为它的价格最便宜。

B　盈亏平衡分析法

盈亏平衡分析又称为损益平衡分析或保本分析，是量本利分析的重要内容。这种方法是依据与决策方案相关的产品销售量、成本、利润之间的相互关系，来分析判断方案对企业盈亏产生的影响，从而评价和选择决策方案。通过盈亏平衡分析，可以使企业明确：企业至少要销售多少产品才能保本；企业为实现一定的目标利润，需要销售多少产品；企业销售一定数量的产品，能获得多少利润；企业经营的安全状况如何等。这种方法，在实际工作中具有很大的实用价值。

a　成本形态

成本形态又称为成本习性，是指在业务量变动的情况下，某一类成本的变化形态。或者说，成本形态是指成本总额对业务量总数的依存关系。其中，业务量是指企业的生产经营水平（产出量、投入量），可直接用产品的单位数来表示（销售量），也可以用反映工作量的直接人工小时或机器小时来表示；可使用货币计量，也可使用非货币计量。按成本的形态，可将企业全部成本最终分为以下两大类：

（1）变动成本。变动成本是指成本总额随业务量变动而成正比例变动的成本。例如，原材料成本、计件工资等都是随着业务量的增减而成比例增减的成本。但其摊入单位产品成本中后，则是相对不变的，即单位变动成本相对稳定。

（2）固定成本。固定成本是指业务量变化时，一定期间内的成本总额不受业务量变化影响的成本。例如，固定资产折旧、管理人员工资、广告费等，这些成本即使在产品产量极小的情况下，也要照常开支。但其摊入单位产品成本中后，则是随着产量的变化而成反比例变化的，即单位固定成本与产品产量成反比。固定成本也可称为生产经营能力成本，它与企业一定时期的生产经营能力相联系，生产经营能力越大，固定成本就越高，反之就越低。

必须指出，单位变动成本和固定成本总额的稳定性是相对的，都是在一定的销售量范围内的，这个范围称为相关范围。超过相关范围，单位变动成本和固定成本总额都会有所变动。例如，产量超过现有生产能力，就必须增加新的机器设备，固定成本总额就会增加；工人加班加点工作，计件工资就要增加，单位变动成本则因此上升。它们又是在一定期间范围内的，反映一定期间内企业的生产和经营管理水平。企业的内部条件和外部环境是不断变化的，因此，超过一定期间，无论是变动成本还是固定成本，都会有所变动。

b　盈亏平衡点（BEP）

盈亏平衡点是指企业在生产经营活动中所处的一种“收支平衡、不盈不亏”的状态。它反映着企业当时所处的经营状况和今后的发展方向，为企业的经营决策提供依据。

图2-2为盈亏平衡分析常用的基本图形（称为盈亏临界图）。该图直观地显示了量、本、利三者之间的关系和盈亏平衡点的位置。

BEP指盈亏平衡点的销售量在盈亏平衡点（总销售收入=总成本），即：

$$\text{销售量} \times \text{单价} = \text{固定成本总额} + \text{单位变动成本} \times \text{销售量}$$

则有

$$\text{盈亏平衡点的销售量} = \frac{\text{固定成本总额}}{\text{单价} - \text{单位变动成本}}$$

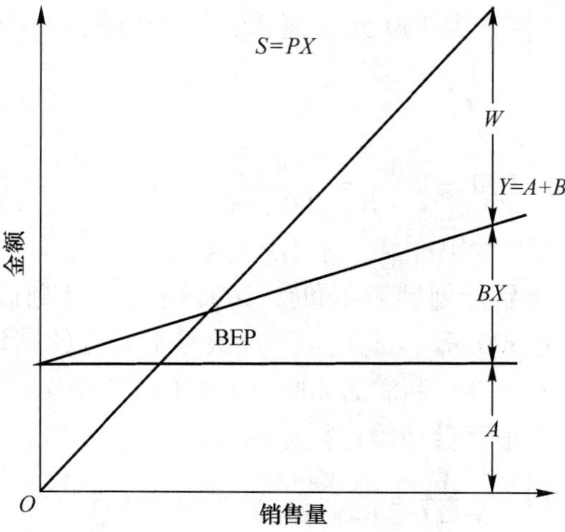

图 2-2 盈亏临界图

S—销售收入总额；P—单价；X—销售量；B—单位变动成本；
A—固定成本总额；W—利润

用公式表示为：

$$\text{BEP}=\frac{A}{P-B} \tag{2-1}$$

将式(2-1)两边同乘以单价 P，则有：

$$\text{BEP}\cdot P=\frac{AP}{P-B}=\frac{A}{1-\dfrac{B}{P}} \tag{2-2}$$

式中，B/P 为变动成本率，是指变动成本总额占销售收入的比重。

式(2-2)左边表示盈亏平衡点的销售额，用 BEPd 表示，则：

$$\text{BEPd}=\frac{A}{1-\dfrac{B}{P}} \tag{2-3}$$

计算利润的基本公式为：

利润 = 收入 − 成本 = 收入 − 变动成本 − 固定成本总额
= 销售量 × 单价 − 销售量 × 单位变动成本 − 固定成本总额
= (单价 − 单位变动成本) × 销售量 − 固定成本总额

用字母表示，即：

$$W=(P-B)X-A \tag{2-4}$$

则：

$$X=\frac{A+W}{P-B} \tag{2-5}$$

式(2-5)表示实现目标利润 W 需要的销售量。当目标利润 $W=0$ 时，则有：

$$X=\frac{A}{P-B}$$

【例 2-1】 某企业生产甲产品，全年的固定成本总额为 30000 元，该产品的单位变动成本为 60 元，单位产品售价为 100 元。测算：企业要想不亏本，至少要销售多少件产品？

解：根据题意得：

$$\mathrm{BEP}=\frac{A}{P-B}=\frac{30000}{100-60}=750(\text{件})$$

即企业至少需要销售 750 件甲产品，才不致亏损。

【例 2-2】 某企业甲产品计划销售单价为 1000 元，年计划固定成本总额为 1600 万元，该产品单位变动成本为 500 元。测算：（1）盈亏平衡点的销售量和销售额；（2）年销售量为 48000 件时的利润；（3）利润为 400 万元时的年产销额。

解：（1）盈亏平衡点的销售量和销售额分别为：

$$\mathrm{BEP}=\frac{A}{P-B}=\frac{16000000}{1000-500}=32000(\text{件})$$

$$\mathrm{BEPd}=\frac{A}{1-\frac{B}{P}}=\frac{16000000}{1-\frac{500}{1000}}=32000000(\text{元})$$

（2）年销售量为 48000 件时的利润为：

$$W=(P-B)X-A=(1000-500)\times 48000-16000000=8000000(\text{元})$$

（3）利润为 400 万元时的年销售量为：

$$X=\frac{A+W}{P-B}=\frac{16000000+4000000}{1000-500}=40000(\text{件})$$

c　经营安全状况分析

企业的经营安全状况，可用经营安全率来表示。经营安全率是反映企业经营安全程度的一个重要指标，是指安全边际与企业正常销量之比。安全边际是指企业正常销售量超过盈亏平衡点的部分。经营安全率的计算公式为：

$$\text{经营安全率}=(\text{安全边际}/\text{正常销量})\times 100\% \tag{2-6}$$

$$\text{安全边际}=\text{正常销量}-\text{盈亏平衡点销量} \tag{2-7}$$

【例 2-3】 在例 2-2 中，当企业销量为 48000 件时的安全边际为 48000 件 − 32000 件 = 16000 件，则：

$$\text{经营安全率}=\frac{\text{安全边际}}{\text{正常销量}}\times 100\%=\frac{16000}{48000}\times 100\%\approx 33.3\%$$

当经营安全率接近 0 时，表明企业经营状况不佳。若盈亏平衡点不变，增加销售量可以增大经营安全率；若销售量不变，降低固定成本或变动成本，则可降低盈亏平衡点，这样也可增大经营安全率。一般可参考表 2-1 所列数值判断企业经营安全状况。

表 2-1　企业经营安全状况

经营安全率	30% 以上	25% ~30%	15% ~25%	10% ~15%	10% 以下
经营安全状况	安全	比较安全	不安全	要警惕	危险

2.4.4.2　风险型决策方法

风险型决策也称随机型决策或概率型决策，它需要具备下列条件：

（1）存在着决策者企图达到的一个明确目标，比如最大利润、最低成本、最短投资回收期等。

（2）存在着决策者可以选择的两个以上的行动方案。

（3）存在着决策者无法控制的两种以上的自然状态。

（4）每种自然状态出现的概率大体可以估计出来。

（5）不同方案在不同状态条件下的损益值可以计算出来。

风险型决策应用最广泛的方法是决策树法，下面就着重介绍这种方法。

A　决策树的构成

决策树是以图解方式分别计算各方案在不同自然状态下的损益值，通过综合期望值的比较，做出方案选择。这种方法直观明确，特别适用于复杂问题的多层次决策。

决策树由五个因素构成，即决策点、方案枝、状态节点、概率枝和损益值，如图 2-3 所示。决策树的决策点表示决策的结果，状态节点表示各种自然状态所能获得收益的机会。由决策点引出若干条方案枝，并连接状态节点，再由状态节点引出若干条概率枝，每一条概率枝代表一种自然状态，在概率枝末端列出不同自然状态的损益值。整个结构像“树”形，因此称为决策树。

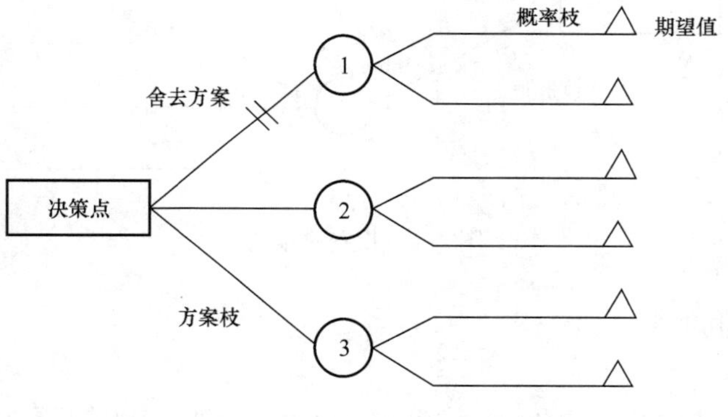

图 2-3　决策树

B　决策树的分析程序

决策树的分析程序分为三个步骤：

（1）绘制树形图。绘制程序是自左向右分层展开，必须在对决策条件进行细致分析的基础上，确定所有可供决策选择的方案，以及这些方案在实施中会发生的所有自然状态。

（2）计算损益值。损益值的计算要由右向左依次进行。先将每种自然状态的损益值分别乘以各自概率枝上的概率，再乘以决策有效期限，最后将各概率枝的值相加，标于状态节点上。

（3）剪枝决策。比较各方案的期望值，如方案实施过程中有费用产生，则应将状态节点值减去方案费用再进行比较。凡是期望值小的方案枝一律剪掉，最终剩下一条贯穿始终的方案枝，其期望值最大。将此最大值标在决策点上，即为最佳方案。

【例 2-4】　某企业准备生产某种产品，预计该产品的销售有三种可能（见表 2-2）。销路好，其概率为 0.3；销路一般，其概率为 0.5；销路差，其概率为 0.2。可采用的方案有两个：一是新建一条流水线，需投资 120 万元；二是对原有设备进行技术改造，需投资 50 万元。两个方案的使用期均为 5 年，各种自然状态下年度销售利润见表 2-2。该企业应如何决策？

表 2-2　投资方案比较（年度销售利润）

方　案	投资/万元	年度销售利润/万元			使用期/年
		销路好（0.3）	销路一般（0.5）	销路差（0.2）	
新建一条流水线	120	80	40	0	5
技术改造	50	60	30	15	5

解：根据题意画出决策树，如图 2-4 所示。

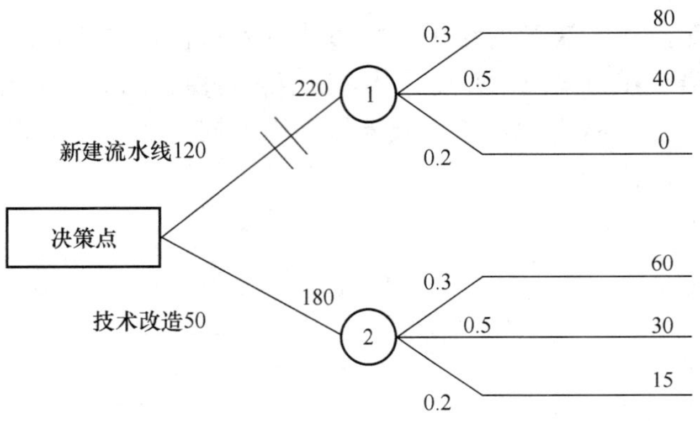

图 2-4　投资决策树

计算决策点的利润期望值：

（1）决策点 1

$$(80\times0.3+40\times0.5+0\times0.2)\times5-120=100(\text{万元})$$

（2）决策点 2

$$(60\times0.3+30\times0.5+15\times0.2)\times5-50=130(\text{万元})$$

从利润期望值来看，技术改造方案较高，所以，应将新建流水线方案的决策枝剪去，而选择进行技术改造的方案。

某些决策往往需要分阶段做出，如果初始决策做出后，还需要根据有关要求对初始决策进行修正，可再次做出决策。凡包括两项或两项以上的决策称为多级决策，原理同上。

2.4.4.3　不确定型决策方法

不确定型决策所面临的问题是决策目标和各种备选方案均已知，但自然状态出现的概率却无法预测。在这种决策中，决策者的主观意志和经验判断起着重要的作用。同一数据，根据不同的分析方法和原则，可以有完全不同的方案选择。

【例 2-5】　某企业为了生产一种新产品，制订了三种生产方案：A1 方案，改建原有生产线；A2 方案，新建一条生产线；A3 方案，部分零件与外厂协作生产。由于缺乏有关资料，对该产品的市场需求只能估计为较高、一般和较低三种情况，而对每种情况出现的概率无法预测。每种方案在自然状态下的损益值见表 2-3。

表 2-3 生产方案损益值比较

自然状态	方案		
	A1	A2	A3
需求较高	600	900	400
需求一般	400	350	250
需求较低	-150	-300	90

决策者可以根据不同的标准和方法进行方案选择。

A 悲观准则

悲观准则（又称“坏中求好法”）是按照“保守”的态度来“小中取大”，即先从每一个方案中选择一个最小的损益值，然后再从这些最小的损益值中选取一个最大值，该值对应的方案就是最优方案。

例 2-5 中，三种方案各自的最小损益值分别为：

$$f(A1)=\min\{600,400,-150\}=-150$$
$$f(A2)=\min\{900,350,-300\}=-300$$
$$f(A3)=\min\{400,250,90\}=90$$

则这些最小损益值中的最大值为 A3 即方案 3，部分零件与外厂协作生产是最优方案。

则这些最大损益值中的最大值为：

$$f(A)=\max\{-150,-300,90\}=90=f(A3)$$

A3 方案即为新建一条生产线的最优方案。

B 乐观准则

乐观准则（又称“好中求好法”）与悲观准则完全相反，它先从各个方案的损益值中取最大值，然后将各个方案的最大值进行比较，再选取其中最大值的方案为最优方案。

例 2-5 中，三种方案各自的最大损益值分别为：

$$f(A1)=\max\{600,400,-150\}=600$$
$$f(A2)=\max\{900,350,-300\}=900$$
$$f(A3)=\max\{400,250,90\}=400$$
$$f(A)=\max\{600,900,400\}=900=f(A2)$$

即方案 2 新建一条生产线是最优方案。

C 中庸准则

中庸准则（又称“乐观系数法”或“赫威斯准则”）是介乎乐观与悲观之间的一种准则，即决策者对未来的情况持较乐观的态度，但又考虑到不利形势产生的影响，所以，决策者通常根据市场情况和个人经验，预先确定一个乐观系数 a 作为主观概率，其值为 $0\leqslant a\leqslant 1$，然后把每一个方案的最大损益值乘以 a，再加上该方案的最小损益值乘以 $(1-a)$ 得到一个乐观的期望值。比较各方案的期望值，大者为最佳方案。

仍以例 2-5 为例，若 $a=0.7$，则：

$$f(A1)=0.7\times 600+(1-0.7)\times(-150)=375$$
$$f(A2)=0.7\times 900+(1-0.7)\times(-300)=540$$
$$f(A3)=0.7\times 400+(1-0.7)\times 90=307$$

这些期望值中的最大值为：

$$f(A)=\max\{375,540,307\}=540=f(A2)$$

A2 方案即为新建一条生产线的最优方案。

D　遗憾准则

遗憾准则（又称“大中取小法”或“最小后悔值法”）以各个方案的机会损失的大小来判别方案的优劣。所谓机会损失（后悔值），是指由于决策失误而引起的机会成本。例如，当市场出现高需求时，决策者却采取了保守的生产方案；而当市场滞销时，决策者却要扩大生产规模。因而，每种自然状态的最大值与同种自然状态下的其他损益值之差就是后悔值。在决策时，首先把各方案的最大后悔值选出来，然后再选择其中最小的后悔值作为最优方案。

例如，对例 2-5 可做如下分析：首先找出对应于各种自然状态的最大值为 900、400、90，然后对应于各种自然状态，用最大值减去同种状态的损益值，得出后悔值（见表 2-4）。

表 2-4　生产方案最大后悔值比较

自然状态	方　　案		
	A1	A2	A3
需求较高	300	0	500
需求一般	0	50	150
需求较低	240	390	0

从表 2-4 中可见，各方案的最大后悔值分别为 300、390 和 500，其中最小后悔值是 300，所以 A1 方案为改建原有生产线的最优方案。

本章小结

企业战略管理是企业高层次管理人员为了企业长期的生存和发展，在充分分析企业外部环境和内部条件的基础上，确定和选择达到目标的有效战略，并将战略付诸实施和战略实施过程中进行控制与评价及调整的一个动态管理过程。战略管理作为高层次管理人员的活动内容，越来越显示出其在企业管理中的重要性。本章明确了企业战略的含义、企业战略管理的一般问题、企业战略管理的过程等。

现代管理理论认为，管理的重心在经营，经营的重心在决策。本章介绍了企业总体战略决策所包括的发展性战略、稳定性战略、撤退性战略等内容。

企业经营决策是企业通过运用科学的分析方法，对所面临的外部环境和内部经营能力进行综合分析，在已定的多个可行的经营目标中，选择一个最为满意的方案，并通过企业经营活动加以实施的整个过程。本章着重阐述了经营决策的概念与类型、原则、程序和方法等。

项目实战

制定企业发展战略规划

（1）项目名称：制定企业发展战略规划。

（2）实施步骤：

1）CEO 组织本公司全体成员共同讨论，确定公司运营战略规划的各项内容（如企业战略规划、经营决策等）。

2）COO 到台前汇报设计成果。

3）各公司互评打分。

4）教师总结点评。

项目实战模版

扫一扫查看项目实战模版

同步测试

2-1 单项选择题

（1）规定企业使命和目标、企业宗旨，建立和管理好一个高业绩的业务组合并进行资源分配的战略是（　　）。

A. 竞争战略　　B. 公司战略
C. 业务单位战略　　D. 职能战略

（2）以下不是决策特征的内容是（　　）。

A. 明确而具体的决策目标　　B. 有两个以上的备选方案
C. 以了解和掌握信息为基础　　D. 追求的是最优最好方案

（3）越是组织的高层管理者，所做出的决策越倾向于（　　）。

A. 战略的、程序化的、确定型的决策
B. 战术的、非程序化的、风险型的决策
C. 战略的、非程序化的、风险型的决策
D. 战略的、非程序化的、确定型的决策

（4）日常工作中为提高生产效率、工作效率而做出的决策是（　　）。

A. 战略决策　　B. 战术决策　　C. 业务决策　　D. 管理决策

（5）目的在于创造一种畅所欲言、自由思考的氛围，诱发创造性思维的共振和连锁反应，产生更多的创造性思维的集体决策方法是（　　）。

A. 头脑风暴法　　B. 名义小组技术

C. 德尔菲技术　　D. 政策指导矩阵

(6) 在决策过程中，最需要充分发挥创造力和想象力的步骤是（　　）。

A. 识别目标　　B. 拟订备选方案

C. 评估备选方案　　D. 做出决定

(7) 决策者的个性对（　　）决策影响最大。

A. 风险型　　B. 确定型　　C. 不确定型　　D. 程序化

(8) 从决策的基本属性来看，决策是（　　）。

A. 不以人的意志为转移的活动　　B. 以人的意志为转移的活动

C. 客观规律的真实描述　　D. 客观规律的正确反映

(9) 张强和王智共同商量解决问题的方法。两人未考虑可行性和可操作性就将各自的观点列了出来。他们处于决策过程的（　　）阶段。

A. 开发备选方案　　B. 分析备选方案

C. 确议决策标准　　D. 选择备选方案

(10) 有一种说法认为“管理就是决策”，这实际上意味着（　　）。

A. 对于管理者来说只要善于决策就一定能够获得成功

B. 管理的复杂性和挑战性都是由于决策的复杂性而导致的

C. 决策能力对于管理的成功具有特别重要作用

D. 管理首先需要的就是面对复杂的环境做出决策

2-2　判断题

(1) 企业的市场营销策略属于战略层次中的竞争战略。（　　）

(2) 波特的五种竞争力是指供应商、客户、行业现有竞争者、潜在竞争者和公众压力。（　　）

(3) 当企业在竞争中既存在机会又占有优势时，应采用多样化战略。（　　）

(4) 决策的过程就是选择的过程。（　　）

(5) 针对解决的问题，相关专家或人员聚在一起，放开思路，畅所欲言，倡导创新思维的决策方法是头脑风暴法。（　　）

2-3　计算题

(1) 某企业生产一种产品，市场预测结果表明有三种可能，即销路好、销路一般和销路差。备选方案有三个：一是扩建，二是技术改造，三是维持现状。扩建需投资 25 万元，技术改造需投资 15 万元。各方案在不同自然状态下的损益值见表 2-5。

表 2-5　各方案在不同自然状态下的损益值

方　案	损益值/万元		
	销路好	销路一般	销路差
扩建	210	100	-60
技术改造	160	80	-40
维持现状	90	40	-20

1) 试用乐观准则、悲观准则、遗憾准则进行决策。

2）若知销路好的概率为0.5，销路一般的概率为0.3，销路差的概率为0.2，试用决策树法进行决策。

（2）某一企业生产的产品销售量为100件，单位产品的售价为400元，固定成本总额为12000元，总变动成本为24000元，其保本点的产量应是多少？假定该企业的目标利润为6000元，产品单位售价和固定成本不变，单位变动成本下降为100元，销售量和销售额应为多少？

2-4 简答题

（1）企业战略的含义及构成要素是什么？

（2）企业战略的层次有哪些？

（3）企业战略管理的含义是什么？

（4）企业战略管理的原则有哪些？

（5）企业总体战略决策的内容是什么？

（6）经营决策的程序有哪些？

（7）确定型决策方法各有哪些？

（8）风险型决策方法应用最广泛的决策树法，其决策树的构成、分析程序都有哪些？

（9）不确定型决策方法所依据的三种准则都是什么？

2-5 案例分析题

海尔发展战略

名牌战略：要么不干，要干就要争第一。

一次创业（1985～1995年）目标：创中国家电第一名牌。

二次创业（1995年至今）目标：创国际名牌。

大集团战略："三大一活一统一"。即：大名牌、大科研、大市场；资本活；企业文化统一。

（1）大名牌。量：一个名牌产品发展为一个名牌产品群。质：每个产品都是国内同行业的排头兵，并争创国际名牌。

（2）大科研。量：每年开发并投放市场的产品占同行业之冠。质：有研究三年以后产品的机构和进行当年投产领先产品的机构。

（3）大市场。量：在国内市场的份额不低于前三名。质：产品分布于国内和国际市场，实行三个1/3制。

（4）资本活。制定与资本有关的经济指标考核体系，设定标准警戒线和否决线，使资本成为活的能增值的功力。

（5）企业文化统一。通过对统一的企业精神、企业价值观的认同使集团有强大的向心力和凝聚力。

在1984年，海尔只是年销售额300万元的地方小企业，到1996年发展成为我国家电业的特大型企业，1997年销售额为108亿元。2018年，海尔集团全球营业额达2661亿元，同比增长10%；全球利税总额突破331亿元，同比增长10%；生态收入达151亿元，同比增长75%。

海尔是一家全球领先的美好生活解决方案服务商。在持续创业创新过程中，海尔集团始终坚持“人的价值第一”的发展主线。海尔集团董事局主席、首席执行官张瑞敏提出“人单合一”模式。

海尔集团始终以用户体验为中心，踏准时代节拍，从资不抵债、濒临倒闭的集体小厂发展成为引领物联网时代的生态型企业，连续两年作为全球唯一物联网生态品牌蝉联 BrandZ 最具价值全球品牌 100 强。海尔拥有上市公司 4 家，孵化独角兽企业 5 家、瞪羚企业 23 家，在全球设立 10 大研发中心、25 个工业园、122 个制造中心、108 个营销中心和 14 万 + 销售网络，拥有海尔、卡萨帝、Leader、GE Appliances、Fisher & Paykel、AQUA、Candy、卡奥斯 COSMOPlat、日日顺、盈康一生、海尔生物医疗、海纳云、海创汇、海尔兄弟等众多生态品牌和新物种。

海尔连续 11 年稳居欧睿国际世界家电第一品牌，子公司海尔智家位列《财富》世界 500 强和《财富》最受赞赏公司，旗下新物种卡奥斯 COSMOPlat，在工信部双跨工业互联网平台中排名榜首，被 ISO、IEEE、IEC 三大国际标准组织指定牵头制定大规模定制模式的国际标准。物联网时代，海尔生态品牌和海尔“人单合一”模式正在实现全球引领。

在海尔发展历程的各个阶段，有由低到高的一系列的目的和目标。

未来，海尔集团将继续携手全球一流生态合作方，建设衣食住行康养医教等物联网生态圈，为全球用户定制个性化的智慧生活。

当然，即使每一个企业都有像海尔这样的崇高使命，都有像张瑞敏这样优秀的企业家，最终能创出名牌的也只是少数企业，这是竞争的结果。正因为有竞争，就必须有一个积极进取、适度超前拔高的企业使命。

问题讨论：

海尔是怎样实施其发展战略的?

扫一扫查看同步测试参考答案

3　企业市场营销管理

扫一扫查看
本章课件

教学目标

（1）知识目标：掌握市场营销、市场细分、销售渠道、绿色营销的涵义，了解企业市场营销工作的内容、企业的产品策略及市场营销管理发展新趋势。

（2）能力目标：能理解市场营销的基本职能，树立现代市场营销观念；能进行市场细分，能确定目标市场并完成市场定位；能理解市场营销策略组合，从而具有市场营销策划能力。

（3）思政目标：把党的二十大精神融入现代企业管理教学实践中，引导学生树立正确的市场意识，认识到在市场经济条件下企业营销管理的重要性，初步形成现代营销思维，强化学生的责任和担当，培养学生利用市场营销奉献社会、创造人民美好生活的意识和信念。

市场营销是企业生产经营活动中十分重要的一个环节，在市场经济日益发展和市场竞争日益激烈的今天，市场营销已成为企业的核心职能之一，对营销工作的管理是企业管理的重要组成部分。随着市场经济体制的发展和完善，企业成为市场主体，企业市场营销工作的地位日益突出，企业领导者必须高度重视。

本章着重阐述市场营销的含义和内容、市场细分与市场选择、市场营销组合策略、市场营销计划执行与控制以及市场营销管理发展新趋势等问题。

3.1　市场营销管理概述

扫一扫
线上听课

案例导入 3-1

市场在哪里

美国管理大师德鲁克的名言：优秀的公司满足需求，伟大的公司创造市场。面对家电市场的激烈竞争，海尔提出了市场创新理念，“创造需求，引导消费”。今天，简单地给顾客他们需要的是不够的，必须帮助顾客学会知道他们需要的是什么。企业所面对的外部环境愈加复杂，变革性的技术随时出现、饱和的市场、客户需求的个性化等，要求企业只有不断地把握和满足潜在顾客的需求，才能在市场上占据一个领先和主动的位置。

启示：市场在哪里，营销即在哪里。

3.1.1　市场营销的含义

在市场营销中，“市场”往往等同于“需求”。市场是指某种需求的总和。也就是说，市场是某一产品的所有现实购买者和潜在购买者需求的总和。

市场营销是从卖方的立场出发，以买方为对象，在不断变化的市场环境中，以顾客需求为中心，通过交易程序，提供和引导商品或劳务到达顾客手中，满足顾客需求与利益，从而获取利润的企业综合活动。

企业市场营销是企业为满足市场需要，实现自身经营目标而开展的商务活动过程。它以满足消费者的现实需要和潜在需求为中心，研究开拓市场的市场营销战略和策略。从宏观角度来看，市场营销主要包括市场营销的组织、消费需求特征和市场竞争策略的研究以及如何开拓国际市场；从微观的角度来看，市场营销主要研究企业应如何采用产品、价格、分销渠道以及促销策略来开拓市场。

市场营销观念的形成和发展请扫右侧二维码学习了解。

市场营销观念的形成和发展

3.1.2　企业市场营销工作的内容

企业市场营销工作的内容也在丰富和扩大，主要包括以下工作。

3.1.2.1　市场调研工作

市场调研工作包括：

（1）进行市场调查和预测，掌握市场需求状况及其变化趋势、发展动向。

（2）了解市场供给情况，掌握竞争对手动向和竞争的变化趋势。

（3）做好销售统计，积累基础资料。

（4）根据市场信息和历史统计资料，进行预测预报。

3.1.2.2　目标市场选择工作

目标市场选择工作包括：

（1）在市场调研的基础上，进行市场态势的分析。

（2）细分市场，确定目标市场和重点市场。

（3）制定开辟、占领和扩大市场的战略和策略。

3.1.2.3　产品开发工作

产品开发工作包括：

（1）根据市场调查取得的需求信息，及时向技术开发部门和生产制造部门提出开发和生产适销对路的新产品的建议。

（2）参与商标和包装的设计工作，制定有关商标和包装的战略与策略。

3.1.2.4　产品定价工作

产品定价工作包括：

（1）配合财务部门做好产品或劳务的定价工作，提出定价战略和策略的建议；给用户报价。

（2）决定浮动价格。

（3）同用户协商定价。

3.1.2.5 销售渠道选择工作

销售渠道选择工作包括：根据企业营销队伍情况和产品特点，正确地选择营销方式和销售渠道，制定正确的渠道战略和策略。

3.1.2.6 产品促销工作

产品促销工作包括：

（1）根据企业产品特点和经营实力，做好产品的广告和宣传工作。

（2）做好公共关系工作，人员推销工作和营业推广工作。

（3）制定相应的广告战略与策略，公关战略与策略。

3.1.2.7 产品储存和运输工作

产品储存和运输工作包括：

（1）组织好产品的入库、保管、出库和发运工作。

（2）有些产品需要在销售地点适当储备，也需要做储存和保管工作，调节好各地产品的供需平衡。

3.1.2.8 承接订货和销售服务工作

承接订货和销售服务工作包括：

（1）承接客户订货，签订各种合同，加强对合同的管理，认真履行合同。

（2）做好售前、售时和售后的各项服务工作；制定有效的服务战略和策略。

（3）协调好与流通部门各个环节的关系，正确处理好产销矛盾。

3.2 目标市场的经营策略

扫一扫
线上听课

案例导入 3-2

海底捞火锅的服务差别化战略

海底捞是一家以经营川味火锅为主的直营餐饮品牌火锅店，发展至今，已成为海内外瞩目的品牌。分析海底捞成功的原因，其中非常重要的一点在于其服务差别化战略，海底捞的服务涉及：就餐前的全面考虑，就餐中的细节关怀，就餐后的小恩惠。它的服务不仅仅体现于某一个细小的环节，而是形成了从顾客进门到就餐结束并离开的一套完整的服务体系。

启示：企业在经过市场细分、确定目标市场之后，如何进入并占领已确定的目标市场就成为至关重要的问题。

3.2.1　市场细分与目标市场的选择

3.2.1.1　市场细分的含义

市场细分是指根据众多用户或众多消费者的不同需求特点，将企业某一产品的总体市场划分为若干个用户群或消费者群，即细小市场的分类过程。市场细分能使企业掌握不同顾客的需求特点，正确地进行产品开发和市场开发；能使企业掌握市场分布情况，发现市场缝隙，同时能使企业确定其要进入的重点目标市场。

企业的总体市场可以从不同的角度，采取不同的标志或标准来细分。消费者市场细分的依据包括人口、地理因素、购买心理和购买行为等。用户市场细分依据主要有用户的行业类别、用户的规模和用户的地理位置。

3.2.1.2　目标市场的选择

作为目标市场应具备以下条件：首先，该市场应具有一定的购买力；其次，该市场有一定的尚未满足的需求，竞争对手不至于完全占领该市场；再次，本企业在某些方面具有一定的优势，有能力进入该市场；最后，企业进入后应有一定的赢利能力。选择目标市场应处理好诸如市场面的多少与大小、重点市场和一般市场、国内市场和国外市场、当前市场和长远市场等几个关系。

3.2.2　目标市场的经营策略

确定了目标市场，并不等于企业占领了这一市场。要把目标市场变成企业已经占领的现实市场，需要研究一系列的开发市场的策略。

3.2.2.1　产品市场定位策略

产品的市场定位是指在目标市场上针对竞争对手产品在该市场的地位和顾客对该产品的态度，有目的地树立本企业产品的形象，确立其在目标市场上的位置。根据本企业产品的竞争能力状况，有以下三种市场定位策略可供选择：

（1）避强策略，即避开强大对手的锋芒，选择那些不为强大对手注意的目标市场，投放本企业的产品，宣传和树立本企业产品的形象，站稳脚跟，扩大影响。这种定位策略风险较小，成功率高。

（2）雷同策略，即采取同竞争对手相同的市场定位策略。实施这种市场定位有两种情况：一是本企业实力可以同强大竞争对手较量，敢于在同一目标市场上竞争；二是目标市场的需求量很大，即使实力雄厚的对手也无法满足其需要，因此无暇顾及其他对手。在这种情况下，其他同类产品生产厂家也可选择与强大对手相同的目标市场定位。

（3）超强策略。不仅选择与强手相同的市场定位，而且在同一定位市场上要超过竞争对手，使本企业产品处于更强有力的竞争地位，有比对手更好的形象，即产品比强手有更高的知名度、美誉度，更高的质量和更高的市场占有率。

3.2.2.2　进入市场的空间策略

在企业选择多个目标市场的情况下，就有一个进入的顺序问题。一般有三种策略可供选择：

（1）先近后远策略，即先进入本地目标市场或企业附近地区市场，然后逐步推进，进入比较远的地区市场。在本企业产品不容易被对手掌握和模仿的情况下，可运用这一策略。

（2）先远后近策略，即先进入外地市场或比较远的地区市场，然后再进入本地或就近的市场。在本企业产品容易被对手模仿和掌握的情况下，应选择这一策略。当对手拿出产品投放在对手所在地区市场时，本企业已经销售了一大批产品，已获得可观效益，然后退出该市场，进入本地市场，十分主动。

（3）齐头并进策略。本企业开发的新产品投入生产后，批量较大，实力也强，又独具特色，富有吸引力，可本地和外地、近地和远地市场一齐进入。这是实力雄厚的企业可供选择的进入市场的空间策略。

3.2.2.3　进入市场的时间策略

在目标市场确定后，何时进入各个目标市场，就有一个迟早的问题。一般有三种策略可供选择：

（1）提早进入市场。在掌握对手开发新产品能力比较强，也将有新产品投入市场的情况下，可抢在对手之前，把本企业的新产品投放市场，先入为主，抢占市场。

（2）适中进入市场。根据顾客购买力的情况选择投入时机，在顾客已拥有足够购买力的条件下，产品适时投放市场，容易畅销。

（3）较晚进入市场。在掌握对手迟迟拿不出新产品的情况下，本企业又有大批老产品且销路较好时，本企业的新产品可以晚一点投放市场，以便延长老产品的寿命周期，尽量为企业多做贡献。

3.2.2.4　进入市场的方法策略

企业的产品进入市场要讲究方法，需要辅之以一系列的促进销售的策略，这就是广告策略、服务策略、公关策略、商标策略、包装策略、人员推销策略、营业推广策略等。方法策略选择和运用得当，有利于企业开拓市场。

3.3　市场营销组合策略

扫一扫
线上听课

企业进行市场营销活动，需要做好一系列工作，具体包括产品、定价、销售渠道、促销四大要素。

3.3.1　企业的产品策略

3.3.1.1　产品的概念和功能

A　产品的含义

通常人们对产品的理解仅仅局限在式样、性能、质量等物质形态上，而现代企业营销的核心是满足顾客的需要和欲望。产品的含义，从不同角度可以得出各自不同的观点，比如一个生产者可能从狭义的视角关注产品在物质上的特征以及成本、利润等；而消费者则可能从广义角度看待物质产品，它能够通过设计、包装、商标和服务，以适合特定顾客的需要。

从市场或顾客的观点来看，产品就是为顾客提供某种预期效益而设计的物质属性、服务和标记的组合。因此，市场营销学对产品的定义是：凡是能够提供给市场以引起人们注意、获取、使用或消费，从而满足顾客某种欲望或需要的一切东西都是产品。它包括实物、服务、场所、组织和构思等。

B　产品的功能

消费者购买物质产品是为了使用产品的功能。所以，企业产品要满足消费者的需要，就必须具备一定的功能，也就是产品在市场经营中实际存在的价值。产品的功能一般可分为四个方面：

（1）产品的基本功能是指这种产品的最基本作用。它决定着产品在市场上存在的价值，也是消费者所需要的功能。

（2）产品的辅助功能是起次要作用的。

（3）产品的使用功能是指产品实际用途或是产品在消费过程中实现使用。它包括产品可靠性、安全性、维修性。

（4）产品的外观功能是指产品的美学功能。

消费者决定购买的必要产品必须具备上述功能，但不同产品各种功能又有不同侧重，应根据消费来确定。

3.3.1.2　产品组合与经营策略

产品组合是指一个企业生产和销售全部产品的结构。企业产品组合规划，也是经营管理的重要问题。

A　产品组合

产品组合是由各种产品线和各种产品品种所组成的。产品线是由一组规格的产品所组成。这些产品满足类似顾客的需要，一起投放市场，通过共同销售分配渠道进行销售；也有一种产品则是一条产品线的一个具体组成部分。

产品组合具有广度、深度和一致性程度。产品组合的广度是指企业提供的不同产品线的数量；产品组合的深度是指企业每条产品线内所包括的品种不同的产品品数；产品组合的一致性程度是指企业各条产品线在生产技术、销售分配渠道和顾客及其他方面的一致性。

企业根据市场的机会和销售目标来研究产品组合的深度、广度和一致性，使之与市场需求相适应。通常关于产品组合的广度和一致性的决策要比确定一条产品线应包括哪些产品品种（即产品深度）的决策更为重要。

B　产品组合经营策略

由于企业所处的客观环境不断地发生变化，企业市场研究和销售部门也应不断地分析产品及产品线，了解全部产品中在目前和将来能做出贡献的产品。在任何时间内，具有多品种产品的企业都应确定一种产品组合。企业应采用多种策略，包括扩大产品组合策略、缩小产品组合策略、改进现有产品组合策略和高档产品、低档产品同步组合策略等。具体应用策略有如下几种：

(1) 明日企业赖以生存的产品——新产品和改进后的现有产品。

(2) 今日企业赖以生存的产品——目前有贡献的产品，是昨日的新产品。

(3) 可改进的产品——如果进行较大程度改进，可继续做出贡献的产品。

(4) 昨日企业赖以生存的产品——曾经销售量很大，但目前销售量很小的产品。

(5) 继续存在的产品——曾是昨日的重大希望，还未彻底失败，绝对不可能再崛起，但也可能不失败的产品。

企业要经常地注意产品及其环境变化，合理调整产品组合。

C 产品品牌、商标与包装标签策略

在为产品制定经营策略时，产品品牌、商标可以增加产品的价值，所以它是产品策略的重要实质问题。

a 品牌和商标

品牌是一种名称、名词、标记、符号或设计，或是它们的组合运用。其目的是辨认某个销售者的产品或劳务，并以此区别于其他竞争者。品牌包括品牌名称和品牌标记。品牌名称是可以被发出声来，用文字可以表达出来的那一部分；品牌标记是可以识别，无法念出声来的那部分，如符号、设计、颜色、图案等。

商标是商品的标志，是一个品牌或品牌的一部分，已获得专用权，并受到法律保护。商标保护着制造商或销售者使用品牌名称和品牌标记专用权。

b 品牌、商标策略

品牌、商标对产品独特性提供法律保护，可以防止被竞争者所仿制。品牌化给生产者和销售者一个机会，能赢得顾客，也有助于提高企业规划市场销售组合时的控制能力。品牌化有助于销售者细分市场，品牌名称可以使生产者容易处理订单和发现问题。良好的品牌有助于建立企业形象。

c 家族品牌与个别品牌策略

家族品牌策略就是企业所制造的一切产品，都使用同一品牌名称。一项家族品牌策略可以使企业得到著名品牌印象的利益，如果企业推出一个新产品，消费者可能很快地接受这项新产品，因为他们熟悉这个品牌；个别产品品牌也是一项策略，企业将不同的品牌应用到不同的产品上，每一个产品都有着不同的品牌名称，比如某一个品牌失败，它不会伤害到企业所制造的其他产品的形象。企业可以同时使用家族品牌与个别品牌。

d 包装和标签策略

进入市场的产品必须要有包装和标签。

包装是指产品的容器或内外部包扎，是整体产品的一部分。

包装起着如下的作用：

(1) 它可以保护产品以免损坏。

(2) 可以促进产品销售。

(3) 可以使产品更方便携带、储存、运输；美化产品，提高产品形象。

标签是附在产品上的简易签条，也可以精心设计作为包装一部分的图案。标签不仅标有牌名，也具有许多信息，便于消费者识别产品。例如，哪个单位生产这一产品，在什么地方生产，什么时间生产，产品的内容、使用方法以及注意事项。标签以其吸引人的图案对产品起到促销的作用。标签分为识别性标签、分等标签、说明性标签和促销性标签等。

3.3.2　产品定价策略

价格通常是影响交易成败的重要因素，同时又是市场营销组合中最难以确定的因素。企业定价的目标是促进销售，获取利润，因此要求企业既要考虑成本的补偿，又要考虑消费者对价格的接受能力，从而使定价策略具有买卖双方双向决策的特征。此外，价格还是市场营销组合中最灵活的因素，它可以对市场做出灵敏的反映。

3.3.2.1　产品定价应考虑的因素

产品定价应有科学的依据，须考虑以下主要因素。

A　价值因素

商品价值在货币形态上转化为价格时，主要表现为三部分，即生产成本、流通费用和利润（包括工业利润和商业利润）。以上三个部分是相互联系、相互制约的，任何一个部分发生变化，都会引起价格的变动。其中，生产成本是决定价格的主要制约因素。在考虑成本这一因素时，不仅要依据本企业的生产成本，还要参考其他企业同类产品的生产成本。

B　供求因素

供求因素是商品经济供求规律和竞争规律的要求。市场上的供求关系有三种状况，即供不应求、供求平衡、供过于求。当供求平衡时，价格稳定，但这种情况较少。主要存在另外两种市场状况：供不应求，会促进价格上扬；供过于求时，会迫使价格下跌。因此，供求关系是影响价格的重要因素。

C　需求价格弹性因素

需求价格弹性是指市场商品需求量对于价格变动做出反应的敏感程度，它反映了商品价格与需求之间的客观规律性。通常用需求量变动的百分比对价格变动的百分比比值，即以需求价格弹性系数来表示。一般来说，价格水平对需求的升降有影响：价低则需求上升；价高则需求下降。但各种商品的需求对价格变动的敏感程度不同，这种敏感程度称为弹性，其弹性大小用弹性系数来表示。所谓需求弹性系数，就是价格变动率与需求升降率之间的比例关系。需求弹性系数等于1，表示无弹性；大于1，表示需求弹性大，即价格稍有变动，就会引起需求的巨大变动。如果价格稍微上涨，需求就急剧下降；反之，稍微降价，需求就迅速上升。需求弹性系数小于1，表示需求弹性小，即价格稍有变动，需求的变动较小，稍微涨价或降价，需求降低或上升的幅度均微小。这一原理可以说明，商品定价要考虑需求弹性因素。

D　需求收入弹性因素

需求收入弹性是指因收入的变动而引起的需求量变动的程度，或者说，是消费者对某一种商品或服务的需求量随收入改变的反应程度，即反映了需求与收入之间的客观规律性。商品定价必须考虑收入弹性这一因素。在居民收入水平低时，不要随意提价。在企业产品结构中，中低档产品比重应大一些，实行薄利多销。随着人们收入水平的提高，增加高档商品比重，适当提高产品价格，需求依然旺盛。

E　产品寿命周期因素

产品寿命周期是指产品从准备进入市场开始到被淘汰退出市场为止的全部运动过程，

是由需求与技术的生产周期所决定。产品寿命周期是产品或商品在市场运动中的经济寿命，即在市场流通过程中，由于消费者的需求变化以及影响市场的其他因素所造成的商品由盛转衰的周期。

产品处于不同寿命阶段，定价应不同。投入期时，批量小、耗费高、产品新，价格可定得高一些；成长期也属于新产品阶段，可保持投入期的价格，不轻易变动；在成熟期，生产批量大，且竞争对手多，竞争激烈，应考虑降价；衰退期时，产品已落后，更应大幅度降价，以尽快收回占用的资金。

F 相关产品因素

所谓相关产品是指在使用价值上相互关联的商品。这有两种情况：一是互替相关，二是互补相关。互替相关的产品有：彩色电视机与黑白电视机，棉纺制品与化纤纺织品等。彩电定价很高，一部分收入低的居民转向购买黑白电视机；如果二者价格差距较小，相当一部分人会转向购买彩电。互补相关的产品有打印机和墨盒，打印机降价，会引起打印机需求增长，相应地会引起墨盒需求的增长。总之，定价时要考虑相关产品因素，某一产品提价或降价，相关产品也要考虑提价或降价。

G 产品比价因素

产品比价是指各种不同产品在价格之间的比例关系，考虑不同产品之间的比价，来确定价格。这是价值规律的要求，也就是说，产品之间的比价，应以这些产品的价值为基础；比价与比值相一致，有利于贯彻等价交换原则。如果比价不合理，尤其是那些功能相近或可以互替的产品比价不合理，定价过高，会使顾客把购买力转向购买别的商品。

H 顾客心理因素

由于顾客购买力水平不同，因而对购买商品存在着不同的心理。产品定价要考虑顾客心理发展的规律，针对不同顾客的心理状态，采取不同的定价。对收入低的顾客，存在着买便宜货的心理，厂家定价应低一些；对收入高的顾客，存在着显示经济地位高的心理，愿意购买高档货，厂家定价应高一些。

3.3.2.2 定价目标

通过正确的定价，企业应考虑实现的经营目标是：

（1）长远利润最大化。谋取长远利润最大化是指企业制定合理适当的价格而使产品较长时间畅销，长期目标的总利润最高。只有适宜的价格才容易达到这个目标，而最高价格并不一定获得最高利润。因为价高，可能使产品销量下降，销售收入减少，反而得不到长远的最高利润。

（2）投资盈利率。投资盈利率是根据投资额期望得到一定百分比的盈利为目标，从而确定价格。也就是说，根据投资盈利率来确定利润标准，再根据利润标准来确定价格，用这样的价格来确保企业投资效益目标。

（3）获得较高的市场占有率。以获得较高的市场占有率作为定价的目标，是任何企业都可以考虑选择的目标。为实现这一目标，价格必须适宜，不能定高价；高价不容易提高市场份额。

（4）适应或避免竞争。价格是竞争的有力手段。为了使企业在竞争中处于有利的地位，保持竞争的良好状态，产品定价必须服从这一目标。实力强的企业产品价格一定得比对手低一些，以争得市场份额；实力较弱的企业为了避免强手的竞争，采取与强手相同的价格。

（5）维持营业。当企业处于逆境时，难以按正常价格出售产品。为避免倒闭，只能通过保本价格甚至赔本价格出售产品，以求收回资金，保证生产经营活动继续运行。

（6）维持企业和产品声誉。维持企业和产品声誉是指以保持和提高企业名牌产品声誉为目标而定较高的价格。一般说来，优质低价总是受到人们的欢迎，但在某些情况下，定了低价，反而引起一些顾客的误解，认为便宜没有好货，结果损害了名牌产品和著名企业的声誉。为了区别于杂牌产品，或区别于一般的优质产品，保持名牌产品声誉，突出本厂产品是“名牌中的名牌”地位，价格应高于杂牌产品或高于一般优质产品，实行优质高价。

（7）保持与流通部门的良好关系。为了使企业有稳定的销售渠道，使流通部门的中间商有利可图，应使企业出厂价与批发价、零售价之间的差价合理，从而调动中间商推销本企业商品的积极性。在有些情况下，比如产品平销或滞销时，应使中间商得到较大的差价，从而促进中间商依靠自己的力量，帮助工业企业推销产品。

3.3.2.3　定价程序

产品定价的程序，一般应遵循以下步骤：

（1）确定定价目标。通过定价，必须明确企业应达到什么目标，这是制定企业价格战略和策略的前提。目标不同，价格水平也不同，即价格战略和策略也不同。如果目标是为了提高产品的市场占有率，则可选择中价或低价战略；如果目标是为了塑造和维护名牌产品声誉，则可选择高价战略。

（2）测算单位产品成本。成本是价格的基础，成本水平对价格定在什么水平上有很大影响。测算出产品成本，可判断本企业在价格上是否处于优势，也为确定价格战略和策略提供依据。

（3）了解竞争对手的产品价格和产品特点。通过掌握对手产品状况，确定本企业产品与对手产品的差异程度，便于采取相应的价格对策。若对手产品质优价高，本厂产品不如对手时，除了在提高质量上下功夫外，在价格上只能考虑选择中价或低价的战略和降价的策略。

（4）预测在不同价格水平下的需求量，了解顾客对产品不同价格的承受能力。部分顾客购买力水平高，对高价产品具有承受能力，但多数顾客购买力水平属中等或低下。价格高了，需求量会下降；价格适中或较低，需求量会上升。企业掌握不同顾客群的购买力水平，以便判断价高时，企业产品有多大销量；价低时，会增加多少顾客，增加多少销售量。

（5）选择定价战略和策略，确定定价方案。通过确定目标，分析自己、掌握对手、了解顾客之后，企业应制定多种价格战略与相应的价格策略，即制定多种价格方案，经分析、比较和评价，从中选择能保证实现企业经营目标的价格战略与策略方案，以便付诸实施。

3.3.2.4　定价方法

A　成本导向定价法

成本导向定价是企业以产品成本为中心的生产方导向定价思路。以成本为基础确定产品价格的方法，其目标是在不亏本的情况下获得尽可能高的利润。在产品供不应求的市场态势下，可运用这一方法给产品定价。这种方法又可具体分为四种：

（1）成本加成法。在成本的基础上，按成本利润率确定利润，定价商品不同，加成比例也不同。基本公式为：

$$商品价格 = 成本 \times (1 + 成本利润率) \tag{3-1}$$

（2）目标利润定价法。以预测的销售量总成本为基础，加上企业确定的目标利润，计算出实现目标利润的销售收入，再根据销售收入计算出单位产品的价格。

（3）盈亏平衡定价法。以保本来确定价格的一种方法，即单价等于单位产品成本。

（4）临界收益定价法。以取得临界收益而确定价格的方法。临界收益等于单价减去单位产品可变费用，即等于单位固定费用加单位产品利润。单价只要大于单位产品可变费用，就有临界收益。定价不能等于更不能小于单位可变费用。这是企业在不能保本情况下被迫采用的定价方法，定价原则是少赔。

B 需求导向定价法

需求导向定价是企业以消费者对产品价值感知为出发点的定价思路，对产品价值的认识程度和需求程度来决定价格的方法，其目标是最大程度获取消费者理解和需求。这种方法是以顾客为中心，以顾客所能接受的价格为依据来定价，定价的顺序与成本导向定价法相反，遵循"顾客、中间商、厂商"的顺序定价，因而又称为反向定价法。

C 竞争导向定价法

竞争导向定价法是指企业对竞争对手的价格保持密切关注，以对手的价格作为自己产品定价的主要依据。竞争产品是指竞争对手能生产的与本企业相同、相似或可替代的产品。根据竞争者产品价格的变化，相应地改变本企业产品的价格。竞争导向定价，不是把价格定得与竞争者的产品价格一样，而是要以对本企业增加盈利和提高市场占有率等有利为标准，制定出高于或低于竞争者产品的价格。

竞争导向定价有三种具体方法：

（1）优质优价定价法。本厂产品优于竞争者的产品，为了树立优质名牌产品形象，把价格定得比竞争者产品高一些。

（2）流行水准定价法。对于质量无明显差别，消费者也不大注意这些差别的产品，就按市场流行的价格定价，不轻易高于或低于竞争者同类产品价格。

（3）渗透定价法。这是企业为了进入一个新市场，或排斥竞争者进入本企业确定的目标市场而采取的低价定价法。这个价定多低，以能进入市场，打开销路为准。

以上各类导向定价法，适用于各种不同的条件。每个企业应根据本企业产品成本、盈利目标、定价目标、顾客情况、对手情况，进行具体分析后，做出正确的选择，以保证定价水平的科学性和合理性。

3.3.2.5 定价策略

为了实现企业的定价目标和价格战略，有以下定价策略可供选择：

（1）厚利定价策略。为获得较高的盈利，在成本的基础上，增加一个较多的附加额，而使产品的价格较高。这种策略适用于在短期内不会出现竞争对手而独家生产的新产品。

(2) 薄利定价策略。在成本的基础上增加一个较少的附加额，因而使价格较低，实行薄利多销。这种策略适用于投放市场后很容易招来很多竞争者的新产品，或进入成熟期而竞争激烈的老产品。

(3) 保本定价策略。该策略就是以不亏本为最低界限，运用盈亏平衡原理而确定的价格。这种策略适用于竞争非常激烈、供过于求的平销或滞销产品；也适用于尚不为消费者了解的新产品。

(4) 赔本定价策略。在企业面临十分困难的处境，产品严重滞销，即使保本的价格也无法销售，为不使亏损更大时，则被迫采用这种赔本定价的策略，以渡过难关。

(5) 提价策略。在产品供不应求或产品需求价格弹性较小时，可采取适当提价的策略。

(6) 降价策略。在产品供过于求或产品需求价格弹性较大时，可采取适当提价的策略。

(7) 质量差价策略。根据企业产品质量的等级不同，实行按质论价的策略，即优质高价、中质中价、低质低价等策略。

(8) 时间差价策略。根据产品季节不同，实行不同价格，销售旺季实行平价或略为提价；销售淡季实行降价。

(9) 批量差价策略。根据用户购买商品的数量不同，实行不同的价格；购买批量大而给予优惠价，即适当降价；购买批量小而执行平价，即正常价格。

(10) 地区差价策略。同一产品在不同地区销售，实行不同价格。

(11) 心理定价策略。根据不同顾客的不同购买心理，实行不同的定价。对于收入水平低的顾客，适宜采用尾数定价法，比如单价为 10 元的商品，宁肯定为 9.8 元，使消费者产生一种“便宜”的感觉，而乐于购买；对于收入水平高的消费者，适宜采用整数定价法，比如单价为 98 元的商品，则定为 100 元，使高收入者感到这种商品“高档”“贵重”，购买它有显示身份“高贵”之感，也得到一种心理上的满足。

3.3.3 销售渠道策略

案例导入 3-3

王老吉的渠道决策

王老吉从起步伊始就着力强化渠道建设，为了能够快速起飞，其采取了现代、常规、餐饮和特通四种渠道模式，一举打开了销售市场，现代渠道进军超级市场、大卖场，实现了有效的产品展示。常规渠道通过区域、分渠道的方式覆盖小店、餐饮、特通等终端店，形成了完整的销售网络；餐饮渠道选择湘菜馆、川菜馆和火锅店作为王老吉的诚意合作店，在餐饮商家获得巨大实惠的同时，完成了餐饮渠道的建设；特通渠道在夜场的操作除了常规的请导购、提供品尝外，还进行了联合促销，通过有力的渠道决策，实现了王老吉的销售突破。

启示：建立有效的销售渠道对企业至关重要。

3.3.3.1 销售渠道的含义

销售渠道是指产品从生产企业向用户或消费者转移所需要经过的路线，即产品所有权转移过程中所经过的各个环节连接起来形成的通道，其起点是生产厂家，终点是用户或消费者。从起点到终点所经历的路线又称为流通渠道。走完这些路线，需要经过一些中间环节（中间商），它是联系生产和消费之间的桥梁，在现代经济和销售渠道中占有重要的地位。

3.3.3.2 销售渠道的结构

销售渠道有两种结构形态：

（1）消费品的销售渠道结构。消费品的销售渠道一般可分为以下五种类型：

1）消费品生产者—最终消费者；

2）消费品生产者—零售商—最终消费者；

3）消费品生产者—批发商—零售商—最终消费者；

4）消费品生产者—代理商—零售商—最终消费者；

5）消费品生产者—代理商—批发商—零售商—最终消费者。

（2）生产资料商品销售渠道结构。生产资料商品的销售渠道一般可分为以下五种类型：

1）制造商—工业品用户；

2）制造商—工业品经销商—工业品用户；

3）制造商—制造商代表—工业品经销商—工业品用户；

4）制造商—制造商分销机构—工业品经销商—工业品用户；

5）制造商—制造商分销机构—工业品用户。

3.3.3.3 销售渠道的功能

A 集中的功能和分散的功能

销售渠道的中间环节能够调节生产与消费之间在商品数量上的差异，把商品化零为整，即中间商从各生产厂家购进不同用户和消费者所需要的各种商品，集中起来，然后化整为零，分散卖给各零售店（商），或直接分散卖给最终的消费者。

B 产销平衡的功能

通过中间环节调节生产与消费之间在商品的花色、品种和档级方面的差异，即中间商把商品分成不同的档级，销售给不同的市场。同时根据市场习惯，在商品花色品种上加以搭配，便于顾客购买。

C 简化和节约的功能

通过销售的中间环节，简化了销售手续，节约了销售费用，扩大了销售半径，提高了销售效率。

3.3.3.4 销售渠道的特点

销售渠道的特点包括：

（1）销售渠道主要由直接参与商品流通的各种类型的机构所组成。

（2）一种产品的销售渠道起点是该产品的生产者，终点是该产品的消费者或用户。

（3）卖商品所有权的性质。

（4）在营销渠道中，除了商品所有权转移形式的“商品流”外，还包含着信息流、资金流等形式。它们相辅相成，但在时间和空间上不完全一致。

3.3.3.5　销售渠道策略的选择

销售渠道策略的选择包括：

（1）宽渠道策略。生产厂家尽可能通过许多批发商、零售商推销其商品，扩大市场覆盖面，快速进入新市场，使众多的消费者或用户能随时随地买到本企业生产的产品。

（2）窄渠道策略。生产厂家在某一地区只通过一家中间商，独家经营和推销本企业的产品，以利于控制目标市场，减少多渠道各批发商、零售商相互争夺市场的矛盾。

（3）长渠道策略。生产厂家生产的商品面对广大消费者，且市场面广、地域宽阔，不可能直接销售给各个消费者，只能通过较多的中间环节，最终到达消费者手里。

（4）短渠道策略。由于生产厂家生产的产品本身的特点所决定，或者易腐、易碎，或者大型、重型、精密，需尽可能减少中间环节，直接销售给最终用户，或只经过一个环节就能到达最终用户手里。

3.3.4　促进销售

3.3.4.1　促销的含义

促销（即促进销售）是指卖方向顾客传递商品信息，引起他们的注意和兴趣，激发其购买动机，并转化为购买行为，从而实现和扩大企业销售。

促销一般分为两大类：一是人员推销；二是非人员推销，即依靠广告宣传、开展公共关系和营业推广工作等。

促销的作用包括：

（1）提供商品信息，帮助顾客了解商品特点。

（2）引起顾客购买欲望，诱发顾客的需求。

（3）塑造产品形象，提高企业声望。

（4）促进产品销售，维持和提高企业产品的市场占有率。

3.3.4.2　促销的基本方式

促销的基本方式包括：

（1）广告（即广而告之）和宣传（即宣布传播）。广告是花钱的宣传，宣传是不花钱的广告。广告和宣传其功能都是相同的，都是企业为了某种需要，通过一定形式的媒体，公开而广泛地向消费者或用户传递商品信息的一种手段。通过传递商品信息，引起顾客的注意和兴趣；通过广告宣传指导消费，使顾客认识某一商品的特性和性能，判断是否符合自己的需要，便于顾客做出购买决策，把购买动机转化为购买行为。在广告宣传中，应遵循真实性、针对性、艺术性、多样性、创意性、时效性等原则。

（2）公共关系。公共关系是企业运用大众传播工具，通过有关政府机构、社会团体、社会名流、专家学者，介绍、报道、宣传本企业及其产品，使公众对该企业及其产品产生良好印象，为企业生存和发展创造良好环境的活动。企业公共关系工作的基本功能在于传播信息，与广大公众进行沟通，使他们了解本企业及其产品，树立企业在公众中的良好形象，为企业生存和发展创造宽松和有利的环境。

（3）营业推广。营业推广是一种辅助性的，以唤起短期需求为目的的各种促销形式所组成的活动。营业推广工作具有以下的特点：

1）非规则性和非周期性。该特点不是一种常规性的促销活动，没有固定的工作程序，往往是临时性和短期性的、额外的促销工作。

2）灵活多样性。该特点主要指营业推广的方式比较灵活，可根据企业经营的不同商品特点和所处的不同营销环境，加以灵活选择和运用。

3）效益的短期性。该特点主要是利用各种临时的短暂的营销机会，比如通过展销会、交易会、博览会开展促销，取得短期性的效益。

（4）人员推销。企业派出推销人员或委派专职推销机构，向目标市场的顾客介绍、示范和推销商品的经营活动，即由销售人员直接与潜在顾客接触，以谈话的方式作口头说明，通过示范和表演，达到推销商品的目的。人员推销与其他促销方式相比，具有不可替代的作用，是一种重要的促销方式。人员推销具有直接性、感情交融性以及成交的及时性等特点，但人员推销的成本是比较昂贵的。人员推销承担着寻找顾客、传递信息、推销商品、提供服务、搜集情报等职能。

3.4 市场营销计划与组织

开展市场营销活动，以及制定和实施营销战略与策略，需要有相应的营销计划加以落实，也需要通过建立具有适应性的营销组织加以保证。现代市场营销需要的是高成功率、快节奏、应变性强的市场营销组织，市场营销计划与组织是企业营销管理工作中不可忽视的两个方面。本节着重对企业营销计划的内容和编制、营销组织的形式及其选择等问题进行论述。

3.4.1 市场营销计划的制定

3.4.1.1 营销计划的作用

营销计划是指企业对选择的营销战略与策略决策方案加以具体化，对方案的实施所进行的统筹安排。营销计划是企业整个经营计划中的一个重要组成部分，是对企业市场营销活动的具体筹划。营销计划的目标就是塑造和不断调整公司业务与产品，以期望获得目标利润和发展。

营销计划对企业营销战略和策略及其预期目标的实施起着落实作用，对计划期企业资源分配起着导向作用，对营销部门起着纲领作用，对各部门、各环节的工作起着协调作用。

3.4.1.2 营销计划体系及其内容

A 营销计划体系

营销计划体系主要是指围绕着企业市场营销活动所制定的各种计划所形成的有机整

体。它由以下计划组成：

（1）产品营销计划。这是以产品为对象，按照产品的数量和金额分别制定的营销计划，既包括企业生产的各种老产品的销售计划，也包括新产品的推销计划，还包括提高新产品销售收入占企业全部销售收入比重的计划等。

（2）市场调研计划。市场调研是营销工作的重要组成部分，这项工作也必须进行计划安排。对调查和预测的内容、对象（如分行业、分地区对用户、消费者的需求及其变化趋势，对竞争对手的实力和动向等进行调查）、调查时间、调查力量的组织、调研经费、调研达到的目的和要求等，做出安排。

（3）市场开拓计划。在市场细分和选择目标市场之后，安排如何进入、占领和扩大目标市场。市场开拓计划可按行业和地区分别计划，比如在开拓轻工、纺织、农业等市场的同时，计划开拓重工业各行业市场；在安排开拓国内市场计划的同时，也研究开拓国际市场的计划。

（4）分销渠道计划。建立与各种中间商联系的计划，即与代理商、经销商、批发商、零售商建立和发展关系，形成多种分销渠道的计划；形成多种营销网络，有利于企业迅速进入各类市场。

（5）销售服务计划。该计划主要包括：产品的“三包”服务、技术性强的商品售后的安装调试服务、巡回检修、备品配件供应计划；售前的技术培训计划、技术咨询、业务指导计划；建立维修网点计划等。

（6）促销计划。促销计划主要是进行广告宣传、开展公共关系活动、人员推销和营业推广等方面的计划安排。具体包括：广告媒体选择、广告内容、广告形式、产品样本、目录等的设计、制作、分发计划；推销人员的选拔、培训、分派计划；公关目标、对象、活动方式的计划。产品储存和运输计划包括：产品验收入库、保管、装箱、发运等计划；发运中列车皮或船舶申请计划、联运计划；物流运输合理化设计，与储运部门的横向经济联合计划等。

（7）营销费用预算计划。开展一系列营销活动，都需要支付不少的营销费用，必须做出合理的预算，以便用尽可能省的费用，保证营销业务活动的顺利进行，以取得理想的营销效果和满意的销售收入。

（8）综合营销计划。将上述计划汇总起来，经过综合平衡，统筹兼顾，形成一个有机整体的营销计划，提高企业的营销竞争能力。

B　综合营销计划的具体内容

综合营销计划除包括上述各项具体营销活动计划外，还包括以下内容：

（1）市场的动态分析。对企业所生产和经营的各种产品或劳务的市场需求现状、变化趋势、供给状况、竞争形势和发展趋势等做出客观分析，找出特点，搞清对企业有利的方面和不利的方面以及企业自身在营销方面的优势和劣势。

（2）营销的指导思想、营销方针和营销计划。在营销计划中，须明确规定开展营销活动的指导思想、方针等内容。

（3）营销的目标和指标。在每个具体的营销计划中应有详细的指标要求。在综合性的营销计划中，主要应规定以下指标：

1）以实物表示的目标销售量和以货币表示的目标销售收入。确定这一指标的作用在于促使企业贯彻以销定产的原则，同时又保证企业目标利润的实现，并为制定合理的价格提供参考依据。

2）分地区、分部门的销售目标。确定这一目标，主要是为了保证企业目标市场战略的实施，有利于落实目标市场，落实产品去向，甚至落实用户订货，使产品做到适销对路，搞好生产、技术、供应工作；也有利于落实销售部门的经济责任制。

3）新产品销售收入及其占全部销售收入的比重。这两个指标在一定程度上反映企业对市场的适应能力和新产品适销对路的情况。列入计划，有利于促进企业产品的更新换代，及时形成新产品的生产能力，开拓新的市场。

4）市场占有率及其提高程度的目标。这一指标反映了企业在市场竞争中的地位。列入计划，提出要求，有利于动员企业各部门协同一致地提高企业的竞争能力。

5）销售费用预算指标。这是一个与成本和经营责任制相关的指标。列入计划，提出要求，有利于促使销售部门对各项销售支出（旅差费、广告费等）进行有效控制，努力提高销售工作的经济效益。

6）销售利润指标。该指标反映了销售工作和企业全部工作的最终成果，将其列入计划，有利于销售部门和企业其他部门共同保证企业目标利润的实现。

C　营销计划的编制

营销计划的编制，主要应做好以下工作：

（1）进行产品营销形势的预测和分析。首先，要对企业现有生产和经营的产品或劳务的营销现状进行形势分析：是畅销还是平销，或是滞销，找出原因，为调整产品结构提供依据。其次，对今后一定时期的市场需求进行预测。这就要求在进行市场调查的基础上，根据所掌握的资料做出预计和测算，以便对企业未来的销售形势做出判断，为企业产品开发和各类产品的生产销售量安排提供依据。

总之，编制年度销售计划主要依靠日常的市场调查分析和组织订货工作；编制中长期销售计划主要依靠市场预测和分析工作。搞好营销形势的预测分析、市场占有率的分析，是编制营销计划的前提。

（2）收集和掌握编制营销计划的基础资料。主要应收集和掌握的资料有：企业历年销售统计资料；用户档案资料和用户订货情况；市场调查和预测资料；国家产业政策和产品政策资料；企业年度和中长期计划资料（尤其是企业经营目标，特别是利润目标）；企业生产能力及其利用情况的资料；物资供应情况的资料；现有商品库存情况的资料；新产品开发和试制情况的资料等。应掌握以上资料和数据，以便为编制营销计划提供依据。

（3）正式编制营销计划。正式编制营销计划，应按以下步骤进行：

1）依据上述资料，初步确定计划期的产品品种、数量、销售收入指标。

2）检查和分析这些指标在生产技术和物资供应方面是否落实。

3）根据初步确定的品种、数量和销售收入指标，测算能否达到企业的利润目标。

4）根据测算结果，如果有差距，重新调整品种、产量、销量，确定目标成本和销售费用指标，从而确保企业目标利润的实现。

5）确定分地区、分行业的销售目标，确定各种产品进入目标市场的时间、数量、销售方式、销售渠道、扩大销售的各项策略和措施。

D 进行综合平衡

主要进行两个方面的平衡：一是营销计划内各项业务活动计划之间的平衡，对各项营销活动所需人力、物力和财力进行平衡，要突出重点，在资源尤其是费用上给予充分保障，同时也要全面兼顾，不能顾此失彼；二是营销计划同企业其他经营计划之间的平衡，比如与品种开发计划、质量提高计划、生产计划、物流计划、劳动工资计划等，在资源上、时间进度衔接上等进行平衡；此外，还要进行企业产品销售量与市场需求量的平衡。在进行有关方面的综合平衡时，对暴露出来的矛盾和问题要进行分析，提出有效措施，保证营销计划能够付诸实施。

3.4.2 市场营销计划的执行与控制

有了市场营销计划后，就要积极执行，合理控制，努力实现计划目标。计划的实施是市场营销管理过程的一个关键性的、极其重要的步骤。企业市场营销计划的目的在于有效地执行，正确指导企业的市场营销活动。计划不能很好地执行，就会影响企业战略任务的完成、战略目标的实现。可见，制定切实可行的市场营销计划仅是市场营销管理工作的开始，计划的意义更多地在于有效控制下的执行过程中。

3.4.2.1 执行市场营销计划

执行市场营销计划是指将营销计划转变为具体营销行动的过程，即把企业的经济资源有效地投入到企业营销活动中，完成计划规定的任务、实现既定目标的过程。

在实际工作中，企业要有效地执行市场营销计划，必须建立起专门的市场营销组织。企业的市场营销组织通常由一位营销副总经理负责，他有两项任务：一是合理安排营销力量，协调企业营销人员的工作；二是与制造、财务、研发、采购和人事等部门的管理人员配合，促使公司的全部职能部门和所有员工同心协力，千方百计地满足目标顾客的需要，保质保量地完成市场营销计划。营销部门开展营销工作的效果，不仅依赖于营销组织结构的合理性，同时还取决于营销部门对营销人员的选择、培训、指挥、激励和评价等活动。只有配备合格的营销管理人员，充分调动他们的工作积极性和创造性，增强其责任感和奉献精神，把计划任务落实到具体部门、具体人员，才能保证在规定的时间内完成计划任务。因此，高效合理的营销组织和德才兼备的营销人员是执行计划的必备条件。

3.4.2.2 控制市场营销计划

在执行市场营销计划的过程中可能会出现许多意外情况，企业必须行使控制职能以确保营销目标的实现。即使没有意外情况，为了防患于未然，或为了改进现有的营销计划，企业也要在计划执行过程中加强控制。市场营销计划的控制包括年度计划控制、盈利能力控制和战略控制三种类型。盈利能力的控制主要涉及财务分析，下面重点讨论年度计划控制和战略控制。

A 年度计划控制

年度计划控制是由企业高层管理人员负责的，主要是发现计划执行中出现的偏差，并及时予以纠正，保证年度计划顺利执行。一个企业有效的年度计划控制活动应实现以下具体目标：

(1) 年度计划产生连续不断的推动力。

(2) 使年度控制的结果成为年终绩效评估的依据。

(3) 发现企业潜在的问题并及时予以解决。

(4) 企业高层管理人员借助年度计划控制监督各部门的工作。

相应地，企业的年度计划控制应具有以下四个主要步骤：

(1) 制定、分解年度计划控制的标准，比如每个季度、每个月的销售指标、利润指标等。

(2) 对计划的实际执行绩效进行测量，并与计划指标相比较，及时发现执行过程中出现的偏差。

(3) 出现偏差的情况进行因果分析，找出问题的症结所在。

(4) 采取有效的改正行动，努力使计划执行结果与计划的目标相一致。

一般而言，企业的年度计划控制包括销售分析、市场占有率分析、市场营销费用对销售额的比率分析和顾客态度追踪等内容。

a 销售分析

销售分析就是衡量并评估企业的实际销售额与计划销售额之间的差异情况，具体又可分为：

(1) 销售差异分析。销售差异分析主要用来衡量产品销售量和价格等因素对销售额的影响程度，确定销售额偏差产生的原因。

(2) 地区销售量差异分析。地区销售量差异分析是用于衡量导致销售差异的具体地区。主要是比较该地区的计划销售额和实际销售额的差异并分析差异产生的原因，提出改进办法。

b 市场占有率分析

销售额的变化可能是企业经营管理引起的，也可能是由于整个宏观经济的全面影响所致，所以销售分析并不能全面反映企业在市场中的状况。为了掌握企业在市场竞争中所处的地位，还须进行市场占有率分析。只有企业的市场占有率上升，才表明企业营销绩效的提高，企业在市场竞争中的地位得到了改善。

根据企业选择的比较范围不同，市场占有率有全面市场占有率、目标市场占有率、相对市场占有率等测量指标。这几个指标分别表示企业在全行业或服务市场范围中的地位，以及企业与重要竞争者相比，在市场竞争中所处的地位。

在分析这些指标时，企业应考虑以下情况：外界环境因素对同行业内不同企业的影响方式和影响程度是否不同；是否有新的竞争者加入了本行业的竞争；行业范围、服务市场范围如何确定；企业是否为提高利润而采取不当措施降低了市场占有率等。

c 营销费用率分析

营销费用率是指营销费用对销售额的比率。例如，企业的营销费用率为18%，表示100元的销售收入需要发生18元的营销费用支出。营销费用率还可进一步细分，例如，18%的营销费用率由以下指标构成：人员推销费用率为5%，广告费用率为4%，销售促进费用率为4%，市场营销调研费用率为3%，销售管理费用率为2%。

d 顾客态度追踪

顾客态度追踪也是企业年度计划控制的重要手段，它是指企业通过设置顾客抱怨和建议系统、建立固定的顾客样本或者通过顾客调查等方式，了解顾客对本企业及其产品的态度变化情况，以便企业管理者及时采取措施，对症下药地解决问题。

B　战略控制

企业的市场营销战略是指企业根据自己的市场营销目标，结合企业内外环境的特点，从企业的全局出发所拟订的可能采用的一系列营销行动方案。由于企业的外部环境随时发生变化，经常使得企业制定的目标、策略和方案等失去必要前提。因此，在企业市场营销战略实施过程中必须要进行战略控制。

市场营销战略控制由企业的高层管理人员负责。企业的营销管理者通过采取必要的行动，使市场营销的实际工作与事先确定的战略规划尽可能保持一致，在控制中通过不断地评价和信息反馈，及时地对战略进行修正。与年度计划控制和盈利能力控制相比，市场营销战略控制显得更为重要。这是因为企业战略的成功是总体性的和全局性的，而且战略控制更关注未来，战略控制要不断地根据最新的情况重新估价计划和进展。因此，战略控制也更难把握。

在企业战略控制过程中，主要采用营销审计这一重要工具。所谓营销审计，是对一个企业或一个业务单位的营销环境、目标、战略和活动所做的全面、系统、独立和定期的检查，其目的在于发现问题的所在和可能蕴藏的机会，提出行动计划，从而提高企业的营销业绩。市场营销审计具有全面性、系统性、独立性和定期性四个特点。全面性是指营销审计并不限于已经出现异常情况的范围，而是涉及一个企业全部主要的营销活动。也就是说，要注意区分全面性的营销审计和只对销售人员或定价等事项所做的功能性审计。系统性是指营销审计包括一系列有秩序的审计步骤，包括诊断组织的营销环境、审核内部营销制度和各种具体的营销活动。独立性是指营销审计人员在评审各项营销活动时，必须保持独立、客观的态度，不受外界因素的影响。营销审计不仅仅针对那些处境不佳的公司，即使对于那些业务发展正常的公司，也应该进行定期的营销审计。

一次有效的营销审计活动，一般要经历以下步骤：

(1) 拟定企业的营销审计目标和营销审计范围。

(2) 在各部门的支持配合下，审计人员检查企业各项目标的实现情况。

(3) 由审计人员评定各部门执行计划的情况。

(4) 检查企业组织内信息沟通、权责分配情况。

(5) 根据审计的情况提出相应的改进意见。

一次完整的营销审计活动的内容是十分丰富的，概括起来包括以下六个方面。

(1) 营销环境审计。该审计主要是分析人口、经济、生态、技术、政治、文化等宏观环境因素和市场、顾客、竞争者、分销者和经销商、供应商和辅助机构等企业微观环境中关键组成部分的发展趋势。

(2) 营销战略审计。该审计主要是评价企业的使命和营销目标与目前及预期营销环境的适应程度。

(3) 营销组织审计。该审计主要是评审营销组织在预期环境中实施企业战略的能力。

(4) 营销系统审计。该审计主要是评审企业的分析、计划和控制系统的质量。

(5) 营销生产率审计。该审计主要是审查各营销实体的盈利能力和各项营销活动的成本效益情况。

（6）营销功能审计。该审计主要是检查、评价企业市场营销组合中的产品、定价、分销和促销等策略因素。

市场营销管理过程是市场营销实践活动的指导性的总结，它是指企业通过对市场机会的预测、研究分析，选择目标市场，制定适当的市场营销组合和预算，通过执行和控制营销计划以适应外部环境变化的要求，从而实现企业经营目标的过程市场机会是市场上尚未满足或未很好满足的需求。发现市场机会的方法很多（如技术方法），也可以通过注意观察生活来发现机会。市场机会不一定是企业机会，只通过评价，检验机会与企业资源是否相匹配，才能成为有利可图的企业机会。一般来讲，企业的资源是有限的，应该选择能充分发挥资源优势的市场，因此需要对市场细分来决定目标市场，明确在目标市场上的竞争情况和自己的竞争地位，以便采取相应的竞争策略。企业要根据自己的经营策略来制定适当的市场营销组合，用以影响市场的目标顾客，促使他们产生购买行为。营销组合需要相应的费用做支撑。制定好营销计划以后，计划的实施与控制是至关重要的。

市场营销管理发展新趋势

市场营销管理发展新趋势请扫右侧二维码学习了解。

本章小结

本章主要阐述了有关企业市场营销工作的内容、市场营销的含义、与市场营销有关的核心概念、市场营销的经营策略、市场营销计划与组织及市场营销发展的新趋势。

企业市场营销是指企业为满足市场需要，实现自身经营目标而开展的商务活动过程。它以满足消费者的现实需要和潜在需求为中心，研究开拓市场的市场营销战略和策略。

市场细分是指根据众多用户或众多消费者的不同需求的特点，将企业某一产品的总体市场划分为若干个用户群或消费者群，即细小市场的分类过程。

销售渠道是指产品从生产企业向用户或消费者转移所需要经过的路线，即产品所有权转移过程中所经过的各个环节连接起来形成的通道。其起点是生产厂家，终点是用户或消费者。

营销计划就是企业对选择的营销战略与策略决策方案加以具体化，对方案的实施所进行的统筹安排。

项目实战

制定企业市场营销策略

（1）项目名称：制定企业市场营销策略。

（2）实施步骤：

1）CEO组织本公司全体成员共同讨论，确定公司的市场营销策略，以企业核心产品为例，从市场环境、市场或产品分析、营销目标设定、营销策略再到具体实施方案，形成一份商业计划书。

2）CEO 到台前汇报设计成果。

3）各公司互评打分。

4）教师总结点评。

项目实战模版

扫一扫查看项目实战模版

同步测试

3-1　单项选择题

（1）市场营销是从卖方的立场出发，以买方为对象，在不断变化的市场环境中，以（　　）为中心，通过交易程序，提供和引导商品或劳务到达顾客手中，满足顾客需求与利益，从而获取利润的企业综合活动。

A. 市场需求　　B. 企业需求

C. 顾客需求　　D. 服务需求

（2）（　　）策略是指避开强大对手的锋芒，选择那些不为强大对手注意的目标市场，投放本企业的产品，宣传和树立本企业产品的形象，站稳脚跟，扩大影响。

A. 雷同　　B. 避强　　C. 避弱　　D. 超强

（3）产品处于不同寿命阶段，定价应不同。（　　），批量小、耗费高、产品新，价格可定得高一些。

A. 投入期　　B. 成长期

C. 成熟期　　D. 衰退期

（4）（　　）是以预测的销售量总成本为基础，加上企业确定的目标利润，计算出实现目标利润的销售收入，再根据销售收入计算出单位产品的价格。

A. 成本加成法　　B. 目标利润定价法

C. 盈亏平衡定价法　　D. 临界收益定价法

（5）生产厂家生产的商品面对广大消费者，且市场面广、地域宽阔，不可能直接销售给各个消费者，只能通过较多的中间环节，最终到达消费者手里。这属于销售渠道策略的（　　）。

A. 宽渠道策略　　B. 窄渠道策略

C. 长渠道策略　　D. 短渠道策略

（6）由于企业的外部环境随时发生变化，经常使得企业制定的目标、策略和方案等失去必要前提。因此，在企业市场营销战略实施过程中必须要进行（　　）。

A. 市场控制　　B. 成本控制
C. 人员控制　　D. 战略控制

(7) 绿色消费及追求可持续消费是开展绿色营销的（　　）。

A. 指导思想　　B. 前提
C. 手段　　D. 物质保证

(8)（　　）就是利用社会化网络、在线社区、博客、百度百科或其他互联网协作平台和媒体来传播和发布咨询，从而形成的营销、公共关系处理、客户关系维护及开拓的一种方式。

A. 立体营销　　B. 新媒体营销
C. 自媒体营销　　D. 体验式微营销

3-2　判断题

(1) 现代营销观念始于以顾客为核心的营销观念，这一营销观念抓住了顾客这个核心，使企业营销观念发生了实质性变化。（　　）

(2) 商品价值在货币形态上转化为价格时，主要表现为三部分：生产成本、流通费用、利润，包括工业利润和商业利润。（　　）

(3) 质量差价策略是根据产品季节不同，实行不同价格，销售旺季实行平价或略为提价；销售淡季实行降价。（　　）

(4) 如果产品易腐、易碎，或者大型、重型、精密，可采用长渠道。（　　）

(5) 人员推销的基本形式有上门推销、柜台推销、会议推销。（　　）

(6) 年度计划控制，是由企业高层管理人员负责的，主要是发现计划执行中出现的偏差，并及时予以纠正，保证年度计划顺利执行。（　　）

(7) 关系营销的基础，在于交易双方相互之间有利益上的互补。（　　）

3-3　简答题

(1) 简述企业市场营销工作的内容。

(2) 简述家族品牌策略与个别品牌策略的不同。

(3) 简述消费品的销售渠道结构的五种类型。

(4) 简述网络营销的主要优势。

3-4　案例分析题

【案例 3-1】

索尼公司的“创造市场”理念

日本索尼公司20世纪80年代提出“创造市场”这一口号，改变了传统的“消费者需要什么，我就生产什么”的生产观念，提出了“我生产什么就准是消费者真正需要的”现代市场观念，因而索尼公司的电器产品总是“领导世界新潮流”。这个事例告诉我们，虽然“上帝”操纵着市场，但只有善于揣摩和把握“上帝”的好恶，才能真正赢得“上帝”，赢得市场。换句话说，市场终究是掌握在企业家手中的。

问题讨论：

(1) 简述索尼提出的“创造市场”的含义。

(2) 企业如何做到“让市场跟我们走”？

(3) 联系实际谈谈这一案例对你的启示。

【案例 3-2】

“娃哈哈”的防御性品牌注册

扫一扫查看案例 3-2

【案例 3-3】

五粮液黄金酒品牌定位战略

扫一扫查看案例 3-3

扫一扫查看同步测试参考答案

4 企业人力资源管理

扫一扫查看
本章课件

教学目标

（1）知识目标：掌握人力资源和人力资源管理的内涵，掌握员工培训与开发的内涵，了解员工招聘和录用的程序，了解员工绩效、薪酬、劳动关系管理的相关内容。

（2）能力目标：能理解人力资源管理的相关理论和方法，形成现代企业人力资源管理的新理念，能够运用人力资源管理的理论知识分析和解决企业人力资源管理的实际问题。

（3）思政目标：把党的二十大精神融入现代企业管理教学实践中，帮助学生理解国家富强离不开人力资源开发与管理，培养学生爱国精神和创新意识，提升社会责任感，帮助学生理解文明社会离不开个人与组织的共同发展，培养人文精神和科学精神，帮助学生熟悉国家有关劳动用工的方针、政策和法规，提升学生对新时代中国特色社会主义的人力资源管理理论和实践体系的认知。

《中国教育现代化 2035》提出的总体目标是：到 2020 年，全面实现“十三五”发展目标，教育总体实力和国际影响力显著增强，劳动年龄人口平均受教育年限明显增加，教育现代化取得重要进展，为全面建成小康社会做出重要贡献。在此基础上，再经过 15 年努力，到 2035 年，总体实现教育现代化，迈入教育强国行列，推动我国成为学习大国、人力资源强国和人才强国，为到 21 世纪中叶建成富强民主文明和谐美丽的社会主义现代化强国奠定坚实基础。

人力资源强国是指人力资源总量丰富、开发充分、结构合理、效能发挥达到世界先进水平的国家，包括人力资源数量、质量、结构、开发能力及利用效率等方面重要因素。人力资源强国是人才强国的基础工程。习近平总书记在十九大报告中明确提出“加快建设人才强国”；李克强总理在 2018 年政府工作报告中强调“我国拥有世界上规模最大的人力人才资源，这是创新发展的最大‘富矿’。”人力资源强国作为实现中国梦的重要基础和保障，是促进经济持续发展、保障国家和平发展的根本途径。

本章着重介绍企业人力资源管理规划的内容、招聘和考核、培训与开发、薪酬管理、劳动关系管理以及班组管理等。

4.1 企业人力资源管理概述

扫一扫
线上听课

案例导入 4-1

清扫岗位究竟由谁来做

一名机床操作工不小心将大量机油洒在了机床周围的地板上。车间主任叫他将机油清扫干净，操作工拒绝执行，理由是岗位说明书中没有包括清扫的条文。车间主任顾不上查看岗位说明书原文，便找来一名服务工清扫。但服务工同样拒绝，理由和操作工一样。车间主任威胁要将其解雇，服务工勉强同意，但干完活之后，却向公司进行了投诉。有关人员看了投诉后，审阅了机床操作工、服务工和勤杂工三类人员的岗位说明书。操作工的岗位说明书上明确规定：操作工有责任保持车床的清洁，使之处于可操作状态但未提及清扫地板；服务工的岗位说明书规定：服务工有责任以各种方式协助操作工领取原料和工具，随叫随到，即时服务，但没有包括清扫岗位；勤杂工的岗位说明书中确实包含了各种清扫内容，但他的岗位时间是从正常的下班后开始。

启示：清扫究竟应由谁来做，必须要在岗位说明书中体现。

4.1.1　人力资源的内容及主要特征

4.1.1.1　人力资源含义

人力资源也称为劳动力资源，是指人口总体所具有的劳动能力的总和，或者说，指能够投入经济和社会发展活动的具有智力和体力劳动的人们的总和。人力资源也指一定时期内组织中的人所拥有的能够被企业所用，且对价值创造起贡献作用的教育、能力、技能、经验、体力等的总称。

4.1.1.2　人力资源内容

人力资源的构成内容主要包括：

（1）体质，即身体素质。其包括身体的忍耐力、适应力、抗病力和体能等。

（2）智质。智质不同于智商，它是指学习的快慢。智质的好坏主要取决于记忆能力、感知能力、理解能力、思维能力、接受能力和应变能力。

（3）心理素质。其包含情绪的稳定性、心理承受力、心情心态、心理应变能力和适应能力。

（4）品德，即道德品质。道德品质在人力资源的质量评估中占第一位。

（5）能力素养。能力素养是一个人学历、经历的结晶。它可以提炼出 14 种能力，即战略能力、知识总量、理解能力、决策能力、组织能力、判断能力、创新能力、人际沟通能力、推理能力、分析能力、应变能力、文字写作能力、演讲能力和再学习能力。

能力可分为核心能力、通用能力、特定能力三个层次。1998 年，我国劳动和社会保障部在《国家技能振兴战略》中把职业核心能力分为八项，称为八项核心能力，包括与人交流、数字应用、信息处理、与人合作、解决问题、自我学习、创新革新、外语应用。

（6）情商，即情感商数。许多学者认为，智商用来预测一个人的学业成就，而情商可以用来预测一个人的职业成就。

4.1.1.3　人力资源主要特征

要确切的理解人力资源的本质含义，需要注意以下主要特征：

（1）生物性。人力资源存在于人体之中，是有生命的“活”的资源，与人的自然生理特征相联系，具有生物性。

（2）能动性。在经济活动中，人力资源是居于主导地位的能动性资源，其具有目的性、主观能动性和社会意识。人是最积极、最活跃的生产要素。

（3）时效性。人力资源的形成、开发和利用都会受到时间方面的限制。从个体角度看，如果人力资源得不到及时的适量的利用，个人所拥有的人力资源就会随着时间的流逝而降低，甚至丧失其作用，从社会角度看，人才的培养和使用也有培训期、成长期、成熟期和老化期。

（4）高增值性。在现代市场经济中，劳动力的市场价格不断上升，人力资源投资收益率不断上升，劳动者可支配的收入也在不断地上升。同时，高质量人力资源与低质量的人力资源之间的收入差异也在扩大。

（5）可再生性。人力资源是一种可再生的生物性资源，他以人身为载体，是一种“活”的资源。

（6）可控性。人力资源的生成是可控的，需要人们有组织、有计划地去培养和利用。

4.1.2 人力资源管理的核心任务

4.1.2.1 人力资源管理的概念

人力资源管理源于人事管理，经历了从福利人事与科学管理、人事管理，到人力资源管理，再到战略人力资源管理的演进过程。人力资源管理取代人事管理，并最终走向战略人力资源管理是一种历史的必然。

人力资源管理是把人视为生产经营中的一种特殊的资源，从有效开发人力资源的角度进行组织的人事管理工作。人是生产力诸因素中最活跃、最积极的因素。人力资源是一切组织所拥有的资源中最宝贵的资源，如其他资源一样需要加以组合和利用，才能发挥作用。

人力资源管理是指在经济学与人本思想指导下，通过招聘、甄选、培训、报酬等管理形式对组织内外相关人力资源进行有效运用，满足组织当前及未来发展的需要，保证组织目标实现与成员发展最大化的一系列活动的总称。

4.1.2.2 人力资源管理的核心任务

A 人力资源管理的核心任务

人力资源管理的核心任务包括：

（1）培养和发展员工的能力，即解决员工能不能做事的问题；

（2）激发员工的奉献精神，即解决员工愿不愿去做的问题。

在现代组织中，规模较大的组织一般设有专门的人力资源管理部门和专职的管理者。在规模较小的组织中，人力资源管理可能由组织的领导者直接负责。

B 人力资源管理过程

根据人力资源管理的任务，可以把人力资源管理过程概括为人力资源环境的管理、人力资源的获取、人力资源培训、人力资源的评价与开发和人力资源的报酬。

4.1.3　人力资源管理的意义

案例导入 4-2

钢铁大王卡内基的成功秘籍

美国钢铁公司的前身是卡内基钢铁公司。19世纪末20世纪初，卡内基钢铁公司已成为世界上最大的钢铁企业。它拥有2万多名员工以及世界上最先进的设备，它的年产量超过了英国全国的钢铁产量，它的年收益额达4000万美元。卡内基是公司的最大股东，但他并不担任董事长、总经理之类的职务。他的成功在很大程度上取决于他任用了一批懂技术、懂管理的人才。时至今日，人们还常常引用他的一句名言："如果把我的厂房设备、材料全部烧毁，但只要保住我的全班人马，几年以后，我仍将是一个钢铁大王。"

启示：人力资源管理是企业保持竞争力的关键。

4.1.3.1　人力资源管理是企业长远发展的动力

人力资源作为企业的一种战略性管理，必须对企业的未来做出长远规划。主要体现在以下几个方面：

（1）从企业的人员选聘来看，企业选聘员工，一般都考虑长期性。因此，选聘的标准主要依据未来的工作要求，使员工能适应企业不断变化的新环境。

（2）从人员的使用来看，一般的，企业的组织结构平均3至4年变革调整一次，而对于其个人来讲，可能一生都希望在同一个企业工作。而作为企业也希望长期留住人才，这既有利于经营管理的连续性，同时也可为企业提供一批富有经验的员工。

（3）从人员的培训和发展来看，现代的人力资源管理与以往的人事管理有着很大的区别，更为重视员工的开发培养，注重员工的继续教育和终生教育。通过不断接受新知识的教育、培训，使知识不断创新，使人力资源的质量不断提高，从而促进企业的发展。

4.1.3.2　人力资源管理是企业保持竞争力的关键

通常情况下，人们习惯于将产品质量、特色、品牌、售后服务等作为竞争的优势。然而在知识经济时代，企业的竞争，实际上是人才的竞争。一个企业的优势产品或服务，虽然可在一定时期内占据优势，但最终将会被模仿和更新换代，而人力资源确是一种无法模仿，难以替代的持久性资源。所以，有效管理的人力资源是企业真正的长远竞争优势。

一直以来，尽管人力资源在内容上得到不断的丰富和发展，但人力资源管理仍然局限于战术而非战略水平上。现代企业之间的竞争归根到底是人才的竞争，而企业对于人才的竞争实际上是人力资源管理的竞争，越来越多的企业认识到，人力资源管理的对象是组织中最重要的职能，其通过所管理的人与其他管理职能进行互相作用，在实现一个组织整体目标过程中起着不可估量的作用。因此，很多企业都请人力资源专家亲自参与企业战略研究和制定的全过程，从而使人力资源管理在企业中的地位不断得到提高，在更高的层次上得到不断地变化，强调如何使人力资源管理为实现组织目标做出更大的贡献。

人力资源管理发展的趋势请扫右侧二维码学习了解。

4.2 企业人力资源管理规划

人力资源管理发展的趋势

扫一扫 线上听课

4.2.1 人力资源规划的制定原则

4.2.1.1 企业的用工原则

员工是人力资源的载体。企业之所以要雇佣员工，本质上是因为其生产经营过程需要一定的人力资源。企业不应该从所谓的“为人们提供就业机会”的角度出发而雇佣员工，这是履行社会职能的机构需要考虑的问题，而不是以生产经营活动为主要目的的企业应该负责的。企业用工的基本目的，不应是员工的就业问题，而是企业效益问题。企业应该从生产经营需要出发，以服务于生产经营需要为目的来雇佣员工。所以，“因事设人”应该是企业的正确用工原则，违背了这一原则，奉行“因人设事”的做法，那就容易给企业造成人浮于事、机构臃肿、效率低下的不利局面。

4.2.1.2 人力资源规划及其制定的一般原则

人力资源规划就是将企业经营战略和目标转化为人力需求，从整体的、超前的和量化的角度分析和制定企业人力资源管理的一些具体目标。人力资源规划在整个人力资源管理活动中占有重要地位，是各项具体人力资源管理活动的起点和依据，直接影响企业整体人力资源管理的效率。

企业的人力资源规划分两个层次，即总体规划和具体规划。人力资源总体规划主要是指计划期内人力资源管理的总原则、总方针、总目标、总体实现步骤和总体预算安排；具体规划是总体规划的展开和时空具体化，每一项具体计划也都要由目标、任务、政策、步骤和预算等部分构成，从不同方面保证人力资源总体规划的实现。

人力资源规划的制定一般要遵循以下原则：

（1）人力资源规划要充分考虑内外部环境的变化。人力资源规划要充分考虑内外环境的变化，才能真正做到为企业发展目标服务。内部变化主要是销售、开发、企业发展战略以及公司员工流动的变化等；外部变化是社会消费市场、政府有关人力资源政策、人才市场的供需矛盾的变化等。为更好地适应这些变化，人力资源规划时应对可能出现的情况做预测和风险分析，最好能有面对风险的应急策略。

（2）人力资源规划要确保企业人力资源的充足。人力资源保障问题是人力资源规划中应解决的核心问题，包括：人员的流入、流出、人员的内部流动预测，社会人力资源供给状况，人员流动的损益分析等。保证对企业的人力资源供给，才能进行更深层次的人力资源管理与开发。

（3）人力资源规划要使企业和员工都得到长期利益。人力资源规划不仅面向企业，也面向员工。企业的发展和员工的发展互相依托、互相促进。若只考虑企业的发展需要，忽视了员工的发展，则一定会有损企业发展目标的达成。优秀的人力资源规划，一定是能使企业和员工得到长期利益的规划，能使企业和员工共同发展的规划。

4.2.2　企业人力资源规划的内容

企业人力资源规划的内容包括：

（1）通过任务分析，制定人力资源需求计划。预估企业将来需要什么样的人力资源，是人力资源规划的第一个步骤。人力资源规划应当着眼于同企业总体经营计划相匹配的角度来制定，这是各项计划要有“外部一致性”的要求，因为任何企业对人力资源的需要，从根本上说，都是由企业未来发展目标和战略的需要决定的。

（2）通过职位分析，确定具体的职位空缺计划。职位分析也可称为职务分析、工作分析或岗位分析，旨在确定某项工作的任务和性质是什么，以及应寻求具备何种资格条件的人来承担这一工作。无论职务分析具体由谁来做，都必须着眼于以下几方面的信息：

1）这一职位包括的工作活动有哪些；

2）工作中人的行为应该怎样；

3）工作中使用什么机器、设备、工具以及其他辅助用具；

4）衡量工作绩效的标准是什么；

5）这一职位工作的有效开展对人的素质条件有什么要求。

职位分析结束后要编制工作说明和职务规范两种书面文件，这两种书面文件可作为后面各阶段人力资源管理工作的依据与指导。

一旦组织中需要开展什么样的工作明确下来，那么，将它的现有组织的职位设计情况相比较，就可以制定出具体的职位空缺计划。职位空缺计划反映了企业未来需要补充的人力资源类别和结构。

（3）结合人力资源现状分析，制定满足未来人力资源需要的行动方案。根据组织任务目标和职位分析的要求确定了组织在未来某一时刻需要填补空缺的职位都有哪些以后，下一步的工作就是要针对企业当前人力资源供应情况制定人力资源的增补计划与方案，比如确定是采取内部提升与轮换还是外部选聘，以及如何进行人才开发培训等。

前一阶段通过职位分析，确定了组织各项工作的开展都需要哪些，以及什么资格条件的人员。现在要分析组织现有人力资源的供应情况，以便确定人力资源上的供应差距。为此，可在全企业范围内开展人力资源调查工作，帮助管理者评价组织中现有的人才与技能情况。

对人员未来需求和组织现有的人力资源作了以上的评估以后，在正式制定人力资源规划之前，管理者还要进行两方面的人员供给预测：一个是内部候选人员供给预测；另一个是外部候选人员供给预测。在预测基础上管理者可以测算出未来人力资源短缺的情况和组织中可能出现超员配置的领域，然后决定通过何种途径来增补、选拔员工的行动方案应该针对不同类别的职位与人员因地制宜地制定，不能采取过于简单或强求统一的办法来处理。

（4）从人力资源开发需要出发，制定有益于员工成长和发展的综合性职工管理规划。企业人力资源规划的制定必须考虑员工职业生涯的发展阶段，并将两者结合起来统筹考虑，以帮助员工确认自己的职业兴趣并确定自己的职业发展计划。研究表明，一个人的一生总是要经历若干职业生涯阶段而最终退出其职业生活。管理者要有针对性地开展人力资源管理工作，就必须了解员工的职业发展阶段，并据此制定合理的人力资源规划和政策。

4.3 招聘和考核

扫一扫
线上听课

案例导入 4-3

东方集团的人员选拔

东方集团在招聘中采用“四条腿”的方针：第一，在学校里招收一些应届毕业生进行培养；第二，面向社会招聘一些有实践经验的人才，包括曾经是企业竞争对手的人；第三，企业内部培养一部分，目前东方集团的总经理就是从基层一直做起来的；第四，亲友、熟人推荐。一方面，董事长个人不用亲属；另一方面，董事长鼓励企业员工推荐。推荐的成功率往往高一些，因为推荐的过程也就是一个担保的过程、认同的过程。

在用人上，东方集团采取“稳住重点、流动一般”的原则，以保持人才的鲜活和知识的更新。总经理级的高级干部相对比较稳定，但高级干部也要保持每年有5% ~10% 的流动。

启示：有流动才会有压力，有压力才会有动力。

4.3.1 人员招聘

4.3.1.1 招聘的意义

招聘是指企业为了发展的需要，根据人力资源规划和工作分析的要求，寻找、吸引那些有能力又有兴趣到企业任职的人员，并从中选出适宜人员予以录用的过程。

人员招聘是获取人力资源的具体方法，他是按照企业的经营战略规划和人力资源规划的要求，把优秀、合适的人员招聘到企业，安置在合适的岗位。随着我国市场经济的发展以及人事管理制度的改革，人才流动性越来越大，频率也越来越高。同时，企业对人才的需求也发生了很大的变化。企业为了谋求更大的发展，就必须从众多人才之中不断地招聘吸纳所需人才，而越来越多的人才也将通过应聘的方式来获得理想的职位。因此，如何花最小的代价在市场上招聘到合适的人才就成为人力资源部门的一项重要任务。作为组织的领导，除了识别和管理现有的人员，如何吸收新的血液加入企业，就成为决定企业发展至关重要的因素。

对于组织来说，招聘的意义有以下三个方面：

（1）从组织内部来说，招聘关系到组织的生存和发展。

（2）从组织外部来说，一次成功的招聘活动，就是组织的一次成功的公关活动，就是对企业形象的绝好宣传，就是向竞争对手的无声宣言。

（3）招聘具有激励的作用。

4.3.1.2 招聘的原则

招聘工作是保证员工队伍素质的重要一环，是提高员工劳动效率的一项重要工作，因此在招聘过程中应该坚持公开原则、平等原则、竞争原则、全面原则和量才原则。

4.3.1.3　招聘的程序及方式

招聘工作是一项严肃而重要的工作，其基础工作是人力资源管理中的职务分析。

广义的招聘过程包括以下几个步骤：

(1) 制订招聘计划。

(2) 建立专门招聘小组。

(3) 确立招聘渠道。

(4) 甄别录用。

(5) 工作评估。

具体招聘过程包括以下步骤：

(1) 对招聘的人员将要从事的工作进行分析，即进行岗位分析和岗位评价，以确定所招聘人员必须具备的条件。

(2) 由企业的人力资源管理部门提出招聘计划的报告。

(3) 由企业的人力资源管理部门公布招聘简章，其内容包括招聘的范围、对象、工种、条件、数量、性别比例、待遇和方法等。

(4) 根据自愿的原则，在划定的范围内接受招聘对象报名。

(5) 进行招聘考试。

(6) 对考试合格人员进行体检。

(7) 连同考试材料、体检表、本人提交的其他有关材料一并报送企业人事主管。

(8) 批准录用后，发《录取通知书》，签订《劳动合同》。

4.3.1.4　招聘工作应该注意的问题

招聘人才是一项技术性极强的工作，不同类别、层次、专业的人才要选择不同的地点、不同的时间招聘，招聘中的策略直接关系到工作的成败。

A　招聘范围的确定

招聘范围的确定应该主要依据所需人才的分布规律和活动范围，同时考虑人才资源的供求关系和招聘成本。

B　招聘时间的选择

招聘时间要基于两个因素的考虑，即人才需求因素和人才供给因素。从人才需求的因素考虑：

$$招聘时间 = 用人时间 - 准备周期 - 培训周期 - 招聘周期 \tag{4-1}$$

从人才供给角度考虑，向社会招聘人才，时间选择跨度大，要求不高，而招聘大中专毕业生，则时间选择是非常重要的。现在毕业生进入人才市场的时间已经提前到正式毕业前的8个月左右，并仍有继续提前的趋势。

4.3.1.5　员工招聘的渠道

A　内部招聘

内部招聘是指企业中出现职位空缺时，从企业内部选拔符合条件的员工予以填补。企业现有员工是企业最大招聘来源，尤其是管理职位的人员选拔。

内部招聘的优点包括：每一个员工都能够感到自己有一系列的晋升机会，从而调动员工的工作积极性和提高他们的工作绩效；有利于保证选聘工作的正确性；有利于被录用者迅速展开工作。缺点包括：内部员工的竞争结果必然有胜有败，可能影响组织的内部团结；"近亲繁殖"现象；可能在组织中滋生"小集团"；如果内部招聘不公正，损伤员工的工作积极性等。

为此，企业必须不断完善人事考核制度，客观公正地评价每一个内部候选人的情况，做到条件公开、择优录用。

B　外部招聘

外部招聘是指企业中出现职位空缺时，按照一定的标准和程序，从企业外部选拔符合条件的应聘者予以填补。

外部招聘的优点包括：缓和内部矛盾；为企业注入新鲜血液，有利于招聘到最优秀的人才，还可以节省一笔内部培养和培训的经费；可以给组织内员工一种危机意识，激发斗志和潜能。缺点包括：外聘员工需要花费较长时间来熟悉工作环境和进行培训；有可能会挫伤内部员工的积极性和自信心；外部招聘人员筛选难度大，成本高。

外部招聘的员工不熟悉企业的内部情况，同时也缺乏一定的人事基础，往往需要较长时间的适应才能有效地开展工作。外部招聘经常采用校园招聘、委托中介机构负责招聘、广告招聘、网络招聘、人才交流大会和人才交流中心定期招聘等方式。

4.3.1.6　人员甄选

几种常用的甄选测试的方法包括利用求职申请表进行筛选、笔试、面试和测验。

4.3.2　人员绩效考评

4.3.2.1　绩效考评的含义

绩效一般包括两方面的含义：一方面是指员工的工作成果；另一方面是指影响员工的行为、表现及素质。

绩效考评是人力资源管理的核心职能之一，是指评定者运用科学的方法、标准和程序，对行为主体的与评定任务有关的绩效信息（业绩、成就和实际作为等）进行观察、收集、组织、贮存、提取、整合，并尽可能做出准确评价的过程。

4.3.2.2　绩效考评的作用

绩效考评作为人力资源管理的一个职能，为各项人事决策提供了客观依据，是人力资源管理不可缺少的一个环节。其主要作用有以下几个方面：

（1）有助于提高企业的生产率和竞争力。衡量生产力的传统方式是考查员工工作成果的数量和质量，有没有按工作程序办事，上下班是否守时，以及出勤率、事故率、离职率等的高低。人力资源管理理论认为，衡量生产力的主要因素应该是员工的招聘、培训、任用、激励和绩效评价，并以绩效评价为核心。

（2）为员工的薪酬管理提供依据。员工的实际业绩，即工作成果决定报酬水平的高低，根据对人员业绩变化情况来确定是否再予以提薪。该员工与其他从事同类或相似工作的员工在业绩和报酬方面进行比较，主管及部属的绩效就可以大大的展现出来，按绩效付酬观念就顺理成章了，工作绩效考评结果的最直接的应用，就是为企业制定员工的报酬方案提供客观依据。

(3) 为员工的职务调整提供依据。员工的职务调整包括员工的晋升、降职、调岗和辞退。绩效考评的结果会客观地对员工是否适合该岗位做出明确的评判，为人事决策提供依据或信息。绩效考评是知人的主要手段，而知人是用人的主要前提和依据。

(4) 为培训工作提供方向。培训开发是人力资源投资的重要方式。培训开发只有有的放矢，才能收到事半功倍的效果。通过绩效考评，可以发现员工的长处和不足，优势和劣势，从而根据员工培训的需要，制定具体的培训措施与计划。

(5) 有助于更好地进行自我管理。绩效考评强化了工作要求，使员工责任心增强，明确自己怎么做才能更符合期望。通过考评发掘员工的潜能，让员工明白自己可以干什么。通过绩效考评，使员工明确自己工作中的成绩和不足，促使员工在以后的工作中发挥长处，努力改善不足，使整体工作绩效进一步提高。

(6) 有助于提高员工的贡献程度。绩效考评可以从能力、动机以及其他因素加以考评。当发现员工绩效不佳时，应该去发掘其背后的问题所在。若是员工能力不足，应给予充分且适当的教育训练，以增进员工在工作中的知识和技能；若是员工的动机不够，则应该建立起一套良好的激励制度，以增加员工改进绩效的动机；若是其他外在因素造成员工绩效不好，则应协助员工排除障碍，使员工有更好的工作环境来实现工作目标。

4.3.2.3　绩效考评内容

工作绩效是指员工履行职务或完成工作的表现及其结果。工作绩效考评就是为了客观确定员工的能力、工作状态和适应性，对员工的个性、资源、习惯和态度，以及对组织的相对价值进行有组织的、实事求是的评价。完整的人事考评内容应该包括业绩考评、能力考评、态度考评和自我启发。在实际操作过程中，由于各企业所处的环境不同，完成目标管理工作中具体的特点不同以及经营者的偏好不同，就可能使企业人事考评偏重于其中一项或几项。

A　业绩考评

业绩考评通常称为考绩，是对企业人员担当工作的结果或履行职务工作结果的考察与评价。它是对组织成员贡献程度的衡量，是所有工作关系中最本质的考评。它直接体现出员工在企业中价值的大小与被考评者担当工作的重要性、复杂性和困难程度呈正相关关系。通过反馈系统的反馈，业绩考评比其他考评更能体现组织的效率。

B　能力考评

能力考评是考评员工在职务工作中发挥出来的能力。比如，在工作中判断是否正确、工作效率如何、工作中协调能力怎样等。根据被考评者在工作中表现出来的能力，参照标准和要求，对被考评者所担当的职务与其能力是否匹配做出评定。这里的能力主要体现在四个方面：常识、专业知识和其他相关知识；技能、技术和技巧；工作经验；体力。需要指出的是企业人事考评中的能力考评和能力测试不同，前者是同被考评者所从事的工作相关，而后者是对员工的能力从人的本身属性进行评价，分出优劣，强调人的共性，不一定要和员工的现任工作相联系。

C 态度考评

态度考评是考评员工为某项工作而付出的努力程度，比如：是否有干劲、有热情，是否忠于职守，是否服从命令等。态度是工作能力向业绩转换的中介，在很大程度上决定了能力向业绩的转化。同时态度考评还应考虑到工作完成的内部条件和外部条件。态度反应“功劳”和“苦劳”之间的关系，最大限度地使只有“苦劳”的人成为有“功劳”的人，是企业的责任，也是企业有效使用人力资源的诀窍。

D 自我启发

审查自己的能力并学习新的行业知识、职业技能，以广阔的眼光来看自己与公司的未来；虚心听取他人建议，并改正自己的缺点，表现热情向上的精神状态；不向外倾诉工作上的不满，即使是分外的工作，有时也做出思考及提案；以长期的展望制定岗位工作目标，并付诸实行。

4.3.2.4 绩效考评原则

A 明确化、公开化原则

组织的人事考评标准、考评程序和考评责任都应当有明确的规定，并在考评中严格执行规定。同时，考评的有关规定应当向员工公开，使他们对考评产生信任感。

B 客观考评的原则

考评应当根据明确规定的标准，尽可能避免掺入主观性和感情色彩，即做到用“事实说话”。

C 直接上级考评的原则

只有直接上级才可能最了解被考评者工作成绩，最可能反映真实情况。

D 反馈原则

考评的结果应当反馈给被考评者本人，否则就起不到教育本人的作用。

E 差别的原则

考评的等级之间应当有鲜明的差别界限，针对不同的考评评语在工资、晋升、奖金等方面应体现明显的差别，使考评具有激励性。

F 定期化与制度化原则

绩效考评是一个连续性的管理过程，因而必须定期化、制度化。绩效考评既是对员工能力、工作绩效、工作态度的评价，又是对他们未来行为表现的一种预测。因此只有定期化、制度化地进行评估考核，才能真正了解员工的潜能，发现组织的问题，从而有助于组织的有效管理。

4.3.2.5 绩效考评的方式

按考评时间不同，可分为日常考评与定期考评。日常考评就是对被考评者的出勤情况、产量和质量实绩、平时的工作行为所做的经常性考评；定期考评则是按照一定的固定周期所进行的考评，比如年度考评、季度考评等。

按考评主体不同，可分为：

（1）主管考评。主管考评就是上级主管对下属员工的考评。由于考评的主体是主管领导，这种由上而下的考评，能较准确地反映考评者的实际情况，也能清除被考评者心理上不必要的压力。但有时也会受主管领导的忽视、偏见、感情等主观因素的影响而产生考评偏差。

(2) 自我考评。自我考评就是被考评者本人对自己的工作实绩和行为表现作的评价。这种方式透明度高，有利于被考评者在平时自觉地按考评标准约束自己；但最大的问题有“倾高”现象。

(3) 同事考评。同事考评就是同事之间互相考评。这种方式体现了考评的民主性，但考评结果往往受被考评者的人际关系的影响。

(4) 下属考评。下属考评就是下属员工对直接主管领导的考评。这种方式往往是让一些有代表性的员工，用比较直接的方法，比如直接打分法等。其考评结果可以公开或不公开。

按考评结果的表现形式不同，可分为定性考评和定量考评。定性考评结果表现为对某人工作评价的文字描述，或对人员之间评价高低的相对次序以优、良、中、及格、差等形式表示；定量考评结果则以分值或系数等数量形式表示。

4.3.2.6　绩效考评的方法

A　因素分析法

首先，根据考评的目标设定各项考评的因素（或称考评的指标），并赋予各项考评因素权数；然后根据实际情况界定考评度的等级标准及定义；其次，考评者针对所列的因素与考评度的标准及定义，就其观察与判断被考评者的工作绩效，给予适当的分数；最后，将各因素上的评分进行加权汇总，就是被考评者的考评结果。

考评的最高总分一般定为100分。90分以上为特等，这是有突出贡献的人员；80分以上为A等，70分以上为B等，60分以上为C等，60分以下为D等，即为不及格的等级。

此法简便易行，也比较科学。但要注意的是，对不同层次的岗位，其考评因素的重要程度不同，给予的权重也应有所不同。比如“全局观”这一考评因素，对经理、部门经理来说较为重要，权重应大一些；而对于操作工人来说，则应小些甚至为零。

B　相互比较法

如果被考评的人数不多，且工作性质也相近的话，可采用相互比较法。其包括：

(1) 顺序排列法。该法就是将考评者群体，按其总的绩效评价的顺序予以排列，并依次以1、2、3等数字标之。该顺序数字可视作绩效的指数，也可转换为某种规定范围的数字，使之含有一般的比较意义。

(2) 成对比较法。该法就是将考评者群体，一对一地进行比较，根据配比的结果，排列出他们的绩效名次。这种方法的缺点是：被考评者群体的人数较多时，手续就比较麻烦。

(3) 强迫分配法。强迫分配的比较就是预先规定一个有限制的范围，并将这个范围划分为若干个区域。通常是按正态分布的规律分为五个区域，从低到高分别占10%、20%、40%、20%、10%，考评者将从事不同类别工作的员工，就适当的因素，尽可能地作比较，分配于限定的区域。

C　查核表法

该法就是将每一项考评要素用文字简要叙述出来，由考评者逐项地查核并做出评判记分，记分的等级一般可分为5等或7等。此法是一种常用的考评方法，缺陷是比较容易出现一些主观偏向，从而造成评判误差。

4.4 人力资源培训与开发

4.4.1 人力资源的培训

人力资源培训与发展是现代企业人力资源管理的一项重要工作内容，同时也是工作的难点。未来，企业要想优于其他竞争对手就必须比竞争对手学得更快；重视培训、重视员工全面素质的提升和企业文化的认同，把企业建设成学习型组织；通过提高企业核心竞争力，从而最终实现企业与员工“双赢”。

4.4.1.1 员工培训的意义

员工培训可以使组织员工明确自己的工作职责、任务和目标，提高知识和技能。在个人得到发展的同时为组织做出更大的贡献。对新员工需要培养，对于组织现有员工也需要培养。

员工培训的主旨就是提高员工工作能力和素质。培训有两大基本目的：

（1）使组织拥有更合格的员工，提高各方面的效率和效果。

（2）促使员工不断得到成长，为其取得个人职业生涯的成功创造条件。

具体地说，培训的目的包括：实现组织目标，适应环境变化，以及满足员工自身发展的需要。

4.4.1.2 员工培训的方式、步骤

A 组织员工培养的方式

组织员工培养的方式是灵活多样的，一般可以分为两类：

（1）兴办员工教育，组织各类员工参加培训学习。

（2）让员工在实际中接受锻炼，增长知识和才干。具体有岗前培训、在职培训、脱产培训、网上学习等多种形式。

B 员工培训规划的步骤

对企业而言，员工培训是一项高回报率的长期投资，也是一种变相的福利，但在实际操作过程中要把员工培训做好并取得预期的成效，却并不是一件容易的事情。这是因为员工培训方案的设计直接影响着员工培训的效果。要想达到预期效果，员工培训方案规划是关键，企业可以通过六个步骤进行规划，即：战略/目标解读；人员现状评估；培训课程选型；课程/师资开发计划；建立培训效果评价机制；制订实施计划，制订费用预算。

4.4.1.3 现代企业培训内容

培训是企业通过各种形式的教育方式改进员工的能力水平、提高组织业绩的一种有计划的连续性的工作，其主要内容可大体上分为以下几种。

A 知识培训

知识培训是员工获得持续提高和发展的基础。员工只有具备一定的基础及专业知识，

才能为其在各个领域的进一步发展提供坚实的支撑。在学校学到的知识，大部分属于此类。

B　技能培训

工作技能培训是为了使员工更好地完成本岗位工作，针对提高员工的业务工作能力而采用的提高岗位工作技能的培训，是现代企业培训体系中最基本的培训内容。知识只有转化为技能，才能真正产生价值；只有科技转化为生产力的时候，才能成为第一生产力。员工的工作技能，是企业产生效益、获得发展的根本源泉，因而，技能培训也是企业培训中的重点环节。

C　素质培训

员工具备了扎实的理论和过硬的技能。如果没有正确的价值观、积极的工作态度和良好的思维习惯，那么，他们给企业带来的很可能不是财富，而是损失。而高素质员工，即使暂时在知识和技术方面存在不足，但他们会为实现目标而主动、有效的学习和提升自我，从而最终成为企业所需的人才。因此，此类培训是企业必须持之以恒进行的核心重点。

D　创新能力培训

创新能力培训旨在提高员工开拓新思想、打破成规、勇于创新的能力，是为了使员工能够创造性开展本职工作，从而促进整个企业核心能力的培养，是现代企业培训体系中最重要的培训内容。

创新能力被认为是现代社会企业生存和发展的最重要的能力。如果一个企业失去创新能力，便失去市场竞争的可能。企业创新能力的培养来源于企业员工创新能力的形成，增强员工创新能力，就是增强企业核心竞争力。公司决策层、管理层和技术人员的创新能力尤为重要。

E　团队精神培训

团队精神培训是集体生活培训。培训者在共同生活、共同学习、协同解决问题的过程中提高员工对集体的认知程度，从而达到提高团队凝聚力的培训活动，这种集体培训也是现代企业培训体系中新开发的培训内容。团队精神近年来越来越受到企业经营者的重视，团队工作的方式也几乎为所有企业所接受。在现代社会中，单枪匹马英雄式的经营行为已经不可能存在。这是个相互合作的社会，失去团队的作用就意味着失去了在社会上进行经营运作的可能。为了加强团队的内部合作，增强团队的工作能力，所有企业经营者们都把眼光投入到增强团队的凝聚力上，团队精神培训应运而生。

F　形象与心理培训

形象与心理培训是为了保证企业和员工外在内在的健康而进行的培训活动，是目前企业培训体系中较为热点的培训内容。

形象培训有多种功效，其一，通过形象培训使企业文化逐渐进入职工思想深处，产生对组织极强的认同感；其二，使员工的全面服务意识加深，形象本身就代表企业对客户的尊重和自尊；其三，清晰界定本企业在行业中与其他企业的不同，差异带来竞争优势，带来更多效益。因而形象培训就是培训市场竞争力。

心理培训是基于企业员工的心理素质，需要提升企业管理者与员工间的人性化沟通，需要更多的关注，因此有必要在人力资源管理中引入心理学方法，心理培训首当其冲。心理培训的主要职责是：协同全员职工设立管理的工作目标；负责全员职工之间人际关系障碍的突破，提高全员职工协同作用的层次；负责全员职工之间心理素质以及创新能力的提高，负责建立能够持续发展的企业文化等。心理培训是集培训、启导、辅导三种功能于一体，能够实现企业管理者与员工间的最佳沟通，将人力资源最大限度地发掘和转化为现实生产力的有效工具。

4.4.1.4 员工培训的形式

培训要想获得好的效果，培训形式的选择至关重要。培训的形式很多，企业在选择具体方式的时候不必因循守旧，固执地套用自己的既定模式。培训的最终目的是使员工能够获得提高，因此，企业应结合其资源优势、员工特点及培训内容，合理选择适合本企业所需的培训方式，以便达到最终目的。

A 案例教学法

案例教学法是针对某个特定的问题向参加者展示真实性背景，提供大量的背景材料，由参加者依据背景材料来分析问题，提出解决问题的方法，从而培养参加者分析和解决实际问题的能力。此方法是针对某一具体典型事例进行分析和解答，始终要有个主题，即“你将怎么做?”

该方法适用的对象主要为企业中层以上的管理人员。通过训练使得他们具有良好的决策能力，帮助他们学习如何在紧急情况下处理各类事件。

B 操作示范法

操作示范法是部门专业技能训练的通用方法，一般由部门经理或管理员主持，由技术能手担任培训员，以现场向受训人员简单的讲授操作理论与技术规范，然后进行标准化的操作示范表演。该方法利用演示把所要学的技术、程序、技巧、事实、概念或规则等呈现给学员，学员则反复模仿实习，经过一段时间的训练，使操作逐渐熟练直至符合规范的程序和要求，达到运用自如的程度。培训员在现场做指导，随时纠正学员在操作中的错误表现。这种方法有时显得单调而枯燥，因此培训员可以结合其他培训方法与之交替进行，以增强培训效果。操作示范法是任职前实务训练中被广泛采用的方法，适应于较机械性的工种。

C 模拟训练法

模拟训练法侧重于对操作技能和反应敏捷的培训，把参加者置于模拟现实的工作中，让参加者反复操作装置，解决实际工作中可能出现的各种问题，为进入实际工作岗位打下基础。这种方法适用于飞行员、井台工人等的训练。

D 角色扮演法

采用这种方法时，学员身处模拟的日常工作环境中，按照其实际工作中应有的权责来担当与实际工作类似的角色，模拟性的处理工作事务。通过这种方法，参加者能较快熟悉自己的工作环境，了解自己的工作业务，掌握必需的工作技能，尽快适应实际工作的要求。

角色扮演的关键问题是排除参加者的心理障碍，让参加者意识到角色扮演的重要意义，减轻其心理压力。此法相当于一种非正式表演，不用彩排，它通过学员自发的参与各种与人们有关的问题，扮演各种角色，通过这种方法去体验其他人的感情，通过别人的眼睛去看问题，或者体验别人在特定的环境里会有什么样的反应和行为。

角色扮演法培训适用于新员工、岗位轮换和职位晋升的员工，主要目的是为了尽快适应新岗位和新环境。

E　研讨会法

研讨会法是指由指导教师有效的组织研习人员以团体的方式对工作中的课题或问题进行讨论，并得出共同的结论，由此让研习人员在讨论过程中互相交流、启发，以提高研习人员的知识和能力的一种教育方法。

研讨会法作为一种企业培训员工的教育方法，以其显著的培训效果，在实际应用中占有非常重要的地位。它与授课法并称为职业培训两大培训法。“集思广益”是讨论法的基础，只有收集众人之智慧，并相互激发，才可达到1 +1 >2 的效果。该方法的关键是要畅所欲言，通过大家的自由思考，能出现各种各样的想法，然后把这些想法协调起来解决某一问题。

研讨会法培训适用于企业内所有成员，其培训目标就是要提高能力，培养意识，交流信息，产生新知。培训的方式主要有课题讨论法、对立式讨论法、民主讨论法、讲演讨论法、长期准备的讨论法。

F　设副职

此种方法主要适用于员工晋升和岗位轮换。当员工缺乏岗位经历时或对岗位情况不熟时，可采用此种方法，通过带岗者的言传身教，使员工获得实际经验，以尽快达到岗位要求。

G　敏感性培训

最主要的敏感性培训就是文化敏感培训。提高员工文化敏感性的培训一方面能使员工对自己的文化属性和环境做到自觉和自知；另一方面，这种培训还能提高管理人员对异国文化在知识和情感上的反应能力。获得文化敏感最有效的方法是一个人在国外环境的生活或工作经历。

文化敏感性培训有两个主要内容：一是系统培训有关母国文化背景、文化本质和有别于其他文化的主要特点；二是培训外派管理人员对东道国文化特征的理性和感性分析能力，掌握东道国文化的精髓。

目前许多大型跨国公司采用课堂教育、环境模拟、文化研讨会、外语培训等多种方式进行系统的文化敏感性培训。系统的文化敏感性和适应能力，并不能保证他们能够在东道国有效应付不同文化的各种冲击。因此，外派管理人员必须学会以新生和接受的态度对待异国文化，切忌用本国文化标准随便批评异国文化，更不能把本国的文化标准加于东道国公民，即应努力做到克服自我参照习惯的干扰。

此外，需引起注意的是，为了留住人才，让有能力的人安心工作，一些企业还对海外离任回国人员进行回国培训，以帮助他们减轻反向文化冲击，重新适应母国的企业文化，寻求进一步的发展。

H　参与式培训法

这类方法的主要特征是：每个培训对象积极主动地参加培训活动，从亲身参与中获得知识、技能和正确的行为方式。其主要方法有：

(1) 会议。很少有人把参加会议视为一种培训方式。实际上，参加会议能使人们相互交流信息，启发思维，了解到某一领域的最新情况，开阔视野。

（2）小组培训。小组培训的目的是树立参加者的集体观念和协作意识，教会他们自觉地与他人沟通和协作，同心协力，保证公司目标的实现。因此，小组培训的效果在短期内不明显，要在一段期间之后才能显现出来。

（3）参观访问。有计划、有组织地安排职工到有关单位参观访问，也是一种培训方式。职工有针对性地参观访问，可以从其他单位得到启发，巩固自己的知识和技能。

I 部门互动式培训

设置培训主题后，根据部门员工特点，将培训内容分解到部门相关人员，各自进行学习；培训由大家共同参与，每位员工都是老师，各负责主讲内容，每讲完一部分，全体员工就其授课内容及方式展开集体讨论。总结长处、改进不足，以不断完善。此种培训所产生的效果是多方面的，既可促使大家认真学习、努力掌握培训内容精要，又可提高授课者语言表达及文字组织能力。

企业培训要取得成效，必须要重点把握以下要点：

（1）系统性。根据企业现状及发展目标，系统制定各部门、岗位的培训发展计划。

（2）前瞻性。企业培训不仅仅是为了目前需要，更要考虑将来长远发展。

（3）针对性。要有的放矢，把握好培训的主方向、主目标，不能“漫无目的”的所有项目一起上。一定时期内，还需主题明显、中心突出。

企业要想尽快建立学习型组织（团队），除了持续有效开展各类培训外，更主要的是必须通过各种手段在企业内部迅速建立起员工自发学习的组织氛围，帮助员工建立起“终身学习”的观念，变“要我学”为“我要学”，培养员工自我提高的能力，通过员工价值的提升，促进人力资源增值，从而最终实现企业的持续良性发展。

4.4.2 人力资源的开发

企业要发展，离不开人力资源的开发，因此企业必须做好充分的人才准备。而做好人才准备的关键是搞好人力资源的开发。

4.4.2.1 开发人力资源的基本原则

人力资源是所有资源中最宝贵的资源。人是生产力诸因素中最积极、最活跃的“第一资源因素”。人力资源的开发是围绕着如何挖掘人的潜力、发挥人的积极性和主动性而进行的，因此确立“以人为本”的思想是开发人力资源的基本原则。

4.4.2.2 开发人力资源的关键

全球竞争的实质是人才的竞争，谁拥有人才，谁就拥有发展的优势。当现代企业逐步走向市场，要想企业在竞争中生存发展，关键要使劳动者及时更新知识技能，提高素质，开发现有人力资源。而这一切离不开教育培训工作。

A 增强培训的科学性和针对性

要使培训工作在整个人力资源开发中发挥重要作用，则须明确培训工作的依据，增强培训的科学性和针对性。首先，培训工作要建立在科学合理的人才预测和规划基础之上，要通过深入细致的人员现状调查和岗位分析，确定员工培训目标、内容和方法。第二，确定、细化培训的标准和内容，建立配套的培训管理制度是培训工作的基础性工作，是职工培训能否落到实处的重要保障。

B　建立完整的教育培训体制

教育培训是一项面向全体工作人员的制度化的人力资源开发活动，这里的全体工作人员应包括管理人员和技术工人。不能只重视对管理人员的教育培训而忽视对技术工人的教育培训，或只重视对技术工人的教育培训而忽视对管理人员的教育培训，管理和生产是紧密联系的。

C　强化班组培训工作

建立了完整的教育培训体制后，班组培训是其中一个重要的组成部分。然而现在的班组培训还存在一定的问题：有的班组培训员从书本上找到题目，连同答案用笔一划，交给班里职工，让他们轮流记在笔记本上；有的班组听说要检查的时候就草草地集中突击，甚至有的班组培训时常是由班组培训员一个人代劳的。长此以往，职工的素质不仅得不到提高，还会落伍，企业的发展也会大受影响。鉴于这种情况，教育培训工作应强化班组培训工作，发挥“三级教育网络”的功能，管理到位，使班组培训制度化、规范化。

D　形式要多样化

应根据培训内容需要确定形式，使培训形式灵活多样，不拘一格，比如比武、竞赛、参观等，使职工愿学乐学。

E　培训内容因人而异

由于个人的能力不同，每一位职工所掌握的技能水平是不同的。现在的培训，特别是班组培训，往往是统一命题，即每个人答一样的题。这样一来，就使那些已经熟知该内容的职工觉得班组培训是浪费时间，从而对班组培训抱有无所谓的态度。因此可以提倡培训内容因人而异，针对不同职工的不同情况进行培训，这样可以使职工之间互相有个比较。一旦培训内容的深度有所不同，就会在无形中形成竞争，为班组创造一个良好的学习氛围，提高职工学习的积极性，更好地开展教育培训工作。

4.5　薪酬管理

4.5.1　薪酬的概念与构成

薪酬是员工价值的表现。对员工来说，薪酬不仅是维持一定生活标准的基础，也是得到社会承认和地位的标志。员工努力工作的动机之一是由报酬预期激发的。如果努力会带来成就，成就又会带来期望的报酬，员工就会由此得到满足并被激励再次行动。

薪酬是指员工从事企业所需要的劳动，而得到的以货币形式和非货币形式所表现的补偿，是企业支付给员工的劳动报酬。与传统的工资概念所不同的是，薪酬还包含了非货币形式的报酬。企业薪酬组成如图 4-1 所示。

薪酬管理是人力资源管理中的一项专业技术水平要求较高的管理领域，它不仅要求薪酬管理人员具备全面的人力资源管理知识和开阔的眼界，了解企业经营业务和流程，而且要求薪酬管理人员具有敏锐的成本意识以及对各种薪酬方案的成本有效性进行分析的能力。此外，在薪酬的设计和执行过程中，薪酬管理人员与决策层、其他管理人员以及普通

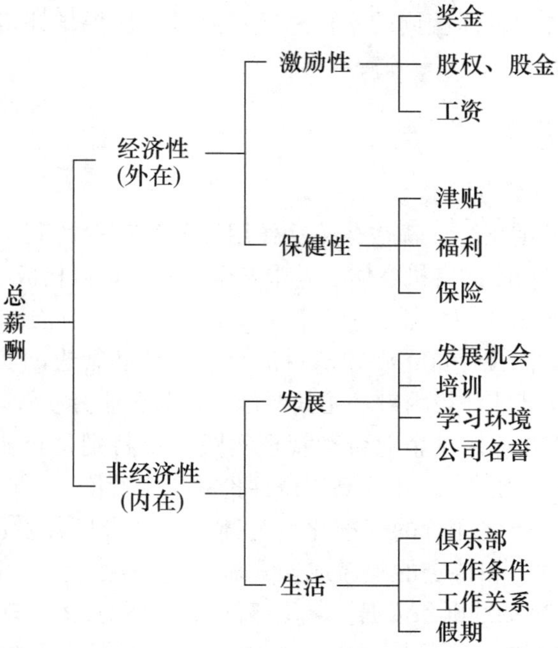

图 4-1 薪酬的构成形式

员工之间的沟通能力也至关重要。而所有这些内容，在本书中均有不同程度的体现，可以说，本书的目的就是力图使读者成为一名真正的薪酬管理人员，能够根据企业所处的具体环境、业务需要以及人力资源战略来设计和完善具有本企业特色的薪酬政策和薪酬制度，而不仅仅是充当薪酬制度的一个被动执行者或操作员。

4.5.2 岗位评估

在一个企业中，岗位名称很多，人们常常需要确定一个岗位的价值。比如想知道一个财务人员与一名营销人员相比，究竟谁对企业的价值更大，谁应该获得更好的报酬。为了协调各类岗位之间的关系，进行科学规范的管理，就必须进行岗位评价，使岗位级别明确。通过评价，可以明确各个岗位的门类、系统、等级的高低，使工作性质、工作职责一致，把工作上所需资格条件相当的岗位都归于同一等级，这样就能保证企业对员工进行招聘、考核、晋升、奖惩等管理时，具有统一尺度和标准。

4.5.2.1 岗位评估的原理

岗位评估（岗位评价）又称职位评估或岗位测评，是在岗位分析的基础上，对岗位的责任大小、工作强度、所需资格条件等特性进行评价，以确定岗位相对价值的过程。它有三大特点：

（1）“对岗不对人”，即岗位评价的对象是企业中客观存在的岗位，而不是任职者；

（2）岗位评价衡量的是岗位的相对价值，而不是绝对价值。岗位评价是根据预先规定的衡量标准，对岗位的主要影响指标逐一进行测定、评比、估价，由此得出各个岗位的量值，使岗位之间有对比的基础；

(3) 岗位评价是先对性质相同的岗位进行评判，然后根据评定结果再划分出不同的等级。

4.5.2.2　岗位评估的原则

岗位评价必须遵循以下原则。

(1) 系统原则。所谓系统，就是有相互作用和相互依赖的若干既有区别又相互依存的要素构成的具有特定功能的有机整体。其中各个要素也可以构成子系统，而子系统本身又从属于一个更大的系统。

(2) 实用性原则。岗位评价还必须从目前企业生产和管理的实际出发，选择能促进企业生产和管理工作发展的评级因素。尤其要选择目前企业劳动管理基础工作需要的评价因素，使评价结果能直接应用于企业劳动管理实践中（特别是企业劳动组织、工资、福利、劳动保护等基础管理工作），以提高岗位评价的应用价值。

(3) 标准化原则。岗位评价的标准化就是衡量劳动者所耗费的劳动的大小的依据，以及岗位评价的技术方法和特定的程序或形式做出统一规定。在规定范围内，该原则可作为评价工作中共同遵守的准则和依据。岗位评价的标准化具体表现在评价指标的统一性、各评价指标的统一评价标准、评价技术方法的统一规定和数据处理的统一程序等方面。

(4) 能级对应原则。管理系统中，各种管理功能是不相同的。根据管理的功能把管理系统分成级别，把相应的管理内容和管理者分配到相应的级别中去，各占其位，各显其能，这就是管理的能级对应原则。一个岗位能级的大小，是由它在组织中的工作性质、繁简难易、责任大小、任务轻重等因素所决定的。功能大的岗位能级就高，反之就低。各种岗位有不同的能级，人也有各种不同的才能。现代科学化管理必须使具有相应才能的人得以处于相应的能级岗位，这就称为“人尽其才，各尽所能”。

一般来说，一个组织或单位中，管理能级层次必须具有稳定的组织形态。稳定的管理结构应是正三角形。对于任何一个完整的管理系统而言，管理三角形一般可分为四个层次，即决策层、管理层、执行层和操作层。这四个层次不仅使命不同，而且标志着四大能级差异。同时，不同能级对应着不同的权力、物质利益和精神荣誉，而且这种对应是一种动态的能级对应。只有这样，才能获得最佳的管理效率和效益。

(5) 优化原则。所谓优化就是按照规定的目的，在一定的约束条件下寻求最佳方案。上至国家、民族，下至企业、个人，都要讲究最优化发展。企业在现有的社会环境中生存，都会有自己的发展条件，只要充分利用各自的条件发展自己，每个工作岗位、每个人都会得到应有的最优化发展，整个企业也将会得到最佳的发展。因此，优化的原则不但要体现在岗位评价各项工作环节上，还要反映在岗位评价的具体方法和步骤上，甚至落实到每个人身上。

4.5.2.3　岗位评估的方法

常用的岗位评估方法有岗位参照法、排列法、分类法、因素比较法和评分法等。其中分类法、排列法属于定性评估，岗位参照法、评分法和因素比较法属于定量评估。除此以外，这里还简要介绍两个国际著名的岗位评估方法，即海氏（Hay Group）三要素评估法和美世（Mercer）国际职位评估法（IPE）。

A 岗位参照法

岗位参照法，顾名思义就是用已有工资等级的岗位来对其他岗位进行评估。具体的步骤是：

（1）成立岗位评估小组；

（2）评估小组选出几个具有代表性、并且容易评估的岗位，对这些岗位有其他办法进行岗位评估；

（3）如果企业已经有评估过的岗位，则直接选出被员工认同价值的岗位即可；

（4）将步骤（2）和步骤（3）选出的岗位定为标准岗位；

（5）评估小组根据标准岗位的工作职责和任职资格要求等信息，将类似的其他岗位归类到这些标准岗位中来；

（6）将每一组中所有岗位的岗位价值设置为本组标准岗位价值；

（7）在每组中，根据每个岗位与标准岗位的工作差异，对这些岗位的岗位价值进行调整；

（8）最终确定所有岗位的岗位价值。

B 岗位排列法

岗位排列法是有关人员组成合格的专门机构（如岗位评定委员会）。该方法根据岗位调查资料或岗位说明书做出简洁的、易于对比的岗位描述；然后确定评定标准，对各个岗位打分；最后评定结果汇总，计算平均得分，进而得出各个岗位的综合相对次序。这种方法易出现主观倾向，应通过培训提高评价人员的价值判断力，或可通过重复评价三次取平均值来消除主观误差。

C 岗位分类法

分类法与岗位参照法有些相像，不同的是它没有进行参照的标准岗位。该方法是将企业的所有岗位根据工作内容、工作职责、任职资格等方面的不同要求，分为不同的类别，一般可分为管理工作类、事务工作类、技术工作类、营销工作类等。然后给每一类确定一个岗位价值的范围，并且对同一类的岗位进行排列，从而确定每个岗位不同的岗位价值。

D 因素比较法

因素比较法不需关心具体岗位的岗位职责和任职资格，而是将所有岗位的内容抽象若干个要素。根据每个岗位对这些要素的要求不同，得出岗位价值。比较科学的做法是将岗位内容抽象成智力、技能、体力、责任和工作条件这五种因素。评估小组首先将各因素区分成多个不同的等级，然后再根据岗位的内容将不同因素和不同的等级对应起来，等级数值的总和就为该岗位的岗位价值。因素比较法的步骤为：

（1）成立岗位评估小组；

（2）确定岗位评估所需要的因素，即智力、技能、体力、责任和工作条件；

（3）选出若干具有广泛代表性的标杆职位或关键岗位；

（4）将各种标杆岗位/职位按照各因素对各岗位的要求和重要性进行依次排列，形成标杆岗位/职位分级表；

（5）将各种标杆岗位/职位的现行工资，按前面所确定的五项标准进行适当的分配，编制标杆岗位/职位工资表和因素工资分配尺度表；

（6）将标杆岗位/职位以外的各岗位/职位逐项与建立起来的标杆岗位工资表和因素工资分配尺度表进行比较，一个要素一个要素地进行判定，找到最类似的相应标杆职位，查出相应的工资，再将各项因素工资相加，便得到该岗位/职位的工资。

E　因素计点/评分法

因素计点/评分法是目前最流行的岗位评估方法，因素计点/评分法要求组建评价机构后，首先确定影响所有岗位的共有因素，并将这些因素分级、定义和配点（分），从而建立评价标准；然后依据评价标准，对所有的岗位进行评价并汇总每一岗位的总点数（分数）；最后将岗位评价点数转化为货币数量，即岗位工资率或工资标准。这种方法可避免一定的主观随意性，但操作起来较烦琐。

F　海氏三要素评估法

海氏（Hay Group）三要素评估法是国际上使用最广泛的一种岗位评估方法。据统计，世界500强的企业中有1/3以上的企业岗位评估时都采用了海氏三要素评估法。该方法通过三个方面对岗位的价值进行评估，并且通过较为正确的分值计算确定岗位的等级。“三要素评估法”所指的三个要素如图4-2所示。

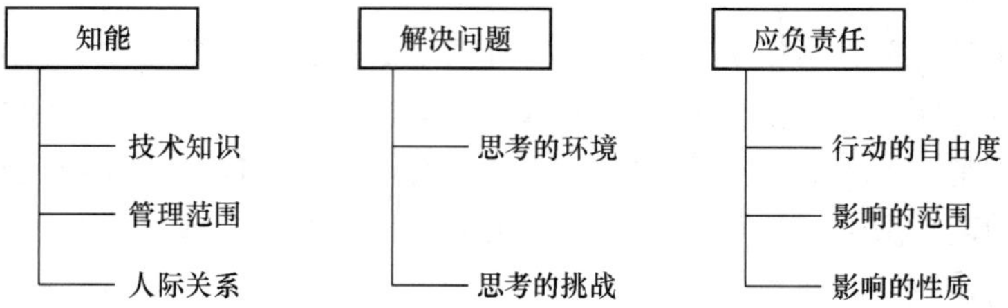

图4-2　海氏评估三要素

为什么用这三个要素来评估一个岗位是科学的呢？该评估法认为，一个岗位之所以能够存在的理由必须承担一定的责任，即该岗位的产出。那么通过投入什么才能有相应的产出呢？即担任该岗位人员的知识和技能。那么具备一定“知能”的员工通过什么方式来取得产出呢？是通过在岗位中解决所面对的问题，即投入“知能”，通过“解决问题”这一生产过程，来获得最终的产出“应负责任”。海氏评估三要素的关系如图4-3所示。

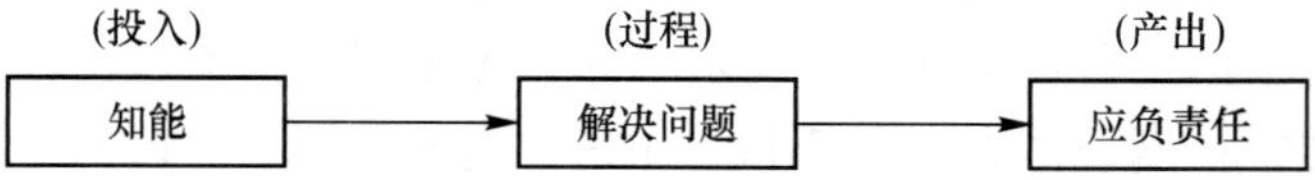

图4-3　海氏评估三要素的关系

海氏评估法对所评估的岗位按照以上三个要素及相应的标准进行评估打分，得出每个岗位评估分，即：

$$岗位评估分 = 知能得分 + 解决问题得分 + 应负责任得分 \tag{4-2}$$

式(4-2)中，知能得分、应负责任评估分和最后得分都是绝对分，而解决问题的评估分是相对分（百分值），经过调整后为最后得分后才是绝对分。

利用海氏评估法在评估三种主要付酬因素方面不同的分数时，还必须考虑各岗位的

“形状构成”，从而确定该因素的权重，进而据此计算出各岗位相对价值的总分，完成岗位评价活动。职务的“形状”主要取决于知能和解决问题的能力相对于岗位责任影响力的对比与分配。

从这个角度去观察，企业中的岗位可分为三种类型：

(1)“上山”型。此岗位的责任比知能与解决问题的能力重要，比如公司总裁、销售经理、负责生产的干部等。

(2)“平路”型。知能和解决问题能力在此类职务中与责任并重，平分秋色，比如会计、人事等职能干部。

(3)“下山”型。此类岗位的职责不及职能与解决问题能力重要，比如科研开发、市场分析干部等。

通常要由职务薪酬设计专家分析各类岗位的形状构成，并据此给知能、解决问题的能力这两个因素与责任因素各自分配不同的权重，即分别向前两者与后者指派代表其重要性的一个百分数，两个百分数之和应恰为100%。

举一个简单的例子，有一个企业某个岗位的知能得分为941 分，解决问题得分为71%，应负责任得分为1004 分。而这个岗位解决问题能力和责任权重为40%和60%，那么这个岗位的最终评估得分为1269 分。

当然，海氏评估法还涉及每个因素的评估标准和程序，以及评估结果的处理和形成一个公司的岗位等级体系等，这里不再做详细介绍。

美世(Mercer)国际职位评估法

美世（Mercer）国际职位评估法请扫右侧二维码学习了解。

4.5.3 薪酬设计

4.5.3.1 薪酬设计的原则

企业设计薪酬时必须遵循一定的原则，这些原则包括战略导向、经济性、体现员工价值、激励作用、相对公平、外部竞争性等。

A 战略导向原则

战略导向原则强调企业设计薪酬时必须从企业战略的角度进行分析，制定的薪酬政策和制度必须体现企业发展战略的要求。企业的薪酬不仅仅只是一种制度，它更是一种机制。合理的薪酬制度驱动和鞭策有利于企业发展战略的因素的成长和提高，同时使那些不利于企业发展战略的因素得到有效的遏制、消退和淘汰。因此，企业设计薪酬时，必须从战略的角度进行分析哪些因素重要，哪些因素不重要，并通过一定的价值标准，给予这些因素一定的权重，同时确定它们的价值分配即薪酬标准。

B 经济性原则

薪酬设计的经济性原则强调企业设计薪酬时必须充分考虑企业自身发展的特点和支付能力。它包括两个方面的含义：从短期来看，企业的销售收入扣除各项非人工（人力资源）费用和成本后，要能够支付起企业所有员工的薪酬；从长期来看，企业在支付所有员工的薪酬，补偿所用非人工费用和成本后，要有盈余，这样才能支撑企业追加和扩大投资，获得企业的可持续发展。

C 体现员工价值原则

现代的人力资源管理必须解决企业的三大基本矛盾，即：人力资源管理与企业发展战略之间的矛盾，企业发展与员工发展之间的矛盾，以及员工创造与员工待遇之间的矛盾。因此，企业在设计薪酬时，必须要充分体现员工的价值，使员工的发展与企业的发展充分协调起来，保持员工创造与员工待遇（价值创造与价值分配）之间短期和长期的平衡。

D　激励作用原则

在企业设计薪酬时，同样是10万元，发4万元的工资和6万元的奖金，发6万元的工资和4万元的奖金，这两种激励效果完全是不一样的。激励作用的原则就是强调企业在设计薪酬时必须充分考虑薪酬的激励作用，即薪酬的激励效果。这里涉及企业薪酬（人力资源投入）与激励效果（产出）之间的比例代数关系，企业在设计薪酬策略时要充分考虑各种因素，使薪酬的支付获得最大的激励效果。

E　相对公平（内部一致性）原则

内部一致性原则是斯密公平理论在薪酬设计中的运用，它强调企业在设计薪酬时要“一碗水端平”。内部一致性原则包含几个方面：（1）横向公平，即企业所有员工之间的薪酬标准、尺度应该是一致的。（2）纵向公平，即企业设计薪酬时必须考虑到历史的延续性，一个员工过去的投入产出比和现在乃至将来都应该基本上是一致的，而且还应该是有所增长的。这里涉及一个工资刚性问题，即一个企业发给员工的工资水平在正常情况下只能看涨，不能看跌，否则会引起员工很大的不满。（3）外部公平，即企业的薪酬设计与同行业的同类人才相比具有一致性。

F　外部竞争性原则

外部竞争性原则前文已经提到过，它强调企业在设计薪酬时必须考虑到同行业薪酬市场的薪酬水平和竞争对手的薪酬水平，保证企业的薪酬水平在市场上具有一定的竞争力，能充分地吸引和留住企业发展所需的战略、关键性人才。

4.5.3.2　薪酬设计必须考虑的因素

企业设计薪酬在制定的薪酬策略的指导下，在遵循一定原则的基础上，必须对相应的影响企业薪酬设计的因素进行分析，这些因素包括战略发展阶段、文化、市场和价值因素等。

A　战略与发展阶段因素

企业在薪酬设计时必须充分考虑企业的发展战略，这与战略导向原则是一致的。企业设计薪酬还必须结合企业自身的发展阶段，不同的阶段对薪酬策略要求是不一样的。

比如在创立期，企业的薪酬政策关注的易操作性和激励性，表现出非常个人化的随机性报酬，在薪酬评价上以主观为主，总裁拥有90%以上的决策权。处于高速成长期的企业，在制定薪酬政策时，必须考虑到薪酬的激励作用，这个时候设计的薪酬工资较高、奖金相对非常高，长期报酬也比较高，福利水平也会要求比较高。但如果企业处于平稳发展期或者衰退期时，制定薪酬策略又不一样了。因此，企业设计薪酬政策必须充分与企业发展的阶段相结合。

B　文化因素

文化因素主要是指企业工作所倡导的文化氛围。企业工作文化一般有四种，即功能型工作文化、流程型工作文化、时效型工作文化和网络型工作文化。

功能型工作文化的企业强调严密的自上而下的行政管理体系、清晰的责任制度、专业化分工等。这种工作文化的企业在设计薪酬时一般以职务工资制为主。

流程型工作文化的特点是：以客户满意度为导向来确定价值链；基于团队和相互学习的工作关系，共同承担责任；围绕流程和供应链来设计部门等。现在很多企业的工作文化都开始向流程型进行转变。这种工作文化的企业在设计薪酬时主要以客户、市场导向为主，一般以职能工资制为主。

时效型工作文化的特点是集中资源，抓住机会，迅速把产品和服务推向市场，强调高增长和新市场进入；项目驱动；权利取决于对资源的控制；跨部门团队，包括高水平的专家等。这种工作文化的企业在设计薪酬时主要考虑时效和速度因素，同时考虑工作质量因素，一般以绩效工资制为主。

网络型工作文化没有严密的层级关系，承认个人的特殊贡献，强调战略合作伙伴；以合伙人方式分配权力，强调对公司总体目标的贡献；以“合同”方式形成工作网络。典型的公司有律师事务所、会计师事务所、某些咨询公司等。这种工作文化的企业在设计薪酬时主要强调利益共享、风险共担。

C 市场竞争因素

前文强调指出了薪酬设计的市场竞争原则，这里主要是强调企业在设计薪酬时应该考虑哪些市场竞争因素。这些因素包括市场薪酬水平、市场人才供给与需求情况、竞争对手的薪酬政策与薪酬水平、企业所在市场的特点与竞争态势等。在充分调查和考虑以上因素后，企业制定出薪酬设计的市场薪酬线。

D 价值因素

价值因素是指企业必须支付薪酬的因素。现在企业中一般的付酬因素分为三大类，即岗位因素、知识能力因素和绩效因素。岗位因素主要评价每个岗位所承担责任大小、在公司中价值的大小，它是确定岗位工资的基础；知识能力因素主要是评价企业中每个员工身上承载的知识和能力的大小，以及这些能力对企业发展战略的重要性，它是确定能力工资的基础；绩效因素主要是评价员工为企业工作，做出了多少业绩，以及这些业绩对企业发展的重要性，它是确定绩效工资的基础。

4.5.3.3 薪酬设计的策略选择

企业设计薪酬首先必须在发展战略的指导下制定企业的薪酬策略，企业薪酬策略的制定包含水平策略和结构策略两个方面。

A 薪酬水平策略

薪酬的水平策略主要是制定企业相对于当地市场薪酬行情和竞争对手薪酬水平的企业自身薪酬水平策略。供企业选择的薪酬水平策略有：

（1）市场领先策略。采用这种薪酬策略的企业，薪酬水平在同行业的竞争对手中是处于领先地位的。领先薪酬策略一般基于以下几点考虑：

1）市场处于扩张期，有很多的市场机会和成长空间，对高素质人才需求迫切。

2）企业自身处于高速成长期，薪酬的支付能力比较强。

3）在同行业的市场中处于领导地位等。

处于20世纪90年代初的深圳华为就采用的是市场领先的薪酬策略，因为当时的通信行业正处于高速成长期，同时华为也处于飞速发展期。

世界著名的思科（CISCO）公司的薪酬策略是：CISCO 的整体薪酬水平就像 CISCO 成长速度一样处于业界领导地位，为保持领导地位，CISCO 一年至少做两次薪酬调查，不断更新。CISCO 的工资水平是中上，奖金是上上，股票价值是上上上，加起来是上上。

（2）市场跟随策略。采用这种策略的企业，一般都建立或找准了自己的标杆企业，企业的经营与管理模式都向自己的标杆企业看齐，同样薪酬水平跟标杆企业差不多就行了。

（3）成本导向策略。成本导向策略也称为落后薪酬水平策略，即企业在制定薪酬水平策略时不考虑市场和竞争对手的薪酬水平，只考虑尽可能地节约企业生产、经营和管理的成本，这种企业的薪酬水平一般比较低。采用这种薪酬水平的企业一般实行的是成本领先战略。

（4）混合薪酬策略。顾名思义，混合薪酬策略就是在企业中针对不同的部门、不同的岗位、不同的人才，采用不同的薪酬策略。比如对于企业核心与关键性人才和岗位的策略采用市场领先薪酬策略，而对一般的人才、普通的岗位采用非领先的薪酬水平策略。

B　*薪酬结构策略*

薪酬结构主要是指企业总体薪酬所包含的固定部分薪酬（主要指基本工资）和浮动部分薪酬（主要指奖金和绩效薪酬）所占的比例。供企业选择的薪酬结构策略有：

（1）高弹性薪酬模式。这是一种激励性很强的薪酬模型，绩效薪酬是薪酬结构的主要组成部分，基本薪酬等处于非常次要的地位，所占的比例非常低（甚至为零），即薪酬中固定部分比例比较低，而浮动部分比例比较高。这种薪酬模型，员工能获得多少薪酬完全依赖于工作绩效的好坏。当员工的绩效非常优秀时，薪酬则非常高，而当绩效非常差时，薪酬则非常低甚至为零。

（2）高稳定性薪酬模式。这是一种稳定性很强的薪酬模型，基本薪酬是薪酬结构的主要组成部分，绩效薪酬等处于非常次要的地位，所占的比例非常低（甚至为零），即薪酬中固定部分比例比较高，而浮动部分比较少。这种薪酬模型，员工的收入非常稳定，几乎不用努力就能获得全额的薪酬。

（3）调和性薪酬模式。这是一种既有激励性又有稳定性的薪酬模型，绩效薪酬和基本薪酬各占一定的比例。当两者比例不断调和和变化时，这种薪酬模型可以演变为以激励为主的模型，也可以演变为以稳定为主的薪酬模型。

（4）企业在进行薪酬设计时，还可以选择一种称为混合型的薪酬结构策略。这种策略的特点是针对不同的岗位、不同人才的特点选择不同的薪酬结构策略，比如严格要求自己、积极要求上进，而且喜欢接受挑战的员工可以采用高弹性的薪酬模型。对于老老实实做事、追求工作和生活稳定的员工可以采用高稳定型的薪酬模型。

三种薪酬模式的比较见表 4-1。

表 4-1　三种薪酬模式的比较

薪酬模式	高弹性	调和性	高稳定性
特点	绩效薪酬是薪酬结构的主要组成部分，基本薪酬等处于非常次要的地位，所占的比例比较低（甚至为零）	绩效薪酬和基本薪酬各占一定的比例	基本薪酬是薪酬结构的主要组成部分，绩效薪酬等处于非常次要的地位，所占的比例非常低（甚至为零）

续表 4-1

薪酬模式	高弹性	调和性	高稳定性
优点	对员工的激励性强，员工的薪酬完全依赖于其工作绩效的好坏	对员工既有激励性又有安全感	员工收入波动很小，员工安全感很强
缺点	员工收入波动很大，员工缺乏安全感及保障	必须制定科学合理的薪酬系统	缺乏激励功能，容易导致员工懒惰

4.5.4 薪酬分配

4.5.4.1 薪酬分配的根本目的和重要性

薪酬分配的目的绝不是简单地“分蛋糕”，而是通过分蛋糕使得企业今后的蛋糕做得更大。价值分配不仅是一项技术工作，它更是一种战略思考。因此，在设计薪酬体系时，必须弄清楚其根本目的，而不是局限于解决企业眼前企业的薪酬问题和人力资源部的专业工作，否则，虽然眼前的问题暂时解决了，薪酬制度也建立起来了，但新的问题一旦出现，薪酬制度又无法适应，甚至会阻碍企业的发展。另外，如果经常变动企业的薪酬制度必然会给企业带来震荡，甚至引发一系列的问题，给企业带来灾难。从根本上思考，企业的薪酬分配的根本目的和重要性主要体现在以下几个方面：

（1）薪酬分配必须促进企业的可持续发展。价值分配是人力资源价值链管理的终结，同时也是价值管理的起始。当一次价值创造过程完成时，如果价值分配不合理，那么人们就不会开始第二次价值创造。企业要获得可持续发展，必须解决价值分配中现在与将来的矛盾、老员工与新员工的矛盾及团体和个体之间的矛盾。

（2）薪酬分配必须强化企业的核心价值观。

（3）薪酬分配必须能够支持企业战略的实施，这就必须考虑到薪酬分配中的外部竞争性原则和内部公平性原则。

（4）薪酬分配有利于培育和增强企业的核心竞争能力。核心竞争能力的本质就是承载在企业人力资源（资本）身上的核心知识和技能，以及对这些核心知识和技能的整合、共享及不断学习和创新的能力。企业的薪酬制度不仅仅是企业的一项基本的管理制度，它更是一种机制，是企业培育核心竞争能力的保障。企业确定了自己核心竞争能力所需要员工的知识和技能后，企业薪酬设计就应该向具备这些知识和技能的员工倾斜。这是企业薪酬体系设计的重要性体现，也是企业薪酬体系设计首先应遵循的原则。

（5）薪酬分配有利于吸引和留住企业的核心、关键人才。

（6）薪酬分配有利于营造响应变革和实施变革的文化等。

4.5.4.2 薪酬分配的四个基本命题

A 价值创造者——谁创造了企业的价值？

农业经济时期价值创造的主导要素是土地和劳动；西方工业革命时期是资本、企业家和劳动；当代新经济时期是企业家、知识、资本和劳动；知识经济时代是人才主权时代，人才赢家通吃的时代，知识与职业企业家成为企业价值创造的主导要素，具有对剩余价值的索取权。

B　价值贡献度——创造了多少价值？

这就是薪酬分配中的价值评价问题，它涉及评价的因素、评价的标准、评价的方法和程序等。

C　价值的分配形式——拿什么分给价值创造者？

该形式就是上文所提到的薪酬形式。

D　价值分配量值——给价值创造者分多少？

一个企业能分享的利益是有限度的，价值分配的根本目的是为了企业创造更大的价值。在价值分配中要掌握以下两个原则：

（1）首先要掌握二八原则。根据价值创造的规律性，在一个企业中20%的人创造了80%的价值。因此在价值分配中，一定要弄清楚对于企业来说哪些人属于这20%，这些人对于企业核心竞争力有直接的影响。

现代薪酬管理发展的趋势

（2）其次要掌握分层原则。客观、公正的分配必须建立在客观公正的评价基础上。由于企业中各层各类人员分别扮演不同的角色，其贡献形式也不一样，为了保证激励的有效性，必须对不同人员采取不同的分配方式，设置不同的分配权重。

现代薪酬管理发展的趋势请扫右侧二维码学习了解。

4.6　劳动关系管理

4.6.1　劳动关系管理概述

劳动关系管理是通过规范化、制度化的管理，使劳动关系双方（企业与员工）的行为得到规范，权益得到保障，维护稳定和谐的劳动关系，促使企业经营稳定运行。

企业劳动关系主要指企业所有者、经营管理者、普通员工和工会组织之间在企业的生产经营活动中形成的各种责、权、利关系。

劳动关系管理的基本原则包括：

（1）兼顾各方利益原则。

（2）协商解决争议原则。

（3）以法律为准绳的原则。

（4）劳动争议以预防为主的原则。

劳动关系管理的基本要求包括：

（1）规范化，即合法性、统一性（全体员工执行的统一，在同一时期内的统一）。

（2）制度化，即明确性（明确职责、权限、标准）、协调性（随企业的发展进行阶段性调整）。

正确处理与不断改善劳动关系具有以下意义：

（1）保障企业与员工的互择权，通过适当的流动实现生产要素优化组合。

（2）保障企业内部各方面的正当权益，开发资源潜力，充分调动积极性。

（3）改善企业内部劳动关系，尊重、信任、合作，创造心情舒畅的工作环境。

改善劳动关系的途径有：

（1）依法制定相应的劳动关系管理规章制度，进行法制宣传教育，明确全体员工各自的责、权、利。

（2）培训经营管理人员。提高其业务知识与法律意识，树立良好的管理作风，增强经营管理人员的劳动关系管理意识，掌握相关的原则与技巧。

（3）提高员工的工作生活质量，进行员工职业生涯设计，使其价值观与企业的价值观重合，这是改善劳动关系的根本途径。

（4）员工参与民主管理。企业的重大决策，尤其涉及员工切身利益的决定，在员工的参与下，可以更好地兼顾员工的利益。

（5）发挥工会或职代会及企业党组织的积极作用。通过这些组织协调企业与员工之间的关系，避免矛盾激化。

劳动关系管理主要包括以下六个方面内容：劳动合同的文本、签订与解除；集体合同的协商与履行；劳动争议处理；员工沟通系统；职业安全卫生管理、拟订劳动关系管理制度等。

4.6.2 劳动合同的管理

4.6.2.1 劳动合同文本的准备

A 劳动合同和专项协议的概念

a 劳动合同的含义

《劳动法》第十六条规定：“劳动合同是用人单位与劳动者确立劳动关系、明确双方权利义务的协议。”

《劳动法》第十七条规定：“劳动合同依法订立立即具有法律约束力，当事人必须履行劳动合同规定的义务。”

b 专项协议的含义

专项协议是劳动关系当事人为明确劳动关系中特定权利义务，在平等自愿、协商一致的基础上达成的契约。

c 劳动合同的特点

劳动合同的特点包括：

（1）劳动合同主体的特定性。一方是自然人，即劳动者；另一方是法人或非法人经济组织，即用人单位。

（2）劳动合同为双方合同，既是权利主体，又是义务主体。

（3）劳动合同为法定要式合同。劳动合同是由法律直接规定的，必须具备特定形式或履行一定手续方能具备法律效力的合同。

B 草拟劳动合同文本

劳动合同的内容是当事人双方经过平等协商所达成的关于权利义务的条款，《劳动法》第十九条规定劳动合同中包括：法定条款与约定条款。

a 法定条款

法定条款是依据法律规定劳动合同双方当事人必须遵守的条款，不具备法定条款，劳动合同就不成立。《劳动法》规定劳动合同必须具备以下条款：

（1）劳动合同期限；（2）工作内容；（3）劳动保护和劳动条件；（4）劳动报酬；（5）社会保险；（6）劳动纪律；（7）劳动合同终止的条件；（8）违反劳动合同的责任。

b　约定条款

劳动合同除以上法定条款外，双方当事人可以根据实际需要在协商一致的基础上，规定其他补充条款。常见的内容如下：

（1）试用期限；（2）培训；（3）保密事项；（4）补充保险和福利待遇；（5）当事人协商约定的其他事项。

没有协商约定的条款，不影响合同的成立。

C　草拟专项协议

专项协议可以在订立劳动合同同时协商确定，也可以在劳动合同履行期间因满足主客观情况变化的需要而订立。

与合同同时订立的内容通常包括服务期限协议、培训协议、保守商业秘密协议、竞业禁止协议、聘任协议书、岗位协议书、补充保险协议等。

在合同履行中确定的内容通常是：因劳动制度变化、组织结构调整，拖欠劳动者工资、应报销的医疗费或是离岗及下岗后的保险交纳及津贴等专项协议。

草拟劳动合同注意事项，无效劳动合同，劳动合同的订立、续订和变更等内容请扫右侧二维码学习了解。

草拟劳动合同注意事项等内容

4.6.2.2　劳动合同的解除和终止

A　劳动合同的解除

劳动合同的解除是指劳动合同签订以后，尚未全部履行之前，由于一定事由的出现，提前终止劳动合同的法律行为。

劳动合同解除包括以下情况：

（1）劳动合同双方约定解除劳动关系。

（2）一方依法解除劳动关系。详细内容请扫右侧二维码学习了解。

一方依法解除劳动关系

B　合同终止

劳动合同终止是指劳动合同关系的消失，即劳动关系双方权利义务的失效。劳动关系终止分为自然终止和因故终止。

a　自然终止

属于自然终止类的有：

（1）定期劳动合同到期。

（2）劳动者退休。

（3）以完成一定工作为期限的劳动合同规定的工作任务完成，合同即为终止。

b　因故终止

属于因故终止类的有：

（1）劳动合同约定的终止条件出现，劳动合同终止。

（2）劳动合同双方约定解除劳动关系。

（3）一方依法解除劳动关系。

（4）劳动主体一方消灭（企业破产、劳动者死亡）。

（5）不可抗力导致劳动合同无法履行（战争、自然灾害等）。

（6）劳动仲裁机构的仲裁裁决、人民法院判决亦可导致劳动合同终止。

在解除劳动合同时，符合下列条件，企业应根据《违反和解除劳动合同的经济补偿办法》向劳动者支付补偿金：

（1）当事人协商一致，由用人单位解除劳动合同的，应根据劳动者在企业内工作年限，每满1年发给相当于1个月的工资的经济补偿金；按照“就高不就低”的原则，最多不超过12个月。

（2）劳动者不胜任工作、经培训或调整工作后仍不能胜任工作的补偿同前。

（3）经济性裁员。由于客观发生变化，双方意见无法达成一致，由用人单位提出解除劳动合同的，劳动者患病或非因工负伤不能从事原工作也不能从事用人单位另行安排的工作的。

（4）患病或非因工负伤除经济补偿金外，同时应发不少于六个月工资的医疗补助金。重病或绝症还应增加医疗补助费：重病不低于医疗费的50%，绝症不低于医疗费的100%。

（5）用人单位没有按照规定发放经济补偿金，除全额发放外还应支付经济补偿金数额的50%作为额外经济补偿金。

（6）因工作需要，经企业主管部门和有关组织决定调整工作而转移工作单位的员工，应与原单位解除劳动合同，与新单位签订劳动合同，原单位不用支付经济补偿金。

4.7 班组管理

案例导入4-4

班组长的责任心

某生产公司的维修班组负责高炉的维护工作，保证高炉正常运行，无论高炉的哪个环节出现问题都会影响生产。修理工就像是一名“医生”，要定期检查和维修高炉的相关设备，这项工作要求班组成员具有很强的责任心，同时还要对设备的使用情况做到诚实反馈。一次高炉检修，在往炉顶运送备件时，组内一名员工因工作疏忽，运错了备件，并隐瞒了下来。由于发现及时没有造成重大事故的发生。事后，班组长耐心地对该组员进行了批评教育，使他认识到了自己的错误和可能造成的严重后果。通过这件事教育了他本人也提醒了大家，在今后的工作中必须加强责任感和诚实守信的工作作风。作为班组长也没有把事故隐瞒下来，而是主动向车间做了汇报，并承担了自己在管理、教育上的责任。班组长诚实负责的行为，更加强了班组的凝聚力和向心力。

启示：班组长只有对工作一丝不苟，诚实守信，才能得到班组成员的认可，才能树立良好的威信。

企业班组是企业组织生产经营活动的基本单位，是企业最基层的生产管理组织。企业的所有生产活动都在班组中进行，所以，班组工作的好坏直接关系着企业经营的成败。只有班组充满了勃勃生机，企业才会有旺盛的活力，才能在激烈的市场竞争中长久地立于不败之地。

班组管理与班组建设、班组长管理等内容请扫右侧二维码学习了解。

班组管理等内容

本章小结

本章主要介绍了有关企业人力资源管理的相关概念，重点阐述了劳动关系、人力规划、岗位分析、招聘甄选、员工培训、绩效考评、薪酬管理、职业发展等内容。

人力资源是指一定时期内组织中的人所拥有的能够被企业所用，且对价值创造起贡献作用的教育、能力、技能、经验、体力等的总称。

人力资源管理是指在经济学与人本思想指导下，通过招聘、甄选、培训、报酬等管理形式对组织内外相关人力资源进行有效运用，满足组织当前及未来发展的需要，保证组织目标实现与成员发展的最大化的一系列活动的总称。

人力资源规划就是将企业经营战略和目标转化为人力需求，从整体的、超前的、量化的角度分析和制定企业人力资源管理的一些具体目标。

项目实战

制定人力资源管理方案

（1）项目名称：制定人力资源管理方案。

（2）实施步骤：

1）CEO 组织本公司全体成员共同讨论，确定公司的人力资源管理方案（如人力资源规划、工作分析与岗位说明、人员招募管理、绩效管理、培训管理、薪酬管理等）。

2）CEO 到台前汇报设计成果。

3）各公司互评打分。

4）教师总结点评。

项目实战模版

扫一扫查看项目实战模版

同步测试

4-1　单项选择题

（1）人力资源（也称为劳动力资源），是指人口总体所具有的（　　）的总和。

A. 服务能力　　B. 劳动能力　　C. 生产能力　　D. 生活能力

(2) 人力资源管理的首要任务就是要建立和开发（　　），为企业树立团队精神、集体运作环境以及其他社会学习形式。

A. 人力资本　　B. 物质资本　　C. 人员资本　　D. 财务资本

(3)（　　）空缺计划反映了企业未来需要补充的人力资源类别和结构。

A. 管理　　B. 人力　　C. 人员　　D. 职位

(4) 人员招聘是获取人力资源的具体方法，它是按照企业的经营战略规划和（　　）规划的要求，把优秀、合适的人员招聘到企业，安置在合适的岗位。

A. 长远　　B. 目标　　C. 人力资源　　D. 生产资源

(5)（　　）是考评员工为某项工作而付出的努力程度，比如是否有干劲、有热情、是否忠于职守，是否服从命令等。

A. 业绩考评　　B. 态度考评　　C. 能力考评　　D. 自我启发

(6)（　　）就是对被考评者的出勤情况、产量和质量实绩、平时的工作行为所做的经常性考评。

A. 定期考评　　B. 同事考评　　C. 日常考评　　D. 自我考评

(7) 人力资源是所有资源中最宝贵的资源，人又是生产力诸因素中最积极、最活跃的“（　　）因素”。

A. 第一资源　　B. 第二资源　　C. 第三资源　　D. 第四资源

(8) 一般来说，一个组织或单位中，管理能级层次必须具有稳定的组织形态。稳定的管理结构应是（　　）。

A. 菱形　　B. 平行四边形　　C. 矩形　　D. 正三角形

(9)（　　）不需关心具体岗位的岗位职责和任职资格，而是将所有的岗位的内容抽象若干个要素。

A. 岗位分类法　　B. 岗位排列法　　C. 因素比较法　　D. 岗位比较法

(10)（　　）主要指企业所有者、经营管理者、普通员工和工会组织之间在企业的生产经营活动中形成的各种责、权、利关系。

A. 企业劳动关系　　B. 企业劳务关系

C. 企业与客户关系　　D. 企业与员工关系

(11) 人力资源规划在整个人力资源管理活动中占有（　　）。

A. 一般地位　　B. 特殊地位　　C. 重要地位

D. 必要地位　　E. 突出位置

(12) 人力资源规划又被称为人力资源管理活动的（　　）。

A. 纽带　　B. 手段　　C. 方法

D. 策略　　E. 目标

(13) 绩效考核是指将员工的（　　）做一比较，而通过工作分析可以确定绩效考核的标准。

A. 实际绩效与组织的期望　　B. 个人成绩与群众测评

C. 群众测评与组织的期望　　D. 实际绩效群众测评、组织期望
E. 实际绩效与领导意志

(14) 在招聘员工时，(　　) 是一项重要的考虑因素。
A. 学历　　B. 工作经历　　C. 个人特点
D. 身高　　E. 相貌

(15) 绩效管理的对象是组织的（　　）。
A. 一般人员　　B. 领导成员　　C. 全体成员
D. 特定人员　　E. 个别成员

4-2　多项选择题

(1) 企业组织机构外部环境主要指（　　）。
A. 政治和法律环境　　B. 经济环境　　C. 科技环境
D. 社会文化环境　　E. 自然环境

(2) 企业人力资源规划从内容上看，可以区分为（　　）。
A. 战略发展规划　　B. 组织人事规划　　C. 制度建设规划
D. 员工开发规划　　E. 财务管理规划

(3) 影响企业外部劳动力供给的因素主要有（　　）。
A. 人口政策及人口现状　　B. 劳动力市场发育程度
C. 社会就业意识和择业心理偏好　　D. 用人单位因素
E. 管理水平

(4) 薪酬市场调查常用的方式有（　　）。
A. 企业之间相互调查　　B. 委托调查　　C. 直接调查
D. 公开调查的信息　　E. 调查问卷

(5) 对劳动者不得解除劳动合同的条件是（　　）。
A. 患职业病者　　B. 患病或者负伤在规定医疗期内的
C. 部分丧失劳动能力的　　D. 女职工在孕、产、哺乳期内的
E. 法律、法规规定的其他情形

4-3　判断题

(1) 传统上的薪资制度比较重视薪资的保健因素以及职务因素，而这两者只能消除员工的不满意，却不能达到激励员工的目的。（　　）

(2) 企业用工的基本目的，应是员工的就业问题，而不是企业效益问题。（　　）

(3) 企业人力资源规划的制定必须考虑员工职业生涯的发展阶段，并将两者结合起来统筹考虑，以帮助员工确认自己的职业兴趣并确定自己的职业发展计划。（　　）

(4) 招聘人才是一项技术性极强的工作，不同类别、层次、专业的人才要选择不同的地点、不同时间招聘，招聘中的策略直接关系到工作的成败。（　　）

(5) 员工的职务调整包括员工的晋升、降职、调岗、甚至辞退。（　　）

(6) 考评的等级之间应当有鲜明的差别界限，针对不同的考评评语在工资、晋升、奖金等方面应体现明显的差别，使考评具有激励性。（　　）

（7）素质培训旨在提高员工开拓新思想、打破常规、勇于创新的能力，是为了使员工能够创造性开展本职工作。（　　）

（8）对员工来说，薪酬不仅是维持一定生活标准的基础，也是其得到社会承认和地位的标志。（　　）

4-4　简答题

（1）简述人力资源管理的主要特征。

（2）简述人员绩效考评的作用。

（3）简述现代企业培训的内容。

（4）简述岗位评估的原则。

4-5　案例分析题

【案例 4-1】

林肯电器公司的激励机制

林肯电器公司年销售额为 44 亿美元，拥有 2400 名员工，并且形成了一套独特的激励员工的方法。该公司 90% 的销售额来自生产弧焊设备和辅助材料。林肯电器公司的生产工人按件计酬，他们没有最低小时工资。员工为公司工作两年后，便可以分年终奖金。该公司的奖金制度有一整套计算公式，全面考虑了公司的毛利润及员工的生产率与业绩，可以说是美国制造业中对个人最有利的奖金制度。在过去的 56 年中，平均奖金额是基本工资的 95.9%。该公司中相当一部分员工的年收入超过 10 万美元。近几年经济发展迅速，员工年平均收入为 44000 美元，远远超出制造业员工年收入 17000 美元的平均水平。在不景气的年头里，如 1982 年的经济萧条时期，林肯公司员工收入降 27000 美元，这虽然相比其他公司还不算坏，可与经济发展时期相比就差了一大截。当然，作为对政策的回报，员工也相应要做到几点：在经济萧条时期他们必须接受减少工作时间的决定；而且接受工作调换的决定，有时甚至为了维持每周 30 小时的最低工作量，而不得不调整到一个报酬更低的岗位上。林肯公司极具成本和效率意识，如果工人生产出一个不合标准的部件，那么除非这个部件修改至符合标准，否则这件产品就不能计入该工人的工资中。严格的计件工资制度和高度竞争的绩效评估系统，形成了一种很有压力的氛围，有些工人还因此产生了一定的焦虑感，但这种压力有利于生产率的提高。据该公司一位管理者估计，与国内竞争对手相比，林肯公司的总体生产率是他们的两倍。自 30 年代经济大萧条以后，公司年年获利丰厚，没有缺过一次分红。该公司还是美国工业界中工人流动率最低的公司之一。前不久，该公司的两个分厂被《幸福》杂志评为全美十佳管理企业。

问题讨论：

（1）结合激励理论的相关知识，你认为林肯公司使用了何种激励理论来激励员工的工作积极性？

（2）为什么林肯公司的方法能够有效地激励员工工作？

（3）你认为这种激励系统可能会给管理层带来什么问题？

【案例 4-2】

企业发展了，技术骨干却辞职了

扫一扫查看案例 4-2

扫一扫查看同步测试参考答案

5　企业生产管理

扫一扫查看
本章课件

教学目标

（1）知识目标：掌握生产管理的概念及基本方法；理解生产过程的空间组织和实践组织；了解生产计划的编制方法及生产能力的核算方法；掌握生产作业计划的内容及编制方法。

（2）能力目标：能编制企业生产计划；在综合平衡各个生产环节的生产能力的基础上，核定企业的生产能力；能根据企业生产的特点，综合分析比较，选择适合的产品移动方式。

（3）思政目标：把党的二十大精神融入现代企业管理教学实践中，坚定社会主义制度自信，牢记新时代青年人的使命担当；具有吃苦耐劳、诚实守信、爱岗敬业的良好职业道德和精益求精的工作作风；具有较强的团队协作意识和沟通能力。

伴随着21世纪经济的迅猛发展，在当今激烈的市场竞争中，许多新型企业纷纷提早进入衰落期，一个接一个落马，也有一些企业能够站稳脚跟，不断发展壮大，成为行业、领域的排头兵。分析以生产、制造、销售为一体的企业的命运沉浮之道的因素很多，但是搞好企业生产管理是一个成功的企业必须具备的因素。企业的生产管理是一切组织正常发挥作用的前提，任何一个有组织的企业活动，不论其性质如何，都只有在管理者对它加以管理的条件下，才能按照所要求的方向进行。企业的兴亡依赖于企业的生产管理。

本章着重介绍企业生产管理的概述、企业生产类型、生产过程空间组织和时间组织、生产计划以及新型生产管理方式等内容。

5.1　企业生产管理概述

扫一扫
线上听课

案例导入 5-1

丰田公司的生产决策分析

日本丰田公司创立于1937年，汽车是其主要产品，2014年1月23日，丰田公布了其2013年全年销量，丰田在2013年全球销量达到998万辆，稳居世界第一宝座。自70年代起，汽车企业的市场环境发生了很大的变化。

首先是原料价格不断上涨，爆发石油危机以后，与汽车产品相关的各种原材料价格大幅度变化。但是，由于汽油涨价，汽车市场的厂家规模收缩，汽车的售价不能因原料的价格上扬而调高，企业的盈利水平降低了。

其次，市场向产品种类多、小批量的需求模式转化，更多的消费者愿意追求个人偏好的满足，大批量单品种的汽车生产开始向多品种化发展，为消费者提供更多的选择。同时销售商为了减少存货，订货批量变小。小批量短期交货订单对汽车企业的生产现场管理提出了更高的要求。

再次，随着时代的进步，消费者对于产品质量的要求日益提高，安全性、社会性、产品责任等与质量相关的要求，使生产中返修工作量增加。

石油危机引起的一系列变化冲击着丰田公司的大批量生产体制。有的订货合同取消了，不能取消的合同就尽量延后。在这种情况下，丰田公司积极调整生产，推行合理化生产方式，形成了独树一帜的生产管理模式。

以前，丰田公司的工厂内实行专用生产线制度，即“皇冠”有“皇冠”的生产线，“花冠”有“花冠”的生产线，有多少品种就有多少生产线。市场向多品种需求转化后，汽车的品种增加了，各品种的生产批量大小不同，为了既满足品种需求又满足经济批量的要求，丰田公司实行“生产线多用化”，各品种汽车生产线更换使用或者串起来，使各生产线的品种和数量平均化。

启示：随着经济发展和技术进步，消费者的需求越来越多样化，如何以尽可能低的成本、尽可能短的时间、尽可能快的反应速度满足消费者需求，成为企业生存发展的当务之急。

5.1.1　生产管理的概念及其基本原则

5.1.1.1　生产管理的概念

生产管理就是对企业日常生产活动的计划、组织和控制，以及与产品生产密切相关的各项组织管理工作的总称，它是整个企业管理的重要组成部分。企业的生产活动广泛，其中各项工作的好坏，都直接关系到企业的生产经营效果。

5.1.1.2　生产管理的基本原则

搞好生产管理必须遵循以下几项原则：

（1）讲求经济效益。讲求经济效益就是通过合理地计划和组织生产，努力提高生产效率，降低生产消耗，减少资金占用，以达到提高经济效益的目的。

（2）坚持以销定产，以产促销。以销定产就是要按照国家的指导性计划和社会需求，制定生产计划并组织生产，按期、按质、按量、按品种向国家和用户提供所需的产品或劳务。这是商品生产经济规律所要求的。同时，企业还应以新品种的产品带动市场，进而追求以产促销的良性生产经营循环。

（3）实行科学管理。对生产实行科学管理，就是首先要从生产的客观条件出发，根据企业的特点，不断改进生产组织和劳动组织，提高工作场地的专业化程度，并实行先进合理的各种定额。同时还要创造条件，运用先进的监、测、控设备和手段，对生产的全过程实行现代化企业的管理。

（4）组织均衡生产。均衡生产就是企业的产品产量均衡稳定。组织均衡生产是现代化大生产的客观要求，它对于充分挖掘企业的内部潜力，建立正常的生产秩序，全面提高生产的经济效益，具有十分重要的意义。

在生产管理中，要坚持上述原则，不能以条件不同而违背。生产管理不仅要有科学性，而且还要有适应性和经济性。适应性和经济性为科学性的前提，而科学性又必须满足适应性和经济性的要求。

5.1.2 生产管理的基本方法及其主要任务

5.1.2.1 生产管理的基本方法

生产管理的工作内容繁多，涉及面广，因而工作方法也是各有不同、多种多样的，其基本方法主要有以下两种。

A 定性分析与定量分析相结合

定性分析指的是对影响或决定生产经营效果的各类因素，先作一个概括的分析，判断它们对生产影响的方法。比如企业面临的经济形势、市场情况，以及国家财税政策和体制改革的要求，这些情况对企业生产管理的影响很大，却又不能以数量表示。因此，必须先做生产影响因素的定性分析。

定量分析指的是用量化分析、线性规划等理论，并通过电子计算机应用，使生产指标数量化。通过优化工作，从而选择出一个比较符合企业客观条件而经济效益高的生产管理方案。

在生产管理中，既要重视定性分析，也要重视定量分析。只有把二者很好地结合起来，才能对生产的计划、组织和控制等工作做出全面准确分析，搞好生产管理。

B 国内经验与国外经验相结合

根据我国国情，在进行生产管理工作时，要把有关理论和长期的工作经验，与借鉴国外先进的基本理论和方法相结合，更好地做好生产管理工作。

在党的领导下，我国工业企业在长期管理工作中，总结出许多符合我国国情的生产管理理论，比如思想政治教育、精神鼓励与物质鼓励相结合等，都是行之有效且应坚持和发展的宝贵经验。

但是管理是一门科学，而科学是没有国界的。由于资本主义现代工业起步较早，生产管理的理论是比较先进和丰富的，比如网络计划技术、严格的管理规范、科学的方法和手段等，已被国外工业企业证明，确实是现代化工业生产管理的成功经验。因此要进一步学好用好这些人类共同的财富和科学，搞好生产管理。

5.1.2.2 生产管理的主要任务

A 企业生产管理的主要任务

企业生产管理的主要任务包括：

(1) 按照规定的产品品种质量完成生产任务。

(2) 按照规定的产品计划成本完成生产任务。

(3) 按照规定的产品交货期限完成生产任务。

产品质量（Quality）、成本（Cost）和交货期（Delivery），简称 QCD，是衡量企业生产管理成败的要素。保证 QCD 三方面的要求，这就是企业管理生产管理的基本任务。

保证质量、成本、交货期要求的这三种职能，是互相关联、互相制约的。提高质量可能引起成本的增加；增加数量可能降低成本。但为了保证交货期而过分赶工，也可能引起成本的增加和质量的降低。为了取得最好的经济效益，就需要在生产管理中加以合理的组织、协调和控制。

生产管理作为一个子系统，有它本身的运动规律。其运动规律如图 5-1 所示。

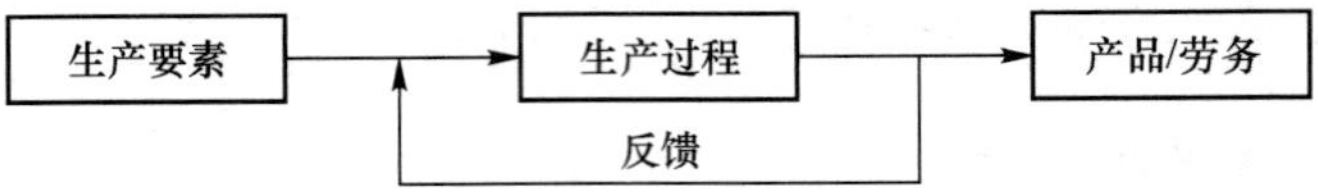

图 5-1　生产管理系统图

从图 5-1 可以看出，生产管理系统的运动规律就是输入生产要素，经过生产过程，输出产品或劳务，并且在生产过程的进行中不停地进行信息反馈。

B　生产管理系统的四个部分

生产管理系统包括以下四个部分：

(1) 产品或劳务。产品是指新制造的具有一定使用价值的成品或半成品；劳务是指来料加工以及对机器设备的修理，恢复它们的功能。产品是由一定的产品要素构成；产品要素有品种、数量、质量、交货期、成本等。企业生产出什么样的产品或是劳务，主要取决于用户和市场的要素。所以，生产满足社会需要的产品或劳务，就成为生产管理的目标。不言而喻，这个目标就是品种对路，质量优良，价格便宜（成本低廉），数量满足需要，以及交货及时。

(2) 生产要素。在现代化大生产的情况下，生产要素一般包括以下四方面内容：人，指劳动力；财，指资金；物，指土地、建筑物、机器设备、工艺装备、原材料、能源等；信息，指计划、工艺图纸、情报等。

(3) 生产过程。对生产厂说，这是产品的制造过程；对矿山来说，这是资源的采掘和集运过程；对修理厂来说，这是被修理的机器设备的功能恢复过程。这个过程的特点是运动，变化的。

(4) 反馈。反馈是指把生产过程输出的信息，返回到输入的一端。其目的是使生产管理人员掌握生产过程的运行情况，使出现的问题能够及时地得到解决，以保证生产过程的正常运行和生产计划任务的完成。反馈在生产管理系统中起着对生产过程的控制及时提供信息的作用。

以上四个部分构成了生产管理系统，它们之间是互相影响、互相制约的。从整个系统的运行规律看出，生产管理的任务就是运用组织、计划、控制的职能，把投入生产过程各种生产要素有效地结合起来，形成有机的系统，按照最经济的方式，生产出满足社会需要的产品或劳务。

5.1.3　生产管理在企业管理中的地位

企业是一个有机的整体，企业管理就是一个完整的大系统，它是由许多子系统组成的。生产管理作为一个子系统，在企业管理系统中处于什么地位，需要从它和其他几个主要子系统之间的关系上来考察，如图 5-2 所示。

从图 5-2 可以看出生产管理和其他子系统的关系：

(1) 生产管理和经营决策的关系。生产管理是企业管理的一部分，它要根据企业经

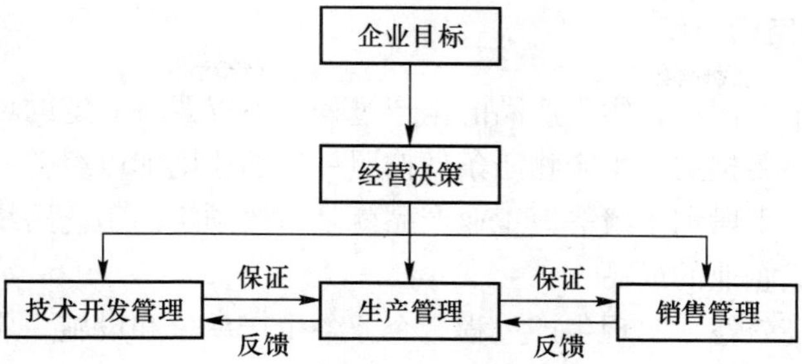

图 5-2　企业管理主要活动系统图

营决策所确定的一定时期内的经营意图，即经营方针、目标、战略、计划的要求以及下达的具体生产任务，组织生产活动，并保证实现。从企业管理系统的分层看，经营决策处于企业的上层（即领导层），生产管理处于企业的中层（即管理层）。所以，它们之间是决策和执行的关系。生产管理对经营决策起保证作用，处于执行性的地位。

（2）生产管理和技术开发管理的关系。技术开发管理是生产管理组织生产活动、实现计划任务，必须具有的一项前提条件。生产管理依靠技术开发管理提供先进的产品设计图纸、先进的工艺方法、先进的技术手段、先进的原材料等。技术开发管理是生产管理的技术保证和后盾。生产管理就没有活力，生产活动就会处于停滞和软弱无力的状态。当然，生产管理也要为技术开发管理进行科学实验提供信息和条件。它们在企业管理系统中同处于执行性地位，保持着密切的协调关系。

（3）生产管理和销售管理的关系。生产管理是销售管理的前提条件，它是为销售部门提供用户满意的、适销对路的产品和零部件的。搞好生产管理对开展销售管理工作，提高产品的市场占有率有着十分重要的意义。所以，生产管理是销售管理工作的后盾，对销售管理工作起保证作用。当然，要使生产管理适应销售管理工作的要求，销售管理部门必须及时向生产管理部门提供可靠的市场信息。它们在企业管理系统中同处于执行性地位，保持十分紧密的协调关系。

生产管理在企业管理中的地位

生产管理在企业管理中的地位请扫右侧二维码学习了解。

5.2　生产过程的空间组织和时间组织

扫一扫
线上听课

案例导入 5-2

福特的生产流水线

扫一扫查看案例导入 5-2

5.2.1　生产过程的空间组织

工业企业进行生产活动，实现产品的生产过程，不仅要有一定的场地、厂房建筑物和机器设备等，而且还要把这些生产物质条件按照一定的原则加以组合，划分成若干占有一定空间位置的车间、工段和小组等。工业产品就是按照预定的工艺路线，通过一定的生产单位加工，最后变成企业的成品。

为了高效率和高效益地实现生产过程，企业各生产单位和设施，应当在空间布局上形成一个有机整体。在各种生产单位内部，机器设备、运输装置等应具有合理的平面布置与立体布置。这就是生产过程的空间组织问题。

5.2.1.1　工厂总平面布置

工厂总平面布置就是根据已选定的厂址和厂区，把工厂的各个组成部分适当的安排，组成一个符合生产和工作需要的有机整体，从而达到方便生产，保证安全，提高经济效益的目的。工厂总平面布置合理与否，不仅关系到企业的当前生产，而且会影响到企业的长期的经济效益，因此必须十分谨慎从事。

A　工厂总平面布置的原则

工厂总平面布置包括以下原则：

（1）工厂的生产厂房、设施和其他建筑物的布置，应满足生产过程的要求，使物料运输路线尽可能短，减少交叉和往返运输，从而缩短生产周期，节约生产费用。

（2）有密切联系的车间应靠近布置。辅助生产车间、生产服务部门应布置在其主要服务车间附近，以保证最短的运输距离和联系工作方便。

（3）合理划分厂区，按照生产性质、防火和卫生条件以及动力需要和物料周转量，分别把同类性质的车间和建筑物布置在一个区域内。

（4）布置应尽可能紧凑，以减少工厂占地面积，节约投资和生产费用。

（5）充分利用城市现有的运输条件，包括铁路、公路、水路等条件。生产过程的流向和运输系统的配置应满足货物运输路线的要求，保证物料输入和产品输出的方便。

（6）考虑企业的未来发展，工厂总平面布置中应有预留地，并尽可能缩小第一期建厂用地范围和缩短生产路线长度，以减少场地开拓费用和生产费用。

（7）工厂总平面布置应当和周围的环境协调，考虑企业环境的美化、绿化，使工厂布置得整齐、美观，为职工创造一个良好舒适的工作环境。

进行工厂总平面布置时，一般先拟订几个不同的布置方案，然后进行方案比较，详细分析各方案的优缺点，最后采用平分的方法或其他方法，根据总体的原则，选择一个较合理的方案。

B　工厂总平面布置的方法

工厂总平面布置的方法很多，下面介绍几种常用的方法：

（1）物料流向图法。料流流向图法就是按照原材料、在制品以及其他物资在生产过程中的总流向方向来布置工厂的各个车间、仓库和其他设施。

（2）物料运量比较法。物料运量比较法就是分析比较各种工厂总平面布置方案的运量大小来确定工厂总平面布置的方法。为了使物料运量减少，相互运量大的车间应靠近布置；反之，相互运量小的车间可以布置得远一些。根据物料运量大小进行工厂总平面布置有利于降低运输费用。

（3）相对关系布置法。相对关系布置法就是根据工厂各组成部门之间关系的密切程度加以布置，得出较优的总平面布置的方法。工厂各组成部分之间关系的密切程度，一般可分为六个等级，即绝对必要、特别重要、重要、一般程度、不重要、不宜接近。相对关系布置法关系密切程度见表5-1。

表5-1 相对关系布置法关系密切程度

代 号	关系密切程度的原因	代 号	关系密切程度的原因
1	使用共同的记录	6	工作流程的连续性
2	共用人员	7	做类似的工作
3	共用地方	8	使用共同的设备
4	人员接触程度	9	可能的不良秩序
5	文件接触程度		

形成各组成部门关系密切程度的原因，可能是单一的，也可能是综合的，一般可根据表5-1中所列的原因确定各组成部分的关系密切程度等级。

应用相对关系布置时，首先根据工厂各组成部分的相互关系做成相互关系表，然后依据此表定出各组成部分的位置。

C 生产单位专业化的形式

生产单位专业化形式决定着企业内部的生产分工和协作关系，决定着工艺过程的流向以及原材料、在制品在厂内的运输路线等。它对于工厂总平面布置有着直接的影响，对于企业管理工作和经济效益也有着影响。

生产单位的专业化形式一般有两种。

a 工艺专业化形式

工艺专业化形式就是按照生产过程各个阶段的工艺特征来建立的生产单位。在工艺专业化形式的生产单位里，集中了同类机械设备和同工种的工人，对多种产品或零件进行相同工艺方法的加工，比如车工车间、铸造车间，或者在机械加工车间内设置车工工段、铣工工段、磨工工段等。

工艺专业化形式的主要优点是：对产品品种变化的适应能力强；生产系统的可能性高；工艺及设备管理较方便。

工艺专业化形式的主要缺点是：产品在加工过程中运输路线长，运输劳动量大；协作关系复杂，协调任务重；在产品量大，生产周期长。

b 对象专业化形式

对象专业化形式是把加工对象全部或大部分工艺过程集中在一个生产单位中，组成以产品、部件、零件为对象的专业化生产单位。在对象专业化的生产单位中，集中着为制造某种产品所需的设备、工艺装备和工人，对相同的产品进行不同的工艺加工。其工艺过程基本上是封闭的，即每个生产单位完成其负责的全部工艺过程，比如连杆车间、齿轮车间等。

对象专业化形式的主要优点是：可减少运输次数，缩短运输路线，节约运力；协作关系简单，简化了生产管理；可采用高效设备和工艺装备；在产品量小，生产周期短。

对象专业化形式的主要缺点是：对品种变化适应性差；工人之间的技术交流比较困难；工艺及设备管理较复杂。

在实际生产过程的组织中，纯粹按工艺专业化形式或按对象专业化形式布置的较少，常见的是同时采用两种专业化形式来进行生产单位的布置，即在对象专业化形式的基础上采用工艺专业化形式，比如锅炉厂的铸造车间、锻造车间；在工艺专业化形式的基础上才用对象专业化形式，比如铸造车间的箱体造型工段、床身造型工段，以取二者优点。

5.2.1.2　车间的平面布置

产品的生产是在车间内进行的，所以在工厂总平面布置的基础上，正确设计车间的平面布置（即正确规定基本工段、辅助工段和生产服务部门的相互位置，以及工作地、设备之间的相互布置），也是生产过程空间组织的重要内容。

A　车间的总体布置

进行车间平面布置时，首先要安排车间的总体布置，即确定车间各组成部门的相互位置。应当使各基本生产工段的相互配置符合工艺流程的顺序；辅助工段、生产服务部门的布置，应有利于对生产工段提供服务。

B　车间的设备布置

车间总体布置后，应进行车间的设备布置，并通过设备布置来校验和调整车间的总体位置。

a　车间设备布置原则

车间设备布置应遵循以下原则：

（1）按照生产过程的流向和工艺顺序布置设备，尽量使加工对象成直线运动，路线最短，将倒流减少到最低限度。

（2）注意运输方便，充分发挥运输工具的作用。比如加工大型零件和长棒料的设备应布置在车间入口处，大型加工设备应布置在有起重机的开间里。

（3）合理布置工作地，保证生产安全，并尽可能为工人创造良好的工作条件。

（4）考虑多机床看管工人作业是否方便。

（5）合理利用车间生产面积，正确规定设备、墙壁、柱子、过道之间的距离。

（6）注意维护设备精度，照顾设备工作的特点。比如精加工设备应布置在光线最好和振动影响最小的地方。

b　车间设备布置的基本形式和方法

车间设备布置的基本形式有两种：一种是把同类机器布置在一起，如按车床组、铣床组、磨床组等分区进行布置；另一种是按加工对象所需设备布置。这两种设备布置的优缺点与车间两种专业化形式的优缺点相同，此处不赘述。

车间设备布置的方法很多，下面着重介绍按加工对象所需设备的布置。在单一品种生产的条件下，设备的布置可采取直线式、蛇形式、U字式、环形式、Z字式等。

直线式是常用的方式，它排列比较简单，组织比较容易，流程比较畅通，如图5-3所示。

图5-3(a)为单直线式，一般适用于工序的工作地较少的情况；图5-3(b)为双直线式，

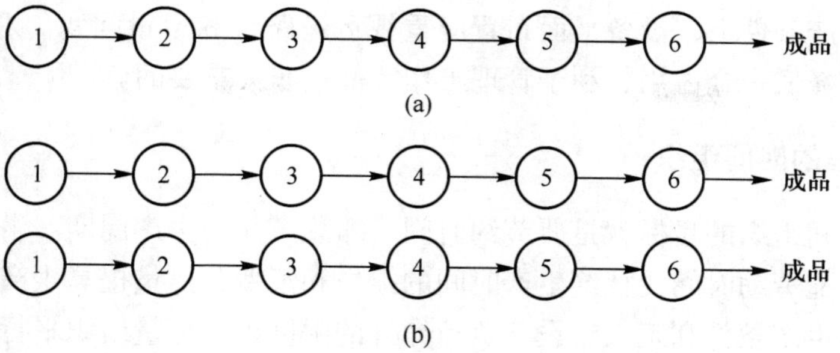

图 5-3 直线式
（a）单直线式；（b）双直线式

一般适用于厂房宽度容纳得下、几种零件需要并行生产的情况。

蛇形式适用于厂房长度较短，宽度较大的情况下，它可以缩短纵深流程，经济利用空间。蛇形式如图 5-4 所示。

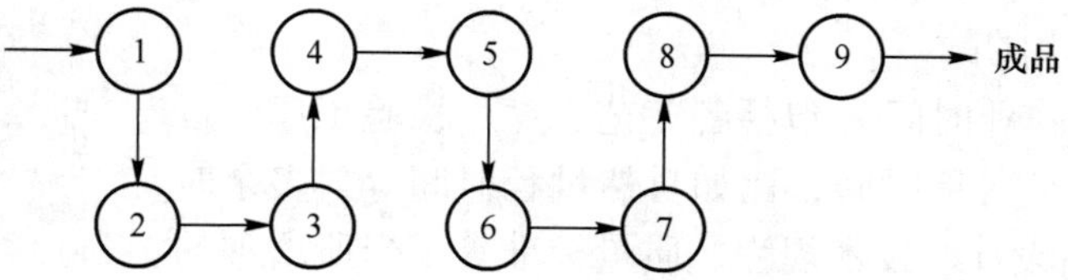

图 5-4 蛇形式

U 字式适用于受场地限制，材料进口与成品出口位置于同一侧。其图形如图 5-5 所示。

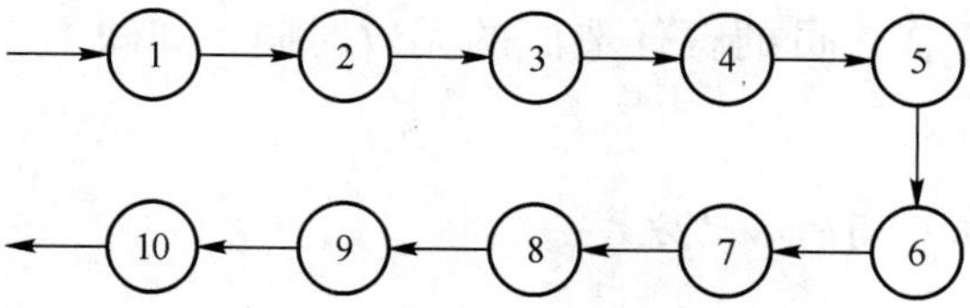

图 5-5 U 字式

环形式适用于辅助工具、容器，运输工具必须周而复始地送回起点。环形的中心可装置旋转式起重设备和工具存放设备。这种形式对工作地之间的联系比较方便。其图形如图 5-6 所示。

Z 字式适用于空间狭窄，零件体积较小的情况。其图形如图 5-7 所示。

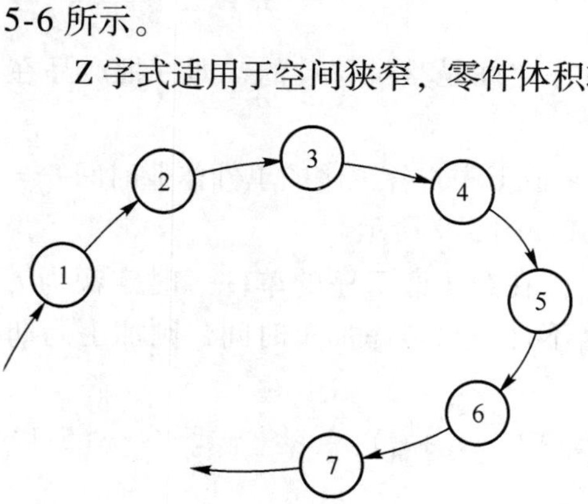

图 5-6 环形式

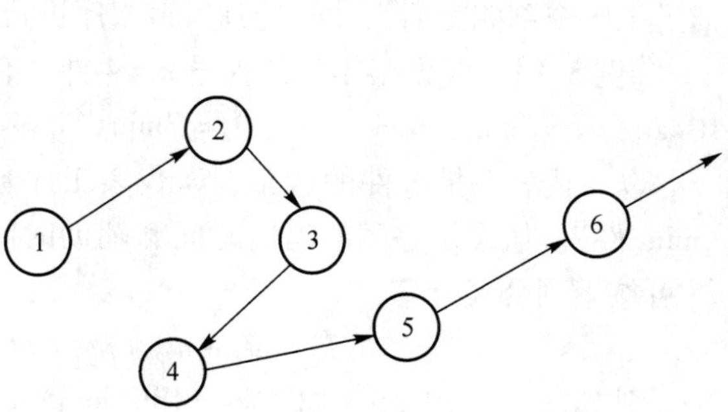

图 5-7 Z 字式

在多品种生产条件下，设备平面布置应重视运输路线和运量问题。对减少运输费用、缩短生产周期、降低资金占用、利于管理工作等都是非常重要的。

5.2.2　生产过程的时间组织

生产过程时间组织的目标就是要节约时间，缩短产品的生产周期。生产过程必须科学地、有计划地分配劳动时间，杜绝生产时间的损失和浪费，尽量提高生产的连续性和均衡性，并在既定的生产条件和工人、设备负荷允许的限度内，尽量组织平行作业，提高生产过程的平行性。

生产周期是指产品在整个生产过程或其中某个生产阶段、生产环节中，从投入到产出所需要的全部时间。据调查，目前我国有些工业产品的生产周期比较长，其中大部分的时间属于等待、闲置等无效时间，其时间构成如图 5-8 所示。时间组织的一个重要任务，就是要提高时间利用率，尽量减少无效时间，从而缩短生产周期。

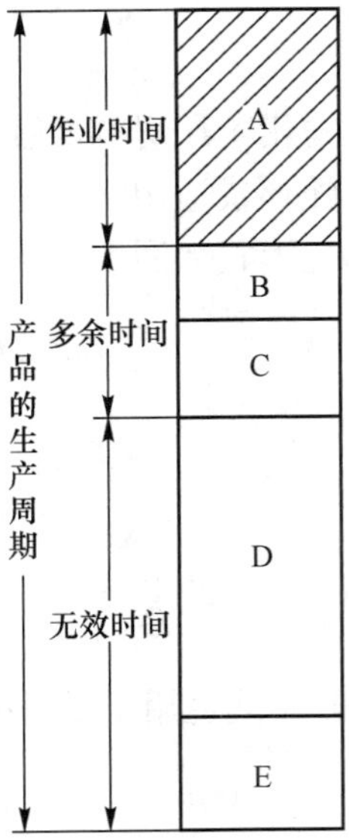

图 5-8　产品生产周期时间构成示意图

在图 5-8 中，作业时间 A 包括各工艺工序、检验工序、运输工序和必要的停放等待时间，比如自然过程时间等。多余时间 B 是指由于产品设计、技术规程、质量标准等不当所增加的多余作业时间。多余时间 C 是指由于采用低效率的制造工艺、操作方法所增加的多余作业时间。无效时间 D 是指由于管理不善所造成的无效时间，如停放待料、设备事故、人员窝工等。无效时间 E 是指由于操作人员的责任造成的无效时间，如缺勤、出废品等。

5.2.2.1　*产品在工序间的移动方式*

产品在各工序之间的移动与制造产品的数量有关，如果制造的产品只有一件，那么只能顺次地经过各工序，前一道工序加工完毕后，产品才能移到下一道工序。如果同时制造的产品不是一件而是一批，则产品在工序之间的移动有三种方式（不同的移动方式使一批产品有着不同的生产周期）。

A　*顺序移动方式*

顺序移动方式的特点是产品（零件）在各道工序之间是整批移动的，即一批产品在前道工序全部完工后，才转送到后道工序进行加工。

【例 5-1】　假设某零件的批量 $n=4$ 件，有 $m=4$ 道工序，各工序的单件作业时间 $t_1=10\text{min}$，$t_2=5\text{min}$，$t_3=12\text{min}$，$t_4=7\text{min}$，其移动方式如图 5-9 所示。

以 n 代表一批零件的数量，m 代表工序数，零件在第 i 道工序的单件工时定额为 t_i（min/件）。假设工序间的运输时间和辅助时间忽略不计，只考虑加工时间，则加工周期 T_0 可按下列公式计算：

$$T_0=nt_1+nt_2+nt_3+nt_4=n(t_1+t_2+t_3+t_4) \tag{5-1}$$

则 $T_0=4\times(10+5+12+7)=136(\text{min})$

若工序数为 m，则可得一般公式如下：

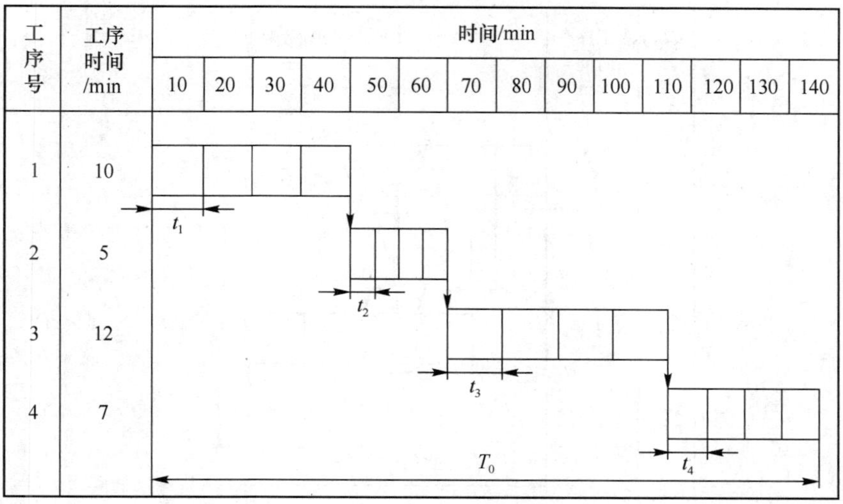

图 5-9 顺序移动方式图

$$T_0 = n\sum_{i=1}^{m} t_i$$

式中 T_0——顺序移动方式时一批零件的生产周期，min；

n——零件批量，件；

m——工序总数；

t_i——零件在第 i 道工序上的单件作业时间，min/件。

顺序移动方式在组织与计划工作时比较简单。这是因为一批产品是集中加工、集中运输的，所以有利于减少设备的调整时间和提高工效。但是在一批中大多数的产品都有等待加工和等待运输的时间，因而生产周期长，资金周转慢。这种方式适宜于在产品批量不大、工序的单件作业时间较短的情况下采用。

B 平行移动方式

平行移动方式的特点是每件产品在前道工序加工完毕后，立即转移到后道工序继续加工，产品在各道工序上成平行作业。

如图 5-10 所示，采用平行移动方式，一批零件的加工周期 T_p 的计算公式为：

$$T_p = t_1 + t_2 + \cdots + t_n + (n-1)t_e - \sum_{i=1}^{m} t_i + (n-1)t_0 \tag{5-2}$$

式中，t_e 为所有工序中最长的单件加工时间，其余符号同前。

将例 5-1 中单件工序时间代入式(5-2)，可求得 T_p 为：

$$T_p = 10 + 5 + 12 + 7 + (4-1) \times 12 = 70(\text{min})$$

在平行移动方式下，零件在各道工序之间是按件或按运输批量移动的，很少停歇时间，因而整批零件的生产周期最短。但是，运输工作频繁，特别在前后两道工序的单件作业时间不相等时，会出现等待加工或停歇的现象。比如前道工序的单件作业时间比后道工序大，则在后道工序上会出现间断性的设备停歇时间，这些时间很分散，不便于充分利用；比如前道工序的单件作业时间比后道工序小，则在后道工序上会形成零件等待加工的现象。

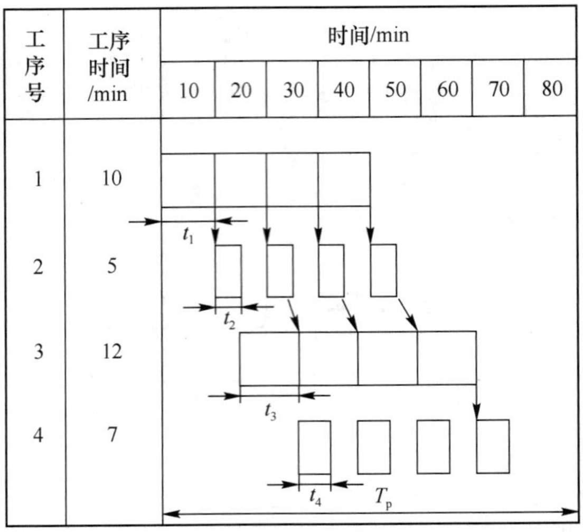

图 5-10　平行移动方式图

C　平行顺序移动方式

平行顺序移动方式的特点是将前两种移动方式结合起来，存优避短。零件在工序之间的移动有两种情况，一是当前工序的单件作业时间大于后道工序的单件作业时间时，前道工序上完工的零件并不立即转移到后道工序，而是积存到一定数量，足以保证后道工序能连续加工时，才将完工的零件全部转移到后道工序上去。这样可以避免后道工序出现间断性设备停歇时间，并把分散的停歇时间集中起来加以利用。二是当前道工序的单件作业时间小于或等于后道工序的单件作业时间时，前道工序上完工的每一个零件应立即转移到后道工序去加工，即按平行移动方式逐件或小批量运输。

如图 5-11 所示，平行顺序移动方式下的加工周期，可用顺序移动方式的加工周期减

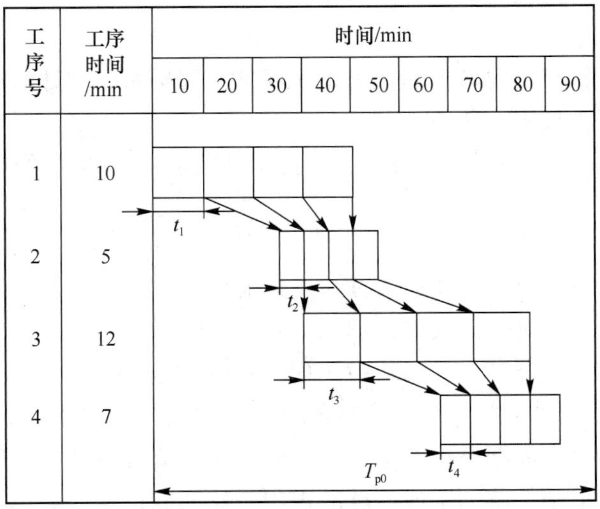

图 5-11　平行顺序移动方式图

去重合加工时间。重合加工时间等于每相邻工序中较短工序单件时间之和乘以（$n-1$）。

采用平行顺序移动方式，一批零件的加工周期T_{p0}的计算公式为：

$$T_{p0} = n\sum_{i=1}^{m} t_i - (n-1)\sum_{i=1}^{m} \min(t_i, t_{i+1}) \tag{5-3}$$

将例5-1数值代入式(5-3)，得：

$$T_{p0} = 4 \times (10+5+12+7) - (4-1) \times (5+5+7) = 85(\text{min})$$

5.2.2.2 移动方式比较

三种移动方式各有优缺点，它们之间的比较见表5-2。

表5-2 三种移动方式的比较

项 目	平行移动	平行顺序移动	顺序移动
生产周期	短	中	长
运输次数	多	中	少
设备利用	差	好	好
组织管理	中	复杂	简单

上述三种移动方式是工艺加工过程中组织各工序在时间上相互衔接的基本形式，实际生产当然要比这复杂得多。从生产周期来看，平行移动方式最短，平行顺序移动方式次之，顺序移动方式最长。但在选择移动方式时，不能只考虑生产周期，还应结合企业的生产特点，全面考虑以下因素：

（1）生产类型。单件小批生产宜采用顺序移动方式；大量大批生产，特别是组织流水生产线时，宜采用平行移动方式或平行顺序移动方式。

（2）产品生产任务的缓急情况。对于一些紧急任务（如为某项重点工程配套的任务，限期完成的援外和外贸任务以及影响产品成套的缺件等），应尽量采用平行移动方式或平行顺序移动方式，以便争取时间，满足需求。

（3）企业内部生产单位的专业化形式。对象专业化的生产单位，宜采用平行移动方式或平行顺序移动方式；而工艺专业化的生产单位由于受设备布置和运输条件的限制，一般以采用顺序移动方式为宜。

（4）工序劳动量的大小和零件的重量。工序劳工量不大，重量较轻的零件，采用顺序移动方式，有利于减少搬运次数，节省运输力量。如果工序劳工量较大，重量很重的零件，为减少资金占用和节省生产面积，可采用平行移动方式或平行顺序移动方式。

（5）改变加工对象时，调整所需的劳工量。如果调整设备所需的劳动量很大，则不适于采用平行移动方式。如果改变加工对象时，不需要调整设备或调整设备所需的时间很少，则可以考虑采用平行移动方式。

总之，要根据企业生产的特点，加以综合分析比较后，再选择其中最适宜的移动方式。

5.3　生 产 计 划

扫一扫
线上听课

案例导入 5-3

波音：精益生产重塑飞机制造流程

扫一扫查看案例导入 5-3

5.3.1　生产计划的主要指标及编制步骤

5.3.1.1　生产计划的主要指标

生产计划的主要指标有产品品种、产品质量、产品产量与产值等。它们各有不同的经济内容，从不同侧面反映了企业计划期内生产活动的要求。

A　产品品种指标

产品品种指标是指企业在计划期内应该生产的品种、规格的名称和数目，比如：冶金企业中不同牌号的钢材，纺织企业中不同规格的纱或布，机床制造企业中不同型号的机床等。品种指标表明企业在品种方面满足社会需要的程度，反映企业的专业化协作水平、技术水平和管理水平。努力发展新品种和产品的更新换代，对于满足国家建设和人民生活的需要，具有重要意义。

B　产品质量指标

产品质量指标是指企业在计划期内各种产品应该达到的质量标准。它反映着产品的内在质量（如机械性能、工作精度、使用寿命、使用经济性等）和外观质量（如产品的外形、颜色、装潢等）。有的企业用产品品级构成指标，反映产品总体的质量状况，比如：纺织企业的纱和布的一级品率，煤炭企业的原煤炭灰分率，冶金企业的钢材一级品率等。产品质量是衡量产品使用价值的重要标志，保证和提高产品质量，是企业实现生产任务、满足社会需要的一个十分重要的方面。企业的产品质量，也综合地反映了企业的技术水平和管理水平。

C　产品产量指标

产品产量指标是企业在计划期内应当生产的可供销售的工业产品的实物数量和工业性劳务的数量。产品产量指标通常采用实物单位或假定实物单位来计量。例如，机床用“台”表示，钢铁用“吨”表示，棉布用“万米”表示，电动机用“台/千瓦”表示，煤炭用 7000 大卡发热量的标准燃料表示等。产品产量指标是表示企业生产成果的一个重要指标，它是国家进行物资平衡工作的依据，也是企业进行供产销平衡和编制生产作业计划、组织日常生产的重要依据。

D 产值指标

各种的实物计量单位不同。为了计算不同品种的产量总量，需要运用综合反映企业生产成果的价值指标（即产值指标）。企业产值指标有商品产值、总产值与净产值等三种形式。

a 商品产值

商品产值是指企业在计划期内应当出产的可供销售的产品和工业性劳务的价值。它一般按现行价格计算。在计算商品产值时，工业性劳务对象的价值和订货者自备材料的价值不应该包括在内。商品产值是反映企业生产成果的重要标志，它表明企业在计划期内向社会提供的商品总量。

b 总产值

总产值是用货币表现的企业在计划期内应该完成的工作总量，它一般按不变价格计算。总产值指标反映了一定时期内企业生产总的规模和水平，是计算生产发展速度及劳动生产率指标的重要依据。总产值中除包括商品产值外，还包括在制品、半成品、自制工具模型的期末期初结存量差额的价值，以及订货者来料的价格。

进行在制品变化量价值的计算，需要分别按期初与期末进行。

计划期初的制品数量，一般可根据计划编制在制品实际盘点数，并预计从编制计划时起到报告期末（即计划期初）为止一段时期内在制品预计完成情况来确定。其计算公式为：

$$计划期初自制品数量 = 盘点结存数量 + [到报告期末的预计 \times (投入量 - 产出量)] \tag{5-4}$$

计划期末在制品数量的计算方法为：

$$计划期末在制品数量 = 平均每日出产量 \times 生产周期 \tag{5-5}$$

计划期末在制品数量是为下一个计划期准备的，所以，平均每日出产量应按下一个计划期计算。例如编制年度计划时，用的是下一年第一季度的平均日产量。用下一个的出产量和计划期的工作日数相除得到的商数即为平均日产量。生产周期可根据编计划时的实际生产周期，并考虑计划期缩短生产周期的技术组织措施来确定。

确定了在制品的实物数量以后，可以进一步计算在制品的成本和价值。在制品成本的计算公式为：

$$在制品成本 = 在制品数量 \times 单位产品成本 \times 在制品系数 \tag{5-6}$$

生产中的在制品分布在生产过程中的各阶段，而各阶段的在制品成本是不相同的。在生产的最初阶段，单位在制品成本接近于刚投入生产的单位产品的材料费用；在生产的最后阶段，单位在制品的成本接近于单位产品的成本。如果用在制品实物量统一乘以单位产品成本，则实际成本显然被夸大。因此需要根据在制品的平均完工程度打上一个折扣，即乘以在制品系数来加以修正。在制品系数就是单位在制品的平均成本与单位产品成本之比值，这个比值一般采用经验数字来确定。

确定了在制品的成本，就可以进一步换算成在制品的价值（一般以不变价格计算），其计算公式为：

$$在制品价值 = \frac{在制品成本 \times 成品的不变价格}{成品的成本} \tag{5-7}$$

c　净产值

净产值指标表明企业在计划期内新创造的价值，它一般按现行价格来计算。计算工业净产值可采用生产法与分配法。按生产法计算净产值，是以总产值为基础进行的。其计算公式为：

$$净产值 = 总产值 - 物质消耗价值 \tag{5-8}$$

物质消耗价值是指原材料、燃料、辅助材料、外购动力、固定资产折旧价值以及其他物质消耗费用。

按分配法计算净产值，是从国民收入的初次分配出发，将构成净产值的各项要素，比如工资、利润、税金等直接加总。其计算方法为：

$$净产值 = 工资 + 税金 + 利润 + 其他属于国民收入初次分配性质的支出 \tag{5-9}$$

其他属于国民收入初次分配性质的支出，主要包括旅差费、市内交通费、工人干部培养费、利息支出、罚金支出等。

上述各项生产计划指标的关系十分密切。既定的产品品种、产品质量和产品产值指标，是计算以货币表现的各项产值指标的基础，而各项产值指标又是企业生产成果的综合反映。企业在编制生产计划时，应当首先安排落实产品的品种、质量与产量指标，然后据以计算产值指标。

5.3.1.2　生产计划的编制步骤

A　生产计划指标的确定

生产计划的核心是确定产品的品种和数量。只有确定了品种和数量以后，才可以计算商品产值和总产值。

a　品种的确定

产品品种是以市场需求为基础并考虑企业的实力等因素，采用定性分析法确定的。常用的方法是收入利润顺序分析法。

收入利润分析法是将生产的多种产品按销售收入和利润排序，将其绘在收入利润图上。表 5-3 中的 10 种产品的收入和利润顺序如图 5-12 所示。

表 5-3　销售收入和利润次序表

产品名称	A	B	C	D	E	F	G	H	I	J
销售收入/元	3	5	1	2	4	9	7	8	10	6
利润/元	1	2	3	4	5	6	7	8	9	10

从图 5-12 可以看出，在斜线上方（如 *C*、*D* 等），销售收入次序在前，利润次序在后，即利润比正常情况要少。其原因可能是销售价格偏低，或是成本偏高，所以应考虑是否可能提高售价或降低成本。

对斜线下方的产品（如 *A*、*B* 等），销售收入次序在后，利润次序在前，即利润比正常情况要多。其原因不是成本低，就是售价较高。对这种产品，应考虑增加销售量，以增加收入，像 *I*、*J* 这种收入少、市场需求量少的产品可以不生产。

b　产量的确定

品种确定之后，就要确定每个品种的产量。可以采用盈亏平衡点法和线性规划法来确定。

当企业生产多种产品时，其资源约束条件较多，使用线性规划方法，可优化生产计划，确定各种产品的最佳产量，使企业获得最大总利润或支出最低的生产成本。

下面举例说明线性规划在生产计划中的应用及其解法。

【例 5-2】 某工厂生产甲、乙两种产品，这两种产品分别需要在 A、B、C、D 四种不同的设备上加工。产品甲、乙在各设备上所需要的加工台时数和单位利润见表 5-4。试做出使企业获利最大的产量计划。

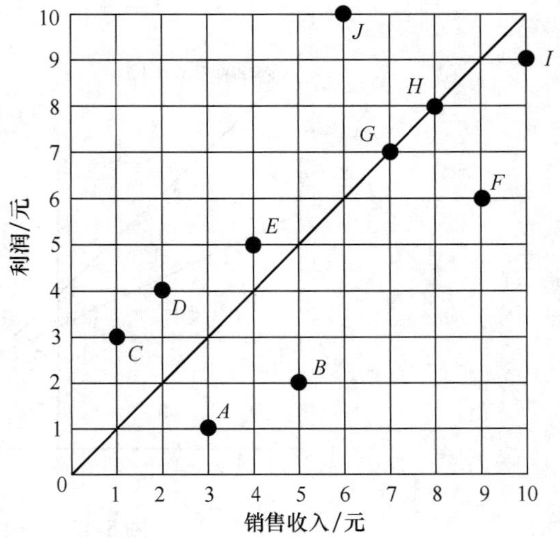

图 5-12 收入利润图

表 5-4 线性规划的图解表

项目		设备				
		A	B	C	D	利润/元
工时/h	产品甲	2	1	4	0	2000
	产品乙	2	2	0	4	3000
可利用工时/h		12	8	16	12	—

解： 设 X_1、X_2 分别是在计划期内产品甲和乙的产量，P 为企业获得的利润，则目标函数为：

$$P_{max} = 2000X_1 + 3000X_2$$

约束条件为：$2X_1 + 2X_2 \leqslant 12$；$X_1 + 2X_2 \leqslant 8$；$4X_1 \leqslant 16$；$4X_2 \leqslant 12$；$X_1 \geqslant 0$；$X_2 \geqslant 0$。

此题只有两个变量，可用图解法来求解。按题意作图，如图 5-13 所示。

由图可知，Q_2 点为最优点，即 $X_1 = 4$，$X_2 = 2$，则

$$P_{max} = 2000 \times 4 + 3000 \times 2 = 14000(元)$$

图解法比较简单，但只适合于两个变量的情况。如果有三个以上的变量，就要用线性规划的模型法求解。

B 产品出产进度计划的编制

确定了产品品种与产量之后，再安排产品的出产时间，就得到了产品出产进度计划。

a 出产进度安排要求

出产进度需要保证订货合同所规定的品种、质量、数量和期限，即：

(1) 对于多品种的生产，应进行产品品种的合理搭配，使企业生产均衡，负荷饱满。

(2) 保证产品的原材料、外购件、外协件的供应时间和数量与产品出产进度相平衡。

(3) 保证各项生产技术准备工作与产品出产进度相衔接。

b 产品出产进度的安排

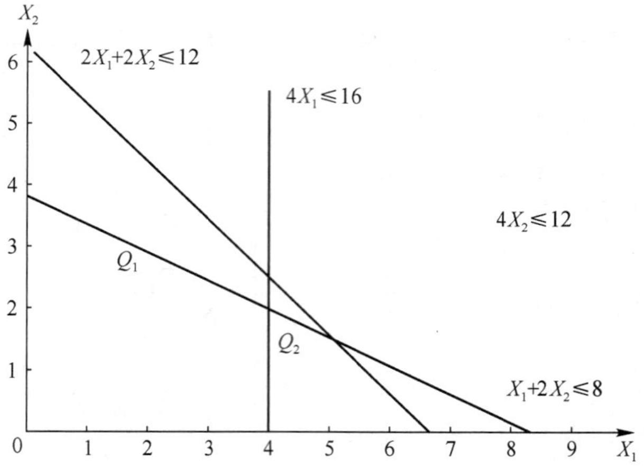

图 5-13　线性规划的图解

由于不同的生产类型有不同的特点，安排产品出产进度的方法也有一定的差别：

（1）大量大批生产企业。由于产品品种数很少，产量很大，生产的重复程度高，多采用备货型生产方式。产品出产进度的安排，主要是确定计划期内不同时期的平均日产量。常用的安排方式有四种（见图 5-14）：

①为平均分配方式，即将全年计划产量平均分配各季、各月。这种方式适用于需求稳定、生产自动化程度较高的情况。

②为分期递增方式，即每隔一段时间平均日产水平有所增长，而在该段时间内每月则大致是平均生产。

③为小幅度连续增长方式，即各季、各月的产量逐渐地小幅度地不断增长。

④为抛物线递增分配方式，即将全年产量按开始增长较快、以后逐渐缓慢递增的方式安排各月任务。

其中，方式②和方式③适用于市场需求逐步增加，企业劳动生产率稳步提高的情况。

（2）成批生产企业。由于品种较多，各种产品产量相差较大，不能采用大量大批生产企业的方式安排生产。具体方法有：

1）对产量大并经常出产的产品，可按“细水长流”的方式每月均匀地安排出产任务。

2）对于订有合同的产品，要按合同规定的数量与交货期的要求予以安排，减少库存；同一系列不同规格的产品，当产量较少时，尽可能安排同一时期生产，这样可集中组织通用件的生产。

3）新产品的生产应分散安排，使新产品的技术准备工作均衡，保证新产品的试制质量。

（3）单件小批生产企业。由于订单到达具有随机性，产品往往又是一次性需求，产品出产进度计划应以订货合同为依据，并考虑生产能力进行安排。安排好产品出产进度计划后，还要将生产任务分配到各个基本车间，使各车间之间的生产任务在时间上、数量上相互衔接平衡，保证企业生产任务顺利完成。

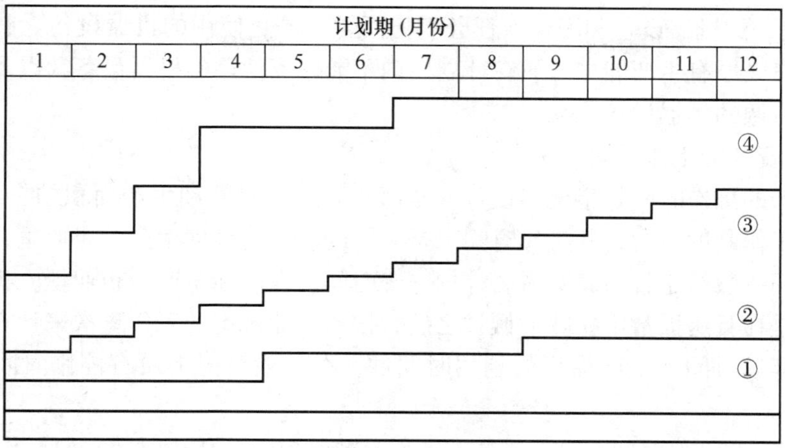

图 5-14 大量大批生产情况下几种产量分配方式
①—平均分配；②—分期递增；③—小幅度连续递增；④—抛物线递增

5.3.2 生产能力及核算

5.3.2.1 生产能力的概念及影响因素

A 生产能力的概念

企业的生产能力是指企业的固定资产在一定时期内和一定技术组织条件下，经过综合平衡后所能生产的一定种类产品的最大数量。

企业的生产能力一般分为三种，其分别为设计能力、查定能力和计划能力。

设计能力是企业设计任务书和技术文件中所规定的生产能力，通常在工厂建成后要经过一定时间才能达到，时间一般定为三年之内。企业制定长远计划时会使用设计能力。

查定能力是企业没有设计能力，或因企业的产品方向和组织技术条件发生重大变化。原设计能力已不能反映实际情况时，重新调查核定的生产能力。查定能力是企业进行技术改造时核定生产能力的依据。计划能力又称现有能力，是企业在计划年度实际可达到的生产能力，也是企业编制年度生产计划的依据。

设计或查定生产能力同计划能力的生产能力指标，在水平上是存在差异的，它们各有不同的用途。由于基建工程竣工后投入生产，新建和改建的企业需要有一个熟悉和掌握技术的过程，因而这时的计划能力水平要低于设计能力，经过相当一段时间以后，才能逐渐接近或达到。查定能力也不是企业当时就能达到的能力，一般应高于计划能力，只有当企业实现了先进的组织技术措施，才能达到查定的生产能力。设计能力和查定能力可以作为确定企业生产规模、编制企业长远规划、安排企业基本建设和技术改造计划的依据；而计划能力则是企业编制年度计划、确定生产指标的依据。

B 影响生产能力的因素

企业的生产能力是由三个基本因素决定的。

a 固定资产的数量

生产中固定资产的数量是指企业在查定时期内所拥有的全部能够用于工业生产的机器

设备、厂房和其他生产性建筑物的面积。机器设备包括正在运转、正在修理、正在安装（或等待修理）的机器设备和因生产任务变化而暂时停止使用的机器设备。其不包括因损坏严重，已丧失原有生产能力，而在计划期内不能修复使用的机器设备，以及企业留作备用的、封存待调的机器设备。

b　固定资产的工作时间

固定资产的工作时间是指机器设备的全部有效工作时间和生产面积的全部利用时间。不同企业的工作制度不同，其工作时间也是不同的。在连续性生产的企业里，机器设备的有效工作时间一般等于日历时间减去计划停修时间；在间断生产的企业里，机器设备的有效工作时间是在日历天数中扣除节假日之后，按照企业规定的工作班次来计算的，其中也要扣除计划修理时间。生产面积的利用时间件，在一般情况下没有停修时间。其计算公式为：

$$\text{单台设备年有效工作时间} = \text{日历日数} - \text{节假日数} \times \text{每班工作小时数} \times (1 - \text{设备停修率}) \tag{5-10}$$

c　固定资产的生产效率

对于机器设备来说，固定资产的生产效率是指单位机器设备的产量定额或单位产品的台时定额；对于生产面积来说，其是指单位产品占用生产面积的大小和时间的长短。同前两项因素相比，固定资产的生产效率是核定生产能力时最难确定的一项因素，受各种条件的影响。而生产能力的大小又在很大程度上取决于定额水平是否先进合理。影响定额水平的各种条件有：产品的结构与质量要求，原材料成分和质量，技术设备使用年限及其状况，工艺操作方法，工人技术水平，生产组织与劳动组织状况以及企业的专业化协作水平等。

5.3.2.2　生产能力的核算

核算生产能力就是通过对上述因素的调查，在查清现状的基础上，将这些因素加以确定，从而计算出企业的查定能力。这一工作不能孤立地进行，必须与定企业生产方向、定企业外部供应条件、定企业专业化水平等工作结合起来，才能得到良好的效果。

企业查定能力的核算应该从基层开始，一般来说可以分为两个阶段：首先，查定班组、工段、车间等各生产环节的生产能力；然后，在综合平衡各个生产环节的生产能力的基础上，核算企业的生产能力。

A　单一产品生产时，设备组的生产能力的核算

当设备组仅生产单一品种时，其生产能力用生产实物量表示，计算公式为：

$$\text{设备组生产能力} = \text{设备数量} \times \text{单位设备有效工作时间} \times \text{单位设备单位时间产量定额} \tag{5-11}$$

或

$$\text{设备组的生产能力} = \frac{\text{设备数量} \times \text{单位设备有效工作时间}}{\text{单位产品台时定额}} \tag{5-12}$$

当生产能力由面积大小决定时，其计算公式为：

$$\text{生产面积的生产能力} = \text{生产面积的数量} \times \text{生产面积利用时间} \times \text{单位时间单位面积产量定额} \tag{5-13}$$

或

$$生产面积的生产能力=\frac{生产面积的数量\times生产面积的利用时间}{单位产品占用生产面积时间定额} \tag{5-14}$$

注意：生产面积的利用时间可按制度工作时间计算。

B 多品种产品生产条件下生产能力的核算

当设备组生产许多产品时，可按标准产品、代表产品、假定产品计算生产能力。

a 按标准产品计算生产能力

标准产品是对具有不同规格的同类产品，进行综合计算时所用的一种实物量单位。把不同品种、规格的同类产品换算为标准产品后，按单一品种生产条件下的方法进行计算。

b 按代表产品计算生产能力

代表产品是指结构与工艺有代表性，其产量与劳动量乘积最大的产品。其他产品用换算系数折合为代表产品后，按单一品种生产条件下的方法计算代表产品的生产能力，再根据计划产量和换算系数计算出各种产品分配的生产能力。其计算公式为：

$$换算系数=\frac{某产品台时定额}{代表产品台时定额} \tag{5-15}$$

【例 5-3】 某厂生产甲、乙、丙、丁四种产品，在车床上加工的台时定额分别为 20 台、30 台、40 台和 80 台时，车床组共有 3 台车床，两班制生产。设备停修率为 10%，计算设备组生产能力。

又假设甲、乙、丙、丁四种产品的计划产量分别为 70 件、90 件、120 件和 20 件，求车床组负荷系数。

解： 假设选定丙为代表产品，则：

$$车床组生产能力=\frac{车床台数\times车床有效工作时间}{代表产品台时定额}=\frac{3\times251\times8\times2\times(1-10\%)}{40}=271(台)$$

$$甲产品与代表产品(丙)的换算系数=\frac{单位甲产品台时定额}{代表产品台时定额}=\frac{20}{40}=0.5$$

$$\begin{aligned}甲产品折合代表产品产量&=甲产品计划产量\times甲产品与代表产品的换算系数\\&=70\times0.5=35(台)\end{aligned}$$

以此类推，可计算出乙、丁折合代表产品的产量分别为 68 台和 40 台，则

$$甲产品折合代表产品产量占总代表产品产量比重=\frac{35}{35+68+40+120}\times100\%=13.30\%$$

$$\begin{aligned}甲产品以代表产品(丙)表示的生产能力&=代表产品生产能力\times甲产品占总产量比重\\&=271\times13.30\%=36(台)\end{aligned}$$

$$还原为甲产品表示的生产能力=\frac{甲产品以代表产品表示的生产能力}{甲产品与代表产品的换算系数}=\frac{36}{0.5}=72(台)$$

同理，可以算出乙、丙、丁三种产品的生产能力，其详细计算过程和结果见表 5-5。于是：

$$设备组负荷系数=\frac{计划产量}{设备能力}=\frac{263}{271}=0.97$$

c 按假定产品计算生产能力

假定产品是计算生产能力时假定的折合量单位。当品种数较多，产品结构、工艺和加工劳动量相当大时，则可采用假定产品的计算单位计算生产能力。其步骤为：

表 5-5　以代表产品计算生产能力

产品	产品计划产量/台 (1)	单位产品台时定额/台时 (2)	换算系数 $(3)=\frac{(2)}{40}$	折合代表产品产量/台 (4)=(3)×(1)	各种产品比重 $(5)=\frac{(4)}{\sum(4)}$	代表产品生产能力/台 (6)	还原为各种产品的生产能力/台 $(7)=\frac{(5)\times(6)}{(3)}$
甲	70	20	0.5	35	0.133	271	72
乙	90	30	0.75	68	0.259		94
丙	120	40	1	120	0.456		124
丁	20	80	2	40	0.152		21
合计	300	—	—	263	1		311

（1）计算假定产品的台时定额。其计算公式为：

假定产品台时定额 = 该产品台时定额 × 该产品产量占总产量比重　(5-16)

（2）根据产品台时定额计算以假定产品为单位的生产能力。

（3）根据假定产品生产能力，换算出各种具体产品的生产能力。其计算公式为：

具体产品生产能力 = 假定产品生产能力 × 该产品产量占总产量的比重　(5-17)

【例 5-4】 某车间车床组有设备 20 台，每台全年有效工作时间为 4750 小时，计划生产 A、B、C、D、E 五种不同类型的产品，各种产品计划产量和单位产品台时消耗见表 5-6。试以假定产品计算生产能力。

其详细计算过程和结果见表 5-6。由表 5-6 可知，换算为各种具体产品的生产能力总和为 3750 台，各类产品分配的生产能力大于计划产量，其生产能力有富余。

表 5-6　以假定产品计算生产能力

产品名称 (1)	计划产量 (2)	各种产品占产量的百分比 $(3)=\frac{(2)}{\sum(2)}$	单位产品在车床组的台时消耗/时·台$^{-1}$ (4)	单位假定产品在车床组的台时消耗/时·台$^{-1}$ (5)=∑(3)×(4)	以假定产品为单位的车床生产能力/台 (6)	换算为具体产品的生产能力/台 (7)=(6)×(3)
A	400	0.133	50	25.31	$\frac{4750\times20}{25.31}=$ 3750	500
B	1000	0.333	20			1250
C	600	0.2	25			750
D	300	0.1	35			375
E	700	0.233	15			875
合计	3000	1	—			3750

5.3.3　生产任务与生产能力平衡

以上阐述的是企业查定能力的核算方法。确定查定能力的工作量很大，不是经常进行的，而需要经常进行核算的是企业的计划能力。在编制年度、季度生产计划和编制月度生产作业计划时，都需要核算现有能力，以便同计划的生产任务进行比较和平衡，使生产任务得到落实，使生产能力得到充分利用。

计划能力的计算原理同查定能力是相同的，但在计算方法上有某些差别，主要有以下两个特点：

（1）组织技术条件不同。计算查定能力所依据的是今后相当长的一段时间内可能实现的组织技术条件，它往往是本计划年度内尚不能达到的。而计算计划能力所依据的组织技术条件是指在本年度或本季度内经过努力可以实现的现实条件。因此，查定能力所依据的定额水平通常比较先进，而计划能力依据的定额水平则是在计划期内可实现的平均先进水平，或就是实际已经达到的定额水平。

（2）核算方法上也有差别。计算计划能力通常并不需要在计算出各个生产环节的能力后再去综合成企业的生产能力，只需要计算出各个生产环节或各个设备组的计划能力，并与完成生产任务所需的各类设备需要能力进行平衡，了解各类设备的负荷程度。所以，计划能力的核算通常又称为设备和生产面积的负荷核算。

下面举例说明（见表5-7）。说明：

（1）车工组的全年有效台时数 = 15 台 ×306 天 ×15.5 小时 ×（1 – 2%）= 69722 台时。

（2）单位产品计划台时定额 = 单位产品现行台时定额 ×（1 – 定额压缩系数）。例如，车工组的单位产品计划台时定额 = 220 台时 ×（1 – 4%）= 211.2 台时。

（3）负荷率 = 计划所需台时数 ÷ 全年有效台时数。例如，车工组的负荷率 = 63360 ÷ 69722 = 91%。

表 5-7 加工车间设备负荷核算表

设备组名称	台数	工作班数	计划检修率	全年有效台时数	计划产量/台	单位产品计划台时定额	计划所需台时数	能力多余(+)或不足(-)	负荷率
车工组	15	2	2%	69722	300	211.2	63360	+6362	91%
铣工组	17	2	2%	79018	300	268.8	80640	-1622	102%
磨工组	9	2	2%	41833	300	120	36000	+5833	86%
……									

进行设备和生产面积负荷核算的目的是为了发现生产任务与生产能力之间的不平衡状况，以便有计划地采取各种有效的措施，保证计划任务的落实和生产能力的充分利用。在平衡时，应当注意把当前同长期结合起来。这就是说，不仅要考虑到本年、本季、本月的生产能力之不足或多余，同时还要足以到今后较长时期内社会需求量同企业生产能力的平衡情况。只有将这两方面结合起来考虑，采取相应的不同措施，才能使企业的生产经营活动取得较好的经济效益。例如，一家企业从当前来看，生产能力不能满足生产任务的要求，但从长期销售预测来看，市场需求将趋于呆滞，如果盲目扩大生产能力，必将在生产经营活动上遭受挫折。

表5-8是用一个矩阵形式来示意短期与长期的生产能力同需求量之间的各种组合情况，并列举在不同情况下可以采取的一些措施。

第Ⅰ种情况表示短期和长期的生产能力都大于需求量。为了充分利用生产能力，应当要求上级机关调走多余的设备和工人，或部分改产别种产品。

短期来看，第Ⅱ种情况生产能力与需求量基本相符；但从长期来看，则生产能力大于需求量。虽然当前任务与能力是平衡的，但须及早抓好新产品的研制和开发，以便今后扩

表 5-8　生产能力同需求量之间组合情况

短期		能力 > 需求	能力 ≈ 需求	能力 < 需求
长期	能力 > 需求	Ⅰ	Ⅱ	Ⅲ
	能力 ≈ 需求	Ⅳ	Ⅴ	Ⅵ
	能力 < 需求	Ⅶ	Ⅷ	Ⅸ

大社会需求量，充分利用企业的生产能力。

从当前来看，第Ⅲ种情况生产能力不足；但从长期来看，生产能力有富余。为了解决当前能力不足问题，可以采取合理的加班加点、临时性外协、同用户协商推迟交货期等措施来解决；同时仍然需要及早研究解决今后生产能力利用不足的问题。

从当前来看，第Ⅳ种情况的生产能力大于需求量；但从长期来看，能力同需求基本适应。为了充分利用生产能力，企业可以承接一些临时性协作任务或来料加工任务，也可以提前进行一些生产准备工作，比如：提前进行一些设备的检修，增加在制品库存等。

第Ⅴ种情况当前的和长期的生产能力都同需求量相一致，这是最理想的情况。

从当前来看，第Ⅵ种情况的生产能力不足；但从长期来看，能力与需求基本相符。这时可以采取一些临时性外协、加班加点等措施来解决。

从当前来看，第Ⅶ种情况的生产能力有富余，但长期看则能力不足。应当利用当前生产任务减轻的有利时机，抽出力量进行技术改造、职工培训等，从而扩大今后的生产能力。若尚有富余，也可以承接一些临时性外协作任务和提前做一些生产准备工作。

从当前来看，第Ⅷ种情况的能力与任务基本相符，但从长期看将发生能力不足的情况。因此要早做准备，在完成当前任务的同时，挤出力量，进行技术改造和职工培训。

从当前和长期来看，第Ⅸ种情况的生产能力都满足不了需求。因此可以采取组织专业化生产，进行技术改造，签订长期的外包协作合同等措施来解决。

5.4　生产作业计划

5.4.1　生产作业计划的任务和内容

5.4.1.1　生产作业计划的任务

生产作业计划是生产计划的具体执行计划。生产作业计划工作的主要任务如下：

（1）落实生产计划。生产计划一般只规定企业及车间较长计划期（年、季、月）生产产品的品种、质量、数量和期限。生产作业计划在空间上，要把生产计划中规定的生产任务，细分到车间、工段、班组、设备和个人；在时间上，要把年、季生产计划细分到月、旬、周、日、轮班、小时；在计划单位上，要把成台（套）产品细分为零件、组件和工序。生产作业计划是把企业的生产计划变成生产工人具体的日常的生产活动。

（2）合理组织生产过程。企业生产计划是通过合理地组织产品的生产过程来实现的。任何产品的生产过程都由物流、信息流、资金流所组成。物流是指劳动对象，按照产品设计、工艺、检验等技术文件和生产组织、劳动组织方法所规定的要求，在各工序间流动的过程。伴随着物质流动过程同时发生的是信息流和资金流，信息流指导着物流的流向、流量和流速。在劳动对象的流动过程中，所投入和占用的资金，以及劳动对象本身的价值都在不断转移和变化，因而也就形成了生产过程中的资金流。生产作业计划的任务之一就是要把生产过程中的物流、信息流、资金流合理地组织协调起来，争取用最少的投入获得最大的产出。

（3）实现均衡生产。均衡生产包括两方面的含义：一方面指企业必须按照计划规定的品种、质量、数量和交货期，均衡地出产产品；另一方面要求企业内部各生产环节做到有节奏地工作，消除前松后紧，突击赶工的现象。均衡生产有利于充分利用企业的生产能力，提高产品质量，改进企业的经营管理，以及全面提高企业生产经营活动的经济效益。要实现均衡生产，就必须依靠生产作业计划合理地安排组织企业各生产环节的生产活动，协调好生产与生产技术准备，基本生产与辅助生产之间的关系。通过信息反馈系统，准确掌握全厂各部门的生产和工作进度，及时处置生产过程中出现的各种矛盾和问题，排除各种干扰和破坏均衡生产的因素，保证全厂各生产环节各职能部门各个人都能按照计划规定的数量和质量要求，准时地完成自己应该完成的工作。

（4）提高经济效益。企业生产经营活动经济效益的高低，从企业内部来看：一方面取决于企业经营决策是否正确，产品开发是否适时，销售服务是否得当；另一方面取决于产品质量是否过硬，产品生产成本是否较低。前者主要决定企业生产的产品是否适销对路，后者主要决定企业能否用较低的成本制造出用户满意的高质量的产品。产品的质量和成本在很大程度上又取决于产品生产过程的组织水平，产品质量和产品成本都是在产品的生产技术准备和生产过程中形成的。生产作业计划的任务之一就是要在产品的生产过程中，严格保证产品质量达到规定的标准，努力减少产品生产过程中活劳动和物化劳动的消耗，最大限度地降低产品的成本，争取获得更高的经济效益。为此，必须扭转原来生产型企业遗留下来的生产作业计划工作只重数量、进度、产值，而忽视质量、成本、效益的陈腐观念，牢牢树立数量与质量、进度与成本、产值与效益相统一的观点。

5.4.1.2　生产作业计划的内容

为了完成上述任务，企业生产作业计划工作，一般应包括以下内容：

（1）制定生产作业计划期量标准。期量标准是为了合理组织企业生产活动，在生产产品或零部件数量和生产期限方面规定的标准。有了标准的期和量，编制生产作业计划，组织生产过程中的物流就有了科学的依据。这对于提高生产过程的组织水平，实现均衡生产，改善生产的经济效益都有积极的作用。

（2）编制生产作业计划。将生产计划在时间、空间和计划单位上进一步细分。根据生产计划的要求，具体地规定：做什么，谁去做，怎样做，什么时间做，并通过生产作业计划的编制，把生产计划变成全厂职工为了实施计划互相协调配合、紧密衔接的行为。

（3）生产现场管理。生产现场是劳动者利用劳动手段对劳动对象进行加工的场所。生产现场的有效管理，是实施生产作业计划，实现均衡生产的重要保证。生产现场管理的主要内容包括：

1）生产作业准备和服务，即按照生产作业计划要求的时间和数量，将生产所需的原材料、半成品、设备、工艺装备、能源、辅助材料等准备好，准时地运到生产现场，及时排除临时发生的故障。生产的成品、废品和废料要及时运送和消除。

2）生产现场的布置。设备、工具箱的布置要符合工艺流程和便于操作，节省体力和时间；原材料、半成品的堆放运送和拿取要符合文明生产的要求；通风、照明、环境、色调要符合劳动保护和人机工程的要求。

3）生产任务的临时调配。生产中发生各种干扰因素后（如设备事故、工人缺勤、质量事故、停电、待料等），要采取果断措施，临时调配生产任务，从而保证生产计划的完成。

4）鼓励职工的劳动热情。从现场生产工人干活的速度、干劲、表情、态度等，可以最直接地观察到工人劳动情绪的高低。基层的生产管理者要理解工人、体贴工人所遇到的种种欢乐和幸福、苦恼和困难、忧愁和不幸，并用自己的实际行动鼓舞职工的劳动热情。

（4）生产控制。产品的生产过程，由于受到内部和外部、主观和客观、技术和管理等各种因素的影响，实际的进程与预定的计划无论在时间、数量、质量等方面都可能发生偏差。生产控制就是要通过各种生产信息的反馈，检查和发现实际与计划的偏差，并及时采取措施使生产过程恢复正常状态。生产控制的主要内容包括生产进度控制、生产能力控制、在制品控制等。

5.4.2　生产作业计划的期量标准

对于不同生产类型的产品，指定期量标准的内容和方法各不相同。大量大批生产类型的期量标准有节拍、生产标准指示图表和在制品定额；成批生产类型的期量标准有批量、生产间隔期、生产周期、提前期和在制品定额；单件小批量生产类型的期量标准有产品生产周期、产品装配指示图表等。

5.4.2.1　生产周期

生产周期是指从原材料投入到成品出产所经过的全部日历时间。缩短生产周期可以加速资金周转，对于改善企业的经济效果具有重大意义。

在连续生产的企业中（如化工厂、制糖厂、冶炼厂等），其产品的生产周期是根据从原材料投入开始到成品出产所经过的全部时间直接计算的。

在间断生产的企业（如机械厂、无线电厂等），其生产周期按零件工序、零件加工过程和产品分别进行计算。

A　零件工序生产周期

零件工序生产周期是一批零件在一道工序上的制造时间。其计算公式为：

$$T_{op}=\frac{Qt}{SF_e}K_t+T_{se} \tag{5-18}$$

式中　T_{op}——工序生产周期，h（或 min）；

Q——一批零件的数量；

t——单位工序时间，min；

S——同时完成该工序的工作地数目；

F_e——有效工作时间总额，min；

K_t——工时定额完成系数；

T_{se}——准备结束时间，min。

B　零件加工过程的生产周期

零件加工过程的生产周期，除取决于各道工序的生产周期外，在很大程度上还取决于零件在工序间的移动方式。

一批零件加工过程生产周期的计算公式为：

$$T_0 = \lambda \sum T_{opi} + (m-1)t_d \tag{5-19}$$

式中 T_0——一批零件加工过程的生产周期，min；

T_{opi}——第 i 个零部件的工序生产周期；

m——工序数目；

t_d——零件在工序之间移动的平均间断时间，min；

λ——平行系数。

主要为了考虑平行移动或平行顺序移动方式，工序之间可能平行进行的程度，因此可根据车间历史资料按零件的价值和工序数分类选取。

5.4.2.2 在制品定额

在制品是指从原材料投入到成品入库为止，处于生产过程中所有尚未完工的毛坯、零件、部件和产品的总称。

在生产过程中保持一定数量的在制品是保证正常生产的客观需求，在制品不能没有但也不可多有。过多的在制品是祸害，不仅占用大量的生产资金，影响企业的经济效果，而且会掩盖生产管理工作中的各种矛盾和缺点，阻碍生产管理工作水平的进一步提高。例如，日本丰田汽车公司提出：在制品要向零挑战。向零挑战并不是等于零，而是应尽可能少。制定在制品定额的目的，就是为了使在制品保持在一个最合理的水平上。

在制品定额就是在必要的时间、地点和具体的生产技术组织条件下，为保证有节奏的均衡生产所必需的在制品的数量。在制品可按其存放地点和作用进行分类，即：

（1）工艺在制品。工艺在制品是指处在流水线各道工序、各个工作地，正在待工、装配和检验的在制品。它取决于流水线的工序的数目和每道工序的工作地数目，以及每个工作地同时加工的零件数。

（2）运输在制品。运输在制品是指放置在运输装置上在工序间运送的在制品数量。它取决于运输方式、运输批量、运输间隔期、零件体积及存放地点等。

（3）工序间流动在制品。工序间流动在制品是由于间断流水线相邻两工序生产率不同而形成的在制品。

（4）保险在制品。保险在制品是为了防止前工序（或前车间前道流水线）出现生产故障而造成零件供应中断而设置的在制品。数量的多少应根据故障出现的概率和排除故障需要的时间及要求的保险程度而定。例如，成批生产为 3~5d，大量生产为 2~4min。

保险在制品有的设在工序之间，有的设在流水线之间，有的设在车间之间（在制品仓库内）。

5.4.2.3 批量和生产间隔期

A 批量和生产间隔期的关系

批量是一次投入（或出产）同种制品（产品或零部件）的数量。生产间隔期可称为生产重复期，是前后两批同种制品投入（或出产）的间隔时间。生产间隔期是批量的时间表现，而批量则是生产间隔期的产量表现。其关系可表示为：

$$批量 = 生产间隔期 \times 平均日产量 \tag{5-20}$$

当生产任务一定，平均日产量不变时，生产间隔期与批量成正比。

批量和生产间隔期的大小对劳动生产率、设备利用、产品质量、生产周期及资金周转等都有很大影响。

确定批量和生产间隔期的方法基本上有两类，即以量定期法与以期定量法。

B　用最小批量法计算批量

最小批量法是从合理利用设备的观点出发制定批量的。它要求批量保证设备调整时间损失与一批制品加工时间之比不超过给定的允许值。

最小批量法的缺点是：

（1）从设备利用观点看，批量越大越好。但批量过大将增加占用资金的数量，在经济上未必有利。而最小批量法只规定了允许的最小批量，而未规定允许的最大批量。因此最小批量法可能导致盲目加大批量，从经济上看并不完全合理。

（2）设备调整时间损失系数数值不准确。大、中、小件如何划分，大、中、小批又如何划分？每一类规定的数值缺乏必要的经济依据。

5.4.3　厂级生产作业计划的编制

厂级生产作业计划的编制，主要是厂部生产管理部门根据企业季度生产计划任务，规定各车间月份的生产作业计划任务。

5.4.3.1　规定车间生产任务的计划单位

在化工、冶炼、印染、纺织等连续生产的工业企业中，车间的生产任务直接用车间产品的实物单位（吨、米、件等）作为计划单位。

在机械或电子等加工装配性工业企业中，厂部规定车间生产任务常用的计划单位有四种。

A　成台份计划单位

成台份计划单位的特点是以装配所需的全套零件作为统一的计划单位。各车间都有负责生产该产品的零件分工明细表。厂部规定车间生产任务时只规定产品名称、规格、型号、生产台份数，并按台份规定统一的投入出产日期，而不考虑其中各种零件实际需要日期。

这种计划单位的优点是：厂部编制计划比较简单；车间安排生产的机动性大；成套生产的责任心比较强。缺点是：计划过粗，大部分零件要积压很长时间才能投入装配，占用了大量流动资金，经济效果不好。

B　成套部件计划单位

成套部件计划单位就是以某种部件所包含的全套零件作为计划单位。各车间、工段有负责生产该部件的零件分工明细表。厂部按产品装配工艺过程的顺序规定各成套部件的投入生产日期。

这种计划单位的优点是：既考虑了装配的顺序，减少了等待时间和资金的积压，又可保证部件生产的成套性。缺点是：不同部件中的同类型零件不能集中生产，影响劳动生产率的提高和经济效果的改善。

C 零件组计划单位

零件组计划单位的特点是将产品中的零件按结构、工艺和生产组织的特征，分为许多同类型的零件组。在规定车间生产任务时，就以这种同类型零件组作为计划单位，即按零件组规定投入出产日期和数量。

零件组计划单位的优点是：能满足组织同类型零件成批生产的要求，有利于扩大批量，提高生产效率；与成套产品或成套部件计划单位比，积压的资金也比较少，经济效果较好。缺点是：零件分类编码比较复杂，计划组织工作量很大，产品成套比较困难，要求管理水平比较高。一般只有在采用成组技术组织生产时，才选择零件组作为计划单位。

D 零件计划单位

零件计划单位是以产品的每种零件作为计划单位，厂部按零件规定车间的生产任务。

零件计划单位的优点是：零件在车间之间的衔接比较紧凑，每种零件都有交接期，当生产进度出现问题时，厂部对情况掌握较清楚，能及时调整和控制。缺点是：零件品种繁多，按零件编计划工作量很大，因而只适于生产条件较稳定的大量大批生产的企业。

以上四种计划单位都必须以零件作为基础。在编制计划之前，必须由设计部门根据产品结构和装配系统将产品进行分解（或称为零件展开），列出产品零部件明细表，并根据产品结构的复杂程度划分为若干级。

5.4.3.2 规定车间生产任务的方法

规定车间生产任务的方法取决于车间的生产组织形式和生产类型。企业中有的车间可能以产品为对象组织生产，比如钻床车间、镗床车间等。这时可将企业的生产任务按车间的产品分工直接分配给车间。但一般一种产品不可能完全封闭在一个车间，而必须经过几个车间。这时就要根据企业的生产计划，为每个车间规定每一种产品零部件的出产量和出产期，以保证各车间互相衔接，进行有节奏的均衡生产。规定车间生产任务常用的方法有以下几种。

A 在制品定额法

在大量大批生产条件下，产品品种、工艺比较稳定。车间之间的协调衔接是靠在制品进行周转的。因此，生产中只要能按在制品定额保持一定数量的在制品，就能保证车间之间的衔接平衡。

B 提前期法（累计编号法）

在多种成批生产条件下，产品轮番上下场，在制品数量变动很大，不可能用在制品定额法来控制生产，而只能用提前期标准和装配车间平均日产量推算出各车间计划期应当完成的产量。为了便于控制车间之间的衔接，各车间投入出产的数量常采用累计数表示。累计数是从计划年度开始出产某种产品的第一台算起，并顺序地给每台产品都编上一个号，故此法又称累计编号法。利用这种累计编号法和提前期可以很方便地确定车间的生产任务。

C 生产周期法

在单件小批生产条件下，生产任务多半都是一次性的，或不定期重复。这时规定车间生产任务，既不可能用在制品定额法，也不可能用累计编号法，而只可能用生产周期法。

生产周期法就是根据产品的装配系统和工艺过程、工时定额、车间生产能力等资料用网络计划技术绘制出产品的生产周期网络图或进度表，然后按照确定的生产周期和各项活动的开始结束时间适当考虑保险期后，就可规定有关车间生产任务的投入出产期。

D　订货点法

对于品种繁多，价值不大，耗用为随机性的零件（如标准件、通用件等），前述三种规定车间生产任务的方法均不合适，而应当采用订货点法。

订货点法就是对每种零件规定合理的批量，车间生产出一批后存入库内，供其他车间领用。当领到一定数量时，仓库立即向有关部门提出订货，车间即将下一批投入生产，当库存的一批即将用完，下一批正好出产入库。

5.4.4　车间内部生产作业计划的编制

各行各业的产品和工艺千差万别，但就其车间内部的生产方式来看，基本上可以归纳为流水生产、成批生产、单件生产三种方式。由于这三种生产方式在需求条件和生产技术特点方面存在着很大差别，因而其生产作业计划的方法也各不相同。

5.4.4.1　流水线生产方式

流水线以向市场大量并稳定地供应廉价产品为目的。从 21 世纪初流水线出现以来，绝大多数都是单一品种的。但近几年来，多品种的流水线生产线越来越多。它们多半以生产一种或若干种产品为基础，同时派生出许多不同型号、不同规格、不同花色的产品，以适应市场需求的多样性。流水线生产产品的销售方式，过去是生产者决定生产什么就卖什么。正如流水线生产的创始人福特汽车公司的第一任总经理老福特所说："不管顾客需要什么颜色，我所供应的就是黑色汽车"。这个时代已经过去，现在世界上产量最大的丰田汽车公司已经可以在一条流水线上同时生产几十种不同型号、不同规格、不同颜色的汽车，并且各种数量和时间是根据用户的订单决定的，最低的起订点为五辆。这就是流水线生产方式的新变化。

流水线生产方式虽然发生了惊人的变化，但其基本特征仍然保留着。例如，流水线上产品的加工程序是预先制定的，并且各道工序、各个工作地的工作内容和工时都经过严格的平衡，流水线所用的一切设备都按照工艺顺序排列，当变换品种时所花的准备时间，对生产能力的影响应当很小等。

从对生产作业计划编制工作的影响来看，可以把流水线分为三类：

（1）连续流水线，比如化工、冶炼、制糖生产线，啤酒、饮料、食品罐头灌装线，机械、电子产品装配线、自动线等。由于全线各道工序都是严格协调、联动工作的，生产速度基本上由输送加工对象的传送带所决定。因此对于这类生产线不必编制标准化作业计划，只要将全月生产任务按日、按班轮分配即可。

（2）间断流水线，比如大量生产的机械加工流水线。由于全线各道工序的工作时间并不完全同步，许多工序不可能避免地要发生周期性的间断。所以其生产作业计划采用按看管期制定的标准计划来规定其每日、每时、每个工作地的任务。

（3）多品种流水线。连续流水线和间断流水线又都可以分为单位品种和多品种流水线。多品种流水线的生产组织和计划比单品种流水线复杂得多。大体上有两种方式：一种是若干品种按预先制定的标准计划在流水线上轮番生产，比如机械加工、铸造、锻造、冲压等流水线，较多采用轮番流水线生产的方式。另一种是若干品种在流水线上混合在一起同时生产，即混流生产。混流生产较多地应用于多品种的装配流水线，在机械加工流水线中也得到一定程度的应用。

5.4.4.2 成批生产方式

成批生产方式是指一个工作地上，每耗费一次准备时间，便连续地生产一定数量的同一种制品，通过作业准备，变更工作程序，而进行多品种生产。成批生产方式在各种不同类型的工厂中都是普遍存在的。大量生产的机械厂，虽然其最终产品是大量流水线生产的，但其零部件加工可能是成批生产的。在成批生产中，当工段是按对象原则组成时，工段生产的零件也就是车间零件分工表中所规定的零件。因此，工段日计划任务只要从车间月度计划任务中摘出即可，不必另行计算。

5.4.4.3 单件生产方式

在单件小批生产中，工段作业计划先编制以零件为单位的车间月投入和出产计划。编制的依据是工厂生产作业计划中成套不见或成套产品为单位的生产周期图表，按图表上各工艺阶段的进度安排零件投入与出产作业计划。

5.4.5 生产作业控制

生产作业控制是实现生产计划和作业计划的重要手段。生产作业计划在执行过程中，会出现一些人们预想不到的情况和问题，需要及时监督和检查，发现偏差，进行调节和校正。这种在计划执行过程中关于产品生产的数量和进度的控制，就是生产作业控制，它一般包括生产调度、生产进度控制、在产品占用量控制等内容。

5.4.5.1 生产调度工作

调度工作就是组织执行生产作业计划的工作。它以生产作业计划为依据，对企业生产过程直接进行控制和调节。

A 生产调度工作的内容

生产调度的主要内容包括：

(1) 检查生产作业计划的执行情况，掌握生产动态，了解实际生产进度与计划之间的偏差，根据偏差产生的原因，采取相应的措施加以解决。

(2) 检查、督促和协助有关部门做好各项生产作业准备工作。生产作业准备工作的内容包括：原材料、毛坯的准备；图样及技术文件的准备；工艺装备的准备；设备及运输工具的准备等。

(3) 根据生产需要，合理调配劳动力。

B 生产调度工作的要求

做好生产调度工作，应遵循如下原则：

(1) 计划性。生产调度工作必须以生产作业计划为依据，以保证全面完成生产作业计划为目的。调度的灵活性应服从计划的原则性。

（2）预防性。要能准确预见可能或将要放生的偏差或脱节现象，及时采取有效措施“防患于未然”。

（3）集中性。各级调度人员是同级生产领导的助手，在生产副厂长的领导下，按各级领导人员的指示，行使调度职权，发布调度命令。各级领导应维护调度职权，做到集中统一指挥。

（4）及时性。对生产过程中各种问题的发现处理，都要迅速果断，反馈及时，讲求效率。

（5）群众性。在生产调度中，调度人员要随时了解群众的意见和要求，依靠群众进行调度，使调度工作的集中统一指挥具有广泛的群众基础。

5.4.5.2　生产进度控制

生产进度控制是生产控制的任务之一。生产进度控制的主要任务是依照预先制定的作业计划，检查各种零部件投入和出产的时间、数量以及配套件，保证产品能准时装配出厂。

A　投入进度控制

投入进度控制是指对产品开始投入的日期，各种原材料、毛坯、零部件的投入提前期以及投入量的控制。若在计划内有新增设备、新增劳动力和技术措施项目，还须控制是否按计划日期投入使用。

B　出产进度控制

出产进度控制是指对产品、零部件的出产日期、出产提前期、出产量、出产均衡性和成套性的控制。大量生产条件下，控制的对象主要是整个流水线的出产进度。一般可用出产日期同出产日历进度表做比较，控制每日出产进度和累计出产进度。在成批生产条件下，不仅要控制零部件和产品的日历出产进度，而且要按不同的指标控制零部件的成套性。出产成套程度可用成套率表示，其计算公式为：

$$\text{成套率} = (\text{实际成套数} \div \text{计划成套数}) \times 100\% \tag{5-21}$$

在单件小批生产条件下，按照各项规定将主要工艺阶段的实际出产进度与计划出产进度比较，及时进行控制，从而保证交货期的要求。

C　工序进度控制

工序进度控制是指对产品在生产过程中经过的每道加工工序的进度所进行的控制。成批、单件生产条件下，一般按工序卡和加工路线单进行控制；大量生产条件下，一般通过控制在产品数量来实现工序进度控制的目的。

D　生产均衡性分析

生产均衡分析是从生产进度对比和均衡率两个方面进行考察。生产进度是指企业或某一生产环节在某一时间内，每经过一段相等时间完成该时期的全部生产任务的比例。将各个时间阶段的产量加以连续对比，可以观察企业生产进行得是否正常、均衡。例如，计划月产量 200 台，上旬完成了 60 台，中旬完成了 60 台，下旬完成了 80 台，上旬、中旬、下旬分别完成了计划任务的30%、30%、40%，达到三、三、四要求，这说明生产处于均衡状态。如果某些时间阶段的产量出现大幅度的上下波动，则说明生产不均衡。衡量生产均衡性的指标用均衡率来表示，其计算公式为：

$$均衡率=\frac{\sum\frac{某段时间的实际完成量}{某段时间的计划任务量}}{考核期划分的时间段数}$$

5.4.5.3　在产品占用量的控制

在产品占用量控制是对生产过程中各个环节的在产品的实物和账目进行控制。搞好在产品占用量控制，不仅有利于实现生产作业计划，而且对减少在产品积压、节约流动资金、提高经济效益都有重要作用。在产品占用量控制主要包括：控制车间内各工序在产品的流转和跨车间协作工序在产品的流转，加强检查站对产品流转的控制。因此企业要建立健全在产品出、入库制度和手续，定期清点盘存。若发现账物不符，应及时办理增减手续。

5.4.5.4　看板管理

看板管理又称为看板生产方式。它是日本丰田汽车工业公司为实现准时生产而创建的一种生产管理方法。看板管理是利用“看板”来控制生产和微调计划，达到生产组织上高效率、高效能、高效益的科学管理方法。其目的在于：控制过量生产，消除过量设备，将在产品占用量压缩到最低限度，从而最大限度地节约资金，提高效率，降低成本。

A　看板管理的基本原理

看板管理是在一张张卡片上标明零件名称、数量和前后工序等事项，用以指挥生产，控制加工工件的数量和流向。它要求在生产过程中按反工艺流程，从最后一道工序开始，后道工序逐一地在一定的位置和时间按照规定的必需品种和数量向前道工序取货，前道工序则按后道工序所需的品种和数量进行生产。

B　看板的种类和作用

a　看板的种类

看板的种类很多，大体上可以分为：

(1) 生产看板。生产看板是指在本车间范围内指导生产而使用的看板。由于各车间的情况不同，看板的形式也不一样。

(2) 领取看板。领取看板是指后工序去前工序领取零部件时所使用的看板。

(3) 外协看板。外协看板一般在主机厂或订货厂与外协厂或供应厂之间运行，它是要求外协厂送货的指令。

b　看板的作用

看板的作用主要有以下两个方面：

(1) 看板可起生产指令和运输指令的作用。比如生产什么，生产多少，什么时候生产，用什么方式生产，以及在产品的传递、运输等信息都可以在看板上指示出来。

（2）看板是一种目视管理工具。目视管理就是由眼睛观察直接进行现场管理。因为看板在任何时候都是与实物一起移动的，可以一目了然地知道生产的品种、数量、标准、顺序等，所以能够控制超量制造，简化现场管理程序。

C　看板管理的条件与规则

a　实行看板管理的条件

首先，实行看板管理的基本条件是均衡生产。其次，产品质量必须稳定，设备状况必须良好，工位器具要完善，运输工具能够满足需求。再次，外协厂要在就近地区。

b　看板的使用规则

看板的使用规则主要包括以下几个方面：

（1）次品不得交给下道工序。

（2）后道工序向前道工序取件，每道工序只生产后道工序要取走的产品数量。

（3）严格执行“三不”制度，即：不见看板不生产，不见看板不取货，不见看板不运送。

（4）严格执行“三准时”，即：准时沟通信息，准时领取与运送，准时生产一定数量的产品。

本章小结

生产管理的任务是通过合理组织生产过程实现企业的经营目标。本章主要介绍：如何合理组织生产过程；如何对企业的生产任务做出统筹安排；如何加强生产现场管理，使各生产要素得到合理配置和有效利用，以最低的投入获得最大限度的产出，从而有效地实现企业的经营目标。

产品的生产过程是在一定的空间、一定的时间，按一定的组织形式进行的。因此，生产过程的组织形式包括空间组织和时间组织两种形式。生产过程的空间组织方式包括工艺专业化和对象专业化，时间组织方式包括顺序移动、平行移动、平行顺序移动。合理组织生产过程的基本要求是连续性、平行性、比例性、均衡性、适应性。

生产计划是企业对生产任务做出的统筹安排，是企业组织生产活动的依据。生产计划主要指标包括产品品种、质量、产量与产值等，它们各有不同的经济内容，从不同的侧面反映企业计划期内生产活动的要求。在编制完生产计划，确定了全年总的产量任务后，要进一步将全年生产任务具体安排到各个季度和各个月份，这就是安排产品的生产进度，生产作业计划是生产计划的具体执行计划。它把生产计划中规定的月度生产任务具体地分配到各车间、工段、班组以致每个工地和个人，规定他们在月、旬、周、日以至轮班和小时内的具体生产任务，并按日历顺序安排生产进度，从而保证按品种、质量、数量、期限和成本完成企业的生产任务。

项目实战

制订企业生产计划

（1）任务名称：制订企业生产计划。

（2）实施步骤：

1）CEO 组织本公司全体成员共同讨论，确定公司生产运作管理计划（如确定企业年度生产计划、月度生产计划等）。

2）CEO 到台前汇报设计成果。

3）各公司互评打分。

4）教师总结点评。

项目实战模版

扫一扫查看项目实战模版

同步测试

5-1 单项选择题

（1）（　　）根据企业经营决策所确定的一定时期内的经营意图，即方针、目标、计划的要求以及下达的具体生产任务，组织生产活动，并保证实现。

A. 生产管理　　B. 经营决策

C. 技术开发管理　　D. 销售管理

（2）以下（　　）不是产品在工序之间的移动？

A. 顺序移动方式　　B. 平行移动方式

C. 垂直移动方式　　D. 平行顺序移动方式

（3）（　　）指企业在计划期内各种产品应该达到的质量标准。

A. 产品品种指标　　B. 产品质量指标

C. 产品产量指标　　D. 产值指标

（4）哪一项不是企业的生产能力（　　）。

A. 设计能力　　B. 查定能力

C. 计划能力　　D. 管理能力

（5）以下哪个不是影响生产能力的影响（　　）。

A. 固定资产数量　　B. 固定资产的工作时间

C. 固定资产的生产率　　D. 固定资产的利用率

5-2 判断题

（1）生产管理系统的四个部分与产品或劳务、生产要素、生产过程、反馈有关。（　　）

（2）企业是一个有机的整体，企业管理就是一个大系统。（　　）

（3）工业企业进行生产活动，实现产品的生产过程，要有一定的场地、厂房建筑物和机器设备等，而且还要把这些生产物质条件按照一定的原则加以组合，划分成若干占有

一定空间位置的车间、工段和小组等。（　　）

（4）生产单位专业化形式，决定着企业内部的生产分工和协作关系，决定着工艺过程的流向以及原材料、在制品在厂内的运输路线等。（　　）

（5）单件小批生产宜采用顺序移动方式；大量大批生产，特别是组织流水生产线时，一定采用平行移动方式。（　　）

5-3　思考题

（1）生产管理的概念是什么？

（2）生产管理的基本原则是什么，生产管理的主要任务是什么？

（3）生产类型的种类有哪些？

（4）什么是生产计划，它包括哪些指标，各个指标的含义是什么？

（5）什么是生产能力，影响生产能力的主要因素是什么？

（6）什么是期量标准，不同类型的企业中各有哪些期量标准？

（7）生产作业控制包括哪些内容？

（8）根据生产类型不同，编制车间计划有哪些方法？

（9）什么是看板管理，组织看板管理的条件是什么？

5-4　计算题

（1）已知某产品的批量为3件，经过5道工序进行加工，各道工序的单件加工时间分别为 $t_1=10\text{min}$，$t_2=5\text{min}$，$t_3=10\text{min}$，$t_4=5\text{min}$，$t_5=10\text{min}$。试绘制某产品在工序间的三种移动方式图，并计算整批某产品的加工周期。

（2）生产能力核算（用代表法）。

1）填表5-9；

2）计算代表产品生产能力。

表5-9　生产能力核算表

产品	计划产量/件 ①	台时定额/台时 ②	换算系数 ③	代表产品产量 ④	比重 ⑤	代表产品生产能力	具体产品生产能力
A	50	30					
B	70	40					
C	100	60					
D	20	80					
合计	240						

代表产品为C，设备停修率为10%，车床组共有3台车床，两班制。（注：③=②/④，④=①×③，⑤=④/Σ④）

（3）设某种零件的批量 $n=4$，共有4道加工工序，时间定额分别为10min、5min、10min、5min。

1）求 $T=n\sum t$；

2）绘制顺序移动方式图。

5-5 案例分析题

海尔集团生产管理

海尔集团创立于1984年，20年来持续稳定发展，已成为在海内外享有较高美誉的大型国际化企业集团。产品从1984年的单一冰箱发展到拥有白色家电、黑色家电、米色家电在内的96大门类15100多个规格的产品群，并出口到世界100多个国家和地区。2004年，海尔全球营业额突破1016亿元。2004年，海尔蝉联中国最有价值品牌第一名，品牌价值高达616亿元。由世界品牌实验室（WorldBrandLab）独家编制的2005年度《世界品牌500强》排行榜于4月18日揭晓，海尔再次入围世界品牌百强，荣居第89位。2005年8月30日，英国金融时报公布“中国十大世界级品牌”调查结果，海尔荣居榜首。企业发展的同时，海尔首席执行官张瑞敏也赢得世界的尊敬。1999年12月7日，英国《金融时报》评出“全球30位最受尊重的企业家”，张瑞敏荣居第26位。2004年8月美国《财富》杂志选出“亚洲25位最具影响力的商界领袖”，张瑞敏排名第六位，是入选的中国大陆企业家中排名最靠前的。2005年4月出版的《财富》杂志中文版推出“中国最具影响力的25位商界领袖”，张瑞敏首席执行官位居榜首。

海尔集团坚持全面实施国际化战略，已建立起一个具有国际竞争力的全球设计网络、采购网络、制造网络、营销与服务网络。现有工业园13个，海外工厂及制造基地30个，海外设计中心8个，营销网点58800个。

在国内市场，据中怡康公司统计：海尔是名副其实的中国第一品牌：海尔在中国家电市场的整体份额已达21%，大大领先于竞争对手；海尔在白色家电市场上处于垄断地位：海尔白色家电市场份额为34%，已经大大超过国际公认垄断线；海尔在小家电市场上后来居上：海尔小家电市场份额为14%，已经超越小家电传统强势品牌而位居第一。

在国际市场，海尔小冰箱、酒柜在美国市场占据第一的市场份额；海尔洗衣机在伊朗占据第一的市场份额；海尔空调在塞浦路斯占据第一的市场份额。

据全球权威消费市场调查与分析机构EUROMONITOR最新调查结果显示，按营业额统计，海尔集团目前在全球白色电器制造商中排名第四，海尔的目标是成为世界白色家电行业第一制造商。

2002年3月4日，海尔在美国纽约中城百老汇购买原格林尼治银行大厦这座标志性建筑作为北美的总部，此举标志着海尔的三位一体本土化战略又上升到新的阶段，说明海尔已经在美国树立起本土化的名牌形象。2003年8月20日，海尔霓虹灯广告在日本东京银座四丁目这一黄金地段点亮，这是中国企业第一个在东京银座竖起的广告牌，也成为中国企业在海外影响力上升的标志。

为应对网络经济和加入WTO的挑战，海尔从1998年开始实施以市场链为纽带的业务流程再造。第一个五年中，海尔主要实现组织结构的再造，改变传统企业金字塔式的直线职能结构为扁平化、信息化和网络化的市场链流程，以订单信息流为中心带动物流、资金流的运动，加快了与用户零距离、产品零库存和零营运资本“三个零”目标的实现。进入2003年后的第二个五年，海尔市场链流程再造的目标是把每一个员工经营成自我创新的主体，也就是策略事业单位（SBU），激发每个细胞的活力以提升企业整体的国际市场竞争力。

20 年来，海尔向社会奉献了真诚。海尔向全球的用户提供了数亿台的产品，创造了很多用户的需求，使海尔成为用户喜爱的产品。海尔累计上缴约 136 亿税金，2004 年上缴约 20 亿税金，平均每天上缴 550 万元税金。

海尔向社会奉献了爱心。海尔计划建立 100 所希望小学，现在已资助建立了 47 所希望小学。另外海尔自身所解决的就业员工 51000 人，社会上直接为海尔服务的人员达到 175000 人，加起来相当于为社会解决了近 23 万人的就业。

海尔向社会奉献了海尔的管理模式。到目前为止先后有美国的哈佛大学和南加州大学，瑞士洛桑国际管理学院，法国的欧洲管理学院、日本神户大学等 7 所商学院共做了 16 个案例，涉及企业兼并、财务管理、企业文化方方面面，特别是颇具权威的瑞士洛桑国际管理学院为海尔做的市场链案例已被纳入欧盟案例。

海尔人的目标是用心奉献给民族一个中国人自己的世界级的名牌。

问题讨论：

（1）从本案例中，你体会到生产管理的哪些好处？

（2）海尔集团在生产管理方面做了哪些事情？

（3）为应对网络经济和加入 WTO 的挑战，海尔做了哪些规划？

（4）通过本案例，你得到了什么启示？

扫一扫查看同步测试参考答案

6 企业质量管理

扫一扫查看
本章课件

教学目标

（1）知识目标：掌握产品、质量、质量管理和全面质量管理涵义；掌握什么是 PDCA 循环，如何推动 PDCA 循环；熟悉全面质量管理与质量检验、统计质量管理有哪些区别，以及三者的关系；了解质量管理的旧七种工具；掌握质量管理的新七种工具；学习 ISO 9000 族标准的内容；掌握全面质量管理的核心思想与实施方法。

（2）能力目标：能理解并运用全面质量管理的核心思想与实施方法，制订企业全面质量管理计划；具有企业质量管理的案例分析能力。

（3）思政目标：引导学生坚持马克思主义基本原理，以习近平新时代中国特色社会主义思想为指导，把党的二十大精神融入现代企业管理教学实践中，培养学生质量意识，强化学生的责任和担当。

质量是企业的生命线，是企业生存和发展的根本命脉。面对市场竞争愈加激烈的今天，质量管控显得尤为重要，越来越多的企业通过从国内外优秀企业引进或者自己探索实践的方式开展质量管理工作。美国著名质量管理专家朱兰曾指出：“20 世纪是生产率的世纪，21 世纪则是质量的世纪。”

本章着重介绍：质量的概念，如何理解质量管理、全面质量管理的特征和基本内容，PDCA 循环，常用质量管理工具，ISO 9000 族质量标准和质量认证制度等内容。

6.1 质量管理概论

扫一扫
线上听课

案例导入 6-1

海尔集团的全面质量管理

扫一扫查看案例导入 6-1

质量问题是个战略问题，质量水平的高低是国家经济、科技、教育和管理水平的综合反映。产品质量的好坏，关系到每个人、每个企业的切身利益，同时也关系到整个社会的发展。美国著名质量管理专家朱兰曾指出：“20 世纪是生产率的世纪，21 世纪则是质量的世纪。”“质量第一”已成为国际工商界的统一信念，大力开展质量管理的研究与实践已成为各国企业在竞争中取胜的主要手段。

6.1.1　关于质量的概念

质量的内容十分丰富，随着社会经济、科学技术和生产技术的发展，其内容也在不断充实、完善和深化。质量概念所描述的对象早期大多仅仅局限于产品，以后又逐渐延伸到了服务。

6.1.1.1　产品的概念

ISO 9000 质量管理体系中的产品是指硬件、软件、系统和服务。

硬件是指具有特定形状和技术特性的有形产品，通常由经过加工制造、建造或装配而成的零件、部件或组件组成。

软件是指一系列按照特定顺序组织的计算机数据和指令的集合。一般来讲，软件分为系统软件、应用软件和介于这两者之间的中间件。软件并不只是包括可以在计算机（这里的计算机是指广义的计算机）上运行的计算机程序，与这些计算机程序相关的文档一般也被认为是软件的一部分。简单地说，软件就是程序加文档的集合体，另外也泛指社会结构中的管理系统、思想意识形态、思想政治觉悟、法律法规等。

系统是指由一群有关联的个体组成，根据预先编排好的规则工作，能完成个体不能单独完成的工作的群体。系统分为自然系统与人为系统两大类。一群有相互关联的个体组成的集合称为系统。

服务是指为他人做事，并使他人从中受益的一种有偿或无偿的活动。不以实物形式而以提供劳务的形式满足他人某种特殊需要。

6.1.1.2　质量的概念

ISO 9000：2015《质量管理体系基础和术语》中关于“质量”这样表述：产品的质量不仅包括其预期的功能和性能，而且还涉及顾客对其价值和利益的感知；组织的产品质量取决于满足顾客的能力以及对有关的相关方预期或非预期的影响。因而质量管理的主要关注点是满足顾客要求并且努力超越顾客期望。

组织只有赢得和保持顾客和其他有关的相关方的信任才能获得持续成功。与顾客互动的每个方面都提供了为顾客创造更多价值的机会，理解顾客和其他相关方当前和未来的需求有助于组织的持续成功。企业通过对产品和服务进行策划、设计、开发、生产、交付和支持，以满足顾客的需求和期望，从而达到增加顾客价值、提高顾客满意、增进顾客忠诚、增加重复性业务、提高组织声誉、扩展顾客群、增加收入和市场份额的目的。

6.1.2　质量管理

ISO 9000 中对质量管理的定义是在质量方面指挥和控制组织的协调活动。通常包括制定质量方针和质量目标以及质量策划、质量控制、质量保证和质量改进。

6.1.2.1　对质量管理的理解

质量方针是“由组织的最高管理者正式发布的该组织总的质量宗旨和方向。”是组织的管理决策层通过对市场和宏观环境的分析，对顾客需求和期望的调查，针对本组织产品或服务质量水平及其发展趋势，结合组织目前的运行能力按照一定的程序亲自制定出来的，是组织总方针的一个组成部分。对内由管理决策层通过各种形式的宣传使全体员工理解与遵循，并努力去实现；对外是一种声明和承诺。

质量目标是“在质量方面所追求的目的”。质量目标通常依据质量方针所提供的框架制定，并通常对组织的相关职能和层次分别规定质量目标。质量目标是针对某一时期提出的具体的、可定性的或定量测量的指标。

质量策划是“质量管理的一部分，致力于制定质量目标并规定必要的运行过程和相关资源以实现质量目标”。质量策划包括组织的质量目标的策划、工作改进的策划和产品的策划。

质量控制是“质量管理的一部分，致力于质量要求”。

质量保证是“质量管理的一部分，致力于提供质量要求会得到满足的信任”。

质量改进是“质量管理的一部分，致力于增强满足质量要求的能力”。

6.1.2.2　质量管理的意义

质量管理是企业管理的重要组成部分，是企业管理的中心环节，对促进企业的发展、促进国民经济的发展具有重要意义。

一个企业要想以质量求生存，立足于国内市场，竞争于国际市场，就必须制定正确的质量方针和适宜的质量目标。围绕着一定时期质量目标的实现，企业的管理者就要在新产品开发的策划、技术设备的引进和改造、工艺水平的提高、人员的补充和培训、组织机构的设置和职责的分配与落实、产品全过程质量控制和质量保证活动的组织与实施等方面开展管理活动。这些管理活动就是建立、健全质量管理体系，并使之有效运行。在各项质量活动的安排要有经济观点，要讲究实效，要寻找既能满足质量要求，又经济合理的最佳方案，是企业及相关方的利益都能得到保证。

质量管理的发展历史

质量管理的发展历史请扫右侧二维码学习了解。

6.2　全面质量管理

6.2.1　全面质量管理的特征

6.2.1.1　全面质量管理的概念

全面质量管理（TQM）是以质量为中心，以全员参与为基础，指导和控制组织各方面的相互协调的活动，目的在于通过让顾客满意、让本组织所有成员及社会受益而达到长期成功的管理途径。

全面质量管理是企业管理的中心环节，是企业管理的纲，它与企业的经营目标是一致的，因此需要将企业的生产经营管理与质量管理有机地结合起来。

全面质量管理的指导思想如下：

（1）质量第一；

（2）用户至上；

（3）事前控制为主；

（4）强调用数据说话；

（5）突出人的积极因素。

6.2.1.2　全面质量管理的特征

全面质量管理的特征可以用“四全、一科学”来概括。

“四全”包括全过程的质量管理、全企业的质量管理、全指标的质量管理、全员的质量管理。

“一科学”是指以数理统计方法为中心的一套科学管理方法。

A　全过程

全过程中一个新产品，从调研 → 设计 → 试制 → 生产 → 销售 → 使用 → 售后服务，每个阶段都有自己的质量管理。

B　全企业

纵的方向为：原料入厂 → 生产的各工序 → 销售各环节

横的方向为：生产车间 → 各管理职能部门都参与质量管理

C　全员参与

企业领导、中层干部、技术人员、生产工人、服务人员等都参与质量管理。

D　全指标

除了产品的技术指标外，还有各部门、各项工作的质量要求，比如价格、服务等。

6.2.2　全面质量管理的基本内容

全面质量管理的基本内容包括设计试制、生产制造、辅助生产、使用过程等四个方面。

6.2.2.1　设计过程的质量管理

设计过程包括设计调研、试验研究、产品设计、工艺设计、新产品试制和鉴定等项工作，也就是产品正式投入批量生产之前的全部技术准备过程。

设计过程是企业生产活动中最基本的一个环节，它是以保证产品设计质量为目标的质量管理。产品质量满足使用要求的程度，主要取决于这一过程。“先天不足”（设计过程存在的种种问题）必将导致“后患无穷”，不仅影响产品质量，而且影响投产后的生产秩序和经济效益。如果设计上有问题，那么一切工艺上和生产上的努力都将是徒劳的。因此，设计过程是全面质量管理的起点。

加强设计过程的质量管理，一般要抓好以下几个方面的工作。

A　制定产品质量目标

质量目标是根据质量方针的要求，企业在一定期间内在质量方面所要达到的预期成果。质量目标的制定，首先要对使用要求和生产的实际情况作充分的调查研究，同时还要掌握国内外科学技术的发展趋向，系统地调查和积累以下三方面的情报资料，即：

（1）实际调查顾客的反映和使用效果。

（2）生产过程中发现的质量问题。

（3）国内外有关技术与经济情报。

B 加强设计工作中的试验研究工作

试验研究工作是设计过程质量管理中的重要环节，做好试验研究工作，可以保证产品顺利投产。为做好这项工作，企业应建立一个科学试验基地和建立一支科学试验队伍，运用先进的测试手段，高效率的开展试验研究工作。

C 设计评审

设计评审是保证产品设计质量的主要手段之一，其目的是为了及早发现并设法弥补设计上的缺陷，从而避免给以后的生产和销售带来损害。评审的要点是：

（1）方案设计阶段。该阶段主要评审质量目标是否符合顾客和企业发展的要求，技术是否先进可行，经济上是否有利。

（2）技术设计阶段。该阶段主要评审原理结构是否先进合理，其质量性能、可靠性、安全性、经济性是否符合方案设计阶段规定的质量目标的要求。

（3）工作图设计阶段。该阶段主要评审其可生产性，质量特性和缺陷的分级是否在有关图上标注清楚。

设计评审的主要方式是召开设计评审会议。

D 检查产品试制、鉴定质量

研制的新产品或改制的老产品，在完成设计后，都必须通过试制、试验和鉴定，方可正式批量生产。试制是对设计的验证，只有通过试制，做出样品样机，并经过试验和使用验证，才能确定设计的正确程度，发现设计中料想不到的问题和缺陷，对设计进行必要的修正和校正。

样品试制完成后，要组织有关单位和人员进行严格的鉴定，这是质量管理工作的一个重要环节。通过鉴定，对样品从技术上和经济上做出全面评价，经正式认可后制定于各项技术文件中，使其成为指导制造过程并在制造过程中保证产品质量的依据。

E 保证技术文件质量

技术文件是设计的成果，既是生产制造过程技术活动的依据，也是质量管理的依据。因此要求技术文件本身也有质量保证。

F 严格标准化审查工作

实行标准化不仅能提高工作质量和产品质量，而且还可减少设计工作量，从而提高设计工作的质量。因此，它是设计过程的一项重要内容，也是全面质量管理的基础工作之一。

G 组织新产品设计质量的技术经济分析

一般来说，产品质量越高，其价格也相应增加，但质量超过一定限度并不能按其价格增加的比例提高；反之，质量低的产品，固然在价格上可以便宜一些，但下降到一定程度，也要影响企业的经济效益和声誉。设计质量和成本的关系曲线如图 6-1 中曲线 C 所示。从另一方面看，设计质量好，销售额将会增加，但设计质量无限地提高，会导致价格提高，则销售额也会下降；反之，质量很差的产品，用户也不会购买，销售额也就谈不上。这种质量与销售额之间的关系如图6-1曲线 S 所示。对一个企业来说，利润是销售收入减去成本而得。为了取得盈利，销售收入应高于成本，否则就要亏损，由图中可知，能够盈利的部分只是图中画线部分。就是说，只有将质量水平保持在 Q_1 和 Q_3 之间才能获利。因此，设计质量必须保持在 Q_1 和 Q_3 之间，最好是在最大盈利的质量水平 Q_2 点上。

还应该看到，设计上考虑周到与否，会影响到产品制造的难易。有时即使是同一产品，如果在质量要求上有些变动，也可给制造工艺带来很大变动。而在质量水平方面，也常常因为生产过程有些变动或革新而使产品质量大大提高，特别是生产技术上的进步，会使生产成本出现下降。如图6-2所示，原来的成本曲线为 C，改进后的成本曲线为 C'，这就使盈利区由 Q_1Q_3 扩展到 $Q_1'Q_3'$，并使能获得最大利润的质量水平由 Q_2 向 Q_2' 提高一步。由此可见，设计过程又直接影响到制造过程中生产技术水平、管理水平的提高，而生产技术和管理水平的提高，对提高产品质量、增加盈利又起到较大的促进作用。

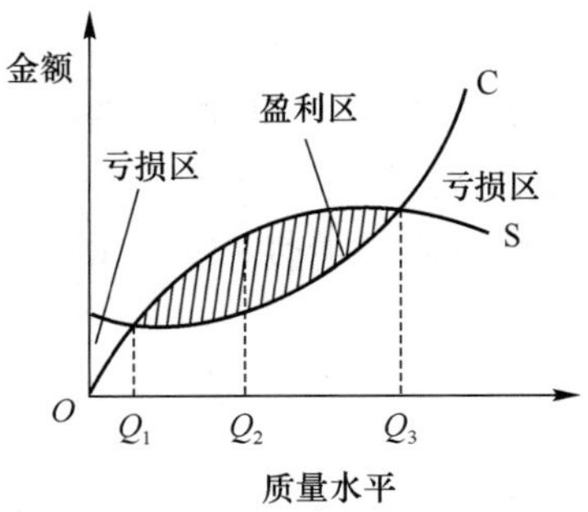

图6-1　设计质量与成本关系曲线

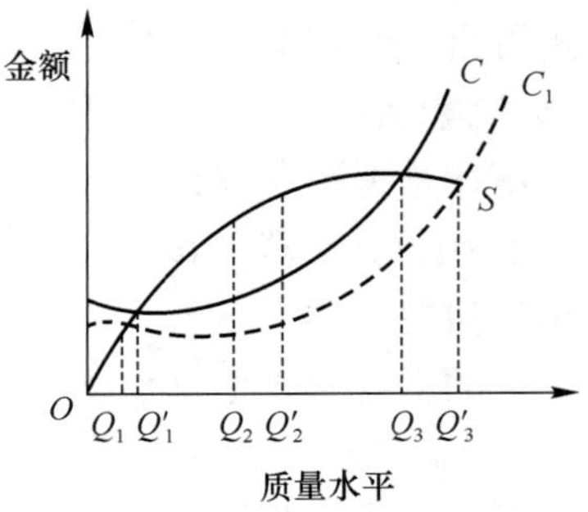

图6-2　变动后的设计质量与成本关系曲线

6.2.2.2　制造过程的质量管理

生产制造过程是产品正式生产以后保证产品质量的关键，是质量管理的中心环节。经过鉴定符合质量标准的新产品正式投产后，能不能保证达到质量标准，能否加工出优质产品，在很大程度上取决于生产制造过程的质量管理水平以及生产车间的技术能力。

生产制造过程的质量管理，一般要抓好以下几方面的工作。

A　对影响制造质量的诸因素进行有效控制

在制造过程中，影响产品质量的因素很多，主要有操作者（人）、机器工具、原材料、工艺方法、测量手段以及生产环境（5M1E）。通过对诸因素进行有效控制，使之能长期稳定的生产符合设计要求的优质产品。

a　要求岗位上的职工成为“自控”工人

成为“自控”工人的标志（条件）是：知道怎么做和为什么这样做，知道生产出来的产品是否符合规格，具备对异常情况进行处理的能力。

只有达到“自控”的工人才允许上岗操作，这是管理者的责任。为此，必须对上岗职工进行足够的培训和严格的考核。

b　原材料的质量管理

原材料质量管理的要点是：选定合格供应商；严格原材料入厂检验和进库后的保管工作；必要时对关键原材料进行认定试验。

所谓认定，就是对初次购入品进行全面理化分析、工艺试验。必要时投料进行小批量生产，从而确定该物品的技术性能是否制造合格零件与符合质量标准的产品。

c　合格选择加工设备和工具，并使之经常处于良好的技术状态

现代工业中机器工具对产品质量的影响极大，因此必须合理地选择适用的机器和工具。所谓合理，就是既要满足加工精度要求，又要比较经济。

应当指出，设备工具不像原材料那样一次消耗，而是长期使用。随着使用时间的增加，磨损增加、精度下降。当精度下降超过某一限度，就会导致不良品的大量出现。为避免因设备精度过度下降而导致的不良品出现，应建立一套合理的设备维修保养制度。某些对设备精度有重大影响的部位或对产品质量有重大影响的工艺参数，要定时进行检测。

d　工艺和其他因素的质量管理

工艺是联系设计和制造的纽带是确保产品质量的因素。为此，制造部门应参加有关设计评审会议，要从加工工艺性生产的可能性和公差要求提出改进意见；对关键工艺和新工艺应经过严格验证，证明按工艺能稳定地生产符合设计要求的产品（零件）。工艺一经规定就必须严格执行，严肃工艺纪律，并和岗位责任制结合起来。

e　使用计量检测器

计量检测器具是现代工业生产的“眼睛”，是保证产品质量的重要手段之一。企业应配齐准确适用的计量检测器具。

某些对环境条件如温度、湿度、空气洁净度有特殊要求的产品，还应进行相应的管理。

B　健全质量检验制度

质量检验是用一定检验测试或检查方法，测定产品质量特性，并把它同规定的质量标准做比较，对产品是否合格做出判断。质量检验是一道工序，是监督产品质量的重要手段，是整个生产过程不可缺少的一个重要环节。

做好技术检验，要抓好以下三方面工作：

（1）要正确规定技术检验范围和设置专职检验点。质量检验范围分入厂检验、工序间检验、出厂检验。凡是对质量产生重要影响的环节、部分都应进行必要的检验。

（2）合理选择检验方式。不同检验方法反映了不同的检验精度的要求，合理的检验方法不仅可以正确的反映产品质量的情况，而且可以减少检验费用，缩短检验周期。检验方法多种多样，要根据具体情况加以选择。

（3）建立一支专群结合的检验队伍，实行自检、互检、专检的“三检制”。

C　掌握质量动态

为了充分发挥制造过程质量管理的预防作用，就必须系统地、经常地、准确地掌握企业在一定时间内产品质量或工作质量的现状及发展动态。质量状况的综合统计与分析是掌握质量动态的有效工具。

D　加强不合格产品的统计与分析

分析不合格品产生的原因，采取措施，“对症下药”，避免下次再出不合格品。企

业除进行日常不格品统计与分析工作以外，还要做到三个“不放过”，即不合格品没找到责任人和原因“不放过”；没有提出防范措施“不放过”；当事人没受到教育“不放过”。

利用排列图、因果分析和统计分析表，有助于找出造成不合格品的重要原因。

E 工序的质量控制

实行工序质量控制的措施有：

（1）设立质量管理点。所谓质量管理点，是在一定时期、一定条件下，为实现一定质量目标对于生产工序或工作中的质量关键因素，需要特别注意监控、管理的重点。

设立管理点原则如下：

1）关键工序、关键部位。

2）工序本身有特殊要求，对下道工序加工或装备有重大影响的加工项目。

3）质量不稳定，出现不合格品较多的加工部分或项目。

4）顾客使用过程中反映集中的部分。

（2）用控制图。

6.2.2.3 辅助过程的质量管理

辅助生产过程包括原材料、外购件等物资供应、工具制造、设备维修、运输服务等。所有这些部门都是为生产第一线服务的，为直接加工提供质量良好的物质技术条件。因此，这一过程的质量管理要面向生产、面向基层、充分发挥各自的质量保证作用。制造过程的许多质量问题，都同这些部门的工作质量有关，因此在质量保证体系，辅助生产过程的质量管理占有相当重要的地位。

6.2.2.4 使用过程的质量管理

使用过程的质量管理，既是质量管理的归宿，又是质量管理的出发点。因此，企业的质量工作，必须从生产过程延伸到使用过程。使用过程的质量管理，应着重抓好以下三个方面的工作：

（1）开展对用户的技术服务工作。建设维护好售前的宣传推广，售中的技术指导，售后的服务体系。如提供适用的使用说明书，编写用户培训材料，帮助培训操作人员，设置维修站点，及时提供备品、备件。

（2）做好产品质量信息的反馈分析工作。通过走访客户、投寄调查表、整理维修资料等方式，收集客户对产品质量的意见，发现问题和新的、潜在的质量要求，为改善设计、提高产品质量提供真实可靠的依据。

（3）认真处理客户投诉问题。对客户投诉要充分关注，要热情、耐心、细心处置，可采用投诉首问负责制，即第一个接到投诉的部门和人员有责任全程跟踪服务，直到客户有了满意的答复，还要追溯到企业内部，找到问题出现点为止。

6.2.3 PDCA 循环

PDCA 循环是英语“Plan-Do-Check-Action”（计划—实施—检查—处理）4 个词首字母的组合。PDCA 循环就是按照这四个阶段的顺序来进行质量管理工作的。事实上，PDCA

循环不仅是一种质量管理方法也是一套科学的、合乎认识论的通用办事程序。PDCA 循环需遵循 4 阶段 8 个步骤：

第一阶段是计划包括分析现状找出存在问题的原因，分析产生质量问题的原因，找出主要原因，制定措施计划等 4 个步骤。

第二阶段是实施指执行贯彻计划和措施，这也是管理循环的第 5 个步骤。

第三阶段是检查指把实际工作结果和预期目标对比，检查计划执行情况（这是管理循环的第 6 个步骤）。

第四阶段是总结和处理，包括两个内容：一是总结教训、巩固成绩、处理差错；二是未解决的遗留问题转入下一个循环，作为下一个目标的计划目标（这是管理循环的第 7 和第 8 个步骤）。

下面以图表示管理循环的工作程序，图 6-3 是 PDCA 循环示意图，图 6-4 是 8 个步骤示意图。

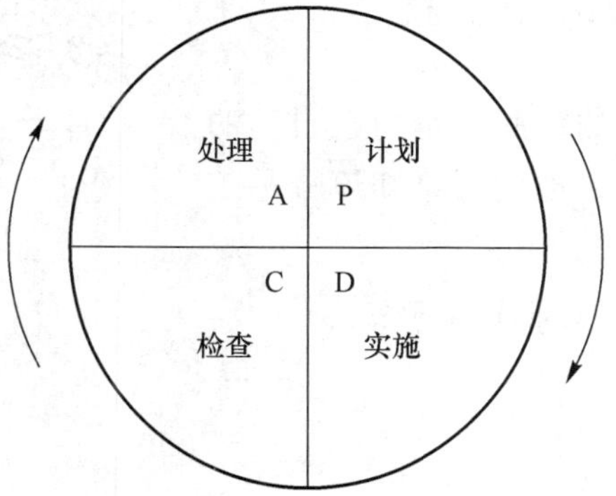

图 6-3　PDCA 循环示意图

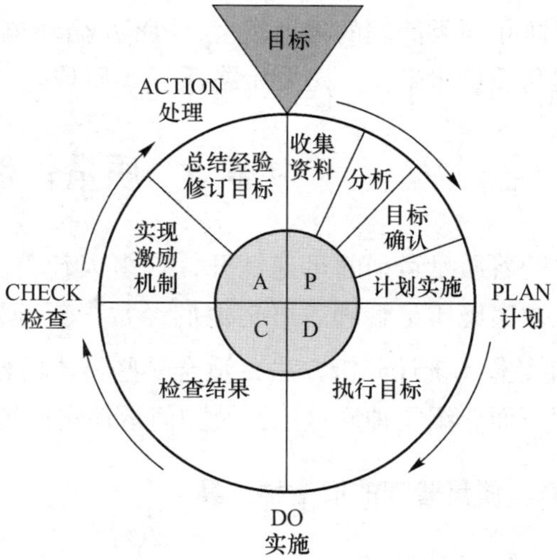

图 6-4　8 个步骤示意图

PDCA 循环具有下列几个特点：

（1）大环套小环，一环扣一环，小环保大环，推动大循环。整个企业质量目标计划和实施的过程是一个大的 PDCA 循环，各个车间、科室、班组以至个人要根据企业总的方针和目标，制定自己的工作目标和实施计划，并进行相应的 PDCA 循环。这样就形成了大环套小环的综合管理体系。上一级 PDCA 循环是下一级 PDCA 循环的依据，下一级 PDCA 循环是上一级 PDCA 循环的贯彻落实和具体化。大循环是靠内部各个小循环来保证，小循环又由大循环来带动，如图 6-5 所示。

（2）PDCA 循环每转动一次，质量就提高一步，它是一个如同爬楼梯般的螺旋上升过程，如图 6-6 所示。每循环一次，解决一批问题，质量水平就会升到一个新高度，从而下一次循环就有了更新的内容和目标。这样不断解决质量问题，企业的工作质量、产品质量和管理水平就会不断得到提高。

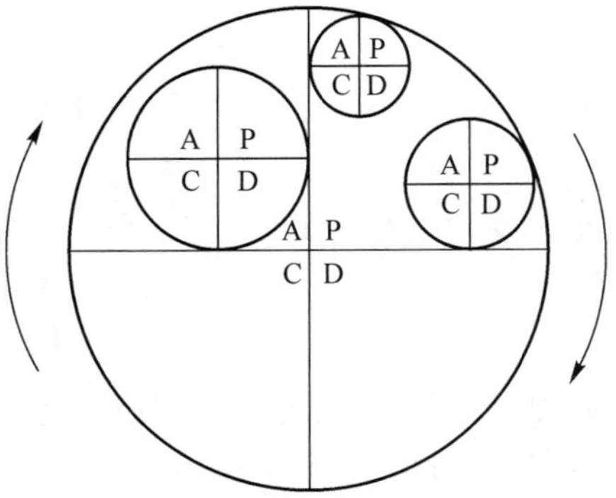

图 6-5　大环套小环

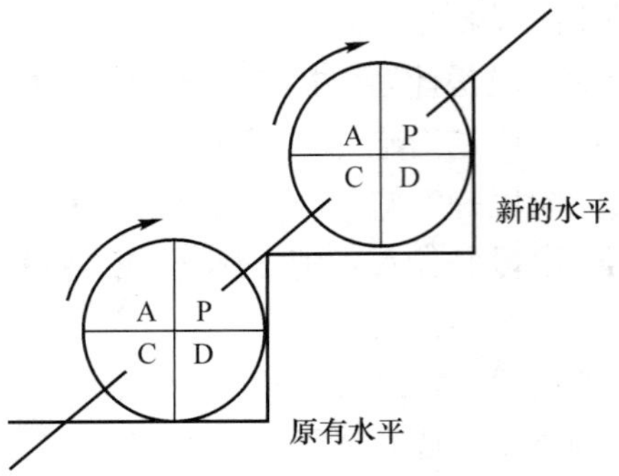

图 6-6　循环上升图

（3）A 阶段是关键。只有经过总结、处理的 A 阶段，才能将成功的经验和失败的教训纳入制度和标准中，才能进一步指导实践。没有 A 阶段的作用，就不能发扬成绩，也不能防止同类问题的再度发生，PDCA 循环也就失去了意义。因此，推动 PDCA 循环，不断提高质量水平，一定要始终抓好 A 阶段。

6.3　质量管理的常用工具

扫一扫
线上听课

随着质量运动的迅速铺开，许多人耗费大量的时间和精力在自己的企业内实施质量管理。可是他们经常失望地发现，他们很难知道哪种工具和技术（统计分析方法）适合哪些具体场合。

下面介绍几种质量工具及如何运动它们解决日常业务问题。

6.3.1　质量管理的旧七种工具

6.3.1.1　分层法

分层法又称为分类法，是整理质量数据的一种重要方法。它是把所收集起来的数据按不同的目的加以分类，将性质相同、生产条件相同的数据归为一组，使之系统化，便于找出影响产品质量的具体因素。

这种图示工具对关联项进行层次分类，是一种不错的思维工具，因为它提供了一种快捷的方法把各种想法总括出来，并在相关的枝杈出现时可随即增加细节。

（1）何时使用：使用该图示可以为同一目标寻求多种不同的实现途径。

（2）何时不用：不可用于详细比较各种方案。它只用于总体上探索新的方向。

（3）能达到何目的：该图示能很有逻辑地提示出该采用什么方法来实现目标，它们要求哪些行动和资源。

（4）注意事项：如果选用的方法经不起分析，要随时准备回到关联树图上来。比如：一个发展中的小公司运用这种方法来考虑员工的托儿问题，许多员工大学一毕业就加入了公司，现在都供养着子女。公司开会讨论各种选择方案，结果大家都赞成建一个日托中心。但树形图显示，潜在的成本太高，需要满足的地方法规要求太多，很难实行。于是，公司选择了托儿津贴计划，让有子女的员工有选择的余地。

6.3.1.2 排列图

排列图也称为巴雷特分析法，又可称为主次因素分析图和ABC法。该法是一种强调为80%的问题找出主要的几个致因（通常为20%）的有效方法。1897年意大利经济学家巴雷特在分析社会财富的分布状况时，发现了所谓“关键的少数和次要的多数”的关系。1951~1956年美国的质量管理学家朱兰把它的原理应用于质量管理，作为改善质量活动中寻找主要因素的一种工具。

（1）何时使用：凡是一个问题的产生有多个变量因素并需要找出其中最主要的因素时，都可使用这一方法。在一个改进项目的开始阶段尤为有用。

（2）何时不用：如果设置有更完善的系统就没有必要使用此法。

（3）能达到何目的：非常直观地展示出如何确定问题的优先顺序，将资源集中在何处才能取得最佳效益。这种展示让企业各级一看就懂。

（4）使用程序：该法利用了“关键的少数和次要的多数”的原理，找出问题和可能的原因，影响程度的大小、主次排列，从中找出主要因素，以确定从哪入手解决问题收效最大。

绘制巴雷特分析图（排列图）如图6-7所示。横坐标表示原因，纵坐标表示问题，其中左纵坐标表示出现频数，右纵坐标表现出现的频率（或造成的成本），直方形的高度表示某个因素影响的大小，曲线表示各影响因素的大小累计百分比，这条曲线称为巴雷特曲线。

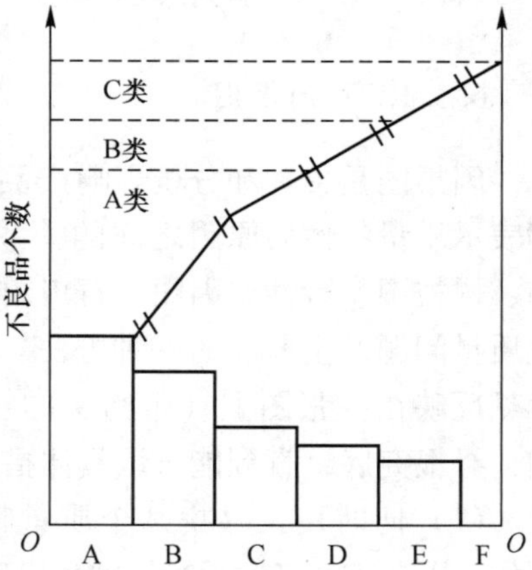

图6-7 排列图

一般把巴雷特曲线分为三类：0~80%为A类，是主要因素；80%~90%为B类，是次要因素；90%~100%为C类，是一般因素。

例如，某厂调查近一个月生产的产品，不合格品（不良品）统计见表6-1。

表6-1 不合格（不良品）统计

不良项目	不良个数	比率/%	累计百分比/%
尺寸不良	60	30.7	30.7
材料不良	46	23.6	54.3
零件不良	38	19.5	73.8
划伤	24	12.3	86.1
光泽不良	17	9	95
其他	10	5	100
合计	195	100	—

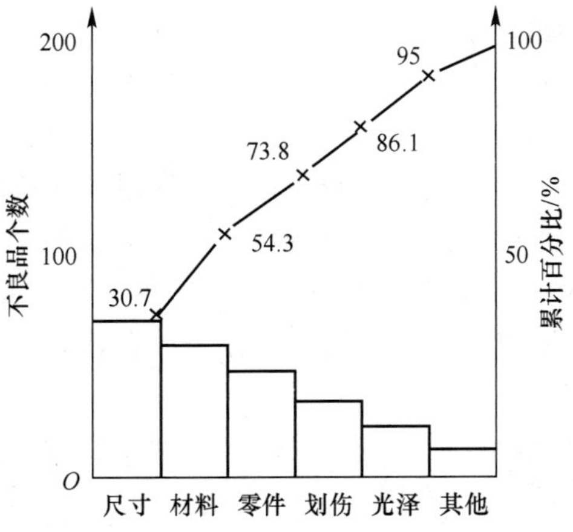

图 6-8　排列图实例图

根据以下的统计资料，可以画出它的排列图，如图 6-8 所示。从图 6-8 可以看出，尺寸、材料、零件不良是影响质量的主要因素。

（5）注意事项：

1）仔细分析结果总是很重要；不仅靠数据还要运用常识找出问题的原因和优先顺序。

2）主要因素不应超过 3 个，否则就失去了找主要因素的意义。

3）为使横坐标不过长，不太重要（影响小于 5% 因素）的项目很多时，一般都列入“其他”栏内，并统一放在横轴的最后。

4）确定了主要因素，采取相应措施后，为了检查效果，还要重新画排列图。

6.3.1.3　因果图

因果图是整理和分析影响产品（工程、工作）质量的各因素（原因）之间的关系，即表示质量特性与原因之间的关系的一种工作图，如图 6-9 所示。该图又称为因果分析图、树枝图、特性要因图、石川图或鱼刺图，是日本东京大学教授石川馨提出的，用来寻找质量问题产生原因的一种方法。采用开“诸葛亮会”的办法，集思广益，同时将群众意见反映在一张图上（带箭头的线图），探讨一个问题产生的原因。从大到小，从粗到细，寻根究底，直到能采取具体措施为止。

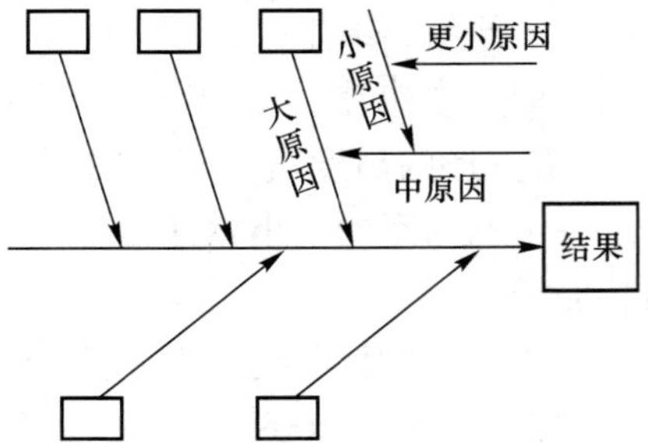

图 6-9　因果图

（1）何时用：寻找某个质量特性产生原因时。例如，用车床加工轴承时，轴颈出现刀痕质量问题。

（2）何时不用：不需要寻找某个质量特性产生原因。

（3）能达到何目的：寻找质量问题产生原因并使质量问题成为人人都关心大事，集思广益，树立全员质量意识，调动群众的积极性。

（4）使用程序：

1）明确画图对象，弄清什么是质量特性结果，并用一条主干线指向结果。

2）将影响质量的原因分类，先大、后中、再小，直到可以直接采取措施为止，并用箭头表示到图上。

3）对起决定作用的因素画重线或做标记使之醒目。

4）记载必要的有关事项，包括标题、单位、参与者、制图人、年、月、日。

（5）注意事项：

1）影响产品质量问题的大原因，一般有 5 个方面，即人、机器、材料、方法和环境。

2）要充分发挥民主，把各种意见记下来。

3）原因的分析应细到可以采取措施。

4）大原因不一定是主要原因，主要原因可用排列图、投票或其他方法来确定，然后用方框框起来，以引起注意。

5）应到现场去落实主要原因的项目，再制定出措施去解决。

6）采取措施后，应用排列图等检查其效果如何。

6.3.1.4　直方图

直方图又称为质量分布图和质量散布图，如图6-10所示。该图是将数据按大小顺序分成若干间距相同的组，以组距为底边，落入各组的频数为高所构成的矩形图。直方图是用来整理质量数据，从中找出规律，从而用以判断和预测生产过程中质量好坏的一种常用工具。

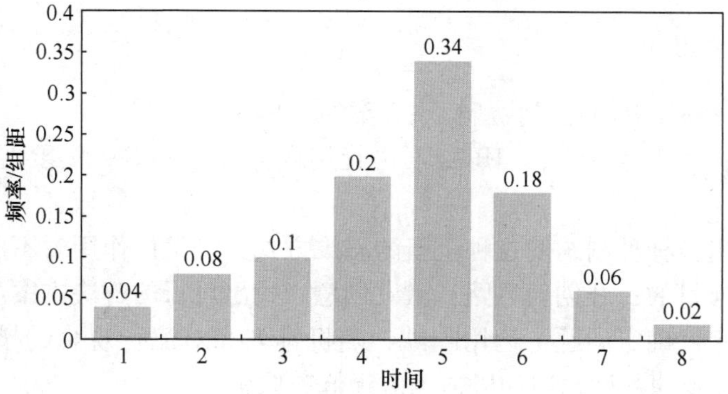

图6-10　直方图

6.3.1.5　管理图

管理图又称为控制图，它是用于分析和判断工序是否处于稳定状态，带有管理界限的图。该图包括分析用管理图和控制用管理图两类，前者专用于分析和判断工序是否处于稳定状态，并且用来分析产生异常波动的原因；后者专用于控制工序的质量状态，及时发现并消除工艺过程的失调现象。

6.3.1.6　散布图

散布图又称为相关图，它是在处理计量数据时，分析、判断、研究两个相对应的变量之间是否存在相关关系，并明确相关程度的一种方法。

6.3.1.7　调查表

调查表又称为检查表、统计分析表，它是为分层收集数据而设计的图表，用来进行数是整理和粗略的原因分析。可根据不同的目的要求，设计多种多样的调查表。

此外，质量管理的旧工具除了以上七种工具外，还有“鱼缸会议”“横向思维”“质量功能分布图（QFD）”等工具。

6.3.1.8　鱼缸会议

鱼缸会议是一种组织会议的方式。不同的群体本着合作的精神，一起分享各自的观点和信息。因此，让销售部门与客户服务部、或高层管理人员与管理顾问碰头，这种做法一定管用。

（1）何时用：鱼缸会议使某些群体与顾客、供应商和经理等其他与之利益攸关的群体加强沟通。

（2）何时不用：如果用这种方法不能明确的分清各群体的职责，就不宜使用。

（3）能达到何目的：迅速增进了解、消除误解。

（4）使用程序：把与会者安排成内外两圈。内圈人会上比较活跃，外圈人则从旁观察、倾听，必要时提供信息。会议结束时推荐改进方案，取得外圈人员的赞同。

（5）注意事项：这类会议影响巨大。可能会暴露实情，使内情人和旁观者感受到威胁，因此需要精心组织。

6.3.1.9　横向思维

横向思维是一种为老问题寻找新解决方案的工具。

（1）何时用：由于老方法、旧思路不再管用或已经不够好，需要寻找新方法、新思路时使用。

（2）何时不用：种种制约使这种全新的思维方式无法发挥作用时不要用。

（3）能达到何目的：开创新思路，激发创意，找出可行的解决方案。

（4）使用程序：确定问题，运用幽默、随机排列和对流行观念的挑战来制定横向思维解决方案，对找到的各种想法加以适当的提炼和取舍。

（5）注意事项：需要传统的逻辑思维加以支持。爱德华建议，只有10%的问题解决过程采用横向思维。

例如，某工业缝纫线轴制造商的传统市场已经消失，公司不得不另寻出路。对此，公司经理们的本能反应是，从常规思路出发，为产品找新的出路、新的市场或新的销售手段。不过，事态的发展很快表明，他们需要一种彻底的解决方案。

公司召开了一次集思广益会，对参加者不加任何框框。思路应能用得上现有的技能和经验，但只能把它作为起点。结果，横向思维把他们引向高尔夫球，成为一家成功的高尔夫球制造商。

6.3.1.10　质量功能分布图（QFD）

质量功能分布图（QFD）是一种产品和流程设计工作，可以用于把顾客的呼声转化成产品或流程和特点。采用该方法能防止企业仅因为某些观念似乎有效就予以实施。

（1）何时使用：用于设计或重新设计产品或流程，保证提供顾客切实需要的产品特性；专为制造业设计的，但也可用于服务业。

（2）何时不用：如果问题的优先顺序已经分明，流程设计卓有成效，或设计团队经验老到，不要采用该方法。

（3）能达到何目的：有能力分辨基本的产品与流程特色和所期望的产品与流程特色，这样便可以看清高成本的技术或工程投资在哪方面将有回报。同时，还提供了一个评估产品或流程变化影响的框架准则。

（4）使用程序：研究顾客的需求，找出符合顾客需求的流程设计特色。建立一个矩阵图，将顾客的需求与设计特色进行比较（即性能或方案矩阵图）并加以计分。选取 5 个左右分数最高的设计特色，然后再按 3 个层次建立矩阵图，即（设计特色和关键部件特点、关键部件特点和制造工序、制造工序和生产要求）。

（5）注意事项：花时间通过市场调研来找顾客的真正需求所在。

例如，某割草机制造商耗时费资重新设计其畅销割草机的控制性能，却发现顾客对此毫无反映。因此，公司经理人在计划改进另一较老型号时，想要确保所做的改善的确是顾客想要的。

研究结果表明，顾客感兴趣的是性能。因此改善马达、驱动链和刀的效率比改善控制性能可以产生大得多的影响。

质量管理的新七种工具

6.3.2　质量管理的新七种工具

质量管理的新七种工具详细内容请扫右侧二维码学习了解。

扫一扫
线上听课

6.4　ISO 9000 质量认证

ISO 9000 质量管理系列标准产生的背景、ISO 9000 族标准等内容请扫右侧二维码学习了解。

ISO 9000 质量管理系列标准相关内容

6.4.1　ISO 9001 标准 2008 年版与 2015 年版的区别

6.4.1.1　标准条文架构改变

ISO 9001：2008 有八个章节，ISO 9001：2015，有十个章节。

6.4.1.2　管理的功能不同

ISO 9001：2008 缺少组织背景环境分析等功能，功能相对较少。ISO 9001：2015 增加了组织背景环境分析和确定组织目标和战略，增加了绩效评估、变更控制管理、领导作用和承诺及组织的知识，以及增加了风险和应急措施和机遇的管理。

6.4.1.3　强制要求不同

ISO 9001：2008 有质量手册、管理者代表、预防措施的强制性要求。ISO 9001：2015 标准取消了质量手册、文件化程序等大量强制性文件的要求，合并了文件和记录，统一称为文件化信息。

6.4.2　2015 版 ISO 9000 族标准的质量管理原则

6.4.2.1　以顾客为关注焦点

最高管理者应通过以下方面证实其对以顾客为关注焦点的领导力和承诺：

（1）确定、理解和持续满足顾客要求和适用的法律法规要求。

（2）确定和应对影响产品和服务符合性以及增强顾客满意能力的风险与机会。

（3）保持以增强顾客满意为关注焦点。

6.4.2.2　领导力

最高管理者应通过以下方面证实其对领导力和对质量管理体系的承诺：
（1）对质量体系的有效性承担责任。
（2）确保质量方针和质量目标得到建立，并与组织的战略方向和组织情境保持一致。
（3）确保将质量体系的要求融入组织的业务流程。
（4）促进过程方法和基于风险的思维的应用。
（5）确保获得质量管理体系所需的资源。
（6）传达有效的质量管理以及满足质量管理体系要求的重要性。
（7）确保质量保证体系实现其预期的结果。
（8）鼓励、指导和支持员工为质量保证体系的有效性做出贡献。
（9）增强改进。
（10）支持其他管理者在其负责的区域内证实其领导力。

6.4.2.3　员工契合

各级人员都是组织之本，只有他们的充分参与，才能使他们的才干为组织带来收益。世界上很多优秀的组织都成功地实践了这一原则，并受益匪浅。松下公司创始人松下幸之助曾说过："在一个充斥着危机和竞争且变化莫测的环境里，任何一个企业都没有绝对的把握能生存下来。对松下而言，管理就是：使所有员工都付出全部智慧为公司效劳。因此，少数技术管理者的智慧（即使他们绝顶聪明）不足以应对上述挑战，唯有所有员工都积极参与，集思广益，才能使公司在波折起伏的经济环境中生存下去。"

6.4.2.4　过程方法

将活动和相关的资源作为过程进行管理，可以更高效地得到期望的结果。ISO 9000 族标准鼓励在建立、实施质量管理体系以及改进其有效性采用过程方法，通过不断满足顾客要求和期望，努力增强顾客的满意程度。

6.4.2.5　改进

持续改进总体业绩应当是组织的永恒目标。"没有最好，只有更好。"一个组织要不断取得成功，就不能故步自封，要承认本组织有不断改善的需要，树立永远进取、持续改进的思想。

6.4.2.6　基于事实的决策方法

一项活动的成功与否，基础在于决策的理智、可靠。而有效的决策是建立在最有效数据和信息进行合乎逻辑的分析和直观判断基础上。组织管理者能否对与质量有关的各个过程做出正确决策，将直接影响到组织和过程的有效性有效率。因此，组织管理者在进行决策前一要深入调查研究，掌握第一手资料，使组织的各项决策实事求是、有据可依。

6.4.2.7　关系管理

通过与供方，特别是关键供方共享专门技术和资源（如共同研究和制定采购过程要求和验收规范），使双方充分意识到双方利益的一致性，从而降低成本，增强创造价值的能力。

6.4.3　ISO 9001 标准 2015 版的主要变化

如今的信息化时代，是一个日趋复杂、多变的社会环境。信息技术已经彻底颠覆了人们的沟通与交流模式，B2B、B2C、C2C、P2C 等，各种经营模式和理念轮番登场；在技术领域，物联网、云计算、3D 技术快速走向前台（有人称之为第三次工业革命）；在管理领域，也有许多新的管理技术和良好实践涌现出来；在组织层面，质量、环境、安全、职业健康、社会责任等，许多要求需要组织同时应对。

所以，ISO 9001 标准 2015 版标准第一个要求就是确定“组织的环境”，这是有原因的。ISO 9001 的修订就是期望面对，并且有效地应对这样的现实。新版标准在结构、理念和思维等方面都导入了很多新鲜元素，不只是提出要求，更期望改变观念和思维，从而更有效的应对这种复杂多变的社会现实，切实帮助组织获得持续成功。

相关专家将 ISO 9001：2015（DIS 版）变化内容总结为：“一变”(条文架构改变)，“三减”(质量手册要求、管理代表要求、预防措施要求)，“六增加”(增加组织背景环境分析和确定组织目标和战略，增加风险和应急措施和机遇的管理，增加知识管理理解相关方的需求和期望，增加领导作用和承诺及组织的知识，增加绩效评估，增加变更控制管理)。而本次变化要点可以归结为以下几个方面。

6.4.3.1　采用高层结构

规定了通用的章节结构，以及具有核心定义的通用术语，目的是方便使用者实施多个 ISO 管理体系标准。

对组织的通用性更强，适用性更广，给组织的自由度更大，为组织追求卓越指明了方向。

6.4.3.2　采用了基于风险的思维

引导组织采用基于风险的方法来思考和行动，识别风险和机会，从而为质量管理体系（QMS）取得其预期结果提供信任。

基于风险的思维使组织能够确定可能导致其过程和质量管理体系偏离策划结果的重要因素，以便实施控制，最大限度地降低不利影响，并最大限度地利用出现的机遇。

6.4.3.3　更少的规定性要求

比如不再规定最高管理者应在组织的管理层中指定一名成员担任管理者代表，而是以分配类似的职责和权限来代替，对质量管理体系形成文件的要求也更加灵活。

6.4.3.4　灵活的成文信息要求

标准允许组织灵活地选择质量管理体系形成文件的方式，组织可以根据行业特点保留原有质量手册、程序、作业指导书等，以便于员工和相关方理解使用。

6.4.3.5　提高了服务行业的适用性

新版标准将“服务”与“产品”并列，突现了服务特点，旨在强调在某些要求的应用方面，产品和服务之间存在的差异，对于服务型组织，其服务是以活动和过程展开的，新版标准提高了在服务行业的适用性。

6.4.3.6　更加强调组织环境

组织环境是对组织建立和实现目标的方法有影响的内部和外部因素的组合，只有认清组织所处的环境，清晰组织的定位，才能抓住环境变化带来的机遇并经受与组织环境有关的风险考验。

ISO 9001：2015 版标准更加成熟，以适应更加复杂的应用环境和满足对管理体系具有更高预期的企业需求。

6.4.3.7　增强对领导作用的要求

更加强调最高领导者应对质量管理体系的有效性负责，以确保质量管理体系实现预期结果，更加注重实现预期的过程结果以增加顾客满意；确定质量管理体系边界。

6.4.4　质量认证

6.4.4.1　现代质量认证制度的由来

质量认证是随着现代工业的发展作为一种外部质量保证的手段逐步发展起来的。在现代质量认证产生之前，供方为了推销产品，往往采取“合格声明”的方式，以取得买方对产品质量的信任。所谓“合格声明”，就是供方单方面通过有关的产品说明或文件或“合格”标记等形式，表明所供产品的全部特性能够符合买方的要求。这对于质量特性比较简单的产品而言，不失为一种增强买方购买信心的有效手段。随着科学技术的发展，产品的结构和性能日趋复杂，仅凭买方的知识和经验很难判断产品是否符合要求，加之供方的“合格声明”并不总是可信，于是，供方单方面的“合格声明”的作用逐渐下降。在这种情况下，顺应供方树立起产品信誉、社会保障、消费者利益以及安全和法律的需要，由第三方证实产品质量的现代质量认证制度便应运而生。

为了协调和推动认证工作，国际标准化组织于 1970 年建立了认证委员会，1985 年又改名为合格评定委员会（CASCO）。其主要任务是：研究评定产品、过程、服务和质量体系符合适用标准或其他技术规范；制定有关认证方面的国际指南；促进一个国和各地区合格评定制度的相互承认。

6.4.4.2　质量认证的概念

质量认证也称为合格认证，是指由一个公认的、权威的认证机构（第三方的机构）对产品或服务是否符合规定要求（如标准、技术规范和有关法规）等进行鉴别，以及提供合格证明（认证证书和认证标志，并予以注册登记）的活动。

6.4.4.3　质量认证的分类

按质量认证对象的不同，可分为产品认证、质量体系认证和认证机构的认可。产品认证是指依据产品标准和技术要求，经认证机构确认并提供合格证明，证明某一产品符合相应标准和相应技术要求的活动；质量体系认证是指由公正权威的第三方认证派出经资格认可的审核员，对企业的质量体系依据国际通用的质量管理和质量保证系列标准进行鉴别，并对符合标准要求者给予注册并颁发合格证书的活动，又称质量体系注册；认证机构的认可是由权威性组织依据程序对某一产品具有从事特定任务的能力予以正式认可。为了确保产品认证和体系认证的客观性、公正性和科学性，应对认证机构的资格进行评价和认可。需认可的认证机构包括产品认证机构、体系认证机构、检验和鉴定机构、培训机构、审核员的资格注册等。

按质量认证作用的不同，可分为合格认证和安全认证。前者是指判断其是否符合国际标准、国家标准或行业标准要求的认证活动；后者是指判断其是否符合规定的强制性标准的认证活动。目前，大多数认证制度为合格认证，而安全认证越来越受到重视，比如美国的 UL 认证和欧盟的 CE 认证都是世界著名的产品安全认证，它们作为消除国际贸易技术壁垒的有效手段，为促进国际贸易的发展发挥着积极的作用。欧盟的 CE 认证更是被视为制造商打开并进入欧洲市场的护照。凡是贴有“CE”标志的产品均可在欧盟各成员国内销售，无须符合每个成员国的要求，从而实现了商品在欧盟成员国范围内的自由流通。

按申请要求的不同，可分为强制性认证和自愿认证。前者是指企业必须申请的认证活动（如安全认证），未经认证不准销售和进口，销售的产品由指定认证标志，适于关系人身安全、身心健康和具有重大经济价值的产品；后者又称为非强制性认证，是指企业自愿申请的认证活动，并可按规定使用认证证书和标志，适用于一般性产品。

6.4.4.4　产品质量认证与质量体系认证的区别

产品质量认证与质量体系认证虽然都是由第三方认证机构从事的认证活动，但在许多方面有很大差异（见表 6-2）。

表 6-2　产品质量认证与质量体系认证的主要区别

项　目	产品质量认证	质量体系认证
认证对象	特定产品	企业的质量体系
评定依据	（1）产品质量符合指定的标准要求； （2）质量体系满足国际通用的质量管理和质量保证系列标准及特定产品的补充要求	质量体系满足认证机构认可的质量保证标准要求和必要的补充要求
认证证明方式	产品认证证书和认证标志	质量体系认证证书和认证标志，并予以注册
证明的使用	认证标志能用于产品及其包装上	认证证书和认证标志都不能用于产品或包装上
认证性质	自愿性和强制性都有	一般属于自愿性

6.4.4.5　质量认证工作程序

质量认证的工作程序为：

（1）提出申请。由企业向认证机构申请，按规定格式填写申请书。

（2）初步审查。认证机构收到申请书后，做出是否接受申请的答复。若接受申请，认证机构派检查人员对企业质量体系进行初步检查，并提出检查报告，把检查结果通知申请企业。

（3）检验评定。认证机构派检查人员在申请企业进行随机取样检验、提出检验报告，把评定结果通知企业。

（4）颁发证书、标志和使用许可证。认证机构根据检查员的报告进行研究，对任命条件的企业，核准后发给证书和使用认证标志许可证，并在刊物上公布认证企业或产品。

（5）监督检查。凡获准使用认证标志的企业，都要接受认证机构定期或不定期的监督复查。认证有效期 3 年，期满后企业应申请复查，复查合格可延长合格证书有效期。

6.4.4.6　强制性产品认证制度

强制性产品认证制度是各国政府为保证广大消费者人身和动植物生命安全，保护环境、保护国家安全，依照法律法规实施的一种产品合格评定制度。其要求产品必须符合国家标准和技术法规，强制性产品认证是通过制定强制性产品认证的产品目录和实施强制性产品认证程序，对列入《目录》中的产品实施强制性的检测和审核。把列入强制性产品认证目录内的产品。没有获得指定认证机构的认证证书没有按规定加施认证标志，一律不得进口、不得出厂、销售和在经营服务场所使用。

强制性产品认证制度在推动国家各种技术法规和标准的贯彻，规范市场经济秩序，打击假冒伪劣行为，以及促进产品的质量管理水平和保护消费者权益等方面具有其他工作不可替代的作用和优势。认证制度由于其科学性和公正性，已被世界大多数国家广泛采用。实行市场经济制度的国家，政府利用强制性产品认证制度作为产品市场准入的手段，正在成为国际通行的做法。

长期以来，我国的强制性产品认证制度存在着政出多门、重复评审、重复收费以及认证行为与执法行为不分的问题。尤其突出的是国内产品和进口品存在着对内、对外两套认证管理体系。原国家质量技术监督局对国内产品和部分进口商品实施安全认证（即长城认证，CCEE），并强制监督管理；原国家出入境检验检疫局对进口商品实施进口商品安全质量许可制度（即 CCIB）。这两个制度将一部分进口产品共同列入了强制认证的范畴，因而导致了由两个主管部门对同一种进口产品实施两次认证，贴两个标志，执行两种标准与程序。随着我国加入 WTO，根据世贸协议和国际通行规则，要求我国将两种认证制度统一起来，对强制性产品认证制度实施“四个统一”，即：统一目标，统一标准、技术法规和合格评定程序，统一认证标志，统一收费标准。2001 年成立的国家质检总局和国家认监委，建立了新的国家强制性产品认证制度。新的强制性产品认证标志名称为“中国强制认证”，英文名称为“China Compulsory Certification”，英文缩写为“CCC”。按照该制度的规定，从 2003 年 8 月 1 日起，凡列入《目录》内的产品为获得指定机构的认证证书，未按规定加施认证标志，不得在进口、出厂销售和在经营性活动中使用。列入《第一批实施强制性认证产品目录》中的产品包括电线电缆、电路开关及保护或连接用电器装置、低压电器、小功率电动机、电动工具、电焊机、家用和类似用途设备、音视频设备、信息技术设备、照明设备、电信终端设备、机动车辆及安全附件、机动车辆轮胎、安全玻璃、农机产品、乳胶制品、医疗器械产品、消防产品、安全技术防范产品等19大类，共132种。

3C认证替代了原来的CCEE和CCIB认证，还替代了生产许可证。原来的CCEE和CCIB认证只有安全方面的限制，而3C认证除了安全以外还兼管到环保和电磁干扰等方面的问题。

6.4.4.7　我国的质量认证及实施

我国产品质量认证工作启动于1981年，质量体系认证工作始于1992年。根据国际标准化的有关规则和惯例，国际标准需要由各国转化为本国的国家标准加以实施。GB/T 19000实质上就是ISO 9000国际标准的转化。

为了规范认证机构的行为，国家质量技术监督局批准成立了中国质量认证机构——国家认可委员会（CNACR），授权CNACR对认证机构实施国家资格认可和监督管理。

我国认证标志分为方圆标志、长城标志、PRC标志。这些标志是由国务院标准化行政标志认证中心主管部门统一管理、审批、发布的。中国方圆标志认证委员会方圆标志认证中心（CQM）已于2001年9月正式成为国际认证联盟成员，标志着方圆认证已经走向世界。我国认证标志样式如图6-11所示。

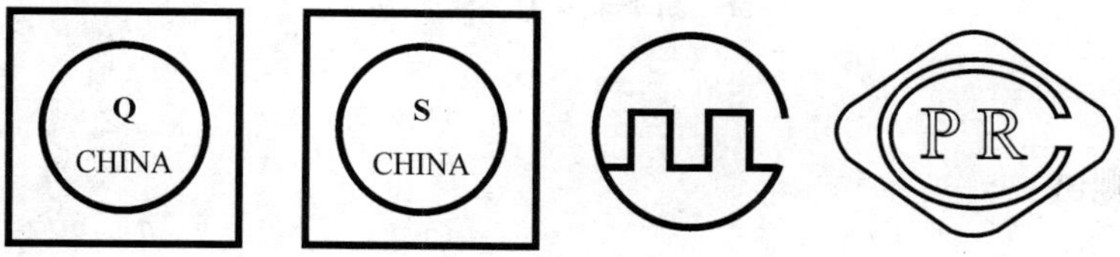

(a)　(b)　(c)　(d)

图6-11　我国认证标志样式

（a）合格认证标志；（b）安全认证标志；（c）电工产品专用认证标志；（d）电子元器件专用认证标志

质量管理发展的新趋势请扫右侧二维码学习了解。

质量管理发展的新趋势

本章小结

保证和提高产品质量，为社会提供高质量的产品，是现代企业的一项重要任务，也是提高产品竞争力的关键。

本章分别介绍了现代企业质量与质量管理，应着重理解广义质量的概念和提高产品质量的重要意义；现代企业全面质量管理，应着重掌握全面质量管理的特点、质量保证体系的内容及循环运转的程序和特点，了解全面质量管理的基础工作；现代企业产品质量控制的方法，这些方法在现代企业质量管理中应用广泛；ISO 9000与质量认证，应着重掌握ISO 9000族标准的定义和构成以及质量认证的定义和特点；新旧质量管理工具；6S品质管理等。

项目实战

制订企业全面质量管理计划

（1）项目名称：制订企业全面质量管理计划。

（2）实施步骤：

1）CEO 组织本公司全体成员共同讨论，制定企业全面质量管理计划（确定质量管理方法和工具、拟采用的质量管理标准及认证流程等）。

2）CQO 到台前汇报设计成果。

3）各公司互评打分。

4）教师总结点评。

项目实战模版

扫一扫查看项目实战模版

同步测试

6-1 单项选择题

（1）全面质量管理概念源于（　　）。

A. 中国　　B. 日本　　C. 英国　　D. 美国

（2）质量检验的实质是（　　）。

A. 事前预防　　B. 事后把关　　C. 全面控制　　D. 应用统计技术

（3）（　　）阶段质量管理的重点主要是确保产品质量符合规范和标准。

A. 早期质量管理　　B. 统计质量控制

C. 全面质量管理　　D. 质量检验

（4）实现全面质量管理全过程的管理必须体现（　　）的思想。

A. 预防为主、不断改进　　B. 严格质量检验

C. 加强生产控制　　D. 为顾客服务

（5）朱兰提出了质量管理三部曲，质量控制是实现质量目标的保障，它的具体内容不包括（　　）。

A. 设定质量目标　　B. 评价实际绩效

C. 将实际绩效与质量目标对比　　D. 对差异采取措施

（6）现代质量管理发展不包括（　　）。

A. 质量检验阶段　　B. 统计质量控制阶段

C. 质量改进　　D. 全面质量管理阶段

(7)(　　)是指对产品质量的产生、形成和实现过程进行的抽象描述和理论概括。

A. 质量特性　　B. 质量环　　C. 质量圈　　D. 全面质量管理

(8) 汽车、机床为(　　)产品。

A. 硬件　　B. 流程性材料　　C. 软件　　D. 服务

6-2　判断题

(1) 质量是指产品或服务满足顾客需求的程度。(　　)

(2) 从质量和企业关系方面看，提高质量是企业生存和发展的保证。(　　)

(3) 顾客满意是指顾客对其要求已被满足的程度的感受。(　　)

(4) 国际标准化组织把产品分成了四个大类，即硬件、软件、服务和流程性材料。(　　)

(5) 提高质量能带来全社会的效益，但是生产企业的成本会增加。因为质量越高，成本也越高。(　　)

(6) 质量检验阶段是一种事后把关型的质量管理，因此不是一种积极的质量管理方式。(　　)

(7) 最早提出全面质量管理概念的是美国的戴明博士。(　　)

(8) 朱兰的质量管理三部曲是一个由质量计划、质量控制和质量改进三个互相联系的阶段所构成的一个逻辑的过程。(　　)

(9) 全面质量管理强调"始于识别顾客的需要，终于满足顾客的需要"，顾客就是指外部的最终顾客。(　　)

(10) 质量改进意味着质量水准的飞跃，标志着质量活动是以一种螺旋式上升的方式不断提高。(　　)

6-3　简答题

(1) 什么是产品、质量、质量管理和全面质量管理?

(2) 全面质量管理与质量检验、统计质量管理有哪些区别，三者的关系如何?

(3) 什么是 PDCA 循环，如何推动 PDCA 循环?

(4) 简述质量管理的旧七种工具。

(5) 简述质量管理的新七种工具。

(6) 简述 ISO 9000 族标准的内容。

6-4　论述题

试论述全面质量管理的核心思想与实施方法。

6-5　案例分析

餐厅领班的处理妥当吗?

某餐厅一客人在用完餐结账时，对一瓶酒收费 80 元提出异议，他说有位男主管告诉他这瓶酒的价钱是 60 元。负责为之结账的领班第一时间寻找那位男主管，但他已下班离开了，无法与之取得联系。虽然这位领班拿出价格表让客人看，证明这瓶酒的价格确实是80元，但这位客人仍不加理会，强调是那位男主管告诉他这瓶酒的价钱是60元。由于与这位男主管联系拖延了结账时间，加之与客人产生争执，使这位客人非常不满，认为餐厅在推销酒水时有欺骗行为。最后，餐厅经理出面，同意按60元收取，同时又再三向客人道歉，虽如此，客人仍是满面怒容，结完账扬长而去。

问题讨论：

（1）这个领班的处理妥当吗，为什么，怎样看待领班的做法，她应怎样做？

（2）如果你是餐厅经理，你将如何处理此事？

扫一扫查看同步测试参考答案

7 企业物流管理

扫一扫查看
本章课件

教学目标

（1）知识目标：理解企业物流的主要内容及主要功能；了解物流信息的概念及常见的物流信息技术；掌握生产物流的概念及生产物流计划与控制的方法；掌握库存控制的方法；了解智慧物流的概念、特征，了解常见的智慧物流技术的应用。

（2）能力目标：能使用定期订购方式、定量订购方式和 ABC 分析法控制库存数量；能够制订生产物流计划，并对生产物流过程进行控制；能够独立进行物流软件操作，熟练应用条码、RF、电子标签等信息技术设备。

（3）思政目标：把党的二十大精神融入现代企业管理教学实践中，提高文化自觉，树立文化自信和爱国主义情怀；具有科学精神，提升学习力，拓展思考力，增强行动力；具有节约成本、保证质量的意识。

市场竞争的不断加剧和信息技术的快速发展，使今天的企业更切实地处于竞争威胁之中，企业被迫重新组织其经营过程，使之能对快速变化的市场需求迅速做出反应并节省成本。要达到快速反应和控制成本这两个目的，有效的物流管理是关键因素。目前，物流管理正引起各企业高层领导的重视，同时被称为企业的第三利润源泉。本章着重介绍了现代企业物流管理的基本理论和基本方法、物流信息技术手段、企业生产物流计划与控制、库存管理与控制及未来智慧物流发展趋势。

7.1 物 流 概 述

扫一扫
线上听课

案例导入 7-1

好丽友薯片是如何送到消费者手中的?

一箱好丽友薯片自生产地移动到消费地，需要经历哪些环节呢?

好丽友薯片的生产厂家位于河北廊坊，薯片自工厂生产线下线之后，进入廊坊邮政速递物流分公司的成品仓库储存。根据好丽友区域经销商的订单，廊坊邮政速递物流分公司接订单要求将好丽友薯片从成品仓库拣货出库，经过长途干线运输将整箱好丽友薯片运送到区域经销商仓库。区域经销商再根据接到的各配送中心的订单，委托第三方物流公司将好丽友薯片配送到本区域内的各个配送中心仓库。配送中心仓库再根据门店订单，将好丽友薯片配送到各家门店。

启示：商品从生产线到消费者的过程包括了仓储、运输、装卸搬运、流通加工、包装、配送及信息处理等活动，这些活动需要统筹规划、紧密衔接才能确保物流过程的高效运转和商品的准时送达。

7.1.1　物流的概念

物流的起源请扫右侧二维码学习了解。

物流的起源

中华人民共和国国家标准《物流术语》(GB/T 18354—2006）将物流定义为：“物品从供应地向接收地的实体流动过程，根据实际需要，将运输、储存、装卸、搬运、包装、流通加工、配送、信息处理等基本功能进行有机结合。”

物流是一种经济活动，也是不断满足客户需求的过程。物流可以创造商品的时间价值、空间价值和加工附加价值，具体表现见表 7-1。

表 7-1　物流创造的商品时间价值、空间价值和加工附加价值

时间价值	空间价值（场所价值）	加工附加价值
（1）缩短时间创造价值，如新开发产品尽早上市； （2）弥补时间差创造价值，比如农产品生产有季节性，但要满足消费者全年的需求； （3）延长时间差创造价值，比如延长白酒、普洱茶的储存期以创造价值	（1）从集中生产场所流入分散需求，比如产品从产地到消费地； （2）从分散生产场所流入集中，比如每亩地生产出的粮食送往有集中需求的消费地； （3）从低价值生产地流入高价值销售地，比如产品在低成本地生产运往售价较高的消费地销售	创造加工附加价值，比如配送中心对生鲜食品加工后送往各大超市

7.1.2　企业物流的分类

物流的分类方法很多，从空间来分，可以分为国际物流、区域物流、国内物流和地区物流；从性质来分，可以分为社会物流、行业物流和企业物流；从物流在社会再生产中的作用来分，可分为宏观物流和微观物流；从物流过程来分，可以分为供应物流、生产物流、销售物流、废弃物物流和回收物流。

按物流过程分类主要是对企业物流进行分类，企业物流是以购进生产所需的原材料、设备为起点，经过劳动加工形成新产品，然后供应给社会需要部门为止的全过程。企业物流包括供应物流、生产物流、销售物流、回收物流和废弃物物流。企业物流管理就是企业为合理配置物流资源、有效提供物流服务、不断创造物流价值、谋求良好经济效益而理顺各种关系的活动过程。

企业物流是从企业角度上研究物流的有关活动。企业物流可以分为以下不同的典型物流活动，具体过程如图 7-1 所示。

供应物流是指为下游客户提供原材料、零部件或其他物品时所发生的物流活动，包括原材料等一切生产资料的采购、进货、运输、仓储、库存管理和用料管理。如烟草烘烤、采购、人库储存。

生产物流是指企业生产过程中的原材料、在制品、半成品、产成品等的物流活动，包括生产计划与控制、厂内运输（搬运）在制品仓储与管理等活动。比如原料烟丝准备、

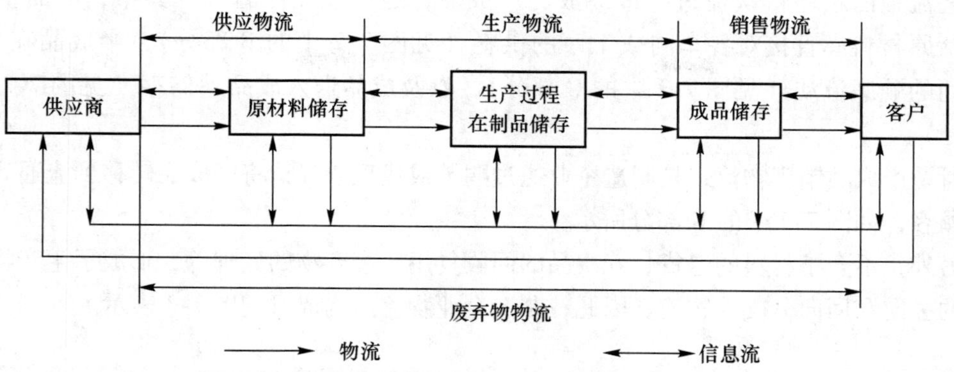

图 7-1 企业典型物流活动

搬运，烟丝在制品储存、搬运。

销售物流是指企业出售商品过程中所发生的物流活动，包括产成品的库存管理，仓储发货运输，订货处理与顾客服务等活动。比如成品烟包装、搬运、储存、装车、发货、运输、卸车交货。

回收物流是指退货、返修物品和周转使用的包装容器等从需方返回供方所引发的物流活动。

废弃物物流是指将经济活动中失去原有使用价值的物品，根据实际需要进行收集、分类、加工、包装、搬运、储存等，并分送到专门处理场所的物流活动。

7.1.3 几类典型企业的物流过程

7.1.3.1 制造企业的物流过程

制造企业物流包括原材料供应物流、产品生产物流和产成品销售物流如图 7-2 所示。

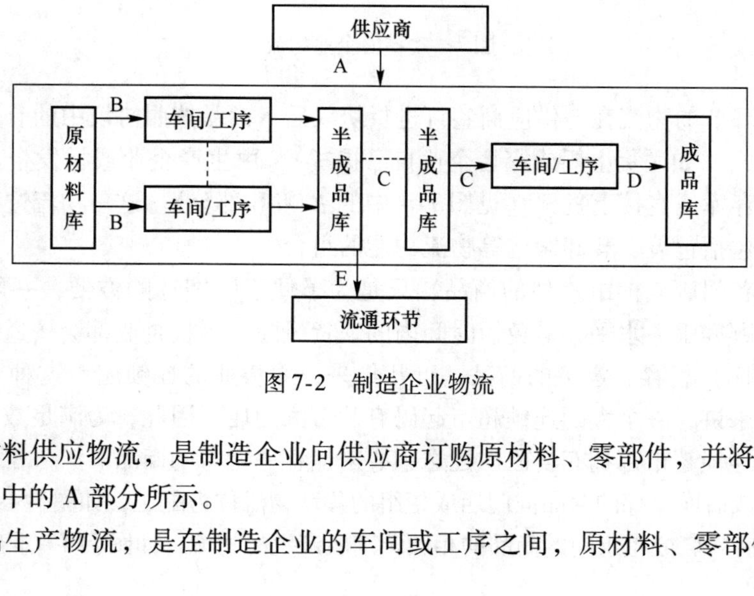

图 7-2 制造企业物流

所谓原材料供应物流，是制造企业向供应商订购原材料、零部件，并将其运达原材料库，如图 7-2 中的 A 部分所示。

所谓产品生产物流，是在制造企业的车间或工序之间，原材料、零部件或半成品按照工艺流程的顺序依次流过，最终成为产成品，送达成品库暂存。其中，产品生产物流包括原材料库直接对各车间或工序的供料（见图 7-2 中的 B 部分），半成品在车间、工序间的顺序流动（见图 7-2 中的 C 部分），以及成品送入成品库储存（见图 7-2 中的 D 部分）。

所谓产成品销售物流，是制造企业通过购销或代理协议，将产成品转移到流通环节或最终顾客，如图 7-2 中的 E 部分所示。

另外，不合格材料的退货、残次品的回收复用、废弃物的处理等，形成了生产物流过程中的去向和回向分支性物流。因此，制造企业物流的构成可用图 7-3 表示。

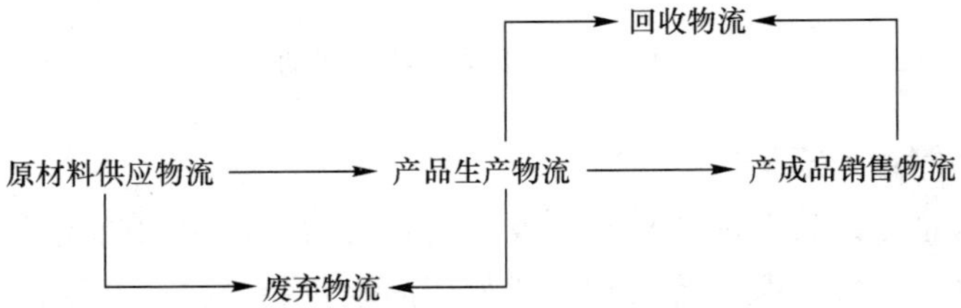

图 7-3　制造企业物流的构成

7.1.3.2　零售企业的物流过程

零售企业物流主要包括：商品采购环节的物流，后库商品的储存及配送物流，以及销售环节的物流，如图 7-4 所示。

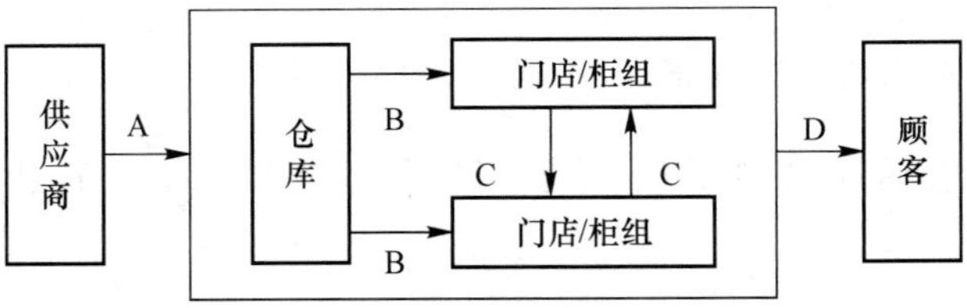

图 7-4　零售企业物流

商品采购环节的物流在与供应商签订进货协议后，商品按照协议中的有关条款通过适当的途径和方式（如送货上门或零售企业自己提货），由生产企业或批发企业的储存库移动到企业的储存库或直接上货架（见图 7-4 中的 A 和 B 部分）。这一物流过程实际上是以运输为主体，包括包装、装卸搬运等物流功能的组合。

零售企业各门店或柜组陈列的商品，只是为了便于顾客选购方便，一般数量不会太多。为了提高顾客服务水平，避免短时间内的缺货风险，零售企业都会按适当的比例，在其储存库（后库）暂存一定量的商品。近几年来，零售业的连锁超市这种业态在我国发展较快。一般来讲，一个大的连锁超市起码有几百家门店，因此，为满足数量庞大的门店的商品需求，连锁超市都拥有自己的配送中心来储存一定量的商品。

配送中心或后库储存的商品向门店或柜组的移动物流称为配送，如图 7-4 中的 B 部分所示。另外，还有门店或柜组间的商品的相互调剂所产生的物流，如图 7-4 中的 C 部分所示。

在直接的交易过程中，商品由货架移动到顾客处；在订货或兼有送货上门服务的销售环节中，则是由零售企业备车将商品从配送中心、后库或卖场货架送达顾客指定的场所，如图 7-4 中的 D 部分所示。

另外，在采购、进货过程中发现的不合格商品，往往需要退回货主；对配送中心、后库或货架上直接销售过程中的残、次、过期商品，往往需要回收、返销生产企业或将其废弃。

以上这一过程也会产生运输、包装、装卸、搬运等物流作业。因此，零售企业物流的构成可用图 7-5 来表示。

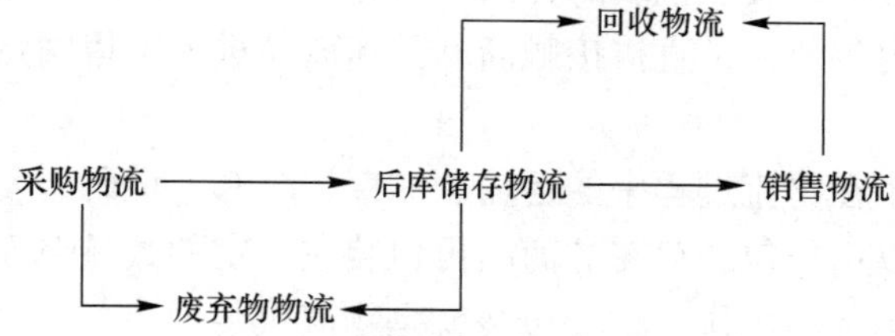

图 7-5 零售企业物流的构成

批发企业（配送中心）的物流过程请扫右侧二维码学习了解。

批发企业(配送中心)的物流过程

7.1.4 企业物流的主要功能

7.1.4.1 运输

在既定的企业物流网络结构和信息处理能力的条件下，运输是指在不同的地域范围间（如两个城市、两个企业之间，或者一个大企业内相距较远的两个车间之间），以改变物料的空间位置为目的，对物料进行空间位移的活动。

在企业物流系统的设计中，必须精确地维持运输成本和服务质量之间的平衡。发掘并管理好我们所期望的低成本、高质量的运输是物流的一项最基本的工作。

7.1.4.2 仓储

一个企业的存货需求取决于网络结构和顾客服务的期望水平。从理论上讲，企业可以在物流网络中大量储备每一种销售的产品，以便更好地为每一位顾客服务。但是，这样做会增加总成本，几乎没有哪家企业会承担起如此耗资的存货。存货的目的是要以与最低的总成本相一致的最低限度的存货来实现所期望的顾客服务。虽然较高的存货可以用来弥补物流网络设计的不足，但在某种程度上却降低了物流管理的质量，而且把过度的存货用作向顾客提供的服务，最终将导致较高的物流总成本。

7.1.4.3 装卸搬运

为了衔接储存和运输等物流作业，需要将商品从载体上卸下，或者从发货地装上载体，有时还需要进行很短距离的搬运作业。

搬运是指在同一场所内，对物品进行水平移动为主的物流作业。搬运的主要内容是移动，而且是发生在一定范围内的短距离移动。

装卸是指物品在指定地点以人力或机械装入运输设备或卸下。为了提高装卸效率，一方面需要不断采用先进的装卸设备；另一方面需要不断进行装卸方式的创新。

7.1.4.4　包装

在社会再生产过程中，包装既是生产的终点，又是物流的始点。物流的研究认为，包装与物流的关系，比其与生产的关系要密切得多，其作为物流始点的意义比其作为生产终点的意义要大得多。因此，包装应进入物流系统之中，这是现代物流的一个新观念。

包装可有不同的分类，按照包装的目的可以分为销售包装和物流包装。

销售包装又称为内包装，是直接接触商品并随商品进入零售网点和消费者或用户直接见面的包装。

物流包装是为便于在物流过程中的运输、储存、装卸、堆码、发货、收货、销售等作业，需要将一定数量以销售包装存在的商品再包装成一定的数量单元，或者对物流包装进行加固、分装、重新包装等操作，这种包装就是物流包装。

当然，并非在物流过程中所有商品都需要包装。散装化同样也是一种物流作业方式，只要总体上是合算的。散装化就是用专门机械、器具进行运输、装卸的散状物品在某个物流范围内，不用任何包装，长期固定采用吸扬、抓斗等机械、器具进行装卸、运输、储存的作业方式。

7.1.4.5　配送

配送是指在经济合理区域范围内，根据客户要求，对物品进行拣选、加工、包装、分割、组配等作业，并按时送达指定地点的物流活动。

配送是特殊的物流，它处于接近用户的那一段流通领域，辐射范围小，是末端物流。配送同时又是一种重要的物流形式，具有战略价值。接近顾客是经营战略至关重要的内容。配送几乎包括了所有的物流功能要素，是物流的一个缩影或在某个小范围中物流全部活动的体现。配送除了集装卸、包装、保管、运输于一身，分拣和拣选也是其标志性作业。

7.1.4.6　流通加工

流通加工是指在生产地到使用地的过程中，根据需要施加的简单作业活动（如包装、分割、计量、分拣、刷标志、栓标签、组装等）的总称。

流通加工与一般生产加工在加工方法、加工组织、生产管理方面并无显著区别，但在加工对象、加工程度方面差别较大，具体表现见表 7-2。

表 7-2　流通加工和生产加工的区别表

项　　目	生 产 加 工	流 通 加 工
加工对象	原材料、零配件、半成品	进入流通过程的产品
所处环节	生产过程	流通过程
加工程度	完成大部分、复杂的加工	简单的、辅助性的补充加工
附加价值	创造价值和使用价值	完善其使用价值并提高价值

续表 7-2

项　目	生 产 加 工	流 通 加 工
加工单位	生产企业	流通企业
加工目的	为交换、消费	为消费、流通

7.1.4.7 信息处理

现代信息技术的高速发展为物流作业信息化奠定了基础。物流作业运用信息处理技术的最重要的目标之一就是要平衡物流系统的各个组成部分，使总体效果最佳。

信息技术是连接各项物流作业的纽带，通过信息这根纽带，各项物流作业被视作物流信息系统的一个组成部分。

7.2 物 流 信 息

扫一扫
线上听课

案例导入 7-2

小条码引来大官司

扫一扫查看案例导入 7-2

7.2.1 物流信息概述

现代信息技术在物流各个作业环节中的综合应用，是现代物流区别传统物流的根本标志，也是物流技术中发展最快的领域。尤其是计算机网络技术的广泛应用，使物流信息达到了较高的应用水平。物流信息技术的发展也改变了企业应用供应链管理获得竞争优势的方式，成功的企业通过应用信息技术来支持它的经营战略并选择它的经营业务。通过利用信息技术来提高供应链活动的效率性，增强整个供应链的经营效率。

物流信息是反映物流各种活动内容的知识、资料、图像、数据和文件的总称。物流信息是指伴随物流活动而发生的信息和对物流影响的信息。物流信息也是物流活动过程和发展变化的反映，起神经系统作用。

物流信息具有一般信息的特点，即真实性、滞后性、不完全性。

市场经济是一个信息化的经济，及时捕捉一条信息就可能带来一笔经济效益可观的物流业务，忽视一条信息也可能就失去一次良好的发展机遇。一个物流企业如果不善于捕捉大到有关国民经济发展趋势、商流变化、物流市场供货变化、竞争对手经营状况，小到一条公路、一座桥梁的修建方方面面的物流信息，就如同一重不知风力大小，不知航道深浅，不知航行方位的轮船一样，迟早会触礁沉没。目前，企业均以降低完整供应链中的存货为目标，许多企业经理人发现信息可以有效降低存货及人力资源需求，尤其进行需求规划时如有实时信息将可降低需求不确定性，减少存货数日。

7.2.2　常见的物流信息技术介绍

7.2.2.1　条码技术

条码是指按照一定的规则，由不同宽度及其具有较强反差的浅色和深色的部分组成的图形，通常是条形或块状组成的集合。条码隐含着数字信息、字母信息、标志信息、符号信息，主要用以表示商品的名称、产地、价格、种类等，是全世界通用的商品代码。条码按照所表示的符号方式、能够表示的信息及发展过程，可以分为一维条码和二维条码。若从印制的材料、颜色分类，可分为黑白条码、彩色条码、发光条码和磁性条码等。

物流条码是物流过程中用以标识具体实物的一种特殊代码，它是由一组黑白相间的条、空组成的图形，利用识读设备可以实现自动识别、自动数据采集。与通用商品条码相比，物流条码在标识模版、应用领域、采用码制和标准维护等方面都有很大的不同。

在生产管理方面，物流条码可以应用于产品识别码监控生产，采集生产测试数据和生产质量检验数据，进行产品完工检查，建立产品识别码和产品档案等。在销售点系统（POS）方面，企业在对销售商品进行结算时，通过光电扫描读取并将信息输入计算机，然后输进收款机，收款后开出收据，同时通过计算机处理，掌握进、销、存的数据。

在仓库管理中引入条码技术，对仓库的到货检验、入库、出发、调拨、移库移位、库存盘点等各个作业环节的数据进行自动化的数据采集，保证仓库管理各个作业环节数据输入的效率和准确性，确保企业及时准确地掌握库存的真实数据，以便保持和控制合理的企业库存。通过科学的编码，还可方便地对物品的批次、保质期等进行管理。

7.2.2.2　射频识别

无线射频识别（Radio Frequency Identification，RFID）技术是一种非接触式的自动识别技术，俗称电子标签。RFID 的主要核心部件是一个电子标签，通过相距几厘米到几米距离内传感器发射的无线电波，可以读取电子标签内存储的信息，识别电子标签代表的物品、人和器具的身份。

在高速公路收费及智能交通系统领域，RFID 则主导了高速公路自动收费系统。该种系统是射频技术最成功的应用之一，它充分体现了非接触识别的优势。在车辆高速通过收费站的同时完成缴费，解决了交通的瓶颈问题，提高了车行速度和收费结算的效率。

在零售环节，RFID 可以改进零售商的库存管理，实现实时补货，有效跟踪运输与库存，提高效率，减少出错；商店利用 RFID 在付款台实现自动扫描和计费，从而取代人工收款。

在存储环节，RFID 最广泛的应用是存取货物与库存盘点，它能用来实现自动化的存货和取货等操作。在整个仓库管理中，RFID 能高效地完成各种业务操作（如确定堆放区域、上架取货和补货等），增强了作业的准确性和快捷性，减少整个物流中由于商品误置、送错、偷窃、损害、出货错误等造成的损耗，从而实现快速供货，并最大限度地降低存储成本。

在运输管理中，往运输的货物和车辆上贴上 RFID 标签，往运输线路的一些检查点安装上 RFID 接收转发装置，接收装置收到 RFID 标签上的信息后，连同接收地的位置信息上传至通信卫星，再由通信卫星传送给运输调度中心，送入数据库中。

7.2.2.3 销售时点信息系统

销售时点信息（Point of Sale，POS）系统是指通过自动读取设备（如收银机）在销售商品时直接读取商品销售信息（如商品名、单价、销售数量、销售时间、销售店铺、购买顾客等），并通过通信网络和计算机系统传送至有关部门进行分析加工以提高经营效率的系统。

POS 系统最早应用于零售业，以后逐渐扩展至其他如金融、旅馆等服务性行业，利用 POS 系统的范围也从企业内部扩展到整个供应链。

7.2.2.4 电子数据交换

电子数据交换（Electronic Data Interchange，EDI）技术是现代计算机技术和通信技术相结合的产物，各国的企业界和商业界人士都积极采用 EDI 来改善生产和流通领域的环境，以获得最佳的经济效益。使用 EDI 的是交易的双方，是企业之间的文件传递，而非同一组织内的不同部门之间的交换。双方的计算机（或计算机管理信息系统）能发送、接收并处理符合约定标准的交易电文的数据信息。双方计算机之间有网络通信系统，信息传输则是通过该网络通信系统实现的。

EDI 是一种信息管理或处理的有效手段，主要应用于：

（1）制造业。应用于 JIT 生产以减少库存量及生产线待料时间，降低生产成本。

（2）贸易运输业。快速通关报检，经济使用运输资源，降低贸易运输空间和成本，减少时间的浪费。

（3）流通业。QR（快速响应）可以减少商场库存量与空架率，以加速商品资金周转，降低成本。建立物资配送体系，以完成产、存、运、销一体化的供应线管理。

（4）金融业。用于电子资金转账（EFT），减少金融单位与其用户间交通往返的时间与现金流动风险，并缩短资金流动所需的处理时间，提高用户资金调度的弹性，在跨行业服务方面，更可使用户享受到不同金融单位所提供的服务，以提高金融业的服务品质。

7.2.2.5 全球卫星定位系统

美国全球卫星定位系统（Global Positioning System，GPS）是利用分布在约 2 万千米高空的多颗卫星对地面目标的状况进行精确测定以进行定位、导航的系统。GPS 的应用范围包括导航、城市交通疏导系统、车辆监控系统和固定点的定位测量等。

利用 GPS 可以实现路线规划及路线优化，事先规划车辆的运行路线、运行区域，何时应该到达什么地方等，并将该信息记录在数据库中，以备以后查询和分析使用。利用 GPS 还可以进行可靠性分析，通过汇报运输工具的运行状态，了解运输工具是否需要较大的修理，预先做好修理计划，计算运输工具平均日差错时间，动态衡量该型号车辆的性能价格比。

中国北斗卫星导航系统（BeiDou Navigation Satellite System，BDS）是中国自行研制的全球卫星导航系统，是继美国全球卫星定位系统（GPS）、俄罗斯格洛纳斯卫星导航系统（GLONASS）之后第三个成熟的卫星导航系统。2019 年 9 月，正式向全球提供服务；2020 年 6 月，北斗系统完成全球组网。

7.2.2.6　地理信息系统

地理信息系统（CIS）是种基于计算机的工具，它可以对在地球上存在的东西和发生的事件进行成图和分析，GIS 在物流管理和仓库规则中的应用包括用地理坐标、图标的方式更直观地反映仓库的基本情况（如仓库建筑情况、仓库物资储备情况、仓库附近公路和铁路情况等）。此外，铁路运输地理信息系统便于销售、市场、服务和管理人员查看客运站、货运站、货运代办点、客运代办点之间相对地理位置，运输专用线和铁路干线之间的相对地理位置等，从而得到销售区域、影响范围、最大客户、主要竞争对象、人口状况及分布、工农业统计值等。

7.3　供应链管理

扫一扫
线上听课

案例导入 7-3

戴尔的直线订购模式（Build-to-orderModel）

扫一扫查看案例导入 7-3

7.3.1　供应链管理概述

7.3.1.1　供应链

我国《物流术语》中的定义是：供应链是生产及流通过程中，涉及将产品或服务提供给最终用户活动的上游与下游组织所形成的网链结构。现代链的概念更加注重围绕核心企业的网链关系，通过对信息流、资金流的控制，从采购原材料开始，制成中间产品以及最终产品，最后由销售网络把产品送到消费者手中的将供应商、制造商、分销商、零售商，直到最终用户连成一个整体的功能网链结构模式。供应链的结构模式如图 7-6 所示。

供应链是社会化大生产的产物，是重要的流通组织形式和市场营销方式。它以市场组织化程度高、规模化经营的优势，有机地连接生产与消费，对生产和流通有着直接的导向作用。

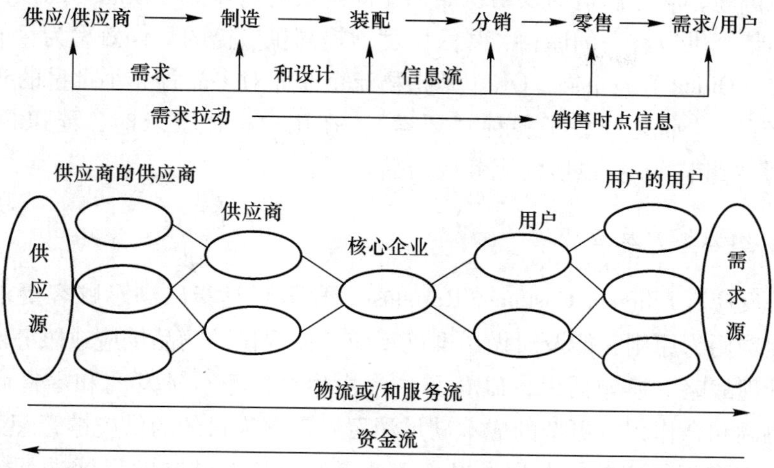

图7-6 供应链的结构模式

7.3.1.2 供应链与物流

物流和供应链存在紧密的联系，却属于不同的范畴。供应链不仅仅是对物流概念的扩展，它与企业业务的集成息息相关。

供应链集成的内容包括商流、物流、信息流等，集成的对象有资源、组织、业务、流程等。因此，供应链的概念比物流的概念更加宽泛。

7.3.1.3 供应链管理

供应链管理是一种集成的管理思想和方法。把供应链上的各个环节有机整合，可以实现供应链整体效率最高。如果把供应链比作一条龙，那么销售环节就是龙头，即产品生产出来以后，企业与客户交互的过程；龙身是生产制造环节，是企业内部产品生产的过程；龙尾是原材料采购环节，即在适当的时间向适当的厂商采购适当的商品。供应链管理的作用就是把这条龙体内的资金流、信息流和物流三者整合起来，使企业能够获得采购、生产和销售的最优路线，提高企业的竞争力。

现代供应链管理对比传统供应链管理，它的内容发生了很大变化，这个变化首先是理念和关注点的变化。传统的供应链管理强调的是它的效能，即强调怎样节约成本；而新的供应链管理强调它的敏捷性，关注怎样提高响应客户的速度。传统的供应链管理强调大规模生产；现代供应链管理则强调大规模定制，即为客户定制产品或服务，还包括为客户提供各种信息。传统的供应链管理强调的是企业内部的协调；新的供应链管理则更强调与上下游企业的整合（外部协调）。

7.3.2 供应链管理的方法

7.3.2.1 快速反应

快速反应是在20世纪70年代后期从美国纺织服装业发展起来的一种供应链管理方

法，是美国零售商、服务制造商及纺织品供应商开发的整体业务概念，以减少原材料到销售点的时间和整个供应链上的库存，最大限度地提高供应链的动作效率为目的。

快速反应（Quick Response，QR）是指物流企业面对多品种、小批量的买方市场，不是储备了“产品”，而是准备了各种“要素”，在用户提出要求时，能以最快速度抽取“要素”，及时“组装”，提供所需服务或产品。

7.3.2.2 有效客户反应

有效客户反应（Efficient Customer Response，ECR）是指以满足顾客要求和最大限度降低物流过程费用为原则，能及时做出准确反应，使提供的物品供应或服务流程最佳化的一种供应链管理战略。换句话说，ECR 是一个由生产厂家、批发商和零售商等供应链节点企业相互协调和合作，以更低的成本满足消费者需要为目的的供应链管理系统。

ECR 的优势在于供应链各方为了提高消费者满意这个共同的目标进行合作，分享信息和诀窍。ECR 是一种把以前处于分离状态的供应链联系在一起来满足消费者需要的工具。ECR 的战略主要集中在以下四个领域，即有效的店铺空间安排、有效的商品补充、有效的促销活动和有效的新商品开发与市场投入。

7.3.2.3 延迟策略

延迟策略并非通常所指的拖延时间，而是作为一种为减小预测风险，适应产品多样化生产而采用的高明策略。其基本思想是：在供应链中，将产品的生产过程分为通用化阶段与差异化阶段，制造企业事先只生产中间产品或可模块化的部件，尽可能延迟产品差异化的业务，待最终用户对产品的外观、功能与数量等具体要求确定后再完成产品的差异化业务。

延迟实现了大规模生产和定制化生产的有机结合。大规模生产能够带来规模经济，而定制化生产能够获得范围经济，从而在满足客户多样化需求的同时，提高了快速响应能力。当接到客户订单时，企业便能以最快的速度完成产品的差异化过程与交付过程，以不变应万变，从而缩短产品的交货提前期，并降低供应链运作的不确定性，提高企业竞争能力。延迟是对供应链业务流程的一种创新。

在生产领域实施延迟策略时，应把产品最后一道制造工艺延迟到接到顾客订单，按照某个顾客对产品的特殊要求集中进行，能更多地利用物流设施和渠道进行轻型生产和最后的集中组装。在具有保留规模生产效益的同时，以标准产品或基础产品去适应不同客户的不同需求的能力；减少预测销售不同产品的种类数，从而降低物流预测误差，降低库存风险。

在物流领域实施延迟策略时，应事先在一个或若干个具有战略意义的地区建立储备全套产品的仓库。只有在收到客户订单后，才进行库存产品的分拨配送。一旦物流程序被启动，企业要高价值、创新型产品，这是因为这类产品虽然边际利润高，但需求不确定性大，生命周期短，更新换代快，面临淘汰贬值的风险巨大，如一些 IT 产品，现代电子产品等。企业实施物流延迟策略能够帮助企业完全摆脱有预测性运作模式引发的库存风险，提高客户满意度。

7.4 生产物流计划与控制

扫一扫

线上听课

7.4.1 生产物流概述

生产物流概述生产物流是指生产过程中，原材料、在制品、半成品、产成品等在企业内部的实体流动。生产物流的边界起源于原材料和外购件的投入，止于成品仓库，贯穿生产全过程。物料随着时间进程不断改变自己的实物形态和场所位置，物料不是处于加工、装配状态，就是处于储存、搬运和等待状态。由此可见，企业生产物流不畅，将会导致生产停顿。

7.4.2 影响生产物流的主要因素

不同的生产过程有着不同的生产物流构成，生产物流的构成受下列因素影响：

（1）生产的类型。不同的生产类型，它的产品品种、结构的复杂程度、精度等级、工艺要求以及原料准备不尽相同。这些特点影响着生产物流的构成以及相互间的比例关系。

（2）生产规模。生产规模是指单位时间内的产品产量，通常以年产量来表示。生产规模越大，生产过程的构成越齐全，物流量越大。比如，大型企业铸造生产中有铸铁、铸钢、有色金属铸造之分。反之，生产规模小，生产过程的构成就没有条件划分得很细，物流量也较小。

（3）企业的专业化与协作水平。社会专业化和协作水平提高，企业内部生产过程就趋于简化，物流流程就会缩短。某些基本的工艺阶段的半成品，如毛坯、零件、部件等，就可由厂外其他专业工厂提供。

7.4.3 生产物流计划与控制的方法

7.4.3.1 生产物流计划的内容与任务

A 生产物流计划的内容

生产物流计划的核心是生产作业计划的编制工作，即根据计划期内规定的出产产品的品种、数量、期限以及发展的客观实际，具体安排产品及其零部件在各工艺阶段的生产进度；与此同时，为企业内部各生产环节安排短期的生产任务，协调前后衔接关系。

B 生产物流计划的任务

生产物流计划的任务包括：

（1）保证生产计划的顺利完成。为了保证按计划规定的时间和数量出产各种产品，须研究物料在生产过程中的运动规律，以及在各工艺阶段的生产周期，以此来安排经过各工艺阶段的时间和数量，并使系统内各生产环节内的在制品的结构、数量和时间相协调。

（2）为均衡生产创造条件。均衡生产是指企业及企业内的车间、工段、工作地等生产环节，在相等的时间阶段内，完成等量或均增数量的产品。

(3) 加强在制品管理，缩短生产周期。保持在制品、半成品的合理储备是保证生产物流连续进行的必要条件。在制品过少，会使物流中断而影响生产，反之又会造成物流不畅加长生产周期。因此，对在制品的合理控制，既可减少在制品占用量，又能使各生产环节衔接、协调，按物流作业计划有节奏地、均衡地组织物流活动。

C　期量标准

期量标准是生产物流计划工作的重要依据，因此亦称为作业计划标准。期量标准是对加工对象在生产过程中的运动经过科学分析和计算，从而确定的时间和数量标准。“期”表示时间，比如生产周期、提前期等；“量”表示数量，如一次同时投入生产的在制品数量、仓库应存储的在制品数量等。

期和量是构成生产作业计划的两个方面。为了合理地组织生产活动，有必要科学地规定生产过程中各个环节之间在生产时间和生产数量上的内在联系。合理地确定期量标准，为编制生产计划和生产作业计划提供了科学依据，从而提高了计划编制的质量，使它真正起到指导生产的作用。同时，按期量标准组织生产，有利于建立正常的生产秩序，实现均衡生产。

7.4.3.2　生产控制的方式和内容

A　生产物流系统的控制方式

物流系统有两种基本控制方式：反馈与前馈。反馈控制是控制主体根据设立的目标，发布控制指令，控制对象根据下达的命令执行规定的动作，将系统状态信息传递到控制主体经过与目标进行比较，确定调整量，通过控制对象来实施，反馈控制如图 7-7 所示。

反馈控制的特点是根据当前状态决定下一步行动，由于从信息收集到调整实施有一定的时间滞后，在某些情况下可能会影响目标的达到。反馈控制的另一特点是稳定性，其总趋势是保持系统的平衡状态。

前馈控制着眼于对系统的未来状态的预测，事先采取措施应付即将发生的情况，这种控制带有主动性。前馈过程如图 7-8 所示。从图中可以看出，除了缺少信息收集外，几乎与反馈过程相同，但前馈控制主体有预测状态功能，它是靠系统长期运行以后加以总结得到的。实际上，对于一个较复杂的物流系统，预测不可能完全正确，还可能有事先无法预测到的随机干扰，所以在实际生产物流过程中很少存在单独的前馈过程。通常情况下，是由前馈和反馈两者结合构成复合控制系统。

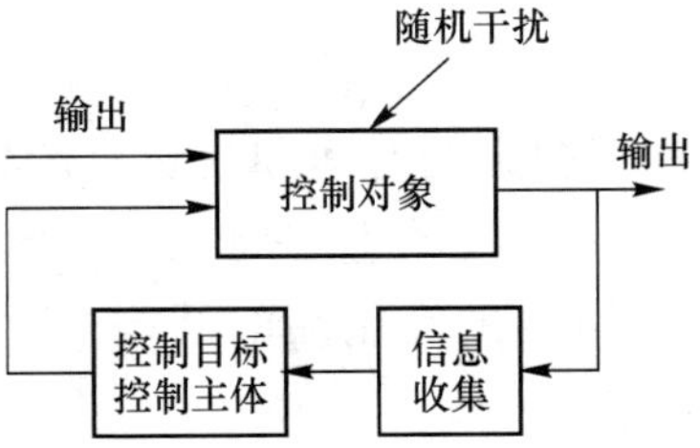

图 7-7　反馈过程示意图

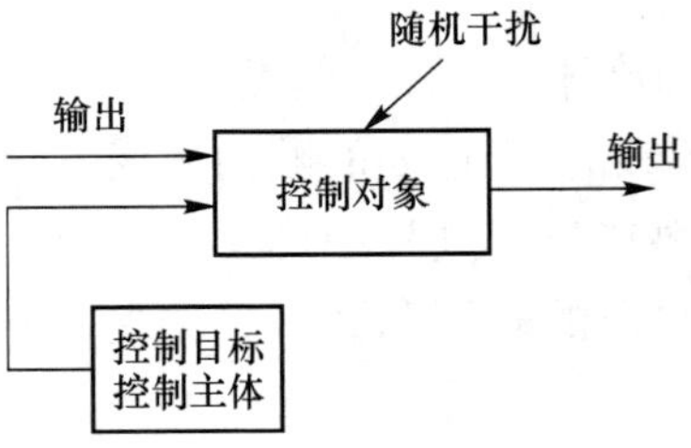

图 7-8　前馈过程示意图

B　生产物流控制的内容

生产物流控制的具体内容有以下三点：

（1）进度控制。物流控制的核心是进度控制，即物料在生产过程中的流入、流出控制，以及物流量的控制。

（2）在制品管理。在生产过程中对在制品进行静态、动态控制以及占有量的控制。在制品控制包括在制品实物控制和信息控制。有效地控制在制品，对及时完成作业计划和减少在制品积压均有重要意义。

（3）偏差的测定和处理。在进行作业过程中，按预定时间及顺序检测执行计划的结果，掌握计划量与实际量的差距，根据发生差距的原因、差距的内容及严重程度，采取不同的处理方法。首先，要预测差距的发生，事先规划消除差距的措施，比如动用库存、组织外协等；其次，为及时调整产生差距的生产计划，要及时将差距的信息向生产计划部门反馈；最后，为了使本期计划不做或少做修改，将差距的信息向计划部门反馈，作为下期调整的依据。

7.5　库存管理与控制

扫一扫

线上听课

案例导入 7-4

为电商建仓储　快递企业探索“仓储+配送”物流体系

扫一扫查看案例导入 7-4

7.5.1　库存概述

库存是指处于储存状态的物品，广义的库存还包括处于制造加工状态和运输状态的物品。库存控制是在保障供应的前提下，使库存物品的数量最少所进行的有效管理的技术经济措施。换句话来说，库存控制既要防止缺货、避免库存不足，又要防止库存过量，避免发生大量不必要的库存费用。

库存的范围包含除了人们一般意义上认识的长期或暂时处于储存状态的库存外，还包括处于加工状态以及为了生产的需要暂时处于储存状态的零部件、半成品或成品。

从经营过程的角度可将库存分为以下六种类型：

（1）经常库存。在正常的经营环境下，企业为满足日常需要而建立的库存。这种库存随着每日的需要不断减少，当库存降低到某一水平时（如订货点），就要进行订货来补充库存。这种库存补充是按一定的规则反复地进行。

（2）安全库存。安全库存是指为了防止由于不确定因素（如大量突发性订货、交货期突然延期等）而准备的缓冲库存。

(3) 季节性库存。季节性库存是指为了满足特定季节中出现的特定需要（如夏天对空调机的需要）而建立的库存，或指对季节性出产的原材料（如大米、棉花、水果等农产品）在出产的季节大量收购所建立的库存。

(4) 促销库存。促销库存是指为了对应企业的促销活动产生的预期销售增加而建立的库存。

(5) 投机库存。投机库存是指为了避免因货物价格上涨造成损失或为了从商品价格上涨中获利而建立的库存。

(6) 积压库存。积压库存是指因物品品质变坏不再有效用的商品库存或因没有市场销路而卖不出去的商品库存。

7.5.2　库存控制方式

7.5.2.1　定期订购方式

定期订购方式是指订购时间预先固定，比如每月或每旬订购一次，而且每次订购数量不固定，随时根据库存情况来决定。订购量的计算公式为：

$$订购量=平均每日需用量\times(订购时间+订购间隔)+保险储备定额-实际库存量-订货余额 \tag{7-1}$$

订购间隔是指提出订购物资抵厂所需的时间。订购间隔是指相邻两次订购日之间的时间间隔，两者的关系如图 7-9 所示。

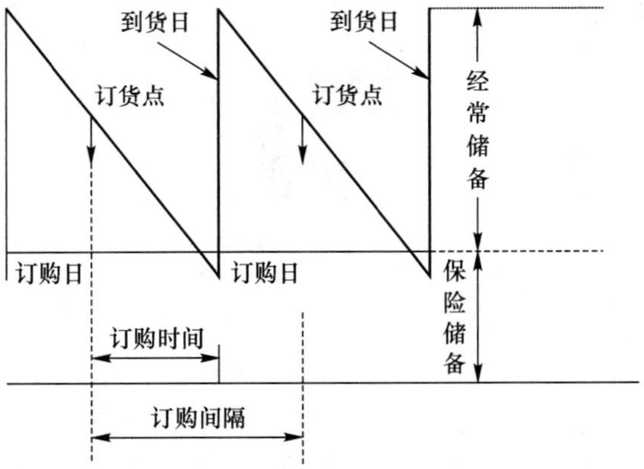

图 7-9　订购时间和订购间隔的关系

实际库存量为订购日之实际库存数，订货余额为过去已经订购但尚未到货的数量。

【例 7-1】 某物资的订购间隔为 30 天，即一个月订购一次，订购时间为 10 天，每日需用量为 20 吨，保险储备定额为 200 吨，订购日之实际库存量为 450 吨，订货余额为 0。求定购量。

解：

$$订购量=20\times(10+30)+200-450-0=550(吨)$$

从例 7-1 可以看出，订购间隔为 30 天，在通常情况下，一次订购量应为 $20\times30=600$（吨），而按现在计算则为 550 吨，这是由于实际库存已经超储，因而在订购时对订购量进行了调整。

采用定期定购方式，在规定订购间隔期时，应当与该物资的经济批量相适应，以提高物资库存的经济效益。例如，某项材料平均每日需要量为 10 吨，如果计算出的经济订购批量为 275 吨，则该材料订购间隔期为 275 ÷ 10 = 27.5(天)。为方便起见，该物资的订购间隔期可定为一个月，如果计算出的经济订购批量为 185 吨，相当于 18.5 天的需用量，则订购间隔期可定为 15 天，即半个月订购一次。

7.5.2.2 定量订购方式

定量订购方式就是订购的时间不定，而每次订购的数量则固定不变。具体办法是预先规定一个订货点量，当实际库存量降到订货点量时，就按固定的订购数量（即预先确定的经济订购批量）提出订购或采购。这种方法又称为订货点法。订货点法的库存量的计算公式为：

$$订货点量 = 平均每日需用量 \times 订购时间 + 保险储备量 \tag{7-2}$$

以例 7-1 中的数据为例，则有：

$$订货点量 = 20 \times 10 + 200 = 400(吨)$$

也就是说，当实际库存超过 400 吨时，不考虑订货；当库存下降到 400 吨时，应及时按预先规定的订购批量（600 吨）提出订购。

订货点法又称“双堆法”。在实际运用中，当一次物资抵厂时，库存量达到最大，这时可把物资分作两堆储存、保管（如果是小件物体，可存放在两个盒子中）。第一堆是订货点量，其余作为第二堆；在发料时，首先动用第二堆；当第二堆没有用完时，不必考虑订购；一旦第二堆用尽，而需要动用第一堆时，说明库存量已降至订货点量，就应及时提出订购。这种方法使库存量形象化，便于控制。

从上述可以看出，定期订购方式是对物资的库存量实行比较严格的控制，在每次订购时都要检查实际库存，并对每次的订购量做出调整。这种控制方式既能保证生产需要，又可避免物资超储，节省流动资金，但是在管理上需要花费较多的精力。而对于定量订购方式，其优缺点正好与定期订购方式相反，是一种比较粗放、简便的控制方式。企业采用什么样的控制方式，应根据物资的不同特点来决定。

7.5.2.3 ABC 库存管理方法

A ABC 分析法的含义

ABC 分析法是在构成一项经济事件或活动中，科学而又简便地找出主要矛盾的一种分析方法。ABC 分析法是依据意大利统计学家帕累托创造的帕累托定律，即在众多起作用的因素中，起关键作用的往往是少数，起次要作用的是多数。帕累托定律又称“80/20”定律，即起 80% 作用的是 20% 的因素，起 20% 作用的是 80% 的因素。在具体操作时，一般要通过一定的程序将众多的因素划分为 A、B、C 三类。A 类属于关键因素，B 类属于一般因素，C 类属于次要因素，所以又称为 ABC 分析法。

ABC 分析法的具体过程如下：

(1) 将物资按其库存额从大到小进行排序，并计算出总库存额。

(2) 计算累计库存额占总库存额的百分比。

(3) 按累计库存百分比划分 A、B、C 类。划分原则为：把占库存总额比重为 70% ~ 80%，品种数占全部库存品种数的 10% 左右的物资作为 A 类物资；占库存总额比重在 10% 之内，品种数占全部库存品种数的 70% 以上的物资作为 C 类物资。除 A、C 类外的物资即为 B 类物资。

ABC 分类管理见表 7-3。

表 7-3 ABC 分类管理

类 别	品种数占总库存品种数百分比/%	年耗用金额占总库存金额百分比/%
A 类	约 10	约 70
B 类	约 20	约 20
C 类	约 70	约 10

【例 7-2】 ABC 库存控制案例分析：下面用一个只有 10 种物品的简化实例来说明如何进行 ABC 分析。

(1) 列出这些物品及其年度使用量，然后用单价乘以年度使用量，求得年度使用金额，再将这些物品按年度使用金额由高至低排序（见表 7-4）。

表 7-4 公司使用物品年度使用金额排序

物 品	年度使用量	单位成本/元	年度使用金额/元	序 数
F-11	40000	0.07	2800	5
F-20	195000	0.11	21450	1
F-31	4000	0.10	400	9
L-45	100000	0.05	5000	3
L-51	2000	0.14	280	10
L-16	240000	0.07	16800	2
L-17	16000	0.08	1280	6
N-8	80000	0.06	4800	4
N-91	10000	0.07	700	7
N-100	5000	0.09	450	8

(2) 按序数排列这些物品并计算年度使用金额与累计百分比，如果任意地决定 A 类物品将是这些物品中最前面的 20%，则 A 类物品包括第一、第二两种物品；第三至第五种物品属于 B 类物品，它们占总物品数量的 30%；其余 50% 的物品属于 C 类物品（见表 7-5）。

表 7-5 公司使用物品的 ABC 分类

物 品	年度使用金额/元	累计年度使用金额/元	累计百分比/%	分 类
F-20	21450	21450	39.8	A
L-16	16800	38250	71.0	A
L-45	5000	43450	80.2	B
N-8	4800	48050	89.3	B

续表 7-5

物　品	年度使用金额/元	累计年度使用金额/元	累计百分比/%	分　类
F-11	2800	50850	94.4	B
L-17	1280	52130	96.7	B
N-91	700	52830	97.9	C
N-100	450	53280	98.9	C
F-31	400	53680	99.6	C
L-51	280	53960	100	C

(3) 以此数据归纳为表 7-6。如果把最大精力集中于 A 类物品可使其库存压缩 20%，而这部分年度使用金额占年度总使用金额的 70.9% 中，可节省相当可观的一笔库存费用。即使 C 类物品由于控制不严而增加了 50% 也不要紧，因为其年度使用金额仅占分类年度总使用金额的 5.8%。

表 7-6　物品的年度使用量百分比和年度使用金额百分比

分　类	年度使用量百分比/%	累计使用金额/元	年度使用金额百分比/%
A = F-20，L-16	20	38250	71.0
B = L-45，N-8，F-11	30	12600	23.4
C = 所有其他	50	3110	5.6
总计	100	53960	100

B　管理办法

在实际应用中，对 A 类库存品执行重点管理，严格控制库存水平，对库存盘点、来料期限、领发料等都要严格要求，保持完整的库存记录，防止缺货；对 C 类库存品采用粗放的管理方法，可以适当加大安全库存量以保证企业需求，通常一次订购 6 个月或一年的需求量，采用双堆法进行库存管理；对 B 类库存品，企业可根据自己的管理能力和水平，选择使用重点管理或一般管理。如果人力、物力允许，就执行重点管理，否则就采用一般管理。B 类库存品可采用综合或连续、定期的控制方法，通常将若干 B 类物品合并在一起订购。

7.6 智 慧 物 流

案例导入 7-5

苏宁物流的无人车系统

扫一扫查看案例导入 7-5

7.6.1　智慧物流概述

7.6.1.1　智慧物流的概念

随着近年来电子商务的迅猛发展，企业之间的竞争实质转化为企业供应链与供应链之间的竞争，传统的物流业运营及服务模式已经不能满足社会及企业发展的需求。现代物流业急需一种全面、高效、便捷、个性化以及安全的物流服务模式。随着计算机技术和网络技术的普及与应用，以物联网、云计算和大数据为代表的新兴技术在物流行业得到了广泛的推广应用，智慧物流体系渐趋成型。基于智慧物流体系的物流服务创新已经成为未来物流发展的方向和途径。

智慧物流是在物联网技术广泛应用的基础上，综合运用云计算、大数据、人工智能及智能物流装备等技术，通过全面感知、信息集成、大数据处理，将物流资源、物流服务、物流信息、物流规范等要素，有机整合并优化运行的实时、高效、环保的物流运营体系。智慧物流能在有效提升企业竞争能力的同时，为客户提供及时、准确、快捷、方便的服务。

智慧物流系统相较于普通物流系统，具有以下明显特征：全面感知、全过程可视化，有效的物流管控，大数据及基于大数据的优化管理与决策支持，更广泛的资源整合与协同运作，低碳节能，绿色环保，能够通过系统协同实现整体最优。

7.6.2　云计算

云计算是基于互联网相关服务的增加、使用和交付模式，通常涉及通过互联网来提供动态易扩展且经常虚拟化的资源。现阶段广为接受的云计算的概念是美国国家标准与技术研究院（NIST）的定义：云计算是一种按使用量付费的模式，这种模式提供可用、便捷、按需的网络访问，进入可配置的计算资源共享池（资源包括网络、服务器、存储、应用软件、服务），这些资源只需投入很少的管理工作，或与服务供应商进行很少的交互，就能够被快速提供。

云物流是云计算在物流行业的应用服务，即云计算派生出云物流。云物流利用云计算的强大通信能力、运算能力和匹配能力，集成众多物流用户的需求，形成物流需求信息集成平台。用户利用这一平台，最大限度地简化了应用过程，实现了所有信息的交换、处理和传递，用户只需专心管理物流业务。同时，云物流还可以整合零散的物流资源，实现物流效益最大化。

从长远来看，云物流具有广阔的发展前景。计算机的信息系统不仅支撑起物流系统的运营，发挥物流系统中枢神经的作用，而且在充分利用云计算的基础上，云物流可能使物流的许多功能发生质的变化。

7.6.3　物联网

物联网技术在企业物流运作各项功能中的推广应用，使传统物流运作流程将面临局部改良或彻底重组，企业物流运作效率将会得到极大提升。

物联网技术可以通过在运算车辆上嵌入射频标签、摄像头等方式合理安排运输过程中的调度问题。它可以通过数据感应识别系统将商品的储存环境及商品自身的品质信息及时传输给数据中心，由数据中心、及时对反馈回来的信息进行综合分析和处理，然后将相关保管和储存的改进建议反馈给仓库。这种智能化的管理能够为企业带来可观的经济效益。

物联网的智能化技术还能够记录货物移动的相关内容，这些内容反馈到数据管理中心，管理者就很容易掌握货物的库存量，借此可以提高整个库存管理的效率。快捷且经济地完成物资配送任务，最为关键的一环就是根据配送任务和配送资源制定出最优化的运输规划，这正是物联网环境下物流信息平台最大的优势之一。

7.6.4 大数据

大数据技术的战略意义在于对已掌握信息的专业化处理和价值挖掘，并分析市场中的长期发展等。随着对大数据应用的逐渐深入，未来获取的数据已不只是行业内部信息，还包括大量的外部信息。通过对这些数据的判断，使得企业可以预测性地做到为每家客户量身定制个性化，差异化的服务。

大数据分析可以帮助企业了解行业发展动态，增强客户忠诚度，提高物流管理领域的透明度和服务质量，优化企业的盈利方式。

本章小结

物流是物品从供应地向接受地实体流动的过程，根据实际需要将运输、储存、装卸搬运、包装、加工、配送、信息处理等基本功能实现有机结合。

物流作为一个由若干子系统构成的综合系统，其活动包括运输、仓储、配送、装卸搬运、包装、流通加工和信息处理等。

企业物流管理就是针对企业内部和外部的相关物流活动，进行科学、合理的计划、组织、协调与控制，以最低的物流成本达到顾客满意的服务水平，使物流更好地为实现企业目标服务。企业物流可以分为供应物流、生产物流、销售物流、回收物流与废弃物物流。物流信息技术在物流各个作业环节中的综合应用，提高了企业物流管理的效率，降低了成本，增强了整个供应链的经营决策能力。

本章介绍了几种常用的物流信息技术，其分别是物流条码技术、无线射频识别（RFID）技术、电子数据交换（EDI）技术、美国全球卫星定位系统（GPS）、中国北斗卫星导航系统（BDS）、地理信息系统（GIS）等。

库存控制就是要控制物资的储备数量，使储备量经常保持在一个经济合理的水平上。加强库存量的管理是物流管理项重要的内容，因此企业要采用适当的方法来确定储备定额。

项目实战

制订企业采购计划

（1）项目名称：制订企业采购计划。

（2）实施步骤：

1）CEO 组织本公司全体成员共同讨论计算，制订企业采购计划。

2）CEO 到台前展示计算成果。

3）教师总结点评。

项目实战模版

扫一扫查看项目实战模版

同步测试

7-1　单项选择题

（1）生产企业、流通企业售出商品的物流过程为（　　）。

A. 回收物流　　B. 供应物流

C. 销售物流　　D. 生产物流

（2）在社会再生产过程中，包装处于（　　）。

A. 生产过程的开头　　B. 物流过程的开头

C. 产品的始点　　D. 销售的始点

（3）物流系统可以创造物品的空间效用、时间效用、形式效用，其中空间效用主要由（　　）来实现。

A. 运输　　B. 流通加工业务

C. 仓储活动　　D. 分拣

（4）以下属于智慧物流特征的是（　　）。

A. 全过程可视化　　B. 更有效的物流管控

C. 全面感知　　D. 以上都是

（5）ABC 分析法中 A 类商品适合（　　）订货方式。

A. 定期订货法　　B. 定量订货法

C. 双堆法　　D. 提前期法

（6）生产企业、流通企业售出商品的物流过程为（　　）。

A. 回收物流　　B. 供应物流　　C. 销售物流　　D. 生产物流

（7）库存的补充是按照一定的数量界限或时间间隔进行的是（　　）。

A. 经常库存　　B. 安全库存　　C. 季节性库存　　D. 促销库存

（8）某企业有 5 台相同的生产设备，已知产能利用率为 80%，单台最大产能为 5 件/台，该企业当前理论日产量为（　　）。

A. 25 件　　B. 20 件　　C. 40 件　　D. 18 件

（9）有消费者将商品退回给超市，再经物流回收中心一步步退回给供应商和制造商，这描述的是逆向物流的（　　）。

A. 逆向性　　B. 不确定性　　C. 复杂性　　D. 高成本

（10）提货凭证是指根据合同的约定或者存货人的要求，向存货人（　　）并作为提货时的有效单证。

A. 签发仓单　　B. 签发运输单　　C. 签发托运单　　D. 签发配送单

（11）在疫情期间，各口罩生产企业为满足市场供应，加班加点生产，为了提升产能，以下做法中不正确的是（　　）。

A. 临时高薪聘请员工　　B. 利用外协合作伙伴产能

C. 降低产品品质，提高生产速度　　D. 压缩其他产品生产

（12）以下属于智慧物流特征的是（　　）。

A. 全过程可视化　　B. 更有效的物流管控

C. 全面感知　　D. 以上都是

（13）企业将物流业务以合同的形式将业务长期交给第三方物流企业，这是指（　　）。

A. 协作　　B. 自营　　C. 联盟　　D. 外包

7-2　判断题

（1）物流系统的功能要素包括运输、储存、装卸搬运、包装、流通加工、配送和信息处理。（　　）

（2）在社会再生产过程中，包装处于生产过程的末尾和物流过程的开头，既是产品的终点，又是物流的始点。（　　）

（3）供应链与物流具有相同的范畴。（　　）

（4）仓储能解决生产与消费在时间上的矛盾，创造巨大的时间。（　　）

（5）国际 EAN 编码委员会分配给我们的系统代码是 890 和 891。（　　）

（6）在供应链金融中，基于合同的法律主要体现在《合同法》和《担保法》。其中，《合同法》从法律上确定了仓单的概念及其基本规则，并规定仓单的性质。（　　）

（7）在生产流程管理过程中，不仅要关注结果，还需要关注投入与过程。（　　）

7-3　思考题

（1）物流是如何实现其效用的？

（2）结合实际案例说明物流定义的含义。

（3）说明供应链管理与传统管理模式的区别。

（4）影响生产物流的因素有哪些？

（5）简述生产加工与流通加工的区别。

（6）简述 ABC 分类法中针对不同类别库存的管理方法。

（7）什么是供应链管理，现代供应链管理的特点是什么？

（8）企业物流管理所使用的物流信息技术主要有哪些？试举例说明。

（9）简述库存控制的方式。

（10）阐述物联网对物流各个环节的影响。

7-4　案例分析

佛山汽运的现代物流转型

佛山汽运集团（以下简称佛山汽运）物流分公司的前身是一个零担货运站。1994 年以来，公司通过发展零担货运业务、组建货运中心、开展货物配载业务等举措，延伸传统货运的服务领域，大力发展第三方物流，将一个陷入困境的传统货运站发展为现代物流企业。佛山汽运从传统货运向现代物流转型过程中的主要经验有：

（1）把握机遇，转换机制，建立货运中心。随着改革开放和道路运输业的蓬勃发展，货运市场出现了跨行业、跨区域经营，国有、集体、个体多种经济成分并存的新格局，竞争日趋激烈。许多国有运输企业由于未能及时转换经营机制，无法适应市场竞争，经营陷入困境。该公司也经历了与其他国有运输公司一样的痛苦。

（2）建立物流配送中心，加强基础设施建设。传统货运企业的经营范围局限于运输、仓储、装卸等领域，服务功能狭窄，无法满足社会化大生产和客户的多元化服务要求，而现代物流企业适应社会化大生产的要求，且市场巨大，有着广阔的发展空间。面对新形势，要振兴货运业，将货运业做大做强，就必须转变观念，重新选择市场。基于这种认识，公司决定在原有货物运输的基础上进一步拓宽业务，逐步形成运输、仓储、配送、搬运、包装、流通加工等一体化服务体系，开始向物流方向发展。佛山汽运提出了由传统货运向现代物流转变的战略构想，并将货运分公司更名为物流分公司，定位为提供全方位物流服务的第三方物流服务供应商。由于原有货运中心设备陈旧、管理模式落后、科技含量低、运作效率低，不能满足客户及货运经营者的要求，公司首先投资了 1500 万元，将原来总面积 2 万多平方米的货运配载中心改造成为总面积近 6 万平方米的物流配送中心，拥有大型仓储配送平台、综合办公大楼、经营铺位、停车场、加油站、招待所等一整套适应物流发展的硬件设施。

（3）应用物流信息技术，提高企业物流质量。物流信息化是物流企业发展到一定阶段的必然选择。为加快向现代物流转变的步伐，佛山汽运一直很注重物流信息化的改造，建立了公司内部的局域网络，在物流运作逐步规范的基础上，基于互联网新技术，又开发了 B/S（浏览器/服务器）结构的物流信息系统。这套系统的功能包括客户端电子商务系统、业务管理信息系统、系统管理维护三大主模块。由于任何信息系统都离不开数据，物流企业的信息化也同样离不开大量的物流数据。所以公司在开发信息系统时，首要考虑的问题是采用什么样的技术手段实现对大量数据进行采集、分类、识读和传递，以避免出现重流程、轻技术的现象。建立物流信息系统，其核心作用在于：全面观察及控制整个物流系统的运行情况，即使客户在异地下单，在其发出收发货指令直至货物送达终端用户手中，客户都可以通过物流信息系统掌握货物在物流链中的相关信息，甚至在完成物流业务后，系统也能自动产生各种费用、配载和库存等报表，从而实现实时信息共享，大大提高物流系统运作的效率，降低物流运作成本。佛山汽运总结的经验是：物流企业在开发信息系统时，应客观准确地根据企业自身的运作特点进行设计，不可盲从，应采取局部的、分阶段的、循序渐进的方式进行开发。

问题讨论：

（1）传统道路运输企业向现代物流企业转型时应该注意哪些问题？

（2）传统货运企业有哪些特点？现代物流运输企业有哪些特点？

扫一扫查看同步测试参考答案

8　企业设备管理

扫一扫查看
本章课件

教学目标

（1）知识目标：了解设备管理的内容和意义；掌握设备选择的原则及评价；掌握设备的维护保养、改造与更新。

（2）能力目标：能制订企业设备修理计划；能够依据设备选择的原则为企业选择合理的设备；能依据设备磨损和发生故障的规律，制订维修计划；能够确定最佳的设备更新周期。

（3）思政目标：把党的二十大精神融入现代企业管理教学实践中，帮助学生树立正确的社会主义核心价值观，形成爱国、敬业、诚信、友善的公民品格，提升绿色生态文明意识、成本意识和创新意识，形成企业设备管理标准化、规范化意识。

工业企业的生产设备是社会生产力的重要因素，是企业进行生产活动的主要物质条件。现代工业企业的生产活动主要是在人的操纵和控制下，由机器设备直接来完成的。因此，设备经营管理是企业管理的重要组成部分，是企业改善经营效果的重要环节，是工业企业技术管理的一项重要内容。

本章着重介绍设备管理的基本理论及其发展趋势、设备的选择与使用、维修与保养、改造与更新等。

8.1　企业设备管理概述

扫一扫
线上听课

案例导入 8-1

海尔集团设备管理创新

思路创新为设备管理工作带来无穷活力。海尔集团根据业务流程再造，将原先十几个产品事业部（即冰箱公司、洗衣机公司、空调公司等）的设备处整合成立了青岛海尔设备管理有限公司，引进市场竞争机制，以内部市场为导向，以效益为中心，紧紧围绕企业发展方向，优化组合各种生产要素，开创了设备管理工作的新格局。建立起以区域承包为基础的市场链机制，整合初期集团从事设备管理工作的人员有508人，维修工的管理较为松散，设备管理以抢修为主。由于责任不清，经常耽误生产。为此，海尔设备管理部以设备的区域承包为基础，建立起了对停机时负责的市场链机制，即所有的设备都承包给具体责任人，无论何时，只要设备停机，就向责任人索赔。此举迅速调动起了维修工的积极性，设备停机以抢修为主转变为以预防检修为主，通过很多具体的典型案例来转变全体人员的观念，各事业部停机次数直线下降，平均每月降幅都在20%以上。

启示：变革设备管理思路和手段，将设备生产环境与企业文化相结合，有利于形成独特的设备管理模式，提升设备管理水平。

8.1.1 设备管理的意义

从设备管理的范围来说，既包括机器设备、装置、设施，器械等各类设备的管理，即生产工艺设备管理；还包括交通运输设备、研究试验设备管理，即辅助设备的管理。设备管理的着重点是生产工艺设备的管理。

从设备管理工作的性质和内容来说，既包括设备的物质运动形态全过程的技术管理，即从设备的选购、进厂验收、安装调试、使用、维护与修理、更新改造，直至报废等环节的管理；也包括设备的价值运动状态全过程的经济管理，即设备的最初投资、维修费用的支出、折旧、更新、改造资金的筹措、积累、支出等管理。

综上所述，设备经营管理就是设备运动全过程的计划、组织和控制，其意义具体可归纳为以下几方面：

（1）有利于保证和提高产品质量，实现均衡生产。加强设备经营管理，使机器处于良好的技术状态，保持良好的精度、性能，正常运转，才能保证和提高产品的质量，实现企业的正常生产。

（2）有利于提高企业的经济效益。随着科学技术的迅猛发展，工业企业机器设备的现代化水平极大提高，机器设备的完善程度对生产的影响越来越大。设备生产效率、精度的高低，运转是否正常，都直接关系到产品产量多少、质量的好坏、消耗的大小及产品成本的高低。同时，由于现代化设备的性能不断提高，结构愈趋复杂，作业连续化、自动化程度不断提高，以及设备的综合化、大型化等，导致设备的投资费用越来越高，设备的折旧费、税金、维修费用在产品成本中的比重不断增加。因此，加强设备管理，经济合理地选择和使用设备，是改善企业生产经营效果，提高企业经济效益的重要基础。

（3）有利于加速企业实现生产的现代化。加强设备管理，搞好设备的技术改造，及时更新设备，不断改善机器设备的性能，将有利于加速实现企业生产的现代化。

8.1.2 设备经营管理的任务和内容

8.1.2.1 设备经营管理的任务

现代设备的经营管理任务包括：

（1）根据技术先进、经济合理和企业需要的原则，综合评价、正确选择和购置设备。

（2）合理使用设备，加强对机器设备的维护、修理的管理工作，保证设备始终处于良好的技术状态，保证企业生产的正常进行，建立良好的生产秩序。

（3）对企业现有设备有计划有步骤地进行改装、改造和更新，不断提高企业装备的现代化水平，为企业提供先进适用的技术装备，保证企业的技术进步。

（4）提高设备管理的经济效益，设备管理工作是提高企业经济效益的重要领域。因此，在保证设备良好技术状态的同时，要加强设备的经济管理，按照经济规律的客观要求组织设备管理工作，降低设备管理各环节的费用，达到设备的寿命周期费用最经济。

(5) 开展对引进设备和新设备的学习、研究与消化，尽快掌握引进设备和新设备的使用和维修技术。

8.1.2.2　设备管理的内容

现代设备经营管理的基本内容有以下几个方面：

(1) 实行设备的全过程管理。从选购设备和自行设计制造设备开始，在生产领域内使用、维护、修理、直到报废退出生产领域为止的全过程管理。

(2) 追求寿命周期费用最经济、综合效率最高。设备寿命周期费用是设备运动过程的总费用，它是与设备物质运动全过程相对应的一个经济指标。在设备决策方案论证中，应追求设备寿命周期费用最优化，而不能单纯地只考虑某一阶段的经济性，同时还要使设备的综合效率最高。

(3) 为满足生产发展的需要，应及时提供先进适用的技术装备。随着科学技术进步，市场与用户需求的不断变化，人们生产所需要的产品品种不断增多，质量要求不断提高，因此要求设备部门及时提供能够满足生产发展需要，先进适用的技术装备。所以，工业企业的设备经营管理，必须是能够保证技术进步的动态型管理。

(4) 加强设备维修工作，以保证正常的生产秩序。设备维修工作是现行设备管理中工作量最大的一部分工作，是企业日常设备管理的主要工作内容。现代设备经营管理更强调设备维修工作的重要性。

综上所述，设备经营管理工作要做好设备维修和技术改造、设备经济管理、设备组织管理等方面的工作。

现代设备管理的发展趋势请扫右侧二维码学习了解。

现代设备管理的发展趋势

8.2　设备的选择和使用

案例导入 8-2

工业换气扇生产设备选择决策

某公司接到订单需求 P-1 型号工业换气扇 200 台，风扇叶片为薄钢板结构，原计划使用传统单工位冲床手工送料冲压完成，薄钢板材料已经在剪板机下料完成，在生产时冲床发生故障，如果带病工作加工周期要延长 0.5 天；如果维修则需要 2 天才能维修完毕，等到设备维修好再加工，需要增加 2 个加班才能保证交货期；如果改用带自动送料机的多工位冲压及生产，不需要加班，也不影响其他冲压件生产，但由于该批冲压叶片的数量较少，结构简单，使用设备的效率较低。

启示： 加工工业的设备型号和类型众多，合理选择设备要考虑两个方面，一是从生产效率和经济性的角度考虑，二是从设备完好状态的角度考虑。

8.2.1　设备选择的原则

设备选择应满足企业生产实际的需要，要从企业长远生产经营发展方向全面考虑，使企业把有限的设备投资，用在生产必需的设备上，发挥投资的最大经济效益。因此，科学、准确地选择设备，是企业设备前期管理的一个重要内容。

设备选择总的原则是：技术上先进、经济上合理、生产上可行（适用）、配套齐全、技术服务好。具体来说，应考虑以下原则：

（1）生产性。生产性是指设备的生产效率。目前，提高设备生产效率的主要方向，是设备的大型化、联合化、高速化、自动化和电子化。但选择设备时应同时考虑企业的生产需要、管理水平、资金和能源条件等。

（2）可靠性。可靠性是指设备的精度、准确度和对产品质量的保证程度，及零部件的耐用性、安全可靠性，即要求设备能够生产高质量的产品，同时减少设备的故障。

（3）安全性。安全性是指设备对生产安全的保障性能，比如是否装有自动控制装置（如自动切断电流、自动停车装置等）。

（4）节能性。节能性是指设备要有利于节约能源和降低原材料的消耗。

（5）维修性。维修性指设备要便于检查、保养、维护和修理。

（6）环保性。环保性是指设备的噪音和排放的有害物质对环境的污染程度要尽可能地低。在选择设备时，要求能把噪音控制在人体健康的卫生标准范围内，并配有相应的治理“三废”的附属设备和配套工程。

（7）成套性。成套性是指设备的配套水平，包括单机配套、机组配套和项目配套。

（8）灵活性。灵活性也称适应性，其表现在三个方面：在工作对象固定的条件下，设备能够适应不同的工作环境，使用灵活方便；对于工作对象可变的设备，要求适应多种加工性能（即通用性强）；在达到同样要求的情况下，向小型化、微型化、简易化、廉价化方向发展。

（9）耐用性。耐用性指设备的物质寿命要长。

（10）经济性。经济性指设备的投资费用和使用费用较少，投资回收期限短。

以上是选择设备时需考虑的主要原则。对这些原则要统筹兼顾，全面地权衡利弊，尽量做到技术要求与经济要求的统一。

8.2.2　设备选择方案的评价

设备选购是否合适是能否达到设备管理目标的先决条件。因此，选择设备时要进行科学的评价，设备的评价包括技术评价和经济评价两个方面。

8.2.2.1　设备的技术评价

设备的技术性能是各不相同的，选择设备时不仅要根据企业当前使用要求和技术不断进步的要求（如对品种、质量、产量、安全及环境保护能力的适用性），来评价设备的技术性能满足当前及长远需要的程度，而且要考虑企业是否具备购置及充分发挥设备技术性能的相关条件，比如资金筹集的难易、厂房条件、操作与维修人员的素质、维修备件提供的可能性、设备所需能源种类及数量、所需原材料的供应情况等。有多种设备可供选择时，应按企业内部环境条件，运用经济评价方法择优选择适合当前需要和未来发展需要的并能为企业和社会带来良好经济效益的设备。

8.2.2.2　设备的经济评价

设备的经济评价就是通过对几种方案的对比、分析，选购经济性能最好的设备。

8.2.3　设备合理正确使用的意义和要求

8.2.3.1　设备合理正确使用的意义

设备的合理使用，是设备综合管理工作中的重要环节。机器设备使用寿命的长短，生产效率和工作精度的高低，固然取决于设备本身的结构和精度性能，但在很大程度上也取决于它使用情况。正确使用设备，可以保持设备处于良好的技术状态，防止发生非正常磨损和避免突发性故障，延长使用寿命，减少修理次数，降低修理费，提高企业经济效益。

8.2.3.2　设备合理正确使用的要求

为了使设备得到充分合理使用，必须做好以下几项工作：

（1）根据本企业的生产特点和工艺特性，合理地配备各类设备。企业要根据自身的生产特点和工艺过程要求，按照对象专业化或工艺专业化的原则，按一定比例经济的为各车间、班组配备好生产设备和适当的辅助设备，使各种设备在性能上和生产效率上相互协调配合，从而使所有设备都得以充分发挥其作用。除此之外，随着产品品种、结构和数量的不断变化，要对设备进行调整，才能使其适应生产发展的要求。

（2）合理地为各类设备安排合适的加工任务。根据各种设备的结构、性能、精度、加工范围和技术要求，适当分配生产任务，避免“大机小用”“小机大用”“精机粗用”以及超负荷运转，切忌让设备承担不能胜任的加工任务，更要防止片面追求产量而过度使用设备的错误做法。总之，要使各种设备各尽所能，充分发挥应有的效率。

（3）为各类设备配备合格的操作人员，实行凭操作证使用设备的制度。为了保证机器设备在最优状态下运转使用，应根据各类设备的精度等级和技术要求，配备相应等级的操作工人。要求操作者熟悉设备的性能、结构、工作范围和维护技术，做到“三好四会”，即用好、管好、保养好和会使用、会保养、会检查、会排除故障。同时还应向操作者传授技术基础理论和培训实际操作技能，经考试合格后发给操作证，操作者方可独立使用设备。凭操作证操作是保证正常使用设备的基本要求。精密、大型、稀有和重点设备的操作工人，由企业设备主管部门签发。设备操作工人必须遵守“定人定机”“凭证操作”制度。这是保证设备正常运行、减少故障、防止事故发生的重要措施。

（4）要为设备创造良好的工作环境和条件。良好的工作环境和条件是保证设备正常运行、延长使用期限、保证安全生产的重要条件。要根据各类设备的需要，提供一个适宜的工作场地和整洁、宽敞、明亮的工作环境，安装必要的保护、安全、防潮、防腐、保暖、降温等装置，配备必要的测量和控制用的仪器、仪表等。对于某些高、精、尖设备，必须配备特殊的工作场所，满足恒温、恒湿、防尘、防震、防腐等特殊要求。

（5）建立和健全各类设备使用责任制及其他规章制度。建立和健全各类设备使用的责任制及其他规章制度，是管好用好设备的重要保证。从企业的各级领导、设备综合管理部门、生产管理部门到每一个操作工人，都应对设备的合理使用负有相应的责任，应建立一套切实可行的责任制和设备综合管理规章制度。比如操作者管理设备的“五项纪律”：

1）凭操作证使用设备，遵守安全操作规程。

2）经常保持设备清洁，并按规定加油。

3）遵守交接班制度。

4）管好工具、附件，不得遗失。

5）发现故障，立即停车检查，自己不能处理的，要及时通知维修人员。

同时，还要建立岗位责任制。对于单人单机一班作业的设备，建立专人专机制度对于三班作业和几个人共同操作的设备，建立机长负责制，在机组内再进一步划分操作岗位并规定其职责，做到台台设备有人管。

（6）开展完好设备的竞赛活动。开展完好设备的竞赛活动是动员广大职工用好、管理好设备的有效形式。所谓完好设备，是指零件、部件和各种装置完整齐全，油路畅通，润滑正常，内外清洁，性能和运转状况均符合标准的设备。厂部或车间要定期对设备技术状态进行检查评比，做到奖罚分明，并总结和推广先进经验。对带病运转的设备，应查明原因，提出改进措施，以提高设备的完好程度。

8.3 设备的维护和修理

扫一扫
线上听课

案例导入 8-3

甘肃省某化工厂因造气车间设备维修安全事故

甘肃省某化工厂因造气车间变换炉触媒老化失效，停车更换触媒，按罐内作业要求指派了一人监护。由于检修的变换炉和生产运行系统未用盲板可靠隔离，当空分车间启动氮压缩机向外送氮时，氮气经阀门泄漏入检修炉内。在外监护的人员擅离职守也进入了炉内，结果检修工和监护工都窒息死亡。事故原因是由于检修设备隔离不力造成的。因此，必须对进入罐内作业实行特殊的安全管理，以避免意外事故的发生。

启示：随着科学技术的不断进步和现代化生产的飞速发展，机器设备作为决定产品的产量、质量和成本的重要因素，起作用越来越明显。设备在使用过程中，必然会产生不同程度的磨损、疲劳、变形或损伤，随着时间的延长，他们的技术状态会逐渐变差，使用性能下降。设备维修作为设备管理的重要环节，是延长设备寿命，保证生产正常运行，防止事故发生的重要保证。

设备的维护、检查和修理简称维修，是设备综合管理中工作量最大的环节。其目的是保持设备经常处于良好的技术状态，防止和减少设备事故的发生，降低维修费用，减少停工损失，延长设备使用寿命。搞好这方面工作的措施是：在掌握设备磨损与故障规律的基础上实行先进维修制度，制定维修保养、检查与修理计划的作业内容，采用先进的检修技术，结合实际，灵活地运用多种维修方式和修理方法。

设备的维护保养工作是一项日常工作，其本身就带有预防的性质。如果不认真做好这项工作而单纯依赖修理，将会大大增加修理的难度和费用，降低设备利用率，缩短设备使用寿命。

设备的检查是对设备的运转情况、磨损程度、工作精度和对环境的污染等进行检查或监测，查明异常，排除隐患，做好修理前准备，为编制修理计划提供依据。

8.3.1　设备的磨损规律和故障规律

设备购置后，经过安装调试后，可投入生产使用。在使用过程中，设备不断磨损，因而需要进行保养和修理。为了全面完成设备的综合管理任务，必须研究机器设备的磨损规律和故障规律，根据这一规律来组织设备维修保养。

8.3.1.1　设备的磨损规律

设备的磨损是指由于摩擦应力和化学反应的作用造成的零件磨损。其磨损程度与设备的使用时间和使用强度有关。随着使用时间的推移，机器设备磨损大致可分为三个阶段，如图8-1所示。

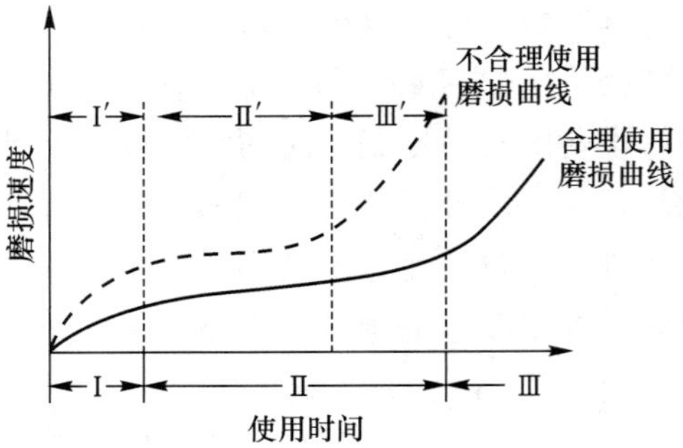

图 8-1　设备物质磨损曲线图

A　初期磨损阶段

机器设备刚开始运转时，零件之间互不适应、互不吻合，零件表面的氧化层、脱炭层很快地被磨平，设备逐渐地运转正常、平稳。这一阶段磨损速度较快，但时间较短。

B　正常磨损阶段

这一阶段磨损的速度比较缓慢而稳定。在正确合理的使用条件下，机器零件表面有最好的耐磨能力，设备处于最佳的技术状态。这一阶段的时间，就是机器零件的使用寿命。

C　急剧磨损阶段

当设备的正常磨损达到一定限度后，磨损量急剧增加，设备的性能、精度迅速下降，已不能保持正常的性能，最后导致零部件损坏，直至整机停止运转。因此，在设备进入急剧磨损期以前，就要进行修理，以恢复设备应有的性能。

8.3.1.2　设备故障规律

设备故障规律是指从设备投入使用直到报废为止的设备寿命周期内故障的发展变化规律，由于机器设备是由许多零件构成的，故应首先研究零件的故障与时间的关系。

A　机器设备零件（元件）的故障规律

机器零件（元件）的故障发生形式比较简单，其故障率有如图8-2所示三种形式。

图8-2(a)表明故障率随时间增加而减少，特点是开始使用时容易发生故障，越到后期就越不易发生故障。图8-2(b)表明故障发生的形式是随机的，故障率是常数。图8-2(c)表明故障率随时间的增加而增加，对于这一类零件，只要预测出其平均故障期，在故障发生前将这些零件更换掉，就可避免故障频繁发生。

B　设备的故障规律

设备的故障是指设备在规定的环境和使用条件下，由于性能下降或零部件的损坏，使

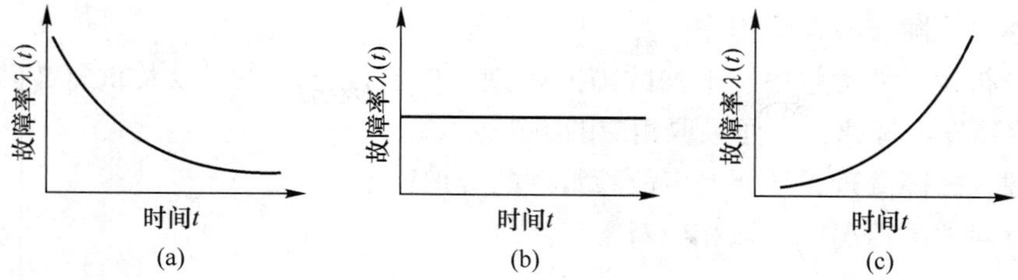

图 8-2　零件的三种基本故障与时间的关系
（a）故障随时间增加而减少；（b）故障发生形式随机；（c）故障率随时间的增加而增加

设备的局部或整体失去了应有的机能。设备使用后，其故障的发生是有规律的。其规律一般可分成三个时期，如图 8-3 所示。

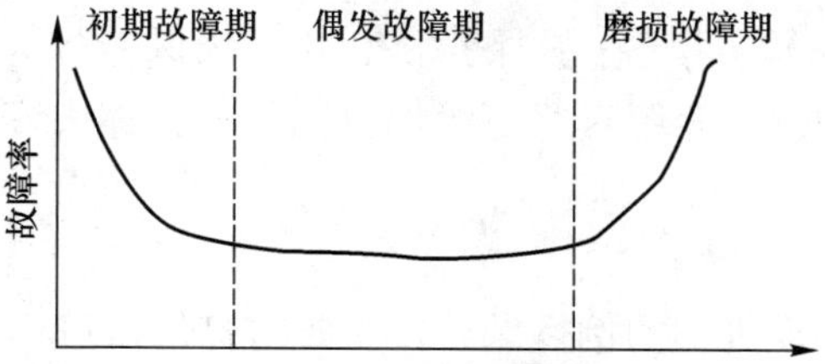

图 8-3　设备故障规律曲线图（又称浴盆曲线图）

a　初期故障期

初期故障期技术上称为跑合期。开始时故障率较高，然后逐渐降低，并趋于稳定这个时期的故障主要是由于设计上的缺陷，制造质量不佳，搬运、安装不良或操作者不适应等原因造成的。这一时期的重点工作是细致地研究操作方法，并将设计、制造中的缺陷反馈给设备制造部门。

b　偶发故障期

偶发故障期又称故障稳定期。在这个阶段，设备运转正常，故障率最低。偶尔发生故障也多是由于操作的失误或某些零部件存在隐患造成的。在这一时期应加强操作管理，做好日常维护保养工作。

c　磨损故障期

磨损故障期又称损坏期。在这一阶段，由于机械磨损和变形，许多零部件接近或超过使用极限，经常发生损坏，故障率明显上升，设备利用率开始下降。为了降低这个时期的故障率，就要在零件达到使用极限前加以修理或更换。因此，重点工作是进行预防性维修和改善性维修。

8.3.1.3　设备的故障管理

一般采取以下办法来开展故障管理：

（1）操作工人应对设备进行故障记录、统计、分析、提出排除故障的合理化建议。

（2）结合本厂生产实际和设备状况，确定故障管理的重点设备。

（3）采用监测仪器和故障诊断技术，对重点设备进行有计划的监测活动，以发现故障征兆和劣化信息。

（4）建立故障查找逻辑程序。

（5）分析设备故障频率、平均故障间隔期，单台设备动态，以及重复故障发生的原因，找出故障发生规律，以便采取相应的决策。

（6）建立故障管理系统，确定故障管理的合理程度。

（7）针对故障情况，采取相应对策。

8.3.2　设备的维护保养

设备维护（或设备保养）是对设备进行清扫、检查、清洗、润滑、紧固、调整和防腐等一系列工作的总称。其目的是减缓设备的磨损，及时发现和处理设备运行中出现的异常现象。

按保养工作的深度和广度，通常把设备保养分成不同的等级。我国多数企业采用“三级保养制”，即“日常保养”“一级保养”和“二级保养”。

现以金属切削机床为例，介绍对“三级保养制”的具体内容。

8.3.2.1　日常保养

这是操作工人每天必须进行的例行保养，主要内容包括：

（1）润滑——按润滑图表加油并检查油标油位。

（2）清洁——擦拭设备外表面与滑动面。

（3）紧固——拧紧松动的螺钉。

（4）调整——如手把调整、活动部位调整；保险装置的调整、皮带松紧的调整等。

（5）检查——检查操作手柄、电气开关手柄、安全装置、接地线和紧固线的位置；检查操作是否灵活、低速空转声音是否正常、显示器是否灵敏等。

设备的日常维护保养，一般由操作者来完成，保养的项目较少，保养的部位大多在外部，但它是设备维护的基础。

8.3.2.2　一级保养

这是在维修工人指导下由操作工人承担的保养任务，主要内容包括：

（1）根据设备的使用情况，对部分零件、部件进行拆卸、清洗。

（2）对设备某些配合间隙进行调整。

（3）消除设备表面的“黄袍”和油污。

（4）检查调整润滑油路，保持油路畅通，并不泄漏。

（5）清洗电器箱、电动机、电气装置，做到固定整齐，安全防护装置牢靠。

（6）清洗附件和冷却装置。

一级保养通常在设备开动500～700台时后进行一次。一级保养所保养的项目和部位较多，主要内容是增加了对部分零部件的保养，一级保养一般由操作者在专职维修人员的指导配合下定期进行。完成后要做记录，由车间设备员验收。

8.3.2.3　二级保养

这是以维修工人为主，操作工人参与的保养，主要工作内容：

（1）根据设备使用情况，对设备进行部分解体检查、清洗。

（2）对各传动部分、液压系统、冷却系统清洗换油，保证正常润滑。

（3）修复或更换易损件，部分摩擦面要刮研。

（4）检查电器箱，修整线路，清洗电动机。

（5）检查、调整、修复精度、校正水平。

8.3.3 设备的检查与监测

8.3.3.1 设备的检查

设备的检查主要是对设备的运转情况、磨损程度、工作精度进行检查和校验。经过检查，掌握设备运转和零件磨损情况，可以及时发现并采取相应措施消除隐患，防止发生急剧磨损和突发事故；同时，可以根据检查结果，针对发现的问题，提出加强和改进设备维护保养工作的意见和措施，为编制修理计划和做好修理前的准备工作打下基础。

设备的检查按时间间隔划分为日常检查和定期检查。日常检查就是在交接班时，由操作工人结合日常保养情况进行的检查，以便及时发现问题，进行必要的维护和修理工作。定期检查就是按计划规定的时间，在操作工人的参加下，定期由专业维修工人进行的检查。通过定期检查可以及时准确地掌握设备的技术性能和磨损程度，以便确定修理类别及修理时间。

设备的检查按性能划可分为功能检查和精度检查。功能检查就是对设备的各种功能进行的检查与测定，以便确定设备的精度是否符合技术要求，是否需要调整等，从而保证产品的质量。精度检查是对设备的加工精度进行检查和测定，掌握实际精度情况，防止因设备精度降低而产生废品。

8.3.3.2 设备的状态监测技术

设备状态监测技术是通过科学的方法以及在设备上安装的仪器仪表，对设备的运行状况进行监测。通过监测，全面地、准确地把握住设备的磨损、老化、劣化、腐蚀的部位和程度以及其他情况，并在此基础上进行早期预报和追踪。状态监测的方法很多，常用的有温度监测、泄漏监测、振动监测、噪声监测、腐蚀监测等，这些方法的采用都需要配备一定的监测设备。因此，要有一定的监测装置费用，而且对操作人员的技术水平也有一定的要求。

8.3.4 设备修理与设备维修制度

8.3.4.1 设备修理

设备修理是指当设备出现故障或技术状况劣化到某一临界状态时，为恢复其功能面进行的技术活动。由于设备修理往往要以设备的检查结果为依据，而且在实际工作中又常常与检查相结合，因此，设备修理又可称为设备检修。

按功能不同，设备修理分为恢复性修理和改善性修理两种类型。恢复修理是通过更换或修复已经磨损、腐蚀和老化的零件，使设备的功能恢复，并延长其物质寿命；改善性修理是结合修理对设备中故障率高的部位进行改进或改装，使设备故障发生率降低或不再发生，提高设备的技术寿命和使用效能。通常所说的设备修理，大多指的是恢复性修理，它是恢复设备性能，保证设备正常运行的主要手段。

8.3.4.2　设备维修制度

设备维修制度是指在设备的维修保养、检查、修理中，为贯彻预防为主的方针而采取的一系列技术组织措施的总称。因习惯和国情不同，世界各国甚至各企业的设备维修制度也各不相同，我国目前实行的设备维修制度主要有计划预防维修制度和保养维修制度两种。此外，起源于美国的预防性维修制也得到我国不少企业的重视与应用。

A　计划预防修理制度

计划预防修理制度（简称计划预修制）是根据设备的磨损规律和设备技术状态，有计划地对设备进行维护、检查和修理，保证设备经常处于良好状态的一种维修制度。

a　设备计划修理的种类

按照修理工作量的大小和修理后对设备性能恢复程度的不同，一般分为以下三种：

（1）小修理。小修理是工作量最小的局部修理，它只更换或修复少量的磨损零件，并做一些零部件的调整，局部恢复设备的性能，停机时间较短，可在生产间断期内进行。

（2）中修理。中修理要更换和修复设备的主要零部件和较多的磨损零件，检查和调整整个机械系统、控制系统，校正设备的基准，消除扩大了的各种间隙，恢复设备的精度，从而保证修理部位达到规定的标准和技术要求。

（3）大修理。大修理是对设备进行的全面修理，将设备全部解体，更换和修复所有的磨损件，校正和调整整个设备，全面恢复原有的精度、性能和生产效率。大修理后，设备的精度必须达到国家产品出厂标准的要求。

b　设备计划修理的方法

设备计划修理的主要方法有：

（1）标准修理法（也称强制修理法）。这种方法根据设备的磨损规律和零件的使用寿命，预先规定检修的日期，到了规定的修理时间，不论设备的技术状况如何，都要按计划强制进行修理。它一般只适用于特别重要、关键、复杂的设备。

（2）定期修理法。这种方法根据设备的实际使用情况，参考有关修理周期，大体规定出修理工作的日期、内容和工作量。而具体的修理日期、内容和工作量，则根据修理前检查的结果确定。这种方法的优点是：比较切合实际，有利于做好修理前的准备工作，缩短修理时间，提高修理质量，降低修理成本。目前，我国大多数维修基础较好的企业，一般都采用这种方法。

（3）检查后修理法。这种方法事先只规定检查计划，根据检查结果和以前的修理资料，确定修理类别、具体日期和内容。一般是在设备技术资料掌握不全，不了解零部件磨损规律和使用寿命的情况下采用。

B　保养修理制度

保养修理制度是由一定类别的保养和一定类别的修理所组成的设备维修制度。其主要内容和措施是日常保养、一级保养、二级保养和计划大修。

保养修理制度的特点是：打破了操作工人和维修工人之间分工绝对化的界限，由操作工人承担设备的保养（如金属切削机床中的一级保养）；把操作工人参加设备管理的活动具体化、制度化。同时，进一步贯彻了预防为主的方针。

C 预防维修制度

预防维修制度也称全员生产维修制（TPM 制），是我国从 20 世纪 80 年代开始，吸收国外设备管理经验，研究和推广的一种维修制度。它以设备的故障理论和规律为基础，主要的维修方式有以下几种：

（1）日常维修。日常维修包括设备的日常检查、定期检查和保养，即清洁、调整、润滑、更换、整理等活动。

（2）事后维修。事后维修也称故障维修，即对非重点设备实行发生故障后维修，或者对事先无法预计的突发性故障的维修。

（3）预防维修。预防维修一般是指对重点设备或一般设备的重点部位进行预防性维修。

（4）生产维修。生产维修是指事后维修和预防维修相结合的维修方式，即重点设备预防维修，一般设备事后维修。

（5）改善维修。改善维修是指结合修理进行设备的改装和改进。

（6）预知维修。预知维修是指对大型重点设备，通过监测技术和手段，在设备发生故障前发出警报，提前维修。

（7）维修预防。维修预防是指在设备设计制造时，就考虑怎样使设备无故障和便于维修，即提高设备的可靠性、维修性。

8.3.5 设备修理计划

设备修理计划是企业生产经营计划的组成部分。正确地编制和执行设备修理计划，有利于统一组织企业主要设备的修理，合理地使用维修力量，提高修理质量，缩短停机时间，更好地保证生产任务的完成。设备修理计划的主要内容包括：计划期内设备修理的数量，设备修理的类别，修理日期及修理停机时间，修理用材料、配件以及修理费用预算等。

8.3.5.1 设备修理的定额标准

设备修理的定额标准是编制修理计划、组织修理业务的依据。它一般包括修理周期定额、修理复杂系数、修理劳动定额和修理费用定额等。

A 修理周期定额

修理周期定额是确定修理日期、类别和内容的重要依据。它包括修理周期、修理间隔期和修理周期结构三部分。

修理周期是指相邻两次大修理之间，或新设备安装使用到第一次大修理之间的间隔时间。

修理间隔期是指两次修理（不论是大修、中修、小修）之间的间隔时间。

修理周期结构是指在一个修理周期内，大修、中修、小修的次数及其排列顺序。

现以金属切削机床为例，说明其修理周期结构，如图 8-4 所示。

有了修理周期定额，就可参照上期设备修理计划的完成情况，结合本期实际生产任务和设备完好程度，确定本期需要修理的设备数量、种类、内容和日期。

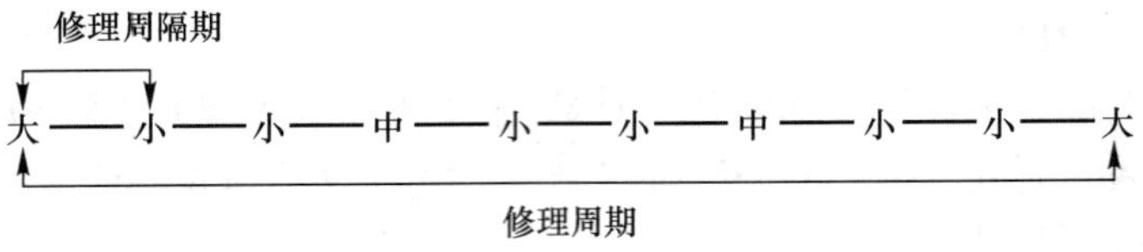

图 8-4　修理周期结构示意图

B　修理复杂系数

修理复杂系数是用来表示机器设备的修理复杂程度，计算设备修理工作量的一个假定单位。设备越复杂，精度越高，尺寸越大，则修理复杂系数越大。为了确定设备的修理复杂系数，通常是选择中心高 200mm，顶点距 1000mm 的 C620 车床作为标准车床，将其复杂系数定为 10。其他设备的修理复杂系数要与标准车床比较而定。比 C620 复杂的设备其修理复杂系数大于 10，反之则小于 10。

C　修理劳动定额

修理劳动定额是企业为完成设备的各种修理工作需要的劳动时间消耗量的标准，一般用修理复杂系数为 1 的修理活动所需要的劳动时间来表示。

D　修理费用定额

修理费用定额一般是指修理复杂系数为 1 的修理活动所需的材料、配件等的费用。

上述定额都是根据以往统计资料，结合计划期实际情况，经过讨论、分析研究加以确定的。

8.3.5.2　设备修理计划的编制

设备修理计划按计划期长短分为年度、季度、月度修理计划。

年度修理计划是维修工作的大纲。其主要内容包括企业需要修理的设备数量、修理内容和修理时间等。在编制年度修理计划时，必须与生产计划任务协调好；安排进度时，要在时间和能力上平衡好，以防忙闲不均。年度修理计划的编制，一般由设备动力部门在上一年第三季度提出计划草案，分发到各车间和有关科室讨论并经计划部门综合平衡后，编制正式计划，经领导审批后，下达执行。

季度修理计划要根据设备的实际技术状况和工作条件的变化，调整年度修理计划的项目和进度，具体地规定季度修理的内容，使设备的修理同生产更好地衔接起来。

月度修理计划是设备修理的作业计划。修理项目要更加具体，着重考虑修理前的准备工作，切实注意设备的实际磨损和运转合时情况。

8.3.5.3　设备修理计划的执行

在设备修理计划执行时，必须做好修理前的准备工作。准备工作的好坏，将直接影响修理计划的实现、修理质量和修理成本。修理前的准备工作包括：

（1）充分做好修理前的技术准备工作。主要是编制磨损零件、部件明细表，拟定修理工艺规程，设计制造修理用的工艺装备等。

（2）做好修理前备品、配件的订货、制造、供应和储备等一系列工作。

（3）采用先进的修理方法和组织方式，保证修理质量，提高修理效率。

设备的先进修理方法主要有以下几种：

（1）部件修理法。该方法是将需要修理的部件拆卸下来，换上事先准备好的同样部件，再将换下来的部件修复，作为下次用的备件。它一般适用于同类设备数量较多的企业和某些关键设备。

（2）分部修理法。该方法是设备的各个部件不在同一时间内修理，而是按照顺序分别修理，每次只修理一部分。它适用于各部件之间具有相对独立性的设备。

（3）同步修理法。该方法是把工艺上相互紧密联系而又需要修理的若干设备，安排在同一时间内进行修理，实现修理工作的同步化。它适用于流水生产线设备、联动设备中的主机、辅机以及配套设备等。

8.4 设备的改造与更新

扫一扫
线上听课

案例导入 8-4

冲床改造与更新方案

某企业需要1台自动冲床，现在有两种方案：第一种方案是对现有价值2万元的1台手动旧冲床进行技术改造，加装送料机等设施改装成自动冲床，需要增加投入6.2万元，预计设备使用期8年，年净利润1.5万元；第二种方案是更新，购买1台全新的自动冲床需要10.4万元，冲压效率比改造方案提高0.5倍，且单位产品利润率提高10%，预计使用10年，设备使用寿命到期后均无残值。如果选择改造方案，手动冲床设备将被闲置。

启示：设备更新改造是每个生产企业都会面临的问题，我们需要从加工工艺的适用性、设备技术的先进性、设备更新的经济性等多个角度综合考虑。

由于科学技术的高速发展，现有设备和新设备不断完善，设备无形老化的速度越来越快，技术上陈旧便成为设备的突出问题。设备管理必须研究如何提高设备管理的经济效益，促进设备的改造与更新。

8.4.1 设备的磨损与寿命

8.4.1.1 设备的磨损

设备的磨损形式有物质磨损和精神磨损两种。设备的物质磨损也称为有形磨损，是指由于自然力的作用和使用过程中的机械磨损而引起的价值和使用价值的损失。设备的精神磨损也称为无形磨损，是指由于科学技术的进步和劳动生产率的提高而导致的设备贬值。精神磨损有两种情况：一是由于设备制造部门劳动生产率的提高，生产成本费用降低，同类设备的价格下降（由于这种原因引起的无形磨损称为第I种无形磨损）；另一种是由于科学技术的进步，新设备性能更好，生产率更高，使老设备相形见绌而遭贬值（由于这种原因产生的无形磨损，称为第U种无形磨损）。

8.4.1.2　设备的寿命

通过对设备两类磨损的分析，可以看出设备具有以下三种寿命形态：

(1) 物质寿命。由于设备长期使用，引起磨损率急剧增长，主要零部件失去基本功能，经修理无效，设备报废。这种从投入使用到因物质磨损而报废所经历的时间称为设备的物质寿命。设备的物质寿命取决于物质磨损速度，物质磨损速度越快，物质寿命越短。正确使用、合理保养，可以延长物质寿命。

(2) 技术寿命。由于科学技术的发展，不断出现技术上、经济上更加先进合理的同类设备，使现有设备在使用寿命尚未完结之前就被淘汰。这种从投入使用到因设备磨损而被淘汰所经历的时间称为设备的技术寿命。设备技术寿命的长短，取决于同类设备科学技术的发展速度，科学技术发展越快，技术寿命越短。有时通过现代化改装，可以延长设备的技术寿命。

(3) 经济寿命。设备在使用过程中，由于设备的磨损老化，必须经常地支出较多的使用费用。由使用费用的高低决定的设备寿命称为经济寿命。设备经济寿命的长短，取决于使用费用的增长速度。使用费用增长速度达到一定的水平，就得更新。使用费用包括设备的维修费用，设备使用过程中的故障损失、停机损失、资源多耗损失、废品损失等经营费用。

设备寿命取决于物质磨损速度，或取决于同类设备技术发展速度，或取决于使用费用的增长速度，其中任何一种因素都会导致设备的改造与更新。其中最难以测定的是设备的经济寿命。

8.4.2　设备的改造

设备改造是指把科学技术新成果应用于企业的现有设备，通过对设备进行局部革新、改造，以改善设备性能，提高生产效率和设备的现代化水平。由于设备改造是在原有设备的基础上来提高设备的技术先进性和生产适用性，投资少，时间短，见效快。因此，企业必须重视设备改造工作，提高投资效益。

8.4.2.1　设备改造的形式

A　设备的改装

设备的改装是指为了满足增加产量或加工要求，对设备的容量、功率、体积和形状的加大或改变。例如，将设备以小拼大，以短接长，多机串联等。改装能够充分利用现有条件，减少新设备的购置，节省投资。

B　设备的技术改造

设备的技术改造（也称现代化改造）是指把科学技术的新成果应用于企业的现有设备，改变其落后的技术面貌。例如，将旧机床改造为程控、数控机床，或在旧机床上增设精密的检测装置等。技术改造可提高产品质量和生产效率，降低消耗，提高经济效益。

8.4.2.2　设备改造的内容

设备改造的内容包括：

（1）提高设备自动化程度，实现数控化、联动化。
（2）提高设备功率、速度和增加、改善设备的工艺性能。
（3）提高设备零部件的可靠性、维修性。
（4）将通用设备改装成高效、专用设备。
（5）实现加工对象的自动控制。
（6）改进润滑、冷却系统。
（7）改进安全、保护装置及环境污染系统。
（8）降低设备原材料及能源消耗。
（9）使零部件通用化、系列化、标准化。

8.4.2.3 设备改造的原则

企业在设备改造时，必须充分考虑改造的必要性、技术上的可能性和经济上的合理性。具体应注意以下几点：

（1）设备改造必须适应生产技术发展的需要，针对设备对产品质量、数量、成本、生产安全、能源消耗和环境保护等方面的影响程度，在能够取得实际效益的前提下，有计划、有重点、有步骤地进行。

（2）必须充分考虑技术上的可能性，即设备值得改造和利用，又有改善性能、提高效率的可能。改造要经过大量试验，并严格执行企业审批手续。

（3）必须充分考虑经济上的合理性。改造方案要由专业技术人员进行技术经济分析，并进行可行性研究和论证。设备改造工作一般应与大修理结合进行。

（4）必须坚持自力更生方针，充分发动群众，总结经验，借鉴国外企业的先进技术成果，同时也要重视吸收国外领先的科学技术。

8.4.3 设备的更新

设备的更新是指用比较先进经济的设备，来替代技术上不能继续使用或经济上不宜继续使用的设备。

8.4.3.1 设备更新的形式

设备更新的形式一般有两种：一种是设备的原型更新（称简单更新），是指用同类型的新设备代替旧设备，它适用于设备的技术寿命尚可但物质寿命已尽，或设备制造厂受技术水平限制不能提供新的机型；二是设备的技术更新，是指用技术上更加先进、效率更高的先进设备来代替技术寿命已尽、经济上不宜继续使用的陈旧设备。

8.4.3.2 设备的更新的条件

根据我国的实际情况，国务院《企业设备管理条例》规定，企业设备属于下列情况之一的，应当报废更新：第一，经过预测，继续大修理后技术仍不能满足要求和保证产品质量的；第二，设备老化、技术性能落后、耗能高、效率低、经济效益差的；第三，大修理虽然能够恢复精度，但不如更新经济的；第四，严重污染环境，危害人身安全与健康，进行改造又不经济的；第五，其他应当淘汰的。

8.4.3.3 设备更新的原则

设备更新应遵循以下原则：

（1）设备更新应结合企业的经济条件，有计划、有重点、有步骤地进行。

（2）要做好调查摸底工作，根据企业的实际需要和可能，安排设备的更新工作。注意克服生产薄弱环节，提高企业的综合生产能力。

（3）有利于提高生产的安全程度，减轻工人劳动强度，防止环境污染。

（4）更新设备要同加强原有设备的维修和改造结合起来，如改造后能达到生产要求的，可暂不更新。

（5）讲求经济效益，做好设备更新的技术经济分析工作。主要包括确定设备的最佳更新周期、计算设备投资回收期等。

8.4.3.4 确定设备最佳更新周期（经济寿命的确定）

确定设备最佳更新周期常用的方法有两种：

（1）年平均使用费用法（也称面值法）。这种方法是分析和计算同类设备的统计资料，通过比较每年平均总使用费用，来确定设备更新周期的一种方法。年平均总使用费用最低的年限，就是该类型设备的经济寿命。用公式表示如下：

$$\text{设备年平均使用费用} = \frac{\text{设备总使用费用}}{\text{使用年限(年)}} = \frac{\text{累计折旧费用} + \text{累计维持费用}}{\text{使用年限(年)}} \tag{8-1}$$

（2）低劣化数值法。这种方法是假定设备使用后残值为零，设备维修费用及燃料动力消耗每年以固定的数值增加的条件下，以年平均使用费用最小为标准，确定设备最佳更新周期。用公式表示：

$$\text{设备经济寿命} = \sqrt{\frac{2 \times \text{设备的原始价值}}{\text{年低劣化增加值}}} \tag{8-2}$$

【例 8-1】 某设备原始价值为 10000 元，若年低劣化增加值为 200 元，则：

$$\text{设备经济寿命} = \sqrt{\frac{2 \times 10000}{200}} = 10\text{(年)}$$

即第十年末为设备的最佳更新期。

8.4.4 现代设备的发展趋势

由于科学技术的飞速进步和新的科学技术成果不断应用于设备，使得设备的技术含量急剧增加，设备的现代化水平空前提高。现代设备正在朝着大型化、高速化、精密化、电子化、自动化、连续化等方向发展。

设备的大型化是指设备的容量、规模、能力越来越大。当然这里并不排除有些设备向小型化发展的趋势。设备的高速化是指设备的生产速度、运行速度、运算速度大大加快，从而使生产效率显著提高。设备的精密化是指设备的工作精度越来越高。设备的电子化是指由于微电子科学、自动控制与计算机科学的高度发展，已引起了机器设备的巨大变革，出现了以机电一体化为特色的新一代设备。设备的自动化是指不仅可以实现各生产工序按自动顺序进行，还能实现对产品的自动检测、清理、包装，对设备工作状态的实时监测、报警、反馈处理。设备的连续化是指设备在生产过程中的运作形成了一个连续的系统。

国外设备综合管理简介请扫右侧二维码学习了解。

国外设备综合管理简介

本章小结

企业设备管理就是对设备运行全过程的计划、组织和控制。加强设备管理，有利于保证和提高产品质量，实现均衡生产；有利于提高企业的经济效益；有利于加速企业实现生产的现代化。

设备管理的任务包括综合评价、正确选择和购买设备、合理使用设备，加强对设备的维护、修理的管理工作，保证设备始终处于良好的技术状态；对企业现有设备有计划、有步骤地进行改造和更新，不断提高企业设备的现代化水平等。

全员生产维修（TPM）是以提高设备综合放率为目标，以全系统的预防维修为过程，以全体人员参与为基础的设备保养和维修管理体系。全员生产维修主要突出一个“全”字。“全”有三个含义，即全效率、全系统和全员参加。全效率就是要求设备寿命周期费用最小、产出最大，即设备的综合效率最高；全系统就是对设备从设计、制造、使用、维修、改造到更新的整个过程的管理；全员参加就是凡是和设备的规划、设计、制造、使用、维修有关的部门和人员都参加到设备管理的行列中来。有了这三个“全”字，就能使生产维修得到更彻底的贯彻执行，使生产维修的目标得到更有力的保障。

加强设备的维护、保养，做好设备的修理工作，只能延长设备的使用寿命。要从根本上改变原来设备陈旧落后的技术状态，企业必须及时不断地对原有设备进行改造和更新，以满足促进企业技术进步、提高生产率、降低消耗、提高产品质量和经济效益的需要。

项目实战

制订企业设备维修计划

（1）项目名称：制订企业设备维修计划。

（2）实施步骤：

1）CEO 组织本公司全体成员共同讨论，分析制订企业设备维修计划。

2）CEO 到台前汇报设备维修计划。

3）各公司互评打分。

4）教师总结点评。

项目实战模版

扫一扫查看项目实战模版

同步测试

8-1　单选题

（1）（　　）也称适应性，是指在工作对象固定的条件下，设备能够适应不同的工作环境，使用灵活方便；对于工作对象可变的设备，要求适应多种加工性能，即通用性强。

A. 生产性　B. 可靠性　C. 安全性　D. 灵活性

（2）以下（　　）不是机器设备磨损阶段。

A. 不会磨损　B. 初期磨损阶段

C. 正常磨损阶段　D. 急剧磨损阶段

（3）事后维修和预防维修相结合的维修方式，即重点设备预防维修，一般设备事后维修的是（　　）。

A. 事后维修　B. 生产维修　C. 预知维修　D. 维修预防

（4）（　　）不是设备的寿命三种形态。

A. 使用寿命　B. 物质寿命　C. 技术寿命　D. 经济寿命

（5）设备要有利于节约能源和降低原材料的消耗的原则是（　　）。

A. 生产性　B. 安全性　C. 节能性　D. 环保性

8-2　判断题

（1）管理就是设备运动全过程的计划、组织和控制。（　　）

（2）有多种设备可供选择时，应按企业内部环境条件，运用经济评价方法择优选择适合当前需要和未来发展需要的并能为企业和社会带来良好经济效益的设备。（　　）

（3）机器设备使用寿命的长短，生产效率和工作精度的高低，与设备本身的结构和精度性能无关。（　　）

（4）对设备进行清扫、检查、清洗、润滑、紧固、调整和防腐等一系列工作的总称为设备维护或设备保养。（　　）

（5）设备的检查按时间间隔划分为日常检查和定期检查。日常检查，就是在交接班时，由操作工人结合日常保养情况进行的检查，以便及时发现问题，无须进行维护和修理工作。（　　）

8-3　思考题

（1）为什么要加强设备管理，设备管理的内容是什么？

(2) 怎样正确地选购设备?
(3) 如何对设备进行评价?
(4) 怎样理解设备的磨损规律与故障规律?
(5) 怎样合理地使用设备?
(6) 怎样维护与保养设备?
(7) 什么是设备检查，它的具体内容是什么?
(8) 什么是设备的计划预防修理制度，其特点、目的、内容和具体实施方法是什么?
(9) 设备修理定额标准包括哪些内容?
(10) 怎样编制和执行设备修理计划?
(11) 什么是设备改造，其原则是什么?
(12) 什么是设备更新，其原则是什么?
(13) 设备磨损有哪几种类型?
(14) 设备的寿命有哪几种，怎样确定设备的最佳更新周期?
(15) 设备的快速修理法有几种，其具体特点是什么?
(16) 试述设备综合工程学的要点。
(17) 什么是全员生产维修制，其要点是什么?

8-4 案例分析题

日本企业的故障修理法

日本企业的设备开动率基本保持在80%～90%以上，重要措施是狠抓设备的故障修理，其做法有三。

第一是根据设备磨损规律的不同故障期，采取不同的维修方法。在设备的第一磨损期(即初期故障期)，设备刚刚使用，性能不稳，故障率偏高。这主要是设计、制造和安装过程中的缺陷所致。应搞好严格试车验收的初级管理，加强改善维修。在设备的第二磨损期（即偶发故障期)，设备性能基本稳定，故障率也趋于稳定，故障较少，发生故障多是因操作人员的技术不熟练或操作失误而引起的。为此，要在搞好职工培训的同时，加强预防性检查，实行预防性维修。设备的第三磨损期（即磨损故障期)，又称损坏期，是设备的多事故之秋，除了加强日常维护保养和预防维修外，还必须加强改善维修，促使设备故障率降低，延长使用寿命。

第二是发生事故及时维修，减少设备停歇时间。在日本一些工厂，设备一旦发生故障，操作工人立即打开设备故障红灯，维修人员便跑步赶到现场进行抢修，停歇超过半小时以上的，必须报告主管课长处理。比如日野公司在修理工人工位下面特地安装了故障停歇表，以便掌握因故障停机的时间；并十分注意加强维修人员的基本功训练，使维修效率和质量不断提高。

第三是合理安排生产工人和维修工人的工作时间。对于白班或两班生产的企业，跟班维修工人与操作工人同时上班，跟班维修；其他维修工人的班次和生产工人的班次交叉，较多地利用生产间隙时间进行维修，有些则安排在星期日或节假日进行维修，从而减少设备的停歇时间。

问题讨论：

(1) 日本企业是如何根据设备磨损规律的不同故障期来制定设备的维修方法的？

(2) 日本企业是如何减少设备停歇时间的？

(3) 你认为日本企业的设备维修方法还需要做哪些改进？

扫一扫查看同步测试参考答案

9 企业财务管理

扫一扫查看
本章课件

教学目标

（1）知识目标：认知企业财务及财务管理；明确企业资金运动与会计要素；明确财务管理的内容、任务及职能；明确资金筹集的原则与来源；理解权益资本、负债资本的含义及筹措；理解流动资产、固定资产相关概念及管理；理解费用、利润相关概念及管理；掌握企业效绩评价概念及评价指标体系。

（2）能力目标：能依据企业实际情况，恰当选择筹资方式；能制定企业筹资方案；能独立完成流动资产及固定资产管理；能独立完成费用与利润管理；能够对企业效绩进行正确评价。

（3）思政目标：把党的二十大精神融入现代企业管理教学实践中，培养学生“爱岗敬业、诚实守信”的职业操守，保持“谨慎细心、参与管理”的工作态度，弘扬“精益求精，追求卓越”的工匠精神，遵守“协作共进、和而不同”的合作原则，贯彻“勤俭节约，提高效益”的管理思想。

在现代企业的管理中，财务人员扮演着很活跃的角色，每天都必须应对众多外部环境的变化和处理繁重的内部事务。诸如企业之间竞争的加剧、技术的变革、通货膨胀和利率的变化、全球经济的不确定性、汇率的波动、税法的变更、投资的决策、融资的决策、资产管理的决策、收益分配的决策等，这些都属于财务管理的工作范畴。

企业财务管理是基于企业再生产过程中客观存在的财务活动和财务关系而产生的。

企业的生产经营过程，一方面表现为实物形态的物资运动，另一方面表现为价值形态的资金运动。资金是企业再生产过程中物资价值的货币表现；财务是指企业中有关资金的业务。财务管理是企业管理的一个重要组成部分，是企业的一项基本职能。企业应以尽可能有利的条件筹集到生产经营活动所需要的资金，同时在企业内部合理地分配资金，提高资金的利用效果。

本章着重介绍企业财务管理的内容、任务与职能；资金筹集的原则与来源，资金成本和财务风险；流动资产和固定资产管理的内容；费用与利润管理及企业效绩评价指标体系等。

9.1　企业财务管理概述

扫一扫
线上听课

案例导入 9-1

泸天化的“十个统一”财务管理体制

扫一扫查看案例导入 9-1

9.1.1　企业财务与财务管理

9.1.1.1　企业财务

A　企业生产经营活动是物质运动与资金运动的统一

企业的生产经营活动是由物质运动与资金运动共同构成的。

a　企业的物质运动

企业的生产经营活动是由从物料采购、物料转换（生产）到产品销售、消费等物质运动构成的，是企业生产经营的物质运动形态，是所有其他运动形态的物质基础。

b　企业的资金运动

为保证生产经营目标的实现和物质运动的正常进行，就必须相应地进行筹集资金、使用资金和分配资金等活动，这样就产生了企业的资金运动，它是企业生产经营活动的价值形态的运动。

物质运动是企业资金运动的基础，资金运动又反映和控制着企业的物质运动。

B　企业财务是企业财务活动和财务关系的统一

企业财务是企业的财务活动及其所引起的财务关系的总称。

a　企业财务活动

企业财务活动是指企业的资金运动的过程、环节和行为。企业资金的筹集、使用和分配就构成了企业的财务活动，资金运动是企业财务活动的具体反映和表现。

b　企业财务关系

企业财务关系是指企业在财务活动过程中与有关方面所发生的各种经济联系。主要的财务关系有：企业与投资者的财务关系、企业与债权人之间的财务关系、企业与国家的财务关系、企业与其他企业及单位的财务关系、企业内部的财务关系等。

9.1.1.2　企业财务管理

A　财务管理的含义

企业财务管理是指依据国家的政策、法规，根据资金运动的特点和规律，科学地组织企业资金运动，正确地处理企业财务关系，以提高资金使用效率与企业经济效益的管理活动。主要包括对企业在生产经营活动中资金筹集、使用、耗费、回收、分配等活动的计划、组织与控制，以及财务活动中所涉及的各种经济关系的处理。

B 财务管理的作用

财务管理是对企业生产经营活动所进行的一种综合性的价值管理，在企业经营管理中占有举足轻重、不可替代的重要作用。财务管理的作用有：

（1）企业的财务管理能综合反映与影响控制企业的生产经营活动。在整个企业生产经营的过程中，企业财务管理能借助价值形式，全面反映企业生产经营活动的情况，而且能够影响，甚至是控制生产经营活动的进行。

（2）财务管理是企业正常开展生产经营活动的重要保证。资金是保证企业生产经营的基本条件。通过企业财务管理，经济的筹措资金，科学地运用资金，及时回收资金，合理分配资金，使资金运动得以顺利循环，从而保证生产经营活动的正常而富有成效地进行。

（3）财务管理是提高企业经济效益的关键性手段。通过科学的组织资金运动，富有成效地支持与保证企业生产经营活动高效、经济的进行，提高资金的使用效率，以达到增收节支，提高经济效益的目的。

（4）财务管理是实现国家宏观调控，规范市场经济秩序的有力机制。国家为了规范市场经济秩序，维护国家的经济利益和使企业间经济活动有可比性，制定了有关法律规章，对费用与成本的开支范围与标准，税金的缴纳，盈利的分配等加以规定。企业通过财务制度、体制、计划、组织、分析、控制等财务管理手段，保证上述目标的实现。

9.1.2 企业资金运动与会计要素

9.1.2.1 企业资金运动

企业资金运动的过程是企业生产经营活动的价值体现，它构成了企业财务管理的基本对象与内容。企业资金运动是生产经营过程、资金形态转换过程和资金运动的不同阶段与职能的复合体：

企业的生产经营过程可以划分为三个大的阶段，即供应过程、生产过程和销售过程。企业的资金运动是围绕这三大过程展开，为这三大过程服务。

与三大过程相适应，资金运动经历一个由货币资金到实物形态的资金，再到货币资金的资金形态变换过程：

（1）生产经营的起点是企业要筹措到一定数量的资金（即企业资本），包括投资者投入的权益资本和通过各种渠道从外部借入的债务资本。

（2）在供应过程中，用货币资金购买原材料，使货币资金转变成储备资金。

（3）原材料在生产过程中被生产加工，形成在制品，使储备资金转变为生产资金。

（4）与此同时，要用货币资金支付工资及其他费用，并购买固定资产，形成固定资金。

（5）当生产加工过程结束之后，产成品被生产出来，生产资金又被转换为成品资金。

（6）在销售过程中，产品被销售出去，企业取得销售收入，实物形态的资金又被转化为货币资金。

(7) 收回的资金再进行分配，可以用于生产补偿、偿还外债、弥补亏损、提取公积金与公益金、利润分配等。

上述的企业资金运动过程可以归纳为以下五个阶段：

(1) 资金筹集，资金筹集是指企业向企业内外部筹措和集中生产经营所需资金的财务活动。

(2) 资金使用，资金使用是指企业为维持生产经营的正常进行，用资金购买原材料，购置厂房与机器设备，支付工资及有关费用。

(3) 资金耗费，资金耗费是指在生产过程中由于耗费原材料、磨损固定资产与支付人员工资等形成的生产成本与费用。

(4) 资金回收，资金回收是指将产品销售出去，获得销售收入。

(5) 资金分配，资金分配是指将所取得的销售收入，用于生产补偿、纳税、公积金与公益金、向所有者分配股利等。

上述的企业资金运动过程可以概括为一个模型，如图 9-1 所示。

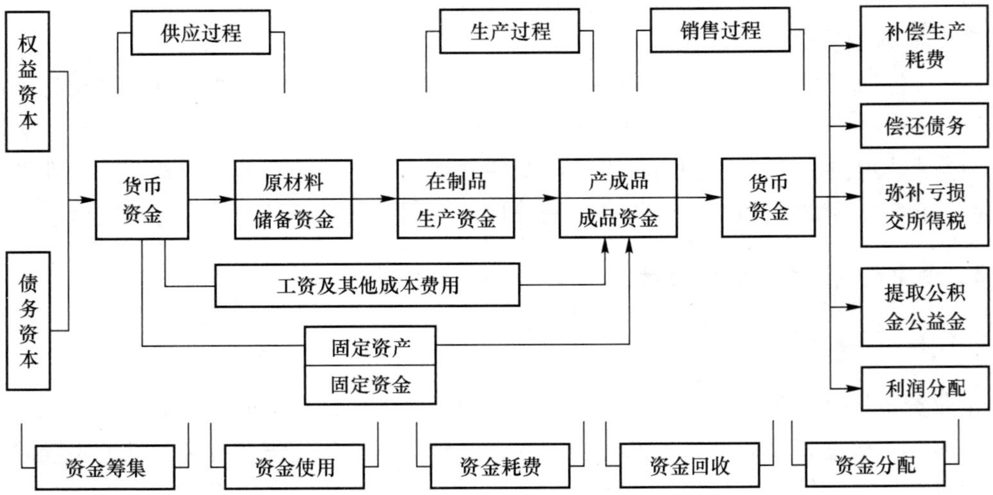

图 9-1　企业资金运动模型

9.1.2.2　会计要素与会计恒等式

会计是企业财务管理的重要工具。认识会计的基本要素与基本数量关系等基本概念，对于理解企业财务管理的原理与实务具有一定意义。

A　会计要素

我国的《企业会计制度》将会计要素分为以下六类：

(1) 资产。资产是指由过去的交易事项形成并交由企业使用或控制的资源，该资源预期会给企业带来经济利益。按照资产变现或耗用时间的长短，企业的资产主要分为：流动资产、固定资产、长期投资和无形资产。

(2) 负债。负债是指过去的交易事项所形成的现实义务，履行该义务预期导致经济利益流出企业。按照债务偿还期的长短，负债可以划分为流动负债和长期负债。

(3) 所有者权益。所有者权益是指企业投资者对企业净资产所拥有的所有权。其数额为企业全部资产扣除全部负债后的余额。所有者权益主要包括：投入资本、资本公积金、盈余公积金、未分配利润。

(4) 收入。收入是指企业在销售商品，提供劳务及让渡资产使用权等日常活动中所形成的经济利益的总流入。它表明了企业的经营成果，是企业经济效益的主要来源。包括基本业务收入（主营业务收入）和其他业务收入。

(5) 成本和费用。成本和费用是指企业在生产和销售商品、提供劳务等日常活动中所发生的各种耗费。它是会计期间内企业经济利益的减少。成本和费用可分为制造成本和期间费用。制造成本是指能予以对象化的费用；而期间费用是指不能对象化的费用。

(6) 利润。利润是指企业在一定期间内生产经营活动的最终财务成果。它等于收入减去费用后的余额。收入大于费用，企业盈利；收入小于费用，企业亏损。所有者权益随着利润的增加而增加，随着利润的减少而减少。

B 会计恒等式

会计恒等式是对各项会计要素之间数量关系的一种概括。它主要反映资产、负债和所有者权益三要素之间的内在联系和数量关系。资产表明企业所拥有的经济资源；权益表明谁对这些资产拥有所有权。两者在质上是相对应的、在数量上是相等的，即企业的所有资产必定等于其所有权益。而资产的提供者又可分为两类：一类是从债权人借入的、需要偿还的，属债权人权益，企业将其称之为负债；另一类是投资者投入的，一般不需要偿还的，称为所有者权益。于是，这三者之间的数量关系就可以概括以下会计恒等式：

$$资产 = 权益 = 负债 + 所有者权益 \tag{9-1}$$

式(9-1)是建立资产负债表的理论基础，被视为现代会计的基石。

9.1.3 财务管理的内容、任务与职能

9.1.3.1 企业财务管理的基本内容

企业财务管理的对象就是企业的资金运动及其所反映的财务关系。企业财务管理的基本内容主要包括资金筹集管理、资金运用管理和资金回收与分配管理。

A 资金筹集管理

筹集资金管理是指企业为保证生产经营活动的正常进行，对多种渠道筹措与集中资金所进行的管理活动。企业筹集资金的管理包括筹资量的确定、筹资渠道与方式的选择、资金的实际取得等决策与管理行为。

B 资金运用管理

企业资金运用管理是指为保证生产经营目标的实现，对生产经营中及时而有效地运用企业资金所进行的管理活动。资金运用管理包括两方面：

(1) 对资金占用和耗费进行管理，即企业筹集的资金一部分用于购建厂房、设备等劳动手段，需要进行固定资产管理；另一部分用于购买原材料等劳动对象和支付工资等费用，要进行流动资产管理。

(2) 对外投资的管理。企业可以对外进行直接或间接投资，这就要进行科学的投资

决策。

C　资金回收与分配管理

是指企业对有效回收资金与合理分配资金所进行的管理活动。企业要加强产品销售管理，最大限度地回收货币资金，并对回收资金进行合理分配，用来补偿生产经营中的耗费，纳税，按规定提取公积金、公益金，最后在投资者之间进行分配。

9.1.3.2　企业财务管理的目标与任务

A　企业财务管理目标

企业财务管理的目标是在国家法规政策的指导下，通过科学的组织财务活动，正确地处理财务关系，以尽可能少的资金运用与耗费，努力追求利润最大化和所有者权益的扩大化。

B　企业财务管理的任务

财务管理要实现利润最大化和所有者权益的扩大化，重点抓好以下财务管理的任务：

（1）在对企业生产经营所需资金进行预测的基础上，科学地制定财务规划与资金计划。

（2）正确地进行筹资决策，选择适宜的筹资渠道，建立合理的资金结构，以较低的资金成本筹措企业生产经营所需资金。

（3）加强资金运用的管理与控制，促使生产要素优化配置和对外投资组合结构的优化，努力降低成本费用。

（4）抓好对资金回收的管理，采取得力措施，尽快实现营业收入，广泛拓展创收渠道，努力增加企业收入。

（5）搞好利润分配，正确处理财务关系，在兼顾各方利益的前提下，努力实现所有者权益最大化。

（6）加强财务监督，使企业的生产经营活动和财务活动符合国家财经制度和企业管理制度的要求，确保资金运营的安全与合理使用。

财务管理的基本职能

财务管理的基本职能请扫右侧二维码学习了解。

9.2　资金筹集管理

扫一扫
线上听课

案例导入 9-2

阿里巴巴的融资成长之路

扫一扫查看案例导入 9-2

资金是企业经营活动的基本要素，是企业创建和生存发展的必要条件。一个企业从创建到生存发展的整个过程都需要资金，因此也就有了资金的筹集活动。筹资是企业根据其生产经营、投资和资金结构调整等需要，通过一定的筹资渠道，采取适当的筹资方式，筹措和集中所需资金的行为。

通过一定的方式筹集资金，不仅是企业得以持续经营的前提条件，而且通过适当的筹资组合也可以降低企业的资金成本，提高企业的价值。不仅如此，从投资者的利益角度考虑，要求企业加强筹资管理可以提高其每股收益率。

资金筹集管理是企业财务管理的一项极为重要的内容。

9.2.1　资金筹集的原则与来源

9.2.1.1　资金筹集的原则

在运作资金筹集的过程中，要坚持如下原则。

A　满足需要原则

筹资要在正确预测和科学规划的基础上进行，要以满足生产经营需要为最首要的原则，即：

(1) 筹资的数额要能保证生产经营的需要。

(2) 筹资的期限要与生产经营或建设周期相吻合。

(3) 筹资时间配比要及时，使资金的投放与运用同生产经营的具体需要紧密衔接。

B　低成本原则

筹资管理的重要内容就是在筹资的过程中进行筹资成本与效益的比较分析，选择低成本、高效益的筹资渠道与筹资方式，最大限度地降低资金的使用成本和筹资过程中的费用。

C　合法性原则

在企业筹资的过程中，树立法律意识，坚持按国家政策法规办事，采取合法手段，通过合法渠道，取得合法资金，投入合法用途。

D　稳定性原则

筹资是企业一项重大而经常性的财务管理工作，必须坚持稳定性原则，即：

(1) 所筹集的资金的稳定性，尽可能取得期限较长的借款。

(2) 筹资方式的稳定性，要选择股票、债券等方式，并且不要频繁变更筹资方式。

(3) 要同提供资金的金融机构建立长期稳定的业务合作关系。

9.2.1.2　资金筹集的来源

A　资金筹集的基本来源

企业的资金基本来源于投入资金和借入资金两个渠道。

投入资金是指企业的所有者以各种投资形式注入企业的资金。投入资金长期存在于企业的生产经营过程，一般是不能抽走的。这部分形成企业的权益资本，如股票、保留盈余等。

借入资金是指企业以各种形式从企业外部借入，用于企业生产经营所用的资金。借入资金的所有权在债权人，企业只能或长或短地占用，是必须归还的。这部分资金形成企业的负债资本，如银行贷款、债券等。

B　筹资渠道

筹资渠道是指企业取得资金的来源途径。我国企业筹资的主要渠道有：

(1) 国家财政资金；

(2) 银行信贷资金；

(3) 非银行机构的资金；

(4) 其他企业资金；

(5) 公共团体资金；

(6) 家庭或个人资金；

(7) 外商资金；

(8) 其他资金。

C　筹资方式

筹资方式是指企业取得资金的具体形式。我国企业的筹资方式主要有：

(1) 发行股票；

(2) 吸收对企业的各种投资；

(3) 发行债券；

(4) 银行借款；

(5) 保留盈余；

(6) 融资租赁；

(7) 其他方式。

9.2.2　权益资本的筹集

9.2.2.1　权益资本与资本金

A　资本金的含义

企业的资本金是指企业在设立时由投资人投入的资本，是企业在工商行政部门登记注册的资金。资本金构成企业所有者权益资本的主要来源和表现形式。按照资金提供者来划分，企业资本金可分为国家资本金、法人资本金、个人资本金及外商资本金。

B　权益资本的构成

企业权益资本主要包括两大来源：

(1) 企业资本金。它是企业设立时由投资人投入的，其筹资方式主要有：国家投资、法人或个人集资、发行股票等。

(2) 企业保留盈余。它是由企业靠自身税后利润积累的。

9.2.2.2　资本金的筹集

按国家有关法律法规的规定，企业的资本金筹集主要可采取以下方式。

A　发行股票

发行股票是组建股份公司、筹集权益资本的基本方式，即经国家有关部门批准，向社会发行股票，通过集中社会自由资金的方式筹集企业的资本金。股票是指股份公司为筹集资金而发行的一种代表等额股份的有价证券，是投资人入股并取得股息、红利的凭证。股票一经认购，持股者即成为企业的股东，享有相应的股东权益与义务。持股人不能要求退股，但股票可以在证券市场上进行有偿转让。为了组建股份公司并发行股票，国家必须设定一定的发行条件与法定程序。

B 国家投资

国家投资是指国家政府部门或机构以财政资金或国有资产向企业投资而形成企业资本金。原国有企业筹集资本金的方式主要有国家投资的固定基金、国家流动基金、专用拨款的各种基金和企业在生产经营中形成的各种内部基金。改革后，国有企业的资本金也实现了筹资渠道的多元化。

C 法人或个人集资

法人或个人集资是指企业通过多种方式，向社会法人与个人，乃至国外企业与个人，集资组成企业的资本金。法人投资是指其他企业或社会法人以其可以支配的资产投入企业，组成企业资本金。个人投资是指企业内部员工或社会个人，以个人合法财产投入企业而组成企业资本金。外商投资是指国外企业或个人依法向中国企业投资而组成企业资本金。

9.2.2.3 保留盈余

A 利润分配与保留盈余

股份公司的税后利润要在股东和企业之间进行分配。税后利润分配给股东的部分称为股息，是对股东投资的现期回报；税后利润分配给企业的部分，成为保留盈余，用于企业投资，扩大再生产。保留盈余则形成企业资本金的重要来源。

B 保留盈余筹集方式的优势

通过保留盈余的方式筹集资本金，具有明显的优势：

（1）利用保留盈余来筹资，无须支付任何筹资费用，可以大大降低筹资成本。

（2）保留盈余的资金属于主权资金，可以增加企业的信用度。

（3）采用保留盈余方式筹资，也使股东得益。一方面，由于多留盈余，少分股利，可以减少股东收取股利而缴纳的个人所得税；另一方面，多留盈余，增加企业的资本金，使企业获得发展，从长期看也有利于股东。

9.2.3 负债资本的筹措

9.2.3.1 负债资本及其筹措

A 负债资本的含义

负债资本是指企业从外部借入，用于生产经营的资金。负债资本的所有权属于债权人，只是在一定时期内交由企业使用的资金，到期后要归还给债权人。按照资金借入时期的长短，负债资本可分为长期负债与流动负债。

B 负债资本的筹措方式

企业负债资本的主要筹措方式有：

（1）债券；

(2) 银行借款;
(3) 商业信用;
(4) 融资租赁。

9.2.3.2　负债资本的筹措

A　发放债券

发放债券是指企业为筹集长期资金，向社会、个人及其他经济组织发售按约定方式支付本金及利息的债券的一种筹资方式。债券是一种表明上述债权债务关系的书面证明。企业发行债券的实质是向社会借入资金，资金的所有权为债券持有者所有。企业承担还本付息的义务，持券人具有按约定条件到期取得本利的权利。

B　银行借款

银行借款是指企业通过向银行或其他金融机构借款取得资金的一种筹资方式。在我国主要是向商业银行借款，企业使用其资金，并向银行付息，借款到期后，归还本金。银行借款分为长期借款和短期借款。

C　商业信用

商业信用是指企业在商品交易中，以分期付款、延期付款、预收货款或延期交货等方式而形成的借贷关系。它是企业间的一种直接信用行为，是企业筹集短期资金的主要来源。主要形式有:

(1) 应付账款;
(2) 商业汇票;
(3) 票据贴现;
(4) 预收货款;
(5) 应付费用。

D　融资租赁

融资租赁是指企业（承租人）在契约或合同规定的期限内，租用出租人的财产，并向出租人付给相应的报酬。它是一种特殊的筹资方式。

9.2.4　资金成本和财务风险

9.2.4.1　资金成本

A　资金成本的含义

资金成本是指企业为使用资金和筹集资金而支付的各种费用。资金成本主要包括资金占用费和资金筹集费。资金占用费是指由于使用资金而要付出的代价，包括因资金时间价值和投资风险报酬而支付的费用，比如为银行借款所支付的利息、发行股票而支付的股息。资金筹集费是指企业在筹集资金的过程中所发生的各种费用，比如在发行股票、债券过程中发生的各种印刷费、手续费等。

B　资金成本的计算

企业的资金成本包括资金总成本和单位资金成本。资金总成本是用绝对数表示的；而单位资金成本是用相对数表示的，成为资金成本率。资金成本率的计算公式为:

$$资金成本率 = \frac{资金占用费}{筹资总额 - 资金筹资费} \times 100\% \quad (9\text{-}2)$$

9.2.4.2 筹资风险

A 筹资风险的含义

筹资风险是指企业因筹集借入资金而导致的丧失偿债能力和减少企业利润的可能性。筹集资金可以满足企业生产经营需要，但同时却可能带来风险。影响筹资风险的主要因素有:

（1）经营风险。由于企业经营上的不确定性，可能引起经营上的失败，进而导致筹资风险的出现。

（2）资本结构的比例。不同的筹资渠道与方式，形成不同的资本结构，则会产生程度不同的筹资风险。

B 资金结构与筹资风险的回避

企业筹集的资金可归结为所有者权益和负债两大类，形成了企业的自有资本和借入资本。自有资本和借入资本之间的比例关系，称为资金来源结构。企业的筹资风险主要来源于企业投资收益率与借入资本利息率的不确定性。当企业投资收益率高于借入资本利息率时，企业使用一部分借入资本，可以提高自有资本利润率；当企业投资收益率低于借入资本利息率时，企业使用借入资本，反而会使自有资本利润率降低，甚至发生亏损。这就给企业负债经营带来了风险。要有效回避筹资风险，除加强经营，努力争取经营上的成功外，最重要的措施就是选择最佳筹资渠道，合理安排企业的资本结构。

9.3 资 产 管 理

扫一扫
线上听课

案例导入 9-3

中国联通资产管理案例分析

扫一扫查看案例导入 9-3

企业的资产主要包括流动资产、固定资产、无形资产及递延资产、长期投资和其他资产等五类项目。本节主要研究流动资产和固定资产的管理。

9.3.1 流动资产管理

流动资产管理是指对可以在一年或超过一年的一个经营周期内变现的银行存款、有价证券、应收账款、存货等流动资产进行计划、组织、协调和监控，达到防止流失、提高效用的目的。

流动资产管理的要求：为了管好、用好流动资产，必须符合三个要求：

（1）保证流动资产的需要量，确保生产经营活动正常进行。

（2）尽量控制流动资产的占用量。占用过多，增加资金成本，影响经济效益。

（3）加速流动资金的周转。周转快，意味着占用资金少，会带来更多的经济效益。

9.3.1.1　流动资产的内容和特点

A　流动资产的含义

流动资产是指在生产经营中参加循环、周转，资产形态不断变化，价值一次性转移到成本费用中，并通过产品销售收入得到补偿的资产。

B　流动资产的内容

流动资产主要包括：

（1）货币资金。货币资金是指企业在生产经营中停留在货币形态的资金。其具体项目包括现金、银行存款和其他货币资金。

（2）应收或预付款项。应收或预付款项是指在生产经营中，由于资金结算的原因或市场经济活动的需要而占用的各种应收、应付等款项。应收款是指企业因对外销售产品、材料，提供劳务而应向购货方收取的款项。预付款则指预先支付给供货单位的货款。

（3）存货。存货是指在生产经营过程中，为销售或耗费而储备的物资。这是在流动资产中占用比例最大的部分，主要包括产成品、在制品、原材料、包装物、低值易耗品等。

（4）其他。其主要包括短期投资、代摊费用、一年内到期的债券投资等。

C　流动资产的特点

流动资产具有以下特点：

（1）流动资产的流动性大，周转期短。

（2）在参加循环、周转的过程中，不断地改变资产的形态。

（3）流动资产的价值一次性地转移到产品中，并一次性收回补偿。

9.3.1.2　货币资金管理

货币资金管理主要是对现金的管理。这里说的现金包括企业库存现金、银行存款等。

A　现金管理的目标

现金是企业可以立即作为支付手段的资产，是维持企业生产经营的极为重要的必备条件，但是，若现金存置过多，又会增加资金占用成本。因此，企业现金管理的目标是：

（1）现金的数量必须保证生产经营的需要。

（2）尽可能地降低企业闲置现金的数量，以降低资金成本。

B　最佳现金余额

为实现现金管理的目标，核心的问题是合理控制现金的余额。因为余额过高，会降低资产收益率；而余额过低，则导致企业丧失支付能力，加大企业财务风险。这个合理的现金余额就是最佳现金余额。最佳现金余额是指既能保证企业经营对现金的需要，又能使持有现金成本最低的现金数量。确定最佳现金余额的方法很多，在现金需要量是确定的情况下，可以根据存货管理中的经济批量模型的原理确定最佳现金余额。而当现金支出量不确定时，要采用随机模式确定最佳现金余额。

C 现金管理的要求

现金管理的要求包括：

(1) 科学编制现金收支预算。为了有计划地管理现金，企业要有计划地逐期编制现金预算。现金预算包括现金收入、现金支出、现金余额和现金筹集等项内容。

(2) 采取恰当的收账方法，有效加速现金的回收，在不影响信用的前提下适当延缓现金的支付。

(3) 加强对现金开支的控制。严格遵守现金管理的有关规定，合理控制现金开支的范围和支出数量。

9.3.1.3 应收账款的管理

A 应收账款管理的目标

应收账款相当于是企业向顾客提供的贷款，其目的是扩大产品销售，增加企业收益。而这种商业信用的提供必然会增加资金成本，并存在无法收回账款的风险。因此，企业对应收账款的管理的目标是：在对应收账款的收益与风险进行权衡分析的基础上，寻求企业综合效益的最大化。

B 正确制定信用政策

信用政策是指通过信用收益与风险的权衡比较，对最佳应收账款水平进行规划与控制。信用政策包括信用标准与信用条件。信用标准就是企业同意给予顾客信用所要求的最低标准，它常用企业可允许的坏账损失率来表示。信用条件是企业所规定的顾客支付赊销货款的条件，包括信用期限和顾客提前付款的现金折扣。

C 加强收账管理

收账是指企业向顾客收回到期的应收款项。企业要在收账费用、坏账损失和应收账款机会成本三者之间进行权衡的基础上，选择适宜的收账费用水平，确定合理的收账政策，并加强对收账的管理。

9.3.1.4 存货管理

A 存货管理的目标

存货是流动资产占用比例最大的项目，存货管理对企业财务状况影响很大。存货管理的目标就是既要充分保证生产经营的需要，又要最大限度地减少库存，降低存货成本。

B 存货管理的要求

存货管理的要求包括：

(1) 原材料存货管理。要运用经济订购批量模型，科学确定材料采购数量，并加强库存及消耗的管理，努力降低原材料库存。

(2) 在制品存货管理。运用准时生产等先进生产技术，科学控制投产的时间及批量，实现生产的成套性及均衡性，最大限度地降低在制品存货。

(3) 产成品存货管理。企业要大力开展市场营销，促进产品销售，千方百计地降低库存产成品。

9.3.2　固定资产管理

固定资产是企业的重要资源，它包括生产与非生产性的资产。固定资产占用了企业的大量资金，对固定资产的管理是企业的一项重要基础工作。固定资产是企业的主要劳动手段，它的数量、质量、技术结构标志着企业的生产能力，也标志着企业生产力的发展水平。

运用现代化信息技术手段加强固定资产的核算管理，可以大大地降低核算工作量，加快收集信息的速度；通过加强管理，保护固定资产完整无缺，充分挖掘潜力，不断改进固定资产利用情况，提高固定资产的使用经济效益。这样不仅有利于企业增大产品产量，增加产品品种，提高产品质量，降低产品成本，而且还可以节约企业基本建设投入资金，以有限的建设资金不断扩大企业资产规模，实现国有资产的保值增值。

9.3.2.1　固定资产的特点与分类

A　固定资产的含义

固定资产是指使用年限较长，单位价值在规定标准以上，并在使用中始终保持其原有物质形态的资产。

B　固定资产的形成

工厂及其建设项目竣工后，项目总投资中的流动资金部分形成流动资产；而其余部分(包括固定资产投资、固定资产投资方向调节税和建设期利息)，分别形成固定资产、无形资产、递延资产。

C　固定资产的特点

固定资产的主要特点有：

(1) 固定资产使用时间长。

(2) 固定资产在使用中，实物形态不变，但其价值逐步转移，其价值补偿与实物更新期不一致。

(3) 固定资产的使用年限决定其资金周转期。

D　固定资产的分类

固定资产可按不同的标志进行分类：

(1) 按固定资产的经济用途，可以分为经营性固定资产和非经营性固定资产。

(2) 按固定资产的产权，可分为自有固定资产、接受投资固定资产和租入固定资产。

(3) 按固定资产的实物形态，可分为房屋及建筑、机器设备、电子设备、运输设备及其他设备。

9.3.2.2　固定资产的计价

A　固定资产计价的原则

按我国现行财务制度的规定，计算企业固定资产的价值，应按取得时的实际支出入账。如购入固定资产，要以购入价加上应由企业负担的运输费、装卸费、安装调试费、保险费和税金来计价。

B 固定资产计价的方法

根据企业管理固定资产的不同需要，对固定资产有三种计价方法：

（1）原始价值（又称原值）。原始价值是指按建造或购置固定资产时的实际全部支出计算固定资产的价值。固定资产的原始价值反映了固定资产投资的规模和设备能力。

（2）折余价值（又称净值）。折余价值是指按固定资产原值减去固定资产在使用中的损耗价值（累计折旧）后的余额来计算固定资产的价值。这主要可以了解固定资产的使用与新旧程度。

（3）重置价值（又称经济价值）。重置价值是指按现实市场条件下重新购置或建造该项固定资产所需全部支出来计算固定资产的价值。这真实地反映了该项固定资产当前的实际价值。

9.3.2.3 固定资产的折旧

A 固定资产折旧的含义

固定资产折旧是指在固定资产使用过程中，通过固定资产逐步磨损（有形磨损与无形磨损）而转移到产品成本费用中去的那部分价值。固定资产在整个使用期间内，逐期提取折旧，直到报废前将其全部价值提取折旧完毕，然后进行固定资产的更新。

B 固定资产折旧的计算

固定资产折旧是以原值为基础，按照固定资产磨损与使用期限的情况进行计算的。主要有三种方法：

（1）平均年限法。这种方法又称为直线法。这是按照固定资产的使用年限来平均计算折旧额的一种方法，其计算公式为：

$$\text{固定资产年折旧额} = \frac{\text{固定资产原值} - \text{预计残值}}{\text{固定资产预计使用年限}} \tag{9-3}$$

（2）工作量法。这种方法也称作业法，它是以固定资产的工作量或使用时间来计算折旧额的一种方法，比如汽车按行使里程计算，机器设备按工作小时或台班来计算折旧。

（3）加速折旧法。加速折旧法是指在固定资产使用早期多提折旧，使用后期少提折旧，以加速其折旧速度的一种方法。这种方法有利于固定资产的快速更新。

9.3.2.4 固定资产管理的基本要求

根据固定资产的经济性质和周转特点，企业固定资产管理的基本要求是：

（1）保证固定资产的完整无缺。

（2）提高固定资产的完好程度和利用效果。

（3）准确核定固定资产的需用量。

（4）采用适当的折旧方法，正确计算固定资产折旧额。

（5）科学地进行固定资产的投资预测。

9.4　费用与利润管理

案例导入 9-4

煮蛋的学问

扫一扫查看案例导入 9-4

9.4.1　成本费用管理

成本费用是企业生产经营过程中资金消耗的反映，可以理解为企业为取得预期收益而发生的各项支出，主要包括制造成本和期间费用等。成本费用是衡量企业内部运行效率的重要指标，在收入一定的情况下，它直接决定了公司的盈利水平。成本费用指标在促进企业提高经营管理水平、降低生产经营中的劳动耗费方面起着十分重要的作用。

成本费用管理是指企业对在生产经营过程中全部费用的发生和产品成本的形成所进行的计划、控制、核算、分析和考核等一系列科学管理工作的总称。加强成本费用管理具有重要意义，它既是企业提高经营管理水平的重要因素，也是企业增加盈利的要求，并且为企业抵抗内外压力、求得生存发展提供了可靠保障。

9.4.1.1　成本费用的概念与作用

成本费用的概念。就一般意义而言，成本费用泛指企业在生产经营中所发生的各种资金耗费。而在严格的意义上讲，成本费用及其相关的概念有：

（1）支出是指企业生产经营中的一切开支与耗费，是企业资产的流出。

（2）费用是指企业为销售商品、提供劳务等日常活动所发生的经济利益的流出。费用是一种支出，但不是“为销售商品、提供劳务等日常活动所发生”的支出，因此不构成费用。

（3）成本也称产品成本，是一种被对象化了的费用，是指在一定时期内某种产品应承担的费用。例如，一家生产汽车的工厂，在一定期间内该厂所发生的一切开支和耗费用中可以按具体汽车产品归集和汇总的费用则属该种汽车的成本。在这里，把费用和成本统称为成本费用。

9.4.1.2　成本费用的分类

A　成本费用的作用

成本费用是企业生产经营的一个极为重要的变量与指标，是加强管理的重要领域。其主要作用体现在：

（1）成本费用是生产消耗及其补偿的尺度。成本费用能较为真实地衡量出产品的消耗，并反映出相应补偿的数量。

（2）成本费用是制定价格的基础。产品价格是产品价值的货币表现，产品定价总是要以成本作为基础，结合市场供求来决定的。

（3）成本费用是提高经济效益的重要领域。企业要提高效益，一是扩大销售，二是降低成本。只有降低成本费用，才能有效提高企业的经济效益。

（4）成本费用是企业决策的重要依据。企业的生产经营决策，无不涉及决策对象的投入产出效益对比，这样，成本费用则成为评价投入产出效益的重要指标，从而成为企业决策的重要依据。

B 制造成本与期间费用

成本费用可以划分为两大类，即直接成本费用和间接成本费用。以工业企业为例，直接成本费用构成产品的制造成本，间接成本费用则构成期间费用。

a 制造成本

制造成本是指按产品分摊的、与生产产品直接相关的费用。主要构成项目有直接材料、直接工资、其他直接支出和制造费用。这就构成了通常所讲的产品成本。

b 期间费用

期间费用是指在一定会计期间内所发生的与生产经营没有直接关系或关系不大的各种费用。主要包括管理费用、财务费用和销售费用等。

C 固定成本与变动成本

不同的产品成本项目具有不同的习性。有的成本项目随着产量的变化而不断变化；而有的则不受产量大小的影响，不管产量怎样变化，其大小是不变的。这样，按照成本的习性，可以把成本划分为变动成本和固定成本。

a 固定成本

固定成本是指不随产量的变化而变化的成本。比如，厂房等固定资产的投资形成的成本，数额是固定的，并不由于生产数量出现变化而发生变化。

b 变动成本

变动成本是指随着产量的变化而变化的成本。比如，产品成本中的直接材料，是随着产品产量的变化而同比例变化的。

D 总成本与单位成本

产品成本又可以划分为总成本与单位成本。

a 产品总成本

产品总成本是指企业在一定期间内，生产的所有产品的成本总和。

b 单位成本

单位成本也称平均成本。其计算公式为：

$$单位成本 = \frac{总成本}{产品数量} \tag{9-4}$$

单位成本是指企业在一定期间内，平均每生产一件产品的成本。总成本是成本的总值，而单位成本则是成本的平均值，两者的关系为：

$$总成本 = 单位成本 \times 产品数量 \tag{9-5}$$

降低成本费用的途径与举措请扫右侧二维码学习了解。

降低成本费用的途径与举措

9.4.1.3 成本控制与分析的方法

在对成本费用进行具体控制与分析的过程中，通常采用标准成本控制和目标成本控制两种方法。

A 标准成本控制

标准成本控制是指运用标准成本系统来实现成本控制的一种管理方法。

标准成本系统是指在科学分析与计算的基础上，制定标准成本并加以控制的体系。标准成本分为单位产品标准成本与产品总标准成本，其计算公式分别为：

$$产品单位标准成本 = 单位产品标准消耗量 \times 标准单价 \tag{9-6}$$

$$产品总标准成本 = 实际产量 \times 单位产品标准成本 \tag{9-7}$$

按其所反映的生产经营技术水平，标准成本可以分为两种：一种是理想标准成本，其是指在最优的条件下所能达到的最低成本；另一种是正常成本，指在正常的条件下，企业经过努力实际上可以达到的较低成本。在实际工作中，一般采用正常成本进行控制，它必须是经过努力才能达到的，其标准应大于理想标准，又小于历史实际水平。通过标准成本控制，可以有效实现降低成本的目标，提高企业的经济效益。

B 目标成本控制

目标成本控制是指企业在分析预计可实现收入与目标利润的基础上，确定目标成本，并借助目标管理的思想，依据目标成本进行管理与控制的方法。

a 目标成本的确定

企业的目标成本是根据预计可实现的销售收入扣除目标利润的方法计算出来的。其计算公式为：

$$目标成本 = 预计销售收入 - 目标利润 \tag{9-8}$$

而目标利润的确定有两种方法：

（1）目标利润率法。该方法是按照同类企业的平均销售利润率来计算目标利润的方法。其公式为：

$$目标利润 = 预计销售收入 \times 同类企业平均销售利润率 \tag{9-9}$$

（2）上年利润基数法。该方法是一种以上年实际利润额为基础，结合利润的增长率来确定本年利润的方法。其公式为：

$$目标利润 = 上年利润额 \times 年利润增长率 \tag{9-10}$$

b 目标成本控制的要点

目标成本控制的要点包括：

（1）在充分调研、分析与测算的基础上，科学制定目标利润与目标成本。这是实施这一方法的前提与基础。

（2）按照科学的程序进行运作。首先要在最高层设置目标，并以此为中心，层层分解，几上几下，反复协商，确定目标成本，并不断总结提高，完善对策措施。

（3）加强达标过程的管理与控制。要切实加强成本目标的预先控制、同步控制和反馈控制，确保目标的实现。

9.4.2 利润管理

利润是企业生存发展的核心指标。不论是投资人、债权人还是企业经理人员，都非常关心企业的盈利能力，而利润管理是企业目标管理的重要组成部分，其行为结果会直接或间接地影响到各经济主体的利益。利润管理是在法律允许的范围内进行的，既是法律制度所允许的，同时还体现了法律制度对企业相关利益主体不同利益的认可和尊重。适度的利润管理对企业的不断成长起着举足轻重的作用，但过度的利润管理也会给企业带来一些不利的影响，不利于企业的经营决策。

9.4.2.1 利润及其构成

A 利润的含义

利润是企业在一定时期生产经营的最终成果。利润是收入扣除成本费用后的余额，是企业的净收益。利润的基本公式为：

$$利润 = 收入 - 成本 \tag{9-11}$$

利润是企业生产经营管理各方面工作的综合反映，是企业生产经营活动最终效益的集中表现。利润最大化是企业生存的目的与追求的目标。

B 利润的构成与计算

企业的利润总额是由三部分构成，营业利润、对外投资净收益和营业外净收益。企业的利润总额应由上述三部分构成，其公式为：

$$利润总额 = 营业利润 + 投资净收益 + 营业外收入 - 营业外支出 \tag{9-12}$$

a 营业利润

营业利润是指企业从事生产经营活动所取得的利润，是企业利润的主要来源。在工业企业中，将营业利润称为销售利润，其计算公式为：

$$销售利润 = 产品销售利润 + 其他销售利润 - 管理费用 - 财务费用 \tag{9-13}$$

b 投资净收益

投资净收益是指企业对外投资收益扣除对外投资损失后的数额，主要指企业对外投资分得的利润、股利、债券利息等。

c 营业外净收入

营业外净收入是指与企业生产经营无直接关系的各项收入。营业外净收入是营业外收入总额扣除营业外支出后的余额，其公式为：

$$营业外净收入 = 营业外收入 - 营业外支出 \tag{9-14}$$

9.4.2.2 实现利润最大化的途径

实现利润最大化，是企业经营活动的基本目标。要实现利润最大化，主要有以下途径：

（1）开拓市场，扩大销售。按照利润的基本公式，增加利润的基本途径有两个：一是增加收入；二是降低成本，从而使两者相抵的余额变大。增加销售收入的基本途径有两个：一是扩大销售数量；二是提高产品价格。因此，企业需要努力适应市场需要开发新产品，大力开展市场营销，增加产品销量；同时，推行差异化战略，优质优价，增加单位产品的边际贡献。

（2）提高效率，降低成本。推进技术革新，加强管理，提高劳动效率，建设有效的全面成本管理体系与机制；通过最大限度地降低成本来增加企业的利润。

（3）运用最佳化分析，实行科学决策。要推行科学化、现代化、模型化决策。要运用各种最佳化数学模型、量本利分析、边际贡献分析等最佳化决策手段，科学配置生产要素，正确进行投资、生产与销售决策，努力实现利润最大化。

9.4.2.3　利润分配

A　利润分配的含义

企业的利润分配是指根据国家有关法规和企业章程的规定，企业将所获利润在国家及企业的各权益主体之间所进行的分配。企业所获得的利润，首先要向国家纳税，然后在企业、所有者和员工之间进行分配。

B　缴纳所得税

按照税法的规定，企业取得利润后，必须要先向国家交纳所得税，然后才能进行企业内的分配。企业要计算应缴纳的所有税，必须先将利润总额按国家规定调整为应纳税所得额。比如：所得税前弥补亏损，对投资所得的已纳税项目的调整，会计计算利润总额与税法规定的纳税所得间的差异调整等。经调整后，将应纳税所得额乘以规定的所得税率，即为应缴纳的所得税额。

C　利润分配的原则

利润分配包括以下原则：

（1）严格遵守国家有关政策法规，认真执行企业章程的有关规定，绝不可以违规操作。

（2）协调好企业长远发展和企业权益主体近期利益的矛盾。要优先考虑企业积累，以提高企业的自我发展和抗风险能力。

（3）兼顾企业所有者、经营者和员工的利益，充分考虑所有者的权益，并努力调动经营者和员工的积极性。

D　利润分配的顺序

企业利润在首先向国家交纳所得税之后，按照下列顺序进行分配：

（1）被没收的财务损失、支付各项税收的滞纳金和罚款。

（2）弥补以前的年度亏损。

（3）提取法定盈余公积金。

（4）提取公积金。

（5）提取任意盈余公积金。

（6）向投资者分配股利。

9.4.2.4　利润分析

A　利润总额分析

利润总额分析包括：

(1) 利润总额大小分析。

(2) 利润总额构成分析。通过计算利润总额各部分的比重来研究利润总额各组成部分的合理性。在工业企业中，产品销售利润一般占主要部分。

(3) 利润总额变动分析。通常采用本年的利润与上年相比较、实际利润与计划利润相比较、本企业与同行先进企业的利润相比较等方法，分析企业利润变化的方向、幅度及趋势。

B　利润率分析

利润额只反映企业盈利的绝对水平，而利润率则可以反映企业盈利的相对水平，更有利于分析与比较。企业利润率分析最主要指标有以下三个：

(1) 销售利润率。销售利润率是企业所实现的利润总额同销售（营业）收入总额的比率。销售利润率主要反映企业生产经营活动的效益。它是企业分析与衡量盈利水平的最基本的指标，其计算公式为：

$$\text{销售利润率} = \frac{\text{利润总额}}{\text{销售(营业)收入总额}} \times 100\% \qquad (9\text{-}15)$$

(2) 成本费用利润率。成本费用利润率是利润总额与成本费用总额的比率。成本费用利润率主要反映企业投入（或耗费所带来的效益），其计算公式为：

$$\text{成本费用利润率} = \frac{\text{利润总额}}{\text{成本费用总额}} \times 100\% \qquad (9\text{-}16)$$

(3) 资本金利润率。资本金利润率是企业利润总额与企业资本金总额的比率。资本金利润率主要反映企业自身投资所带来的效益水平。其计算公式为：

$$\text{资本金利润率} = \frac{\text{利润总额}}{\text{资本金总额}} \times 100\% \qquad (9\text{-}17)$$

9.5　企业效绩评价

案例导入 9-5

秀 才 买 柴

扫一扫查看案例导入 9-5

9.5.1　企业效绩评价概述

9.5.1.1　企业效绩评价及其作用

A　企业效绩评价的提出

随着现代企业的发展，企业的所有权与经营权分离。作为所有者，企业的出资人应及时准确地掌握企业经营的实际状况及经营者的主观努力程度，并得出客观、公正和公平的企业经营成果和经营者业绩的结论；同时，从企业自身发展的角度，也需要对经营状况进行评估和总结，肯定成绩，发现问题，从而进一步的发展。因此，企业效绩评价在世界范围内受到高度重视，并被广泛采用。在我国，随着国有企业改革的深入，国家作为出资人，也要求对国有企业的经营成果与经营者的业绩进行全面的考核与评价。因此，财政部、经贸委等部委先后下发了《国有资本金效绩评价规则》《企业效绩评价操作细则（修订）》等文件，以法规的形式确立了我国的企业效绩评价体系。

B　企业效绩评价的含义

企业效绩评价是指以企业出资人为中心的权益主体，为掌握企业经营状况和促进企业发展，采用科学的指标体系与系统化方法，对企业经营成果和经营者业绩所进行的考核与评价。

企业效绩评价的主体是企业的相关权益主体，特别是企业的出资人。

企业效绩评价的目的：一是使以出资人为中心的权益主体及时而准确地掌握企业的经营状况；二是正确地监控企业，把企业的经营活动聚焦到提高效益与业绩上来，促进企业的健康发展。

企业效绩评价是一套科学的系统，有完整的评价指标体系，有系统的工作程序与方法。

企业效绩评价的基本内容有两个方面：一是对企业经营成果的考核与评价；二是对企业经营者的业绩进行考核与评价。

C　企业效绩评价的作用

企业效绩评价的作用主要表现在以下几方面：

（1）科学的企业效绩评价。该评价可以为以出资人为中心的企业相关权益主体提供真实、准确的有关企业经营信息。这是保证出资人及其他权益主体知情权的重大举措。

（2）科学的企业效绩评价。该评价为出资人选择、监管、激励企业经营者提供重要依据。企业效绩评价有利于企业所有者择优聘任经营者，有效监督与约束经营者的行为，并对经营者进行有效激励，以确保经营者全力以赴地经营好企业。

（3）科学的企业效绩评价。该评价有利于正确引导企业经营行为，把提高企业效绩作为决策的核心标准，促进企业的长远、健康发展。

（4）科学的企业效绩评价。该评价有利于促使企业投入产出比率的最优化，强化科学管理，并有利于建立以高效绩为追求目标的现代企业制度。

9.5.1.2　评价内容、指标与标准

A　企业效绩评价的内容

我国国有企业效绩评价的内容，是按照工商类企业和金融类企业分别划定的。

工商类企业效绩评价内容是按竞争性企业、非竞争性企业分别制定的。其中，竞争性企业主要包括财务效益状况、资产营运状况、偿债能力状况和发展能力状况四个方面。

金融类企业效绩评价内容主要包括企业财务效益状况、资产安全状况、资产流动状况和发展能力状况四个方面。

B　企业效绩评价的指标

企业效绩评价指标体系是由基本指标、修正指标和评议指标三个层次构成的。

基本指标反映的是企业效绩评价内容的基本情况，可以形成企业效绩评价的基本

结论。

修正指标是依据企业有关实际情况对基本指标评价结果进行逐一修正，以形成企业效绩评价的基本定量分析结论。

评议指标是对影响企业经营效绩的非定量因素进行判断，以形成企业效绩评价的定性分析结论。

9.5.1.3 评价程序与方法

A 企业效绩评价的工作程序

企业效绩评价的工作程序包括：

（1）确定评价对象，下达评价通知书，组织成立评价工作组及专家咨询组。

（2）拟定评价工作方案，搜集基础资料。

（3）评价工作组实施评价，征求专家意见和反馈企业，撰写评价报告。

（4）评价工作组将评价报告送专家咨询组复核，向评价组织机构（委托人）送达评价报告和公布评价结果，建立评价项目档案。

B 企业效绩评价的方法

企业效绩评价的基本计算方法是功效系数法，辅以综合分析判断法。这就是按照统一制定的多层次指标体系，以企业经营期间的各项指标的实际水平，对照全国统一测算和颁布的效绩评价标准值，分步得出效绩评价的初步结论、基本结论和综合结论。

功效系数法是指根据多目标规划原理，将所要考核的各项指标分别对照不同分类和分档的对应标准值，通过功效函数转化为可以度量计分的方法。

综合分析判断法是指综合考虑影响企业经济效益和经营者业绩的各项潜在的或非计量的因素，参照评议参考标准，对评议指标进行印象比较分析判断的方法。

C 企业效绩评价的标准

企业效绩评价标准值是对评价对象进行客观、公正、科学分析判断的标尺。根据企业效绩评价指标的不同性质，评价标准值可以分为计量指标评价标准值和非计量指标评议参考标准。

计量指标评价标准值是基本指标和修正指标的评价对比依据。工商类企业的评价标准值由财政部统一测算和颁布。划分为五档，其分别为优秀值、良好值、平均值、较低值和较差值。

非计量指标评议参考标准。评议参考标准是评议指标的评价参考依据，主要依据有关法规、行业标准、国际公认标准和我国国情确定，也分为五档：优（A），良（B），中（C），低（D），差（E）。

9.5.2 企业效绩评价指标体系

9.5.2.1 基本指标

基本指标是评价企业经济效益的核心指标，由反映企业财务效益状况、资产营运状况、偿债能力状况、发展能力状况的四类八项计量指标构成，用以形成企业效绩评价的初步结论。

A　财务效益状况计量指标

财务效益状况计量指标的计算公式为：

$$净资产收益率=\frac{净利润}{平均净资产}\times 100\% \tag{9-18}$$

$$总资产报酬率=\frac{息税前利润总额}{平均资产总额}\times 100\% \tag{9-19}$$

一般来说，以上两项指标均越高越好。

B　资产营运状况计量指标

资产营运状况计量指标的计算公式为：

$$总资产周转率(次)=\frac{主营业务收入净额}{平均资产总额} \tag{9-20}$$

$$流动资产周转率(次)=\frac{主营业务收入净额}{平均流动资产总额} \tag{9-21}$$

一般来说，周转次数越多，说明资产营运状况越好。

C　偿债能力状况计量指标

偿债能力状况计量指标的计算公式为：

$$资产负债率=\frac{负债总额}{资产总额}\times 100\% \tag{9-22}$$

$$已获利息倍数=\frac{息税前利润总额}{利息支出} \tag{9-23}$$

一般来说，资产负债率越高，说明企业风险越大，因此，该指标以控制在50%以内为宜。根据经验估计，已获利息倍数越大，说明企业偿债能力较强。

D　发展能力状况计量指标

发展能力状况计量指标的计算公式为：

$$销售增长率=\frac{本年主营业务收入增长额}{上年主营业务收入总额}\times 100\% \tag{9-24}$$

$$资本积累率=\frac{本年所有者权益增长额}{年初所有者权益}\times 100\% \tag{9-25}$$

以上两项指标高，说明企业发展能力强。

9.5.2.2　修正指标

修正指标用以对基本指标评价形成的初步评价结论进行修正，以产生较为全面、准确的企业效绩评价基本结果。主要由以下12项计量指标构成。

A　财务效益状况计量指标

财务效益状况计量指标的计算公式如下：

（1）资本保值增值率主要表示企业当年在企业自身努力下资本的实际增减变动情况，是评价企业财务状况的辅助指标。其计算公式为：

$$资本保值增值率=\frac{扣除客观因素的年末所有者权益}{年初所有者权益}\times 100\% \tag{9-26}$$

（2）主营业务利润率越高，说明企业产品（或商品）定价科学，产品附加值高，营销策略得当，主营业务市场竞争力强，发展潜力大，获利水平高。其计算公式为：

$$主营业务利润率 = \frac{主营业务利润}{主营业务收入净额} \times 100\% \tag{9-27}$$

(3) 盈余现金保障倍数的计算公式为:

$$盈余现金保障倍数 = \frac{经营现金净流量}{净利润} \tag{9-28}$$

(4) 成本费用利润率越高，表明企业为取得收益所付出的代价越小，企业成本费用控制得越好，企业的获利能力越强。其计算公式为:

$$成本费用利润率 = \frac{利润总额}{成本费用总额} \times 100\% \tag{9-29}$$

B 资产营运状况计量指标

资产营运状况计量指标包括:

(1) 存货周转率。存货周转率是对流动资产周转率的补充说明。它在反映企业存货周薪速度、存货占用水平的同时，也从一定程度上反映了企业销售实现的快慢。所以，一般情况下，该指标越高，表示企业资产由于销售顺畅而具有较高流动性。但如果过高，可能反映企业存货水平过低，应防止出现供应断档情况。存货周转率（次）的计算公式为:

$$存货周转率(次) = \frac{主营业务成本}{存货平均余额} \tag{9-30}$$

(2) 应收账款。应收账款在流动资产中占有较大份额，及时收回应收账款，能够减少营运资金在应收账款上的占用，从而提高企业的资金利用效率。应收账款周转率（次）的计算公式为:

$$应收账款周转率(次) = \frac{主营业务收入净额}{应收账款平均余额} \tag{9-31}$$

(3) 不良资产比率。不良资产比率的计算公式为:

$$不良资产比率 = \frac{年末不良资产总额}{年末资产总额} \times 100\% \tag{9-32}$$

C 偿债能力状况计量指标

偿债能力状况计量指标的计算公式为:

$$现金流动负债比率 = \frac{经营现金净流量}{流动负债} \times 100\% \tag{9-33}$$

$$速动比率 = \frac{速动资产}{流动负债} \times 100\% \tag{9-34}$$

现金流动负债比率为20%，速动比率为1，这说明企业偿债能力状况不错。其中的速动资产为流动资产扣除存货后的余额，经营现金净流入为流入与流出相抵后的余额。

D 发展能力状况计量指标

发展能力状况计量指标的计算公式为:

$$三年资本平均增长率 = \left[\left(\frac{年末所有者权益总额}{三年前年末所有者权益总额}\right)^{\frac{1}{3}} - 1\right] \times 100\% \tag{9-35}$$

$$三年销售平均增长率 = \left[\left(\frac{当年主营业务销售总额}{三年前主营业务销售总额}\right)^{\frac{1}{3}} - 1\right] \times 100\% \tag{9-36}$$

$$技术投入比率 = \frac{当年技术转让费支出与研发投入}{主营业务收入净额} \times 100\% \quad (9\text{-}37)$$

以上 3 个指标越高，说明企业的发展潜力越大。

9.5.2.3　评议指标

评议指标是用于对基本指标和修正指标评价形成的基本结果进行定性分析验证，以进一步补充和完善基本评价结果。评议指标体系由 8 项非计量指标构成。具体包括：

（1）领导班子基本素质；

（2）产品市场占有能力（服务满意度）；

（3）基础管理水平；

（4）发展创新能力；

（5）经营发展战略；

（6）在岗员工素质；

（7）技术装备更新水平（服务硬环境）；

（8）综合社会贡献。

本章小结

企业财务管理是基于企业再生产过程中客观存在的财务活动和财务关系而产生的。财务活动是企业的资金运动，从总体上来看，它包括筹资活动、投资活动、资金营运活动和收益分配活动等一系列行为。财务关系是指企业在组织财务活动过程中与各有关方面发生的经济关系。

筹资是企业根据其生产经营、投资和资金结构调整等需要，通过一定的筹资渠道，采取适当的筹资方式，筹措和集中所需资金的行为。企业通过一定的方式筹集资金，不仅是企业得以持续经营的前提条件，而且通过适当的筹资组合可以降低企业的资金成本，提高企业的价值。

企业资产管理主要包括流动资产管理及固定资产管理。流动资产管理主要包括货币资金管理、应收账款管理及存货管理三个方面。

成本费用管理是指企业对在生产经营过程中全部费用的发生和产品成本的形成所进行的计划、控制、核算、分析和考核等一系列科学管理工作的总称。加强成本费用管理，既是企业提高经营管理水平的重要因素，也是企业增加盈利的要求，并且为企业抵抗内外压力、求得生存发展提供了可靠保障。

利润管理是企业目标管理的重要组成部分，其行为结果会直接或间接地影响到各经济主体的利益。适度的利润管理对企业的不断成长起着举足轻重的作用，但过度的利润管理也会给企业带来一些不利的影响，不利于企业的经营决策。

企业效绩评价是指以企业出资人为中心的权益主体，为掌握企业经营状况和促进企业发展，采用科学的指标体系与系统化方法，对企业经营成果和经营者业绩所进行的考核与评价。

项目实战

项目一：制定企业筹资方案

（1）项目名称：制定企业筹资方案。

（2）项目目标：

1）明确资金筹集的原则与来源；

2）培养筹资方案的决策的能力；

3）培养运用息税前利润及财务杠杆系数的能力。

（3）项目内容与要求：

1）主要内容是通过给定的企业财务有关数据，进行公司筹资方案的分析与决策。

2）某公司目前的资金来源包括面值 1 元的普通股 800 万股和平均利率为 10% 的 3000 万元债务。该公司现在拟投产甲产品，该项目需要筹资 4000 万元，预期投产后每年可增加息税前利润 400 万元。该项目有两个备选的筹资方案：①按 11% 的利率发行债券；②按 20 元/股的价格增发普通股。

该公司目前的息税前利润为 1600 万元，所得税税率为 25%，证券发行费用可忽略不计。要求：

① 计算按不同方案筹资后的普通股每股收益。

② 计算增发普通股和债券筹资的每股收益无差别点（以息税前利润表示）。

③ 计算筹资前的财务杠杆系数和按两个方案筹资后的财务杠杆系数。

④ 根据以上计算结果分析，该公司应当选择哪一种筹资方案？为什么？

⑤ 如果由甲产品可提供 1000 万元的新增息税前利润，在不考虑财务风险的情况下，公司应选哪一种筹资方案？

（4）成果与检测：

1）每个人正确地完成表 9-1 相关数据的计算；

2）计算并分析哪一种筹资方案最优，并说明理由。

表 9-1　筹资方案计算表

项　　目	计 算 过 程
普通股每股收益（筹资后）	方案一：
	方案二：
息税前利润	
财务杠杆系数	筹资前：
	方案一：
	方案二：
根据以上计算结果分析，该公司应当选择哪一种筹资方案，为什么？	最优方案：
	原因分析：
如果由甲产品可提供 1000 万元的新增息税前利润，在不考虑财务风险的情况下，公司应选哪一种筹资方案？	

项目二：企业财务状况评价

（1）项目名称：企业财务状况评价。

（2）项目目标：

1）增强对企业财务的感性认识。

2）培养成本与利润分析与控制的能力。

3）培养运用其他财务指标的能力。

（3）项目内容与要求：

1）主要内容是通过给定的企业财务有关数据，计算有关财务指标，进行简单的财务分析。

2）华丰公司为制定2005年发展计划，需要对企业的财务状况进行必要的分析和评价。请利用该企业的资产负债表（见表9-2）、利润表（见表9-3）中的有关数据，计算流动比率、速动比率、资产负债率、流动资产周转率、存货周转率、应收账款周转率、销售利润率、成本费用利润率，并对该企业的财务状况进行简要的评价。

（4）成果与检测：

1）每个人正确地计算表9-4；

2）进行简要的分析；

3）由教师对表9-4的计算与分析说明进行评估打分。

表9-2　华丰公司资产负债表

项　　目	上年	本年	项　　目	上年	本年
流动资产			流动负债		
货币资产	310	230	短期借款	6160	6805
应收票据	10	25	应付账款	1210	1655
应收账款（净额）	3850	3580	预收账款	150	155
预付账款	1160	1350	流动负债合计	7520	8615
存货	3795	4700	长期负债	875	1065
流动资产合计	9125	9885	所有者权益		
长期投资	1265	1480	实收资本	3725	3725
固定资产（净值）	2755	3130	资本公积	750	855
无形资产	400	500	盈余公积	725	825
递延资产	50	90	所有者权益合计	5200	5405
资产合计	13595	15085	负债及所有者权益合计	13595	15085

表9-3　华丰公司利润表

项　　目	上　　年	本　　年
一、商品销售收入	11450	12440
减：销售退回、折扣和折让	480	500
商品销售净额	10970	11940

续表 9-3

项　　目	上　　年	本　　年
其中：赊销收入	770	8950
减：商品销售成本	7085	7895
经营费用	2475	2545
商品销售税金及附加	280	255
二、商品销售利润	1130	1245
加：其他业务利润	270	255
减：管理费用	275	330
财务费用	360	410
三、税前利润总额	765	760
减：所得税费用	190	190
四、净利润	575	570

表 9-4　财务效绩指标计算分析表

项目	评价指标	计算公式	计算结果	财务分析
营运能力分析	流动资产周转率	$流动资产周转率=\frac{销售收入净额}{平均流动资产}$		
	存货周转率	$存货周转率=\frac{销售成本}{平均存货}$		
	应收账款周转率	$应收账款周转率=\frac{赊销净额}{平均应收账款}$		
长期偿债能力分析	资产负债率	$资产负债率=\frac{负债总额}{资产总额}$		
短期偿债能力分析	流动比率	$流动比率=\frac{流动资产}{流动负债}$		
	速动比率	$速动比率=\frac{速动资产}{流动负债}$		
盈利能力分析	资产净利率	$资产净利率=\frac{净利润}{平均资产总额}$		
	销售利润率	$销售净利率=\frac{净利润}{销售收入净额}$		

项目实战模版

扫一扫查看项目实战模版

同步测试

9-1　单项选择题

(1) 在资本市场上向投资者出售金融资产（如借款、发行股票和债券等），从而取得资金的活动是（　　）。

A. 筹资活动　　B. 投资活动

C. 收益分配活动　　D. 扩大再生产活动

(2) 财务关系是企业在组织财务活动过程中与有关各方所发生的（　　）。

A. 经济往来关系　　B. 经济协作关系

C. 经济责任关系　　D. 经济利益关系

(3) 在下列各项中，从甲公司的角度看，能够形成"本企业与债务人之间财务关系"的业务是（　　）。

A. 甲公司购买乙公司发行的债券　　B. 甲公司归还所欠丙公司的货款

C. 甲公司从丁公司赊购产品　　D. 甲公司向戊公司支付利息

(4) 在下列各项中，能够引起企业自有资金增加的筹资方式是（　　）。

A. 吸收直接投资　　B. 发行公司债券

C. 利用商业信用　　D. 留存收益转增资本

(5) 企业实施了一项狭义的"资金分配"活动，由此而形成的财务关系是（　　）。

A. 企业与投资者之间的财务关系　　B. 企业与受资者之间的财务关系

C. 企业与债务人之间的财务关系　　D. 企业与供应商之间的财务关系

(6) 财务关系是企业在组织财务活动过程中与有关各方面所发生的（　　）。

A. 经济往来关系　　B. 经济协作关系

C. 经济责任关系　　D. 经济利益关系

(7) 利用专门方法对各种备选方案进行比较分析，并从中选出最佳方案的过程是（　　）。

A. 规划和预测　　B. 财务决策

C. 财务预算　　D. 财务控制

(8) 企业可以改变的理财环境是（　　）。

A. 法律环境　　B. 宏观经济

C. 通货膨胀　　D. 企业组织结构

(9)（　　）对以下问题做出了规定，即建立资本金制度、固定资产的折旧、成本的开支范围、利润的分配。

A. 公司法　　B. 票据法

C. 中华人民共和国会计法　　D. 企业财务通则

(10) 下列各项中，属于企业筹集短期资金方式的是（　　）。

A. 应收账款保理　　B. 融资租赁

C. 吸收直接投资　　D. 留存收益

(11) 下列筹资方式中，常用来筹措短期资金的是（　　）。

A. 商业信用　　B. 发行股票
C. 发行债券　　D. 融资租赁

(12) 企业降低筹资风险可采取的方式为（　　）。
A. 吸收直接投资　　B. 债券筹资
C. 短期借款　　D. 应付账款

(13) 长期借款按有无担保，可以分类为（　　）。
A. 长期借款和短期借款　　B. 政策性银行借款和商业银行借款
C. 信用贷款和抵押贷款　　D. 新产品试制借款和更新改造借款

(14) 企业因从事新建、改建、扩建等基本建设项目需要资金而向银行申请借入的款项是（　　）。
A. 流动资金贷款　　B. 基本建设贷款
C. 专项贷款　　D. 临时贷款

(15) 下列各项筹集方式中，属于负债筹资方式的是（　　）。
A. 吸收直接投资　　B. 留存收益
C. 发行股票　　D. 发行长期债券

9-2　多项选择题

(1) 下列各项中，属于企业财务活动的有（　　）。
A. 筹资活动　　B. 投资活动
C. 资金营运活动　　D. 分配活动

(2) 下列经济活动中，不能体现企业与投资者之间财务关系的有（　　）。
A. 企业向职工支付工资　　B. 企业向其他企业支付货款
C. 企业向国家税务机关缴纳税款　　D. 国有企业向国有资产投资公司支付股利

(3) 增加企业现金资产持有量可能会导致的后果包括（　　）。
A. 增加资金资产有利于提高企业的变现能力
B. 现金增加导致盈利能力某种程度的降低
C. 增加资金资产有利于降低企业的变现能力
D. 现金增加导致盈利能力某种程度的提高

(4) 财务管理的环节是指财务管理工作的步骤与一般程序。一般来说，企业财务管理包括（　　）环节。
A. 财务规划和预测　　B. 财务决策
C. 财务分析和业绩评价　　D. 财务控制

(5) 以下关于财务管理各个环节相互关系的理解正确的有（　　）。
A. 财务预测为决策提供可靠的依据
B. 财务预算是财务战略的具体化
C. 财务考核是构建激励与约束机制的关键环节
D. 财务控制的方法有前馈控制、过程控制、反馈控制

(6) 企业要编制财务预算需要完成的环节是（　　）。
A. 规划和预测　　B. 财务决策
C. 财务预算　　D. 财务分析和业绩评价

(7) 企业所有者损害债权人利息可能采取的方式包括，不经过债权人同意（　　）。

A. 改变举债资金的原定用途　　B. 发行新的债券

C. 借入新的贷款　　D. 发行新股

(8) 为了协调所有者与债权人的矛盾，通常可采用的方法有（　　）。

A. 发行新债　　B. 罚款

C. 限制性借款　　D. 收回借款或不再借款

(9) 所有者侵犯债权人利益的行为包括（　　）。

A. 所有者可能要求经营者改变举债资金的原定用途

B. 要求经营者发行新债券或举借新债

C. 借款资金投资更高风险项目盈利与债权人分摊

D. 及时偿还本金和利息

(10) 在下列各项中，属于企业财务管理的法律环境内容的有（　　）。

A. 金融市场　　B. 公司法

C. 金融工具　　D. 税务法规

(11) 法律环境对企业的影响是多方面的。以下各选项中，属于法律环境影响范围的有（　　）。

A. 企业组织形式　　B. 公司治理结构

C. 投融资活动　　D. 收益分配

(12) 资本成本是指企业为筹集和使用资本而付出的代价，包括（　　）。

A. 筹资额　　B. 筹资费

C. 占用费　　D. 以上答案均正确

(13) 我国企业目前可选的筹资渠道包括（　　）。

A. 国家财政资金　　B. 银行信贷资金

C. 其他企业资金　　D. 居民个人资金

(14) 下列筹资方式中属于间接筹资方式的是（　　）。

A. 发行股票　　B. 银行借款

C. 吸收直接投资　　D. 融资租赁

(15) 银行借款的特点包括（　　）。

A. 限制性条款多，因此融资速度较慢　　B. 借款灵活性大

C. 借款成本高　　D. 财务风险大

9-3　判断题

(1) 企业的收入首先要弥补生产耗费及税费，剩余部分才能形成企业的营业利润。（　　）

(2) 企业与社会公众之间没有财务关系。（　　）

(3) 企业的筹资方式中可以有民间资本的介入。（　　）

(4) 吸收直接投资包括发行股票。（　　）

(5) 企业为扩大生产经营规模而进行的投资称为发展性动机投资。（　　）

(6) 企业与政府之间的财务关系体现为投资与受资的关系。（　　）

(7) 在市场经济条件下，财务管理的核心是财务决策。（　　）

(8) 成本—效益原则要求以尽可能少的智力资源和财务资源，创造出尽可能多的财富。 (　　)

(9) 永安公司经过调查发现在下属酒店内开设一个赌场可以大幅提高利润，因此决定以娱乐中心为名开了赌场，这符合企业财务管理原则要求。 (　　)

(10) 股权筹资形成企业的股权资金，股权筹资的方式包括吸收直接投资、发行股票、利用留存收益和融资租赁四种主要形式。 (　　)

(11) 与长期负债融资相比，流动负债融资的期限短、成本低，其偿债风险也相对较小。 (　　)

(12) 企业在初创期通常采用外部筹资，而在成长期通常采用内部筹资。 (　　)

(13) 在长期借款中，贷款种类与借款用途以及借款金额、借款利率与借款期限，这些内容属于借款合同的限制性条款。 (　　)

(14) 贴现法是银行向企业发放贷款时，先从本金中扣除利息部分，而到期时借款企业再偿还全部本息的一种计息方法。 (　　)

(15) 债券融资方式实质上是一种股权融资模式。 (　　)

9-4 思考题

(1) 试分析企业资金运动的基本过程模型。

(2) 怎样理解会计的基本要素?

(3) 企业资金筹集的渠道与筹资方式有哪些?

(4) 企业资本金筹集主要方式有哪些?

(5) 企业负债资本主要筹措方式有哪些?

(6) 怎样降低资金成本和回避筹资风险?

(7) 流动资产主要包括哪些内容，怎样实现最佳现金余额控制?

(8) 固定资产计价有哪三种方法，固定资产折旧有哪三种方法?

(9) 支出、费用和成本三者是什么关系，怎样理解有关成本费用的一系列重要概念?

(10) 降低成本的途径有哪些，有哪些成本控制方法?

(11) 怎样实现利润最大化?

(12) 企业利润分配的顺序是什么?

(13) 为什么要进行企业效绩评价?

(14) 怎样理解企业效绩评价指标体系?

9-5 案例分析

鄂尔多斯的“四统一分”财务控制

鄂尔多斯集团公司在1997年组建了财务公司。它的主要职能可概括为：“四统一分，二级管理，两个重点，六项工作”。

“四统”是指机构、人员、制度、资金统一。机构统一是指集团下属企业财务部门的设立全部由集团财务公司统一决定，大企业设部，中企业设科，小企业设股。人员统一是指全集团所有的财务人员由集团财务公司派驻和管理，实行垂直领导，人员的工资、奖金、升迁、职称评定，全部实行垂直管理。制度统一是指财务方面的制度由财务公司统一制定，各成员企业必须严格统一执行。资金统一是指全集团所有的资金由财务公司一个账户统一进行管理，所有下属企业在外的开户一律取消，成立内部银行，从源头上管理资金的流向。

"一分"指分别核算。各成员企业仍旧是独立核算，自负盈亏。

"二级管理"指集团一级核算，各企业一级管理。集团把下属的各投资主体管住了，各企业再对自己的车间、总务、工会、分厂等部门进行二级管理。

"两个重点"指集团的财务管理以资金和成本为重点。采取"抓大放小"的方式抓资金的源头；控制成本，以倒算成本、模拟市场来进行成本指标的分解。

"六项工作"包括：

（1）比价采购。即原辅材料的采购，采取货比三家的方式进行。

（2）工程指标，即集团所有的建筑、安装、设备维修全部实行招标制。

（3）预算控制，即集团所有单位和部门的支出都要实行预算申报，由集团统一进行资金预算管理。

（4）成本否决，即集团把成本指标给下属企业分解以后，如果完不成，对这个企业领导则要进行否决。

（5）费用包干，即除有成本的单位外，党政工作处、事业发展处、企业管理处、劳资处、财务处、财务公司等行政部门都实行成本费用包干。

（6）盈亏考核，即指标的考核，与部门的经营责任、业绩、职务的升迁都有相互呼应的关系。

问题讨论：

（1）鄂尔多斯集团公司为什么要实行统一财务控制？

（2）鄂尔多斯集团公司的财务控制采取了哪些措施？

（3）你认为这种控制体制有何弊端吗，你有何体会与建议？

扫一扫查看同步测试参考答案

10 企业文化管理

扫一扫查看
本章课件

教学目标

（1）知识目标：认知企业文化的含义与特征；明确企业文化的内容与结构；理解企业文化的功能；掌握企业文化建设内容及方法；掌握班组文化建设内容及方法。

（2）能力目标：能构建企业精神文化及制度文化；能构建企业行为文化及物质文化；能依据企业特点，构建特色班组文化。

（3）思政目标：把党的二十大精神融入现代企业管理教学实践中，培养学生爱国主义情怀和民族自豪感，增强制度自信、文化自信和社会责任感；引导学生明确奋斗目标和方向，努力学习，担负起时代使命与责任；培养学生严谨细致的工作态度，养成勤俭节约、热爱劳动的习惯，树立客观公正的职业道德观、正确的荣辱观。

企业文化是企业员工在生产经营中共同持有的理想信念、价值观念和行为准则，是最持久、最顽强、最具激励作用的企业核心竞争力，也是企业理念和特色的集中体现。

本章从阐述企业文化的含义、特征切入，重点介绍企业文化的内容、结构、功能，探索如何做好企业文化及其班组文化建设。

10.1 企业文化的内容与功能

扫一扫
线上听课

10.1.1 企业文化的含义与特征

10.1.1.1 企业文化的含义

在20世纪80年代，由美国哈佛大学教授特伦斯·狄尔和管理顾问艾伦·肯尼迪合著的《公司文化——企业生存的礼仪与仪式》一书出版，标志着企业文化理论的诞生。正如每个人都具有一定的个性特征一样，每个企业也具有自己的个性特征。也就是说，每个企业都有一种文化，它潜移默化地对企业的时时事事产生着重要的影响，从企业的决策、人事的升迁，到员工的行为举止和衣着爱好等都受到企业文化的影响。成功的企业必定有繁荣的企业文化。

企业文化是指在一定的历史条件下，企业及其员工在生产经营和变革的实践中逐渐形成的共同思想、作风、价值观念和行为准则，是一种具有企业个性的信念和行为方式。它包括价值观、行为规范、道德伦理、习俗习惯、规章制度、精神风貌等，而价值观处于核心的地位。

与人们通常按照为社会所接受的价值观和行为规范行事一样，企业成员的态度和行为也要受到企业文化的约束。企业文化并不是通过外部强制发挥作用的约束系统，而是首先由员工内化企业的价值观和规范，然后再以这些价值观和规范指导其决策和行动。同时，企业文化不仅影响企业一般成员的行为，还制约着管理者的决策选择。

案例导入 10-1

开放的微软企业文化

在微软公司里，有一个广为流传的故事。一次，一名新员工开车上班，不小心撞了比尔·盖茨停在路边的新车。当她得知自己撞到的是比尔先生的车时，惊慌得不知道该怎么办才好。情急之下，她向自己的经理求助。没想到，经理竟心平气和地对她说："不要紧，你给他发一个邮件向他道歉就是了。"结果，她怀着忐忑不安的心情发出道歉信后还不到一个小时的时间，就收到了比尔的回信。信中写道：别为撞到了车而担心，只要没伤到人就好。并且比尔还对她能加入公司表示欢迎。比尔的宽容与坦诚打动了这位新员工，她立刻明白了为什么微软公司可以吸引那么多不同个性、不同风格的杰出人才。因为，微软公司拥有开放的企业文化。

10.1.1.2　企业文化的特征

企业文化作为观念形态，具有以下共同特征。

A　整体性

现代企业管理理论都是从不同的侧面去研究企业生产经营、运行的发展规律。而企业文化是以企业作为一个整体，阐明企业多维、立体和有机的辩证关系，并对其进行整体的综合研究。它不仅研究企业价值观、企业精神、企业制度、企业经营哲学及企业道德等方面的内容，而且还研究企业环境、文化礼仪、文化网络、先进人物等方面的内容。更重要的是，它不仅研究个别事物，而且重在探索整个系统的系统效应，为企业领导和管理人员提供理论依据，为广大员工积极工作创造优良的环境和有利的条件。

B　凝聚力

企业文化具有全体员工共识的集体意识特点。它使企业员工相互之间有更多的共同语言、共同目标和共同精神，在企业中产生强烈的向心力和凝聚力。同时，能够驱动员工的使命感和荣誉感，激励员工创造性地工作。它像一个无形的磁场，将员工吸引在同一价值目标和责任感上，使企业具有一种强大的推动力，不断创新，发展前进。

C　稳定性

企业文化具有相对稳定的特点。企业文化的形成总是与企业的发展相联系，是一个长期渐进的过程。企业一旦形成具有自身特点的文化之后，就必然相对稳定地存在，不会轻易消失，不会因企业领导人的更换及组织制度、经营策略、产品方向的改变而发生大的变化。

D　时代性

企业文化体现着时代性的特点。任何有用、健康、进取的优秀企业文化，都是时代精神的体现，并随着时代精神的发展而前进，以新的思想观念来不断丰富企业文化的内容，紧跟时代的步伐，使企业文化具有明显的时代特征。

E 人本性

企业文化强调人的理想、道德、价值观、行为规范等在企业管理中起核心作用。在生产经营管理中，关心人、尊重人、信任人，使全体员工积极参与企业管理，推动企业发展。对员工的尊重和信任会激发员工的积极性，提高员工的创新精神。大量事实证明，当企业领导者不尊重、不信任员工，把他们视为无关紧要的人员时，他们也会按无关紧要人员的心态回报给你；若你把他们看作核心人员，他们更会以核心人员的要求，尽最大的努力实现你的愿望。

F 民族性

不同国家、不同民族的企业，其文化往往都以自己的民族文化作为根源。尽管它要吸收世界各国文化，丰富和发展自己，但是其根（作为一种传统的文化积淀）还是本民族的。一个民族的民族心理、风俗习惯、宗教信仰、道德风尚、伦理意识、价值观念、行为方式、生活准则等，往往成为企业文化发育的营养基础。

10.1.2 企业文化的内容与结构

10.1.2.1 企业文化的内容

企业文化的内容很丰富，其主要内容如下：

（1）企业环境。企业环境是指企业所处的外部环境和内部环境，包括企业的所有制性质、行业经营方向、市场机制的作用、集权与分权的程度、企业内部的文化设施等。不同的企业环境有不同的企业文化特色。

（2）企业精神。企业精神是指企业生产经营活动过程中逐渐形成的，建立在共同的信念和价值观念基础上，为企业员工所认可和接受的一种群体意识，是企业员工团结奋斗的凝聚剂，代表着企业员工的精神风貌。企业精神渗透在企业目标、经营方针、职业道德、人事关系中，反映在厂风、厂纪、厂容、厂誉上，是企业素质的综合性反映。

（3）价值观。企业文化中的价值观是指企业中人们共同的价值观念，它是企业文化的核心，是企业对周围客观事物的意义、重要性的总评价和总看法。如果全体员工对某个重大经营决策能达成共识，那么企业中每个员工的行动导向将会达成一致。

成功的企业都十分重视培育共同的价值观念，特别是对于诚信价值观念的建设。其内容包括：向顾客提供优质产品和服务；企业中人是主体，注重发挥员工的主动性和创造性；培养热爱国家和集体，热爱本职工作的精神；强调员工之间的相互沟通与协作。

（4）经营哲学。经营哲学是在生产经营活动过程中表现出来的观念和意识，具体包括企业战略观念、效益观念、用人观念、开拓创新观念、风险观念、系统观念等。

（5）企业制度。企业制度是在企业生产和管理活动过程中所形成的，带有强制性的，既有权利又有义务的一系列规定，同时也是保证企业目标实现的有力措施和手段。企业制度包括企业的一切规章制度和技术操作规程、工作标准等。企业制度作为员工行为举止的规范模式，能够保证广大员工思想行为的正确方向和企业发展的和谐与协调，使企业有秩序地组织起来，为实现企业目标产生最大的功效。

（6）企业形象。企业形象是指社会公众和企业员工对企业的整体印象和评价。它是企业文化对外界公众的直接表现，体现着企业的声誉，反映社会对企业的认可程度。例如，顾客对产品质量的认可，社会公众对企业标记、产品商标、产品包装的认识等，都可以反映社会公众对企业产生的直接感受。良好的企业形象，对内可以使员工产生强烈的凝聚力，对外可以使公众理解和体会到企业的内在精神和深层文化，使员工和社会公众对企业产生信心和依赖感。

10.1.2.2 企业文化的结构

企业文化可以用一个同心圆来展示它的结构，如图 10-1 所示。

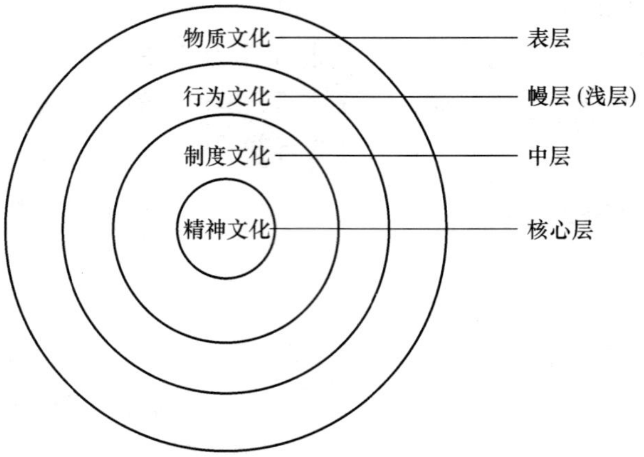

图 10-1 企业文化结构示意图

A 第一个层次——精神文化

精神文化包括企业价值观、企业精神、企业道德等。精神文化是企业的内核和本质，它指导着企业的制度文化、行为文化和物质文化。

案例导入 10-2

恒大集团的精神文化

企业宗旨：质量树品牌、诚信立伟业。

质量树品牌：质量是企业树立品牌的基石。品牌代表着产品质量和服务质量，体现企业的知名度、美誉度和客户对企业品牌的忠诚度。在实现企业战略目标的进程中，恒大人要内铸精品，外塑形象，铸就国际品牌。

诚信立伟业：诚信是企业发展的保证。诚信贯穿于经营管理、客户服务、沟通合作、发展共赢等每一个环节。以诚信为核心的企业文化伴随铸造“百年恒大”全过程。

企业精神：艰苦创业、无私奉献、努力拼搏、开拓进取。

艰苦创业是恒大人的优良传统。集中体现在勤俭朴实、坚忍不拔、吃苦耐劳，是恒大集团实现超常规、跨越式发展的原动力。

无私奉献是恒大人的价值取向。树立主人翁意识，胸怀广阔、奉公正己、献身事业、回报社会，以实现企业和个人共同进步。

努力拼搏是恒大人的精神写照，是恒大人勇往直前、孜孜以求、敢于挑战、奋发有为的集中体现。

开拓进取是恒大人的制胜法宝，在工作中要光大传统、与时俱进、勇于创新、追求卓越。

B 第二个层次——制度文化

从企业制定制度和执行制度的情况可以看出这个企业的经营理念、企业战略，可以看出这个企业是不是以人为本、是不是依法依规从严治企。制度包括技术规程，从中可以看出这个企业在行业里的地位和技术的先进程度。反过来，企业家或企业领导班子有了一整套企业文化建设的思路，也必须通过制度来规范全体员工的行为，最终形成好的习惯、传统和舆论。

C 第三个层次——行为文化

行为文化是指企业全体员工（包括企业家、英雄模范人物、普通员工群体）在自己的言行中展现出来的文化，包括队伍作风、队伍纪律、执行力和团队精神。

D 第四个层次——物质文化

这个层次包括企业的厂房、设备、产品及办公楼、厂区的环境等。如果一个企业厂房破烂、设备陈旧，厂区环境脏、乱、差，在这样的物质条件下是不可能生产出优质产品的。而如果企业的产品是低劣的，这个企业的管理和文化层次必然是低下的；相反，厂房洁净明亮，设备和产品是国内或国际一流，这种企业的管理和文化必然是高层次的。

从企业文化结构来分析，物质文化是表层，行为文化和制度文化是中间层次，精神文化是核心层次。精神文化指导制度文化、行为文化和物质文化。

10.1.3 企业文化的功能

企业文化是一种潜在的生产力，是激励企业求生存、求发展的精神源泉。相对于其他经营管理理论和实践经验而言，企业文化具有以下功能。

10.1.3.1 导向功能

企业文化既然反映了广大员工共同的价值观、共同的追求目标和共同的利益，它必然对企业内部的全体员工有一种强烈的感召力，把职工的言行引导到企业所确定的目标上来。例如，IBM 在长期实践中形成了自己的企业文化：“IBM 意味着最佳服务。”其具体内容是尊重每一个人，提供世界上最优良的服务，在工作中追求尽善尽美。一个企业的企业文化一经确立，就相当于为企业的建设和发展树立一面旗帜，向全体职工发出一种号召，引起他们的共鸣，从而产生巨大的作用。

10.1.3.2 规范功能

企业文化是无形的、非正式的、非强制性的和不成文的行为准则，它是一种虽然不见诸文字却由于约定俗成而对每一位员工起着规范作用的思想观念和道德情操。企业文化不同于强制性的法律规范和命令性的制度规范，它是一种通过培养员工的荣誉感、自豪感、归属感、责任感等感情因素而形成的自觉规范。在企业一个特定的文化氛围中，人们由于合乎企业特定准则的行为受到承认、赞扬而获得身心的满足与平衡，反之则会产生失落感和挫折感。因此，作为组织的一员，往往会自觉服从那些根据全体成员根本意志和利益而确定的行为准则，产生“从众行为”。

10.1.3.3 凝聚功能

企业文化使人们改变原来只从个人角度出发的行为意识，树立一种以企业为中心的共同的群体意识，从而潜意识地对企业这个集体产生强烈的向心力。具有强烈集体精神的各位成员对企业所承担的社会职责和企业目标有深刻的理解和共识，成为一种强有力的黏合剂，把企业每个成员凝聚成一股合力。企业文化是企业全体职工共同意愿的集中反映，为大家所认可、理解和接受，因而能够协调企业内部人与人之间的关系，国家、企业与职工的关系，本企业与其他企业的关系，做到“心往一处想、劲往一处使”。因此，在企业文化实践中，共同的价值观和一致的信念目标能促成员工待人处世保持基本相同的看法和理解，因而能凝聚全体员工的意志和力量，形成一个在工作中协调和谐、配合默契的高效率的生产经营集体，使由诸多员工行为构成的企业整体协作系统产生最大功效。

10.1.3.4 激励功能

激励是指通过外部刺激，使职工产生一种士气高昂、奋发进取的效应。企业文化属于精神激励，比起物质刺激，它的适应性更广泛，作用更持久。在一个“人人受重视，个个受尊重”的价值观念指导下的企业文化氛围中，每个成员所做出的贡献，都会及时得到同事的青睐和领导的赞赏，从而启发、诱导、刺激人们潜在的热情、干劲、能力和智慧。激励是企业活力的“加压泵”，能把所有普普通通的职工组织起来，创造不平凡的业绩。

10.1.3.5 辐射功能

企业文化能使企业的人、财、物与产、供、销诸要素环节进行优化组合，发挥企业的整体优势。企业文化也是一种“自我表现”，它向社会展示了企业的形象（包括企业员工的精神面貌、经营思想和管理风格等），向外界提供可以信赖的信息，提高企业的知名度与美誉度。

10.2 企业文化建设

扫一扫
线上听课

10.2.1 企业精神文化建设

企业精神文化是支撑企业文化体系的灵魂。企业文化作为整体是动态的，被企业外部环境所制约，时代的变化、消费模式的变化会影响企业文化的发展。在当今社会，诸如“以什么样的态度和方法对待市场和顾客”“以什么样的态度和方法对待效益”“以什么样的态度和方法对待员工和社会”，已成为塑造企业精神文化的新课题。

10.2.1.1 以人为本的企业价值观

现代管理理论认为，人在管理中具有双重地位，既是管理者又是被管理者。管理过程各个环节的主体都是人，人与人的行为是管理过程的核心。因此，以人为本是现代管理发展的最重要趋势。

企业文化理论正是顺应这一趋势而诞生的一种崭新的管理理论，其中心思想就是以人为本。因此，它就自然地成为现代管理的重要组成部分。

一个企业，其物力、财力、信息资源都是有限的，而人力资源的开发则永无止境。在资金、原材料等资源紧缺而人力资源又极丰富的情况下，开发、管理好人力资源并使其得到更好的利用，就能使企业的效益得到提高。

10.2.1.2 参与、协作、奉献的企业精神

企业精神是企业全体员工共同一致、彼此共鸣的内心态度、意志状况和思想境界。每个企业都有自己的成长历程，都有各自不同的企业个性。因此，在提炼本企业的企业精神时，不必与其他企业雷同，应有自己的特色。

在当代社会，参与、协作、奉献已成为现代企业员工值得倡导的一种意志状况和思想境界。各企业在提炼自身企业精神时可作为参考。

A 参与

参与首先指的是参与管理。参与管理是企业兼顾满足员工各种需求和效率、效益要求的基本方法。员工通过参与企业管理，发挥聪明才智，得到比较高的经济报酬，改善了人际关系，实现了自我价值。而企业则由于员工的参与，改进了工作，提高了效率，从而达到更高的效益目标。在实施员工参与管理的过程中，要特别注意引导，要反复把企业当前的工作重点、市场形势和努力的主要方向传达给员工，使员工的参与具有明确的方向性。实施参与管理还要有耐心，在实施参与管理的开始阶段，由于管理者和员工都没有经验，参与管理会显得有些杂乱无章，企业没有得到明显的效益，甚至出现效益下降。管理者应及时总结经验、肯定主流，把实情告诉员工，获得员工的理解，尽快提高参与管理的效率。

B 协作

协作是现代企业精神所必须强调的重要内容。促进协作精神的方法多种多样，可以通过工作后的聚餐、郊游等形式来增进同事之间的私人感情，使同事间除工作关系之外还有朋友关系。日本的企业界，很多经理几乎每天晚上都要和年轻的职员一起聚餐，聊天直到深夜，这种聚餐已成为日本各公司的普遍做法。在美国，过去有工作后社交的习惯，但一般不是同事。近年来，这种社交活动逐渐向同事关系扩展。非正式组织、团队形式是促进企业员工协作精神的有效手段和组织形式。美国管理学家哈默指出，团队是一个伟大的创造，是现代企业管理的基础，是重新构建公司的一个基本出发点，具有强大的生命力。

C 奉献精神

奉献精神是与企业社会责任相联系的一种企业精神。它是指在组织企业经济运营过程中关心整个社会的进步与发展，为社会多做贡献的境界。企业只有坚持公众利益至上，才能得到公众的好评，使自己获得更大的、更长远的利益。这就要求企业积极参加社会公益事业，支持文化、教育、社会福利、公共服务设施等事业。通过这些活动，在社会公众中树立企业注重社会责任的形象，提高企业的美誉度，强化企业的道德责任感。

10.2.1.3 以市场为导向的经营哲学

市场是企业经营管理的出发点和归宿，是企业一切管理活动的依据，也是企业经营哲学的核心。

案例导入 10-3

及时捕捉顾客的新需求

欧美国家生产出的几乎每一种工业产品或家用大型产品，日本就能立即将其小型化、多功能化，选准市场缺口，避开欧美国家大企业的锋芒，为人所不为。日本吉田工业会社创始人吉田忠雄用一句话概括了这种新的产品策略：“与大企业反道而驰就会成功。”

这是因为，传统的大企业的思路并没有适时地瞄准顾客的需求，而有创新精神的企业能及时捕捉顾客的新需求，从顾客的利益着想开发新产品，这不仅是一种经营智慧，而且已经成为日本企业的一种理念和规范。

10.2.2 企业制度文化建设

企业制度文化是企业为实现自身目标对员工的行为给予一定限制的文化，它具有共性和强有力的行为规范的要求。企业制度文化的“规范性”是一种来自员工自身以外的、带有强制性的约束，它规范着企业每一个人，企业工艺操作规程、厂规厂纪、经济责任制、考核奖惩制度等都是它的内容。因此，企业制度文化就是由企业的法律形态、组织形态和管理形态构成的外显文化。企业应该从以下几个方面推进企业文化的制度化建设。

10.2.2.1 价值观理念化

所谓价值观理念化，就是要把企业统一的价值观转变为各个部门、子公司的具体理念。在企业统一的价值观指导下，不同的职能部门和子公司要提出符合自己角色要求的经营理念，同时也要制定与本部门和子公司经营理念相对应的管理制度。例如，海尔的企业价值观是“真诚到永远”，营销部门据此提出了“先卖信誉、后卖产品”的营销理念，人力资源部门提出了“人人是人才、赛马不相马”的用人理念，销售部门则提出了“您的满意就是我们的工作标准”的服务理念等。也就是说，没有适用于整个企业每个子系统的同一理念和制度，各个子系统必须制定相应的理念和制度才能战略性地实现企业价值观或使命。

10.2.2.2 全面审视制度

全面审视制度是防止“知行不一”的重要方法，否则再先进的价值观和理念也不能发挥作用。在企业管理中，管理者常常犯“止于知而疏于行”的错误。例如，有些企业大张旗鼓地宣传要“以人为本”，但从具体管理制度中一点儿也看不出“人本”的迹象。这种止于“知”和“说”的做法显然不可能形成良好的企业文化氛围。必须注意的是，制度化是为了让员工更好地理解和落实企业的价值观，既保持企业核心价值观的相对稳定性，又能在具体操作上体现出不断创新是制度化必须坚持的一个原则。

10.2.2.3 完善制度实施机制

从制度的执行力度来看，普适性是制度充分有效的前提，企业中的任何人都要受到制度的约束。企业违背普适性原则的行为主要表现在两个方面：一是制度对决策层管理者无效；二是决策层管理者对于下属不执行制度表现出极大的宽容，以致使“老实人”吃亏。

理论上讲，制度不被执行可能是因为制度本身的局限（如缺乏公正性），但从某种意义上说，制度的严格执行比制度本身更为重要。有制度不执行，表明管理者的能力不足。对员工来说，能力不及造成的失误容易理解，而态度不端正则无法谅解。

10.2.2.4 完善制度评估机制

制度本身的好坏也影响到制度的执行，对制度的好坏进行评估及完善的评估机制就变得非常重要。从制度本身的角度看，制度不被执行大致有以下几种情况：

（1）首先，制度的违约成本太低，以至于人们不怕违背制度后的惩罚（这又包含两种情况：一是违反制度的行为被发现和追究的可能性的大小；二是违反制度后的惩罚严厉程度）。

（2）其次，要么指导制度的价值观或理念不正确，要么制度没有完全反映价值观或理念的要求。

（3）再次，制度不被认同说明了制度本身的局限，比如制度自身存在的规定性与选择性的矛盾。

（4）最后，制度不被执行也反映了制度的稳定性与变化性的矛盾。

所以，制度评估机制必须根据制度的执行情况做出及时的判断，对于制度的缺陷给出正确的结论，准确地确定制度的违约成本，防止制度与价值观或理念脱钩，防止制度变化过于频繁等。

总之，企业制度文化是将文化理念转化为员工自觉行为的关键，也就是把企业倡导的价值观转化为具有可操作性的管理制度的过程。在将价值观转化为制度的同时，一定要关注制度与价值观的联系，防止二者脱节。从当前企业文化建设进程来看，只有把制度文化建设放到重中之重的位置，使企业有了应变各种环境的个性文化底蕴，企业才能真正做大做强，最终成为“百年老店”。

案例导入 10-4

IBM 的制度文化

IBM 的办公大楼和生产厂区的颜色是不一样的：前者是粉红色的，后者是天蓝色的。出入两个区域必须有各自颜色的标识牌。有一次，IBM 老总汤姆斯·沃森带领一位客户去生产厂区参观，由于识别牌颜色不对，当场就被保安给拦住了，不许入内。这时一旁的助理看不下去了：“你不认识这是谁吗？赶快放行。”保安不慌不忙地说：“老总我当然认识，可是公司给我的教育不是这样的，识别牌不对坚决不能入厂。”这时，汤姆斯·沃森开始说话：“对！你做得对！”于是马上回去取识别牌。我们要的就是这样遵守制度的员工。IBM 的制度文化已经深入人心。

10.2.3 企业行为文化建设

企业行为文化是指企业员工在生产经营、学习娱乐中产生的活动文化，包括企业经营、教育宣传、人际关系活动、文娱体育活动中产生的文化现象。它是企业经营作风、精神面貌、人际关系的动态体现，也是企业精神、企业价值观的折射。

企业在塑造自己的行为文化时，必须建立企业行为规范、企业人际关系规范和企业公共关系规范。从企业运作的过程看，企业行为包括企业与企业、企业与顾客、企业与政府、企业与社区之间的行为。

10. 2. 3. 1　企业行为规范

在企业运营过程中，企业家的行为、企业模范人物的行为及企业全体员工的行为都应有一定的规范。在规范的制定和履行中，就会形成一定的企业行为文化。例如，在企业管理行为中会产生企业的社会责任、企业对消费者的责任、企业对内部成员的责任、企业经营者同企业所有者之间的责任、企业在各种具体经营中所必须承担的责任等。企业要承担这些责任就必须用一定的行为规范加以保证。

企业的社会责任是指企业在谋求自身利益的同时，必须采取保护和增加社会利益的行为。企业作为社会物质生产的主要部门和社会物质文化的创造者，担负着为社会公众提供物质产品和服务的责任，它通过盈利来繁荣社会的物质生活，这是企业不可推卸的责任。重视盈利是企业生存、发展的需要，也是社会经济发展的需要，但是企业毕竟是社会系统中的一个组成部分，它和社会系统中的其他要素和部分存在着千丝万缕的联系。企业的经营活动正是在同政府、顾客、股东、金融机构、协作商、新闻媒介、公众、社区的相互联系中得以实现的。因此，企业绝不能置这些联系和对象的利益于不顾，单纯追求自身的利益，片面强调利润目标最终会给企业自身发展带来困难。

为了使利润最大化而放弃自己的社会责任或损害社会公共利益都是违背企业行为规范的，它只能导致企业失去公众的信任和支持。履行企业的社会责任，协调企业的社会责任与经济责任之间的关系，是企业行为中的一条重要规范。

10. 2. 3. 2　企业人际关系规范

企业人际关系规范的推行是一场意识革命和全新价值的创造。它分为对内关系和对外关系两大部分。

A　对内关系

企业员工的一举一动、一言一行都体现着企业的整体素质，企业内部没有良好的员工行为，就不可能有良好的企业形象。如果员工行为不端、纪律散漫、态度不好，将给企业形象带来严重的损害。

将企业的理念、价值观贯彻在企业的日常运作、员工行为中，最重要的就是确立和通过管理机制实施这些规范。从人际行为、语言规范到个人仪表、穿着，从工作时间到下班以后，都应严格按照这些规范行事。要做到这一点，很大程度上依赖于有效的培训，通过反复演示、反复练习，从规矩的学习演变到自觉的行为。培训的目的在于使广大员工自觉地接受这套行为规范，不折不扣地贯彻在日常行为中。

B　对外关系

对外关系主要是指企业经营面对不同的社会阶层、市场环境、国家机关、文化传播机构、主管部门、消费者、经销商、股东、金融机构、同行竞争者等方面所形成的关系。其中，处理好与同行竞争对手的关系十分重要。

企业与竞争对于应在竞争中求联合，在竞争中共同发展。任何企业不仅要面对竞争，而且要勇于竞争。要在竞争中树立自己的良好形象。每个企业都应当争取在竞争环境中广交朋友，谋求公众的支持与合作，最终使企业获得经济与社会效益的双十收。竞争是社会发展和进步的源泉，竞争无所不在、无所不有，竞争的表现形式也是多种多样。某些企业为了招来顾客，对竞争对手进行攻击、拆台，甚至不择手段地使用贿赂等手段，这种破坏同行关系的做法对于双方都是有百害而无一利的，最终可能导致两败俱伤。

10.2.3.3　企业公关策划及其规范

企业公共关系活动的作用是：

(1) 树立企业信誉。其包括搜集信息，全面而准确地分析企业所处的人事环境和舆论环境。

(2) 协调谅解。其包括及时处理组织与公众之间存在的矛盾，建立预警系统并实行科学管理，协助处理纠纷等工作。

(3) 咨询建议。其包括提供企业形象、公众心理、公众对企业政策的评价咨询，提出公关工作建议。

(4) 传播沟通。通过信息传播影响舆论，争取公众，做双向沟通以达到与公众协调的目的。

(5) 社会交往，为企业创造和谐融洽的社会环境。

企业公关策划是一个设计行为方案的过程。在这个过程中，企业依据目前的组织形象的现状，提出组织新的形象的目标和要求，并据此设计公共关系活动主题，然后通过分析组织内外的人、财、物等具体条件，提出若干可行性行动方案，并对这些行动方案进行比较、择优，最后确定出最有效的行动方案。根据公关行为的传播特性，公关策划应当遵循以下规范：

(1) 公众利益优先要求企业在考虑自身利益与公众利益的关系时，始终坚持把公众利益放在首位。企业只有坚持公众利益至上，才能得到公众的好评，使自己获得更大的、长远的利益。

(2) 独创性与连续性相统一。企业公关活动策划不仅要考虑一次活动的独创性，还要考虑本次活动与前后活动的连续性，使独创性和连续性统一起来。这样，才能更科学、有效地塑造企业的整体形象。

10.2.3.4　服务行为规范

服务行为是企业行为的重要方面，是提高企业知名度的重要法宝。人人都知道服务的重要性，但在实际操作中往往存在许多问题。

一个企业要想在市场竞争中取胜，就必须努力赢得人心：一方面要赢得企业员工的心；另一方面必须赢得顾客的心。以优质高效的服务活动和服务行为不断地争取顾客、赢得顾客的心，是企业一切活动的出发点和归宿，也是竞争制胜的主要原因。所以，良好的服务形象是企业的无形资产，是企业形象附加值增加的永恒法则。

案例导入 10-5

海底捞的顾客服务

扫一扫查看案例导入 10-5

10.2.4　企业物质文化建设

企业物质文化也可称为企业文化的物质层，是指由企业员工创造的产品和各种物质设施等构成的器物文化，是一种以物质形态为主要研究对象的表层企业文化。

企业物质文化是企业文化的重要组成部分，是整个企业文化的物质基础，也是企业生存发展的前提要素，对于企业具有举足轻重的价值和意义。

10.2.4.1　企业物质文化的主要内容

企业物质文化的主要内容包括：

（1）企业标识。企业标识包括企业名称、标志、标准字、标准色等，是企业物质文化最集中的外在体现。

（2）企业外貌、自然环境、建筑风格、办公室和车间的设计及布置方式、绿化与美化情况、污染的治理等。

（3）产品及其特色、式样、外观和包装，产品的这些要素是企业文化的具体反映。

（4）技术工艺设备及其特性。

（5）厂徽、厂旗、厂歌、厂服和厂花。

（6）企业的文化体育生活设施。

（7）企业造型和纪念性建筑，包括厂区雕塑、纪念碑、纪念墙、纪念林、英模塑像等。

（8）企业纪念品。

（9）企业文化传播网络，包括企业自办的报刊、有线广播、闭路电视、计算机网络、宣传栏、宣传册、广告牌、招贴画等。

案例导入 10-6

金利来的商标

扫一扫查看案例导入 10-6

10.2.4.2 企业在塑造物质文化的过程中应遵循的原则

A 遵循“品质文化”原则

品质文化原则就是指强调企业产品的质量。产品的竞争首先是质量的竞争，质量是企业的生命，稳定的优质产品是维系企业商誉和品牌的根本保证。因此，企业要遵循品质文化原则，营造靠质量取胜的文化氛围。

品质文化首先要解决的就是产品提供者的质量意识，要把消费者的权益放在首位。每一个企业领导者都有责任让员工明白，劣质产品不仅损害消费者的经济利益，而且可能危及人们的生命。企业要正确处理“利”和“义”的关系，把“优质”作为企业的生存之本。

案例导入 10-7

奔驰公司的“品质文化”

扫一扫查看案例导入 10-7

B 遵循“顾客愉悦”的原则

从企业文化的角度看，产品不仅意味着一个实体，而且还意味着产品中所包含的使用价值、审美价值、心理需求等一系列利益的满足。具体地说，顾客愉悦原则包括品质满意。

品质满意是品质文化的核心规范之一，塑造良好的产品和服务形象是提升品质文化的重要方法和途径。这样做有两个目的：一是为了增加产品和服务的“回头客”，为企业获取更多的利润；二是以此不断激发企业员工的创新意识。这是因为，企业员工在生产产品的同时，企业产品的使用和消费也反过来影响员工的生产积极性。一个生产市场紧俏商品的企业和生产市场趋于饱和产品的企业，其员工的精神状态是不一样的。

企业物质文化和精神文化两个层次是相互联动的。企业的“拳头产品”是员工们创名牌、争优质的物化成果，是企业员工聪明才智和勤奋工作的结晶，是企业价值观的物质表现。

一种产品一上市就立刻受到顾客的欢迎，能促使企业员工发挥更大的工作热情，如此循环，使企业充满活力。

10.3 班组文化建设

扫一扫
线上听课

班组是企业这个系统的子系统，是承担规定责任的最基层的单位。企业和班组的关系是整体与部分的关系，就像人体与人手。班组文化建设是企业文化建设的班组化，是班组结合自身实际，将本企业的精神理念灌输到班组成员的意识中，使之外化到班组成员自觉、习惯的行为中和班组各项工作中及班组的相关设施和工作环境中的过程。班组文化建设是整个企业的文化建设的一部分，它以整个企业的文化建设为基础，又充分张扬自己多彩、鲜活的个性，进而深化整个企业的文化建设。

案例导入 10-8

“文化长廊”点亮“班组文化”

扫一扫查看案例导入 10-8

10.3.1　班组精神文化建设

10.3.1.1　班组精神文化建设要全面贯彻企业经营理念

班组精神文化建设应将客户放在首位，树立市场发展观，认准效益是中心，以服务促营销。

此外，班组文化建设必须结合实际，依据班组的特点，确立如服务、管理、安全、质量等理念，这样才能形成具有班组特色的理念体系。

10.3.1.2　班组精神文化建设必须与企业发展战略目标相一致

班组精神文化建设应该与企业的总体发展战略目标保持一致，服从于企业发展战略目标。以“人本管理”思想为指导，服务是宗旨，安全是基础，管理是重点，科技创新是灵魂，经济效益是中心，建设企业一流、领先的班组。

10.3.1.3　班组精神文化建设应大力发扬体现行业特征的优秀班组精神

班组精神是班组成员共同价值观的集中体现，是班组在长期生产经营实践中所形成的被班组全体成员所认同和自觉遵守的群体意识，是班组生存及发展的动力源泉。因此，班组精神是班组文化建设的核心内容。

班组长应发动全体班组成员，通过开展各项班组文化建设活动，总结和提炼班组在长期生产经营实践中所形成的价值观念，并大力培养和发扬体现行业特征的优秀班组精神。

10.3.2　班组形象建设

班组形象是班组的信誉，是班组通过多种方式在社会上赢得的社会大众对班组成员的整体印象与评价，是班组参与市场竞争的一项无形资产。所以，班组应该全力树立良好的班组形象。

10.3.2.1 全力塑造恪尽职守、敬业守纪的员工形象

班组应认真履行关于质量与服务承诺，努力提高产品或服务质量；认真执行《班组文明规范》，切实培养班组成员良好的政治思想素质，纠正不文明之风，使班组成员具有良好的职业道德素质及技术业务素质，从而树立良好的员工形象。

10.3.2.2 大力创造和保持班组整洁优美的环境形象

班组要关心员工的生活，重视班组生产及生活环境的建设；坚持文明作业、文明生产保持优良秩序，创造优美的班组环境，确保搞好优质生产。

10.3.2.3 积极营造班组科学文明与健康向上的文化氛围

班组应遵循寓教于文、寓教于乐的人文思想；积极组织和开展具有较高文化艺术品位、内容丰富、形式多样的班组文化活动及业余文体生活；陶冶员工的情操；培养班组成员的群体竞争意识及自我实现意识，实现班组的凝聚力。

班组应积极宣传人类一切优秀文化成果和科学技术知识，并注重班组文化活动场所建设，扎实开展班组社会主义、集体主义教育、学标兵等活动，以教育和引导班组成员形成崇尚科学、倡导文明、健康向上的生活情趣和良好的文化氛围为目的，增强班组成员爱企、爱岗的主人翁意识，自觉抵制和杜绝极端个人主义、腐朽思想及不良的生活习惯等，从而为班组文化建设营造良好的内外部环境。

10.3.3 班组技术文化建设

任何一个生产、服务班组的工作都存在技术问题。抓班组的技术文化，要注意开展好以下三项活动。

10.3.3.1 职工合理化建议活动

班组开展合理化建议活动是一项调动主人翁积极性、发挥群众智慧、实行民主管理的重要工作。其不仅有利于促进各项工作（因为提建议本身也是一个酝酿、思考和不断完善的过程），也有利于提高员工的素质。因此，班组要精心安排、积极引导，使员工敢于且善于提合理化建议，积极为班组和企业的发展献计献策。同时，要抓好合理化建议的组织实施。合理化建议能不能产生效益，就看实施的效果。一般性的项目，提倡班组自己动手组织实施，班组长要尽量创造条件；较大的建议和革新项目，应由企业组织实施。

10.3.3.2 班组质量管理活动

质量管理（QC）是国内外都广泛流行的技术质量管理方式。通过广泛建立 QC 小组，开展 QC 活动，组织员工可以进行技术研究与技术攻关，从而提高工作质量，降低消耗，在此基础上形成 QC 活动成果，举行 QC 成果发布会，发布优秀的 QC 成果。这一整套过程对班组的综合能力都是一个很大的挑战，具有很好的锻炼价值。因此，班组要认真开展

QC 活动，将更多的职工吸引到这项活动中来。

10.3.3.3 劳动竞赛、技术比武和岗位练兵活动

班组既可以参加企业开展的规模较大的竞赛，也可以结合本班组的工作自行开展小型的劳动竞赛和技术比武。班组作为劳动竞赛的参赛主体，应该珍惜每一次参赛机会，通过参加竞赛，检阅班组的水平，与其他班组互相学习、互相促进，共同提高。

10.3.4 班组安全文化建设

班组是企业中最基本的生产单位，是安全管理和安全生产的最终执行者和落脚点，是企业安全生产强有力的支撑和保障，是企业谋求发展和创效的根本保证。因此，班组安全文化建设的好坏直接影响着企业各项指标的实现。

大量的基层调研表明，要想把基层班组的安全管理提升到文化创建层次，就要在具体实践过程中使基层班组掌握专业安全文化技能，将基层班组的生产任务、工作条件、人员状况与企业发展实际相同步、相带动、相结合。

10.3.4.1 在基层班组中建立自觉的安全思想文化

从大量的事故分析来看，绝大部分安全事故发生在班组，其中主要又是由于违章指挥、违章作业和事故隐患未及时发现和消除造成的。安全文化是一个潜移默化的过程，它既是企业职工安全意识、安全思想和安全素质的结合，又是其行为方式的选择和行为结果的统一。在安全思想文化建设中，要着重培养班组群体的安全价值观和安全生产的主人翁意识，通过在前线基地、基层单位等地建立安全警示牌、安全标语、流动宣传栏板等方式，营造良好的安全氛围，使“安全是职工的最大福利”的思想深入人心。另外，要构筑全方位、宽领域、多层次的安全学习培训体系，通过使用培训、轮训、复训、安全报告会等系统教育和安全例会、安全知识竞赛、安全理论研讨、安全帮教等活动，树立基层班组安全管理的创新观念，使基层班组安全文化建设活动更具科学性、操作性、针对性和时代性。

10.3.4.2 在基层班组中建立全面的安全管理文化

A 要着力提高班组业务素质和管理水平

要采用定期和不定期的方式建立班组长长效教育机制，从多角度、多层面入手，重点培养班组长自觉执行安全规章制度的能力，在紧急、危险、关键时刻能够正确处置的能力，在各项工作中对影响安全因素的预见能力及在规章制度无明确规定的情况下做出有利于安全生产的决策能力。

B 要给予班组安全管理更大的自主权

尊重职工的民主权利和创新精神，最大限度地调动广大职工的积极性，是基层班组安全文化建设的不竭动力。要将安全绩效考核、安全水平监测、事故处罚权限及相关责任分解，逐步纳入班组管理的工作范畴，通过将安全管理关口前移、重心下移，充分发挥班组的主观能动性，使安全责任真正落实到人头，提高安全生产效率。

10.3.4.3 在基层班组中建立浓郁的安全制度文化

A 要建立优秀的安全机制

安全机制是探索和实施班组安全文化建设措施的基础，为深化班组安全管理提供必要的组织保障。在建立安全机制的过程中，不断改进和完善基层班组安全管理的科学指标，制订和实施一系列旨在提高职工积极性的措施。

B 要建立健全班组的安全活动制度

班组安全活动是创建安全文化的有效载体。要根据基层班组的不同工种、不同岗位、不同心理特点，从各自工作角度设计好活动载体，围绕企业安全生产开展各具特色、富有成效的活动。同时，还要为班组安全文化创建提供完备的软硬件环境，使班组安全活动逐步实现制度化、科学化和大众化。

总而言之，文化的熏陶功能是不能立竿见影的，安全文化建设在实施方法上要做到讲究科学性、普及性和可操作性，在实施途径上要立足于基层班组安全文化建设的规范化、完整性和实用性，逐步形成独具行业特色的安全文化。

本章小结

企业文化是企业员工共有的价值体系和行为规范。企业文化的特征是整体性、凝聚力、稳定性、时代性、人本性和民族性。从企业文化的结构来分析，企业文化共分为四个层次，即物质文化、行为文化、制度文化和精神文化。物质文化是表层，行为文化和制度文化是中间层次，精神文化是核心层次。精神文化指导制度文化、行为文化和物质文化。企业文化具有导向功能、规范功能、凝聚功能、激励功能和辐射功能。

企业文化建设包括企业物质文化建设、企业行为文化建设、企业制度文化建设和企业精神文化建设。

班组文化建设是整个企业文化建设的一部分，它以整个企业的文化建设为基础，又充分张扬自己多彩、鲜活的个性，进而深化整个企业的文化建设。搞好班组文化建设，应重点抓好班组的精神文化建设、形象建设、技术文化建设和安全文化建设。

项目实战

构建企业文化

（1）项目名称：构建企业文化。

（2）实施步骤：

1）以小组为单位，CEO组织本公司全体成员共同讨论，确定公司的企业文化建设方案（企业形象的视觉识别系统，包括企业名称、标识、企业象征图案；企业文化宣传语，包括核心价值观、愿景、使命等）。

2）CCO 到台前汇报设计成果。

3）各小组互评打分。

4）教师总结点评。

______企业文化建设

企业形象视觉识别系统	企业名称	
	企业标识	
	企业象征图案	
企业文化宣传语	核心价值观	
	愿景	
	使命	

项目实战模版

扫一扫查看项目实战模版

同步测试

10-1　单项选择题

（1）“品不良在于心不正”是日产公司的企业精神，它是以（　　）形式来表达的。

A. 宗旨命名法　　B. 目标命名法

C. 口号、箴言命名法　　D. 比喻法

（2）（　　）主要是用来区别企业的，代表着厂商的信誉，必须与商品的生产者或经营者相联系而存在。

A. 品牌　　B. 名牌　　C. 商标　　D. 商号

（3）（　　）主要是用来区别企业的，代表着厂商的信誉，必须与商品的生产者或经营者相联系而存在。

A. 品牌　　B. 名牌　　C. 商标　　D. 商号

（4）强调以人为中心，倡导集体主义精神和团结协作精神的企业文化是（　　）。

A. 竞争型企业文化　　B. 创新型企业文化

C. 务实型企业文化　　D. 团队型企业文化

（5）企业文化的“方向盘”功能是指（　　）。

A. 凝聚功能　　B. 导向功能　　C. 激励功能　　D. 协调功能

（6）“有企业才有企业精神，有什么样的企业就有什么样的企业精神”是指企业精神的（　　）。

A. 主体内容　　B. 形态特征　　C. 载体基础　　D. 发展机理

（7）消费者和社会大众对企业整体的认识和评价是（　　）。

A. 企业理念　　B. 企业形象　　C. 企业伦理　　D. 企业价值观

（8）企业文化特质的保存以及企业文化新特质不断增长的发展过程是（　　）。

A. 企业文化起源　　B. 企业文化积累

C. 企业文化传播　　D. 企业文化创新

（9）从根本上说，评价企业文化效果的标准只有一个，是（　　）。

A. 是否有助于推动企业的长远发展　　B. 是否发挥企业文化的维系功能

C. 是否发挥企业文化的教化功能　　D. 是否发挥企业文化的激励功能

（10）儒商人生观的核心问题是（　　）。

A. 守信与重利　　B. 仁爱与竞争　　C. 修身与报国　　D. 义与利

（11）企业文化建设的主体是（　　）。

A. 企业员工　　B. 企业团队　　C. 企业家　　D. 企业管理者

（12）具有"勇于创新、竞争和积极开拓进取"特点的企业文化类型是（　　）。

A. 成长型企业文化　　B. 成熟型企业文化

C. 衰退型企业文化　　D. 守业型企业文化

（13）注重外部市场环境对企业的影响，拓宽市场面，延长经营半径，扩大市场占有率的企业文化类型是指（　　）。

A. 竞争型企业文化　　B. 创新型企业文化

C. 务实型企业文化　　D. 团队型企业文化

（14）企业管理的核心是（　　）。

A. 人　　B. 财　　C. 物　　D. 文化

（15）企业内部具有的不同特质的文化通过相互接触，交流进而相互吸收、渗透融为一体的过程是（　　）。

A. 企业文化创新　　B. 企业文化整合

C. 企业文化变革　　D. 企业文化冲突

（16）从根本上讲，评价企业文化效果的标准只有一个，即（　　）。

A. 是否有助于推动企业的长远发展　　B. 是否发挥企业文化的教化功能

C. 是否发挥企业文化的维系功能　　D. 是否发挥企业文化的激励功能

（17）PDCA 循环是指（　　）。

A. 检查、协调、计划、实施　　B. 计划、实施、检查、处理改善

C. 计划、处理、检查、实施　　D. 计划、检查、实施、处理改善

（18）将需要的东西按规定位置摆放属于6S 中的（　　）。

A. 整顿　　B. 整理　　C. 清洁　　D. 清理

10-2　多项选择题

（1）企业管理变化的趋势是（　　）。

A. 理念人性化　　B. 方式软性化　　C. 目标社会化　　D. 利润最大化

（2）以人为本的管理的特点主要有（　　）。

A. 靠权力，制度和监督
B. 把人的要求，欲望，兴趣放在第一位
C. 通过满足职工合理需要激发员工的积极性
D. 强调自主管理和参与管理
(3) 现代企业的社会责任包括（　　）。
A. 基本经济责任　　B. 支持社会公益事业
C. 履行社会义务　　D. 促进社会文化进步
(4) 关于企业价值观的理解，正确的有（　　）。
A. 企业价值观是企业文化的核心内容
B. 企业价值观为企业的生存与发展确定了精神支柱
C. 企业的基本特征决定了企业价值观
D. 企业价值观能提高企业凝聚力
(5) 企业环境的特征主要有（　　）。
A. 稳定性　　B. 有序性　　C. 复杂性　　D. 不确定性
(6) 企业文化与企业思想政治工作的关系表现在（　　）。
A. 企业文化是改造和加强企业思想政治工作的得力助手
B. 企业思想政治工作的改善保证了企业文化的发展方向
C. 企业文化与企业思想的政治工作彼此联系互相推动
D. 企业文化就是企业思想政治工作
(7) 欧洲企业文化的特征主要有（　　）。
A. 强调经营理念的重要性　　B. 重视团队精神的发挥
C. 强调理性主义　　D. 重视员工参与管理
(8) 企业文化的保证体系包括（　　）。
A. 文化保证　　B. 物质保证　　C. 制度保证　　D. 教育保证
(9) 创新型的企业文化的特征主要有（　　）。
A. 倡导集体主义精神　　B. 拓宽市场面
C. 强烈的变革意识　　D. 强烈的风险意识
(10) 企业精神的特点包括（　　）。
A. 是一种个性精神　　B. 是一种团队精神
C. 具有实践性　　D. 具有动态性
(11) 企业精神的特点包括（　　）。
A. 企业精神是一种个性精神　　B. 企业精神是一种团队精神
C. 企业精神具有实践性　　D. 企业精神具有动态性
(12) 企业文化氛围的构成部分包括（　　）。
A. 物质氛围　　B. 制度氛围　　C. 感情氛围　　D. 文化氛围
(13) 企业文化的保证体系包括（　　）。
A. 文化保证　　B. 物质保证　　C. 制度保证　　D. 教育保证
(14) 企业文化和社会文化的关系主要表现在（　　）。
A. 企业文化与社会文化环境和背景相呼应

B. 企业文化对社会文化环境会发生作用和影响

C. 社会文化是企业文化的一种亚文化

D. 企业文化是社会文化的一种亚文化

(15) 塑造企业形象的基础包括（　　）。

A. 方法　B. 质量　C. 信誉　D. 顾客满意度

(16) 对部属的培训重点是培训（　　）。

A. 技能　B. 听话　C. 态度　D. 知识

(17) 团队素养提升需三大高手是指（　　）。

A. 技能高手　B. 指责高手　C. 被指责高手　D. 感受高手

10-3 简答题

(1) 什么是企业文化，企业文化有哪些功能？

(2) 企业文化的内容有哪些，企业文化由几个层次构成，各层次之间的关系是怎样的？

(3) 在建设企业行为文化中，必须建立哪些规范？

(4) 在建设企业精神文化中，必须包括哪些具体的内容？

(5) 班组文化与企业文化的关系是什么，如何建设班组文化？

10-4 案例分析题

小木梳——大文化

“谭木匠”是一家集梳理用品、家具、饰品为一体的专业化公司，营销网络遍及30多个省、市、自治区，在全国建立起500多家专卖店。这样一个看起来很像“小作坊”，生产十分传统的“小商品”的“年轻”企业，是怎样在短短十几年的时间里发展成一个全国连锁、年销售额近亿元的成功企业的？谭木匠的创始人谭传华说：“企业的最大价值在于文化。我觉得文化不是很虚的东西，而是很实的东西。做‘百年老店’，文化是核心，产、供、销仅仅是外边的‘壳’。文化不是一种口号，而是企业的一种行为方式，是行为的识别系统。”

究其成功的秘诀就在于它成功地培育了以中国传统古典文化为特色的企业文化。其实，谭木匠在创立之初就非常重视企业文化的建设。“诚实、劳动、快乐”是谭木匠企业文化的精髓。从谭木匠的文化定位来看，非常符合企业的文化理念，配以木工作坊的劳作图，极具中国传统文化特色，而木匠作为中国传统木工手艺人的称呼，本身就有一股浓浓的乡土味，让人产生鲁班等一系列的联想，是勤劳与智慧的象征。“木匠”前冠以“谭”字，符合中国传统商号的取名习惯。同时，檀木在中国民间是吉利的象征物，有辟邪驱邪的功用，“谭”与“檀”谐音，正好兼取此意。

谭木匠在多年的发展中，始终秉承“诚实、劳动、快乐”的文化理念。公司始终不渝地致力于具有中国传统文化和工艺内涵的以木为本质的实用产品的研究、生产、开发和销售。

在为消费者提供称心如意的产品的同时，争取为更多的人提供就业机会，提高生活品质，丰富生活内容，为所有投资者创造更大的价值。以“成为全世界以木为本质的实用工艺品的第一品牌”为发展目标，树立了“顾客是亲人”的服务理念，把产品定位为“以木为本质”，在技术上将现代制造技术与传统手工艺技术相结合，在文化上将现代流行时尚与中国传统文化工艺相结合，在个性上将产品的艺术性、工艺性、观赏性、收藏性与实用性相结合，在生产中遵循“我善治本”的质量方针。

问题讨论：

（1）从“谭木匠”的发展之路，分析企业文化建设对企业发展的作用。

（2）结合案例谈一谈中小企业文化建设应注意哪些问题。

扫一扫查看同步测试参考答案

11　企业管理信息化

扫一扫查看
本章课件

教学目标

（1）知识目标：了解企业管理信息化的内涵与特征；学习企业资源计划、业务流程重组内涵；掌握客户关系管理的含义及其具体的实施步骤。

（2）能力目标：具有实施企业资源计划的能力；能够在 ERP 实施中进行业务流程重组；具有一定的客户关系管理能力；具有 ERP 实施的案例分析能力。

（3）思政目标：引导学生坚持马克思主义基本原理，以习近平新时代中国特色社会主义思想为指导，把党的二十大精神融入现代企业管理教学实践中，培养学生信息处理能力、与人沟通能力和团队合作素养，强化学生的责任和担当。

企业管理信息化是企业提高竞争力的重要手段之一，它不仅能够提高资源配置能力，还能大大提升工作效率。在实践中，人们逐渐认识到，信息技术的普遍应用引起了企业在战略、规划、运作模式、组织结构及环境等方面的深刻变化，因而信息化不仅仅是一个技术问题，更是一个复杂的系统化工程。

本章着重介绍企业管理信息化的基本思想和方法，使读者能够以崭新的视角探寻和解决问题，从而能够从容应对信息时代知识经济的挑战，拥有可持续的竞争优势。

11.1　企业管理信息化概述

案例导入 11-1

信息化使企业管理变得轻松

张总是金太阳纸业的总经理，每天需要分析大量的管理报表，如应收、应付、进销及每天纳税的预期值等，这样才能对公司整个的税务及资金有真实的感受。

纸业是一个资金密集型的行业，每天的资金链非常关键，对整个公司的结算、信用管制非常严，因此，资金链动态数值的准确度非常关键。企业采用了多种融资方式，如汇票、仓单质押等。在这种情况下，库存的准确度、资金的准确度、资金的到位时间及采购订单的数据等，都是非常关键的管理数据。没有管理信息化系统的支撑是无法想象的。

张总说，企业的老总有时会产生错觉，觉得自己资产无数，但是实际上一算账一身冷汗。一吨纸赚 200 元，今天卖了 300 吨纸，就有这个利润，每天是这样算，然后到月底的时候就觉得这个月应该赚 100 万元。而实际最终财务一算账，发现连 40 万元都没有赚到，产生了巨大的心理落差。为什么？因为这里有质量问题、折扣问题、销售费用问题等，很多问题没有体现，因为我看不见。现在通过信息化系统对毛利进行分析，数据非常准确。

通过信息化系统对业务员的分析，包括汇款量排行榜、计划完成率排行榜、签单排行榜，管理层可以给业务员提供准确的分析数据，如可以拿出5年来的客户数据，因此，业务员对管理层下达的销售任务指标都心服口服，因为管理层是凭数字说话。

自从上了信息系统后，金太阳纸业的订单准时率超过了96%，库存占用资金降低了20%~30%，资金周转速度提高了5%~10%，采购成本降低了2%~3%，产品不合格率降低了2%~3%，管理成本降低了3%~7%。

启示：信息化使企业管理变得轻松了。

11.1.1 企业管理信息化的内涵和意义

11.1.1.1 企业管理信息化的内涵

企业管理信息化是指企业在生产、管理、经营等各个层次、各个环节和各个领域，采用计算机、通信、网络等现代信息技术，充分开发、广泛利用企业内外部的信息资源，不断提高生产、经营、管理、决策的效率和水平，逐步实现企业运行的全面自动化，进而提高企业经济效益、社会效益和核心竞争力。企业管理信息化主要有以下两方面：

（1）生产过程信息化。例如，通过自动化技术在生产过程中的应用，用自动化、智能化手段解决加工过程中的复杂问题，提高生产质量、精度和规模制造的水平，包括数控设备、计算机生产过程自动控制、生产数据自动收集、生产设备自动控制、产品自动化检测等。

（2）市场经营信息化。例如，通过实施电子商务，可以大大节约经营成本，提高产品的市场竞争力，提高经济效益。

企业管理信息化的主要应用包括：企业资源计划（Enterprise Resource Planning，ERP）系统、供应链管理（Supply Chain Management，SCM）系统、客户关系管理（Customer Relationship Management，CRM）系统和产品生命周期管理系统等。本章主要介绍ERP和CRM。

11.1.1.2 企业管理信息化的意义

企业管理信息化的意义包括：

（1）企业管理信息化大大拓宽了企业活动的时空范围。在时间上，企业管理信息化以客户需求为中心，将技术、管理和人员三种资源集成为一个协调的、相互关联的系统，用户和供应厂家在产品设计和开发中都起到积极作用。也就是说，一件产品的设计和开发，不仅仅是制造企业的事情，而是客户、上下游的相关企业共同参与的。在空间上，企业管理信息化以虚拟形态使同一家公司、在实际上分散、在组织上分离的人员可以彼此合作，并且可以与其他公司的人员合作。因此，需要一个好的信息化框架来支持不同人员、不同企业协作运行的需要。

(2) 企业管理信息化改进和加强了企业物资流、资金流、人员流及信息流的集成管理，给企业固有的经营思想和管理模式带来了根本性的变革。

企业管理信息化能够加强企业市场竞争中的时间、质量、成本和服务优势；加快企业产品结构调整，提高企业产品技术含量，带动产品的换代升级；促进企业现代化管理；支持行业协同，优化资源配置和利用；支持企业现代营销系统及电子商务；促进企业产业结构调整，形成新的经济增长点等。

11.1.2 企业管理信息化的特征

企业管理信息化具有本质特征、形态特征、过程特征、阶段特征、效益隐性特征和外部关联特征等。

11.1.2.1 本质特征

任何企业都拥有其独特的主营业务（即核心业务），其运营过程就是企业的主导流程。它们是企业管理信息化改造的重点对象，同时，信息化也是“化”人的过程，企业各级员工要在心理上和行为上接受、认可、融入企业管理信息化。信息化不仅仅关乎技术，更是一种经营模式。

11.1.2.2 形态特征

设计自动化、生产自动化、办公自动化、决策辅助自动化和电子商务等不同形态的自动化和信息化表现形式，构成了企业运营的整体信息化。

11.1.2.3 过程特征

企业管理信息化是一个逐步发展的过程，具有连续不断、可持续发展的特征，比如从单机应用、综合应用到网络应用的逐步提升。

11.1.2.4 阶段特征

企业管理信息化应根据自身特点和需求，分层次、分阶段地推进，相应的信息化建设的投资和投入，也应该是有层次的、分阶段的、连续不断的。信息化不能一蹴而就，更不能搞“一揽子”信息化工程。

11.1.2.5 效益隐性特征

对产品进行传统的技术改造、升级换代，提高质量、降低成本、增大销量等，效益往往容易显现。但企业管理信息化是对企业的信息资源进行深度开发和广泛利用，进而从整体上提高企业的生产能力和管理水平（属于长线投资）。因此，效益可能是隐性的、长周期的，而且往往难以以定量的方式进行准确评估。

11.1.2.6 外部关联特征

企业生产与国家政府、国民经济状况、全球经济环境、市场变化等紧密相连，因此，企业管理信息化有赖于社会整体信息化的程度，尤其是上下游企业的企业管理信息化的现实状况。一个企业，不可能游离于现实之外。

11.2　企业资源计划

11.2.1　企业资源计划概述

在企业经营和生产中，常常会遇到以下问题：

(1) 企业拥有卓越的销售人员，但生产线上的工人无法如期交货。

(2) 车间主任抱怨采购部门没有及时供应原料。

(3) 采购部门的效率过高，仓库里囤积的某些材料10年都用不完。

(4) 订单周期较短（如只能为6～11周）。

(5) 订货单、采购单、缺料单上的日期都不相同。

(6) 财务部门不信赖仓库部门的数据，不以它来计算成本。

企业资源计划（Enterprise Resource Planning，ERP）就是一个能够在很大程度上解决上述问题的系统。ERP是指建立在信息技术基础上，以系统化的管理思想，为企业决策层及员工提供决策运行手段的管理平台。ERP集信息技术与先进的管理思想于一身，成为现代企业的先进运行模式，是整合企业管理理念、业务流程、人力与物力、计算机硬件和软件于一体的企业资源管理系统。

厂房、生产线、加工设备、检测设备、运输设备等都是企业的硬件资源；人力、管理、信誉、融资能力、组织结构等都是企业的软件资源。ERP的管理对象便是上述各种资源及生产要素，通过ERP的使用，使企业能及时、高质量地完成客户的订单，最大限度地发挥这些资源的作用，并根据客户订单及生产状况做出调整资源的决策。

ERP能够合理调整和运用企业资源。企业发展的重要标志便是合理调整和运用各类资源，在没有ERP这样的现代化管理工具时，企业资源状况不清楚，调整目标也不明确，要做调整安排是相当困难的，调整过程也会相当漫长。加之传统企业的组织结构是金字塔形的，部门之间的协作相对较弱，资源的运行比较难以把握并做出调整。

ERP是一个系统工程。引入ERP系统，不是简单地把以前的手工操作搬到系统中，而是整个企业管理思路上的变革。一个企业的信息化建设，从某种程度上说，不是企业的主观意识决定的，而是市场决定的，是由竞争环境决定的。ERP最基本的功能就是数据共享，实现同一数据在某一地录入，所有地方共用，有效地解决信息孤岛的问题。在权限范围内，实时共享所有数据。引入ERP之后，对每一个数据的变更，必须以全局的观点去考虑。ERP系统是一个帮助企业管理人员从细节数据中解放出来的工具。

对于一般企业来讲，ERP系统给企业带来的经济效益很大。例如，库存下降，延期交货减少：当库存减少并稳定的时候，客户服务水平就提高了，使得销售部门的信誉和企业名望大大提高；采购提前期缩短：采购人员可以及时准确地了解生产计划信息，就能集中精力进行货源选择，研究谈判策略，缩短采购时间和成本；停工待料现象减少：由于原料需求透明度提高，计划也做了改进，所以生产线的停工待料现象将会大大减少；制造成本降低：库存费用下降、劳动力节约、采购费用节省等一系列人、财、物的效应，必然会引起生产成本降低；管理水平提高：管理人员减少，生产能力提高。

11.2.2 企业资源计划的实施过程

扫一扫
线上听课

企业实施 ERP 系统是一项复杂的系统工程，一般以项目形式完成。项目领导小组一般由企业高层领导和服务方组成，通过定期和不定期会议指导项目的运作和排除项目组难以解决的困难。项目组的构成包括服务方的咨询顾问和企业方的关键用户。

11.2.2.1 前期准备

前期准备工作是 ERP 系统实施的重要环节，关系到系统实施是否成功。主要内容包括：

（1）原理培训。培训对象主要是企业高层管理者及 ERP 项目组人员，目的是让他们掌握 ERP 的基本原理和管理思想。

（2）需求确认。参与对象主要是企业各级管理者及项目组人员，主要是对企业现行管理的业务流程和存在的问题进行归纳、总结和评议，找出企业管理的症结所在，并确定解决方案，明确预期目标。

（3）确定目标。企业在实施 ERP 前，要理智地进行立项分析，包括：企业是否具备应用 ERP 系统的基本条件，最迫切需要解决哪些问题，企业为 ERP 系统投入的资金、人力等资源能否保证系统实施，企业实施 ERP 系统的投资回报率有多高，最终确定是否实施 FRP 系统。

（4）选择软件。每个企业都有其特殊性，任何一套系统都不可能完全解决企业的所有问题，系统选型可以采取招标方式，既方便对比了解不同系统的优缺点，又促进投标单位的竞争而使企业最终受益。

11.2.2.2 实施准备

A 项目组织

项目实施小组成员主要由企业信息技术部门、财务部门等主要部门的领导或业务骨干组成。

B 方案准备

方案准备由关键用户和系统咨询顾问讨论业务流程操作的每个细节，最终确定实现的方案。企业在系统实施前必须完成业务流程重组（Business Processing Reengineering，BPR）。企业进行 BPR 是实施 ERP 的前提、依据和基础。

C 数据准备

在运行 ERP 之前，要准备和录入一系列基层数据，包括主数据和业务数据，需要做大量分析研究工作。主数据是指会被其他操作过程选用的，在系统财务、业务等不同的模块之间共享的记录数据，包括会计科目、客户、产品、银行、人员等类型的信息。业务数据是指系统切换时点反映企业状况的需要记录结转的业务和财务数据，包括业务台账余额和账务账面所有余额等信息。

D 系统安装调试

由于 ERP 系统是信息集成系统，在测试时，应当是全系统测试，各部门同时参与，这样才能理解各个数据、功能和流程之间相互的集成关系，找出不足提出解决企业财务管理问题的方案。

11. 2. 2. 3　模拟运行及用户化

A　实战性模拟

在基本掌握软件功能的基础上，选择代表产品，录入必要的数据，组织项目小组进行实战性模拟，提出解决方案。实战性模拟可由代表不同环节的关键用户集中进行，根据企业特殊需求配置系统、开发程序等，对系统进行“用户化”工作。

B　制定工作准则与规程

针对实施中出现的无法由系统自动控制而必须人为干预的问题，由项目实施小组确定相应的解决方案，制定与之对应的工作准则和规程，并在实践中不断总结、完善。

C　用户培训

由企业的关键用户在实施顾问的指导下，按照既定的系统操作规程，对最终用户进行系统操作培训。

11. 2. 2. 4　系统运用

A　切换运行

切换运行阶段是新系统上线，新旧系统并行阶段。在这个阶段，所有最终用户必须在工作岗位上的正式系统中操作，处于真正应用状态，新的正式系统上线开始运行，原操作方式与新系统同时运行。

B　验收

在确认新系统试运行成功后，正式运行之前还需要经项目领导小组、项目实施小组的审批和验收，以确保 ERP 的实施质量。

C　新系统运行

持续发展阶段包括软件维护、升级和对新需求的继续开发工作。市场竞争形式的变化、企业管理水平的不断提高、系统自身不断更新换代、信息技术的不断进步等各方面都会对原有系统构成新的挑战，因而要对系统实施结果做出评价，判断是否达到最初的目标，在此基础上制定下一步的目标，不断改进和提高。这也是 ERP 系统和普通应用软件的重要区别。

11. 2. 3　ERP 实施中进行的业务流程重组

11. 2. 3. 1　业务流程重组（BPR）的含义

业务流程重组就是对企业的业务流程进行根本性再思考和彻底性再设计，从而获得在成本、质量、服务和速度等方面业绩的戏剧性改善，使得企业能最大限度地适应以用户、变革和竞争为特征的现代企业经营环境。在这个定义中，“根本性”“彻底性”“戏剧性”是应关注的三个核心内容。

A　根本性再思考

业务流程重组所关注的是企业核心问题，如“我们为什么要做现在的工作”“我们为什么要用现在的方式完成这项工作”“为什么必须由我们而不是由其他人来做这份工作”等。通过对这些企业运营的根本性问题的思考，企业可能会发现自己赖以存在或运营的商业假设是过时的甚至是错误的。

B 彻底性再设计

业务流程重组应对流程进行追根溯源，对既定存在的流程不是进行肤浅的改变或调整性修补完善，而是抛弃所有的陈规陋习且不要考虑一切已规定好的结构与过程，创造发明全新的完成工作的方法。

C 戏剧性改善

业务流程重组追求的不是一般意义上的业绩提升或略有改善、稍有好转等，而是要使企业业绩有显著的增长、极大的飞跃和产生戏剧性变化。这也是业务流程重组工作的特点和取得成功的标志。

11.2.3.2 业务流程重组的原则

A 注重整体流程最优的系统思想

业务流程重组要求理顺和优化业务流程，以整体流程全局最优为目标，设计和优化流程中的各项活动，强调流程中每一个环节上的活动尽可能实现增值最大化，减少无效的或不增值的活动，最大限度地实现技术上的功能集成和管理上的职能集成，建立全新的过程型组织结构。

B 在真正产生信息的实际工作中处理信息

伴随着计算机的运用和员工素质的提高，信息处理工作完全可以由低层组织的员工承担，这将极大地提高流程效率，使得精简员工的目标成为可能。

C 将分散的资源视为一体

集权和分权的矛盾是长期困扰企业的问题。集权的优势在于规模效益，不足是缺乏灵活性；而分权能够满足更大范围的服务，但随之带来冗员、官僚主义和丧失规模效益的后果。有了数据库、远程通信网络及标准处理系统，企业完全可以在保持灵活服务的同时，获得规模效益。

D 将并行工作联系起来

并行的好处在于将研究开发工作分割成一个个任务同时进行，配合各项信息技术(如网络通信、共享数据库和远程会议)，协调并行的各独立部门的活动，而不是在最后才进行简单的组合，这样可以缩短产品的开发周期，减少不必要的浪费。

E 在工作中决策，实现自我控制

在工作中决策，实现自我控制，就是要使决策点位于工作执行的地方，在业务流程中建立控制程序，这就为压缩管理层次和实现扁平组织提供了技术支持。

F 从信息来源地一次性获取信息

在信息难以传递的时代，在设计和优化企业业务流程时，可以利用 IT 手段实现信息的一次处理与共享使用机制，可以将采集的信息贮存于在线数据库中，与所有需要的人实现共享，从而将串行工作流程改造为并行工作流程，协调分散与集中之间的矛盾。

G 面向客户和供应商整合企业业务流程

当今时代的竞争已不是单一企业与之间的竞争，而是一个企业的供应链（由供应商、企业制造车间、分销网络、客户等组成）与另一个企业的供应链之间的竞争，这要求企业在实施流程再造时不仅要考虑企业内部的业务处理流程，还要对客户、企业自身与供应商组成的整个供应链业务流程进行重新设计。

以上七项原则可概括为三个核心原则：坚持以流程为导向的原则；坚持以人为本的团队式管理的原则；坚持客户导向的原则。业务流程重组在注重结果的同时，更注重过程的实现，并非以短期利润最大化为追求目标，而是追求企业持续发展的能力。

11.2.4　实施 ERP 系统的三个常见误区

ERP 是以信息为媒体，用计算机把企业活动中多种业务领域及其职能集成起来，追求整体效率的新型管理系统。其实施的成败最终决定着 ERP 效益的充分发挥与否。据不完全统计，我国目前已有近万家企业购买了 ERP 软件。而在所有的 ERP 系统应用中，存在三种情况：按期按预算成功实现系统集成的只有 10% ~20%；没有实现系统集成或实现部分集成的只有 30%~40%；失败的占 50%。ERP 系统在实施过程中存在三个常见误区。

11.2.4.1　误区 1：ERP 是一种管理技术

ERP 是一套管理思想。这种思想强调要用系统观点对待企业的全部生产经营活动。ERP 有三层结构：底层是计算机网络技术和数据库技术；中间层是管理软件——过程管理模块；最上层则体现了现代管理思想和管理方法。企业要想优化和重组现有的业务流程，必须先有一套完整的管理思想和方法。ERP 在企业实施的过程就是运用这种思想二次开发的过程，ERP 是计算机、程序和人的组合体。人是核心，计算机和程序只是工具。

11.2.4.2　误区 2：ERP 伤筋动骨

ERP 促进机制演进。ERP 为人们提供了一种手段，把企业数据化、信息化，使得专业功能大众化，复杂的流程简单化；它确立了一个平台、一个系统，这个系统以人为灵魂而依赖于某个具体的人；它使得企业真正地围绕市场运转起来，为后续的改革提供了支撑。

11.2.4.3　误区 3：ERP 只针对企业薄弱环节

ERP 强调企业整体的协作。现代企业的组织结构必然向富有弹性的方向转变，这一转变的核心是淡化部门的界限，强调整体协作。实施 ERP 从本质上说是一个企业再造工程。需要整个企业统一思想、协调运作；需要深入调研企业各部门的业务流程，重新审视既有的工作方法，评估其对企业整体的贡献，并在此基础上进行优化重组。ERP 的实施涉及企业的方方面面，是企业深层次的变革，只有一把手高度重视，最高决策层全力推动，才能完成这一里程碑式的系统工程。

案例导入 11-2

嘉禾实业集团成功实施 ERP 改造

扫一扫查看案例导入 11-2

11.3 客户关系管理

11.3.1 客户关系管理的含义

11.3.1.1 客户关系管理的概念

客户关系管理（Customer Relationship Management，CRM）是企业为提高核心竞争力，利用相应的信息技术及互联网技术来协调企业与客户间在销售、营销和服务上的交互，向客户提供创新式的个性化的客户交互和服务的过程。其最终目标是吸引新客户，保留老客户，以及将已有客户转为忠实客户，增加市场份额。

CRM 的主要含义就是通过对客户详细资料的深入分析，提高客户满意程度，从而提高企业的竞争力的一种手段。客户关系是指围绕客户生命周期发生、发展的信息归集。客户关系管理的核心是客户价值管理，通过“一对一”营销原则，满足不同价值客户的个性化需求，提高客户忠诚度和保有率，实现客户价值持续贡献，从而全面提升企业的盈利能力。

CRM 是选择和管理有价值客户及其关系的一种商业策略，是一个获取、保持和增加可获利客户的方法和过程。CRM 要求以客户为中心的商业哲学和企业文化来支持有效的市场营销、销售与服务流程。其既是一种以客户为中心的企业管理理论、商业理念和商业运作模式，也是一种以信息技术为手段、有效提高企业收益、客户满意度、雇员生产力的具体软件和实现方法。

11.3.1.2 客户关系管理的功能构成

客户关系管理的功能可以归纳为三个方面，分别为：市场营销中的客户关系管理，销售过程中的客户关系管理，以及客户服务过程中的客户关系管理（以下简称为市场营销、销售、客户服务）。

A 市场营销中的客户关系管理

客户关系管理系统在市场营销过程中可有效帮助市场人员分析现有目标客户群体（如主要客户群体集中在哪个行业、哪个职业、哪个年龄层次、哪个地域等），从而帮助市场人员进行精确市场投放。客户关系管理也可以有效分析每一次市场活动的投入产出比，根据与市场活动相关联的回款记录及举行市场活动的报销单据做计算，就可以统计出所有市场活动的效果报表。

B 销售过程中的客户关系管理

销售是客户关系管理系统中的主要组成部分，主要包括潜在客户、客户、联系人、业务机会、订单、回款单、报表统计图等模块。业务员通过记录沟通内容、建立日程安排、查询预约提醒、快速浏览客户数据等有效缩短了工作时间，而大额业务提醒、销售漏斗分析、业绩指标统计、业务阶段划分等功能又可以有效帮助管理人员提高整个公司的成单率，缩短销售周期，从而实现最大效益的业务增长。

C 客户服务过程中的客户关系管理

客户服务主要用于快速及时地获得问题客户的信息及客户历史问题记录等，这样可以有针对性且高效地为客户解决问题，提高客户满意度，提升企业形象。客户服务主要功能包括客户反馈、解决方案、满意度调查等。应用客户反馈中的自动升级功能，可让管理者第一时间得到超期未解决的客户请求；解决方案功能使全公司所有员工都可以立刻提交给客户最为满意的答案；而满意度调查功能又可以使最高层的管理者随时获知本公司客户服务的真实水平。

11. 3. 1. 3　客户关系管理的指标

客户关系管理的指标包括：

(1) 客户概况分析。客户概况分析包括客户的层次、风险、爱好、习惯等。

(2) 客户忠诚度分析。客户忠诚度分析是指客户对某个产品或商业机构的信用程度、持久性、变动情况等。

(3) 客户利润分析。客户利润分析是指不同客户所消费的产品的边缘利润、总利润额、净利润等。

(4) 客户性能分析。客户性能分析是指不同客户所消费的产品按种类、渠道、销售地点等指标划分的销售额。

(5) 客户未来分析。客户未来分析包括客户数量、类别等情况的未来发展趋势、争取客户的手段等。

(6) 客户产品分析。客户产品分析包括产品设计、关联性、供应链等。

(7) 客户促销分析。客户促销分析包括广告、宣传等促销活动的管理。

扫一扫
线上听课

11. 3. 2　客户关系管理的实施

11. 3. 2. 1　客户关系管理项目（CRM）实施的三个阶段

A　第一阶段——应用业务集成

将独立的市场管理、销售管理与售后服务进行集成，提供统一的运作平台；将多渠道来源的数据进行整合，实现业务数据的集成与共享。

B　第二阶段——业务数据分析

对客户关系管理系统中的数据进行加工、处理与分析；生成各类报告，分析各数据指标间的关联关系，建立关联性的数据模型用于模拟和预测。这一步所取得的结果不单反映业务的目前状况，同时也对未来业务计划的调整起到指导作用。

C　第三阶段——决策执行

依据数据分析所提供的可预见性的分析报告，将在业务过程中所学到的知识加以总结利用，对业务过程和业务计划等做出调整，增强与客户之间的联系，使业务运作更适应市场要求。

11. 3. 2. 2　客户关系管理项目（CRM）的具体实施步骤

A　确立业务计划

企业在考虑部署“客户关系管理（CRM）”方案之前，首先确定利用这一新系统实现的具体目标，比如：提高客户满意度，缩短产品销售周期，以及增加合同的成交率等。企业应了解这一系统的价值。

B 建立 CRM 员工队伍

为成功地实现 CRM 方案，管理者还应对企业业务进行统筹考虑，并建立一支有效的员工队伍。每一个准备使用这个销售系统方案的部门均需要选出一名代表加入该队伍。

C 评估销售、服务过程

在评估一个 CRM 方案的可行性之前，使用者需要多花费一些时间，详细规划和分析自身具体业务流程。为此，企业需要广泛地征求员工意见，了解他们对销售、服务过程的理解和需求；确保企业高层管理人员的参与，以确立最佳方案。

D 明确实际需求

充分了解企业的业务运作情况后，接下来需要从销售和服务人员的角度出发，确定其所需功能，并令最终使用者寻找出对其有益的及其所希望使用的功能。就产品的销售而言，企业中存在着两大用户群，即销售管理人员和销售人员。其中，销售管理人员感兴趣于市场预测、销售渠道管理及销售报告的提交；而销售人员则希望迅速生成精确的销售额和销售建议、产品目录及客户资料等。

E 选择供应商

确保所选择的供应商能提供针对客户的行业而特别设计的产品，对客户的企业所要解决的问题有充分的理解。了解其方案可以提供的功能及应如何使用其 CRM 方案，确保该供应商所提交的每一个软、硬设施都具有详尽的文字说明。一家能够理解客户的行业背景的厂商有助于进一步结构化你的解决方案和流程，将 CRM 应用的价值发挥到最大。

F 开发与部署

CRM 方案的设计需要企业与供应商两个方面的共同努力。为使客户一方案得以迅速实现，企业应先部署那些当前最为需要的功能，然后再分阶段不断向其中添加新功能。其中，应优先考虑使用这一系统的员工的需求，并针对某一用户群对这一系统进行测试。另外，企业还应针对其 CRM 方案确立相应的培训计划。

CRM 日常的管理工作包括：识别客户，对客户进行差异分析，与客户保持良性接触，调整产品或服务以满足每一个客户的需求。

11.3.2.3 成功实施 CRM 的关键因素

成功实施 CRM 的关键因素有：

（1）确立合理可行的项目实施目标。其中包括：

1）建立 CRM 系统的初衷是什么？

2）竞争对手采用了哪些有效的 CRM 管理手段？

3）考虑引入 CRM 中的网上销售的形式。

4）考虑 CRM 中的呼叫中心服务。

（2）高层管理者的理解与支持，让业务驱动 CRM 项目的实施。

（3）CRM 系统的项目实施是以业务和管理为核心的。在实施过程中主动思考现有的销售、市场和服务机制存在的问题与长处，将客户可能与企业发生关系的联结点加以全盘考虑。

（4）有效控制变更管理。

（5）项目实施不可避免地会使业务流程发生发化。如何将这些变化带来的消极影响降到最低，如何能够使企业内所有相关部门和人员认同并接受这一变化是项目负责人将面临的严重挑战。最大程度上争取大家的理解和支持，使企业实现系统上线的平稳过渡。

11.3.3　客户关系管理系统的运用

11.3.3.1　业务员

A　数据录入

其中包括：

（1）客户信息的录入及维护。业务员在日常拓展过程中，将名片或从其他途径收集到的客户及相关联系人的信息及时录入系统。比如客户的地址、电话或联系人等信息发生变更，也应及时对系统中的客户资料进行更新。

（2）联系记录的录入。业务员平时联系客户，不管以电话、邮件、即时通信、上门拜访等何种联系方式，都应将与客户联系沟通的内容及时录入系统。

（3）报价单的录入。业务员平时给客户报价，可将报价信息录入系统，系统可按预设好的打印模版（用户可自行设计定制）打印报价或转为 Excel 表格。这样大大节省手工制作的时间，也方便查询历史报价。

B　日常使用

其中包括：

（1）客户联系的提醒。今天或明天应联系的客户；逾期未及时联系的客户；逾期未及时下单或长期没有业务往来的客户。

（2）客户资料的查询和分析统计。按客户名称关键词模糊查询，防止撞单；每天客户联系拜访情况的查询和分析；业绩查询和统计，应收款的提醒；工资、提成及费用的查询。

11.3.3.2　销售助理

A　数据录入

其中包括：

（1）合同订单的录入。客户传真订单过来或与客户签订销售合同后，销售助理应及时将订单信息录入系统，包括订购产品的型号、数量、单价、金额等数据。

（2）出货单的录入。录入出货单，包括出货日期、出货仓、出货产品明细等信息；如果之前已录入订单，可直接将相关信息导出，不必重新录入，系统可根据预设好的打印模版（用户可自行设计定制）打印出货单。

B　日常使用

其中包括订单查询及交货提醒、统计销售部门业绩和打印出货单。

11.3.3.3　财务主管

A　数据录入

其中包括：

（1）收款后在系统内做收款处理，冲销应收款。

（2）付款后在系统内做付款处理，冲销应付款。

（3）录入企业日常运营的各种费用支出，如房租、水电、办公支出、员工工资、提成奖金、各种销售费用等。

B　日常使用

其中包括：

（1）应收款提醒。日、周有哪些应收款；逾期未收的应收款，逾期30天以内、30~60天、60~90天、90~180天、180天以上的逾期应收款。

（2）应收款统计分析。哪些客户应收款比例较大、哪些客户逾期款累计金额超限及账龄过长。

（3）收/付款查询和统计。任一时期的收/付款进账/出账明细，按收/付款方式、按业务员、按年/月等进行分类统计，显示各种统计图表，反映企业资金流入、流出情况。

（4）费用查询和统计。查看企业各类费用和明细支出情况，并可按费用大类、费用项目、按年/月、按业务员进行统计，显示统计图表。

11.3.3.4　采购员

A　采购订单的录入

采购订单的录入包括录入供应商名称、采购产品明细等，可根据预设好的打印模版（用户可自行设计定制）打印/传真采购订单，或者导出Excel表格发送邮件。

B　采购收货单的录入

供应商发货收妥入库后，录入收货信息，如果之前有录入采购订单，可直接将相关数据导出，不必重新录入。

11.3.4　客户关系管理的经典模型——客户金字塔模型

客户金字塔模型（见图11-1）是一种最常用的对客户进行四层级划分的模型。构建客户金字塔的关键是确定影响客户价值的指标。客户价值是每一个客户在其生命周期内能够给企业带来的价值，是指客户对企业经营效益、业务发展和社会形象等方面的综合贡献，它强调客户对企业现实和潜在的价值贡献。

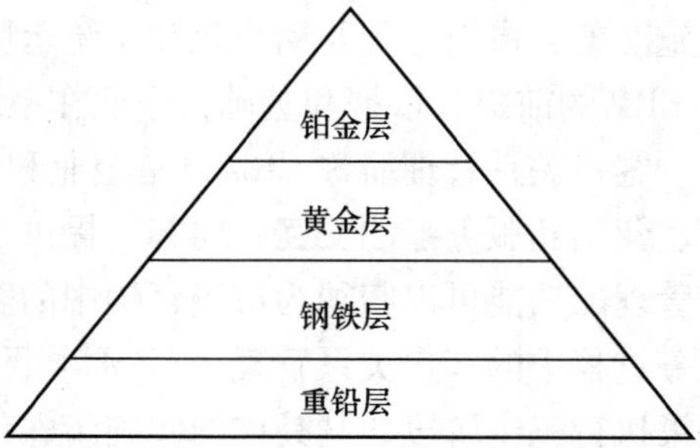

图11-1　客户金字塔模型

铂金层级客户代表那些盈利能力最强又忠诚的典型的重要客户。他们对价格并不十分敏感，愿意花钱购买，愿意试用新产品，对企业比较忠诚。黄金层级客户代表那些获利与忠诚度次高的客户，这个层级的客户没有铂金层级客户那么忠诚，所以他们的盈利能力没有铂金层级客户那么高。他们往往与多家企业而不是一家企业做生意，以降低他们自身的风险。钢铁层级包含的客户数量很大，能消化企业的产能，但他们的消费支出水平、忠诚度、盈利能力不值得企业去特殊对待。重铅层级客户代表获利差又消耗过多资源的客户，它们对企业的贡献最小，属微利或无利客户。

企业在实施 CRM 时，应考虑相关的投入产出模型。一般来说，企业在进行 CRM 时针对客户的层级一般会思考下面几个问题：

(1) 对那些最有价值的客户关系，企业应该怎样才能保有它们，并且怎样努力去获得更多这种类型的客户。

(2) 对于适度的有利可图的客户关系，企业应该怎样开发它们的利润率。

(3) 对无利可图的客户关系，企业要分析是什么原因造成这种状况，这种状况可否改变，是否应该放弃这些客户关系。

通过以上三个问题，可以减少企业行为的盲目性，通过提高企业资源利用效率。

例如，针对铂金层级和黄金层级客户，企业应当给予客户更多的利益酬谢，提供超值服务，交叉销售，创建结构性联系利益，建立情感联系渠道，加强客户投诉管理，化解客户的不满；针对钢铁层级客户的管理，应当提升客户价值，扩展价值构成，增加购买量等。

本章小结

企业管理信息化是指企业在生产、管理、经营等各个层次、各个环节和各个领域，采用计算机、通信、网络等现代信息技术，充分开发、广泛利用企业内外部的信息资源，不断提高生产、经营、管理、决策的效率和水平，逐步实现企业运行的全面自动化，进而提高企业经济效益、社会效益和核心竞争力。企业管理信息化主要包括生产过程信息化和市场经营信息化。

企业管理信息化具有本质特征、形态特征、过程特征、阶段特征、效益隐形特征和外部关联特征等。其主要应用包括企业资源规划（ERP）系统、供应链管理（SCM）系统、客户关系管理（CRM）系统和产品生命周期管理系统等（本章主要介绍 ERP 和 CRM）。

ERP 是指建立在信息技术基础上，以系统化的管理思想，为企业决策层及员工提供决策运行手段的管理平台。企业实施 ERP 系统是一项复杂的系统工程，要经过前期准备、实施准备、模拟运行及用户化和系统运用几个步骤。企业进行业务流程重组（BPR）是实施 ERP 的前提、依据和基础，企业在系统实施前必须完成 BPR。

客户关系管理简称 CRM，是企业利用信息技术及互联网技术来协调企业与客户在销售、营销和服务上的交互，向客户提供创新式的个性化的客户交互和服务的过程。客户关系管理的功能可以归纳为市场营销中的客户关系管理、销售过程中的客户关系管理和客户服务过程中的客户关系管理。CRM 项目的实施可以分为应用业务集成、业务数据分析、决策执行三个阶段，其具体的实施步骤包括确立业务计划、建立 CRM 员工队伍、评估销售和服务过程、明确实际需求、选择供应商及开发与部署等。

项目实战

制定××企业 ERP 方案

(1) 项目名称：制定××企业 ERP 方案。

（2）设计要求：

1）通过本次 ERP 项目的制定与实施，实现满足××公司基于财务和管理决策支持为导向的全面、统一的核算体系。

2）将财务核算系统与其他业务财务管理数据集成，满足财务部门准确、及时地掌握信息数据，实现管控数据共享，建立起信息交换平台与规范的沟通渠道。

3）其他业务部门包括采购、销售、库存等。

4）由会计、财务主管或相关审核人员对未审核的凭证进行审核。如果凭证有误，则退回其他业务部门修改；如果正确，则审核通过。

5）财务会计将凭证记账。

（3）实施步骤：

1）公司 CEO 组织本公司相关部门及信息部门共同讨论、确定 ERP 服务公司提供的方案。

2）各部门讨论方案的可行性。

3）各部门根据方案进行评分测评。

4）教师总结点评。

项目实战模版

扫一扫查看项目实战模版

同步测试

11-1 多项选择题

（1）企业管理信息化以（　　）为中心，将技术、管理和人员三种资源集成为一个协调的、相互关联的系统。

A. 客户需求　　B. 企业管理者　　C. 生产需要　　D. 企业员工

（2）企业管理信息化主要有以下两方面的内涵：第一为（　　）；第二为（　　）。

A. 生产过程信息化　　B. 市场经营信息化

C. 财务管理信息化　　D. 人事管理信息化

（3）ERP 的基本思想是（　　）。

A. 计划和管理　　B. 控制和组织　　C. 计划和控制　　D. 组织和管理

（4）企业实施 ERP 系统是一项复杂的系统工程，一般以项目形式完成。项目领导小组一般由（　　）和服务方组成。

A. 财务管理人员　　B. 信息技术人员

C. 生产技术人员　　D. 企业高层领导

（5）铂金层级客户代表那些（　　）的典型的重要客户

A. 盈利能力最强又忠诚的

B. 获利与忠诚度次高

C. 消费支出水平、忠诚度、盈利能力不高

D. 获利差又消耗过多资源

（6）ERP 实施中进行的业务流程重组的三个核心原则为（　　），（　　），（　　）。

A. 以流程为导向的原则　　B. 坚持以人为本的团队式管理的原则

C. 坚持客户导向的原则　　D. 以管理层意识的原则

（7）厂房、生产线、加工设备、检测设备、（　　）等都是企业的硬件资源。

A. 运输设备　　B. 人力　　C. 信誉　　D. 组织结构

11-2　判断题

（1）通过 ERP 的使用，使企业能及时、高质量地完成客户的订单，最大限度地发挥这些资源的作用。（　　）

（2）引入 ERP 系统，就是简单地把以前的手工操作搬到系统中。（　　）

（3）集权优势在于规模效益，而分权能够满足更大范围的服务。（　　）

（4）企业实施 ERP 系统是一项简单的系统工程。（　　）

（5）ERP 系统给企业带来的经济效益不大。（　　）

11-3　简答题

（1）简述企业管理信息化的内涵与特征。

（2）什么是企业资源计划，如何实施？

（3）什么是业务流程重组，ERP 实施中如何进行业务流程重组？

（4）客户关系管理的含义是什么？简述其具体的实施步骤。

11-4　案例分析

联想实施 ERP

联想集团 ERP 项目组与由 SAP 公司的咨询顾问和德勤公司共同组成的咨询组，从“摸着石头过河”到“铺路架桥，让大部队、正规军、重武器通过”，在联想全体员工的参与下，解决了对项目实施规律与关键要素认识不清、公司的现实需要与未来发展的冲突、团队建设、归属感与员工价值认同等一系列尖锐复杂的问题，终于达到成功的彼岸。

问题讨论：

（1）联想实施 ERP 的原因分析。

（2）成功实施 ERP 给联想带来的好处？

（3）联想 ERP 成功的经验教训。

扫一扫查看同步测试参考答案

参 考 文 献

[1] 陆善堂. 工业企业管理 [M]. 北京：中国商业出版社，2000.
[2] 高海晨. 企业管理 [M]. 北京：高等教育出版社，2003.
[3] 于卫东. 现代企业管理 [M]. 北京：机械工业出版社，2004.
[4] 于卫东. 现代企业管理 [M]. 3 版. 北京：机械工业出版社，2018.
[5] 程延江. 管理学教程 [M]. 哈尔滨：哈尔滨大学出版社，2003.
[6] 杨怀印. 企业文化学 [M]. 长春：东北师范大学出版社，2000.
[7] MBA 核心课程编译组. 工商管理 [M]. 北京：九州出版社，2002.
[8] 彭龙. 管理学 [M]. 北京：经济科学出版社，2002.
[9] 田武. 质量管理体系内部审核及文件编写 [M]. 北京：中国计量出版社，2001.
[10] 田玉兰. 管理学基础 [M]. 北京：北京交通大学出版社，2006.
[11] 南京大学工业企业管理教研室. 工业企业管理 [M]. 南京：南京大学出版社，2000.
[12] 中国人民大学工业经济教研室. 工业企业生产管理 [M]. 北京：中国人民大学出版社，2001.
[13] 邓荣霖. 现代企业制度概论 [M]. 北京：中国人民大学出版社，1995.
[14] 王淑珍. 企业管理案例教程 [M]. 北京：高等教育出版社，2013.
[15] 马春莲，赵智磊. 现代企业管理实务 [M]. 北京：机械工业出版社，2014.
[16] 揭筱纹. 战略管理——概论、案例与分析 [M]. 北京：清华大学出版社，2009.
[17] 北京中物联物流采购培训中心. 物流管理职业技能等级认证教材（中级）[M]. 南京：江苏凤凰教育出版社，2019.
[18] 屈冠银. 电子商务物流管理 [M]. 4 版. 北京：机械工业出版社，2018.
[19] 宋文官. 物流基础 [M]. 4 版. 北京：高等教育出版社，2014.
[20] 邱渡军. 物流基础 [M]. 北京：高等教育出版社，2014.
[21] 广通. 经典管理故事全集 [M]. 北京：地震出版社，2005.